# 构建不动产金融大循环

## 中国公募REITs的实践与方向

肖 钢 高西庆 张其光 周 松 ◎ 主编

中国出版集团
中译出版社

图书在版编目（CIP）数据

构建不动产金融大循环：中国公募 REITs 的实践与方向 / 肖钢等主编 . -- 北京：中译出版社，2023.3（2023.3 重印）
ISBN 978-7-5001-7355-7

Ⅰ . ①构… Ⅱ . ①肖… Ⅲ . ①投资基金－研究－中国 Ⅳ . ① F832.51

中国国家版本馆 CIP 数据核字（2023）第 034940 号

## 构建不动产金融大循环：中国公募 REITs 的实践与方向
GOUJIAN BUDONGCHAN JINRONG DAXUNHUAN: ZHONGGUO GONGMU REITs De SHIJIAN YU FANGXIANG

著　　者：肖　钢　高西庆　张其光　周　松
策划编辑：于　宇　龙彬彬　李梦琳
责任编辑：龙彬彬　于　宇
文字编辑：李梦琳　田玉肖
营销编辑：马　萱　纪菁菁
出版发行：中译出版社
地　　址：北京市西城区新街口外大街 28 号 102 号楼 4 层
电　　话：（010）68002494（编辑部）
邮　　编：100088
电子邮箱：book @ ctph. com. cn
网　　址：http : //www. ctph. com. cn

印　　刷：北京中科印刷有限公司
经　　销：新华书店
规　　格：710mm×1000mm　1/16
印　　张：30.25
字　　数：442 千字
版　　次：2023 年 3 月第 1 版
印　　次：2023 年 3 月第 2 次印刷

ISBN 978-7-5001-7355-7　　　　定价：89.00 元

版权所有　侵权必究
中　译　出　版　社

# 编委会成员

**主  编**

肖 钢　　高西庆　　张其光　　周 松

**副主编**

魏晨阳　　周以升　　许永军

**编委**（按姓氏拼音排序）

蔡 真　　邓永恒　　冯治国　　郭翔宇　　胡 峰
黄均隆　　蒋铁峰　　刘炜敏　　潘 伟　　魏轶东
吴汪斌　　吴 云　　余志良　　左 飞

序言一

# 推动中国公募 REITs 行稳致远

党的二十大报告指出，高质量发展是全面建设社会主义现代化国家的首要任务。2022 年 12 月召开的中央经济工作会议对确保房地产市场平稳发展做出了一系列部署。公募 REITs（不动产投资信托基金）作为现代金融产品和生态，是推动经济转型升级、促进房地产健康发展的重要抓手之一。2021 年 6 月 21 日，首批基础设施领域不动产投资信托基金在上交所、深交所挂牌上市，标志着我国公募 REITs 在经过十余年多方共同努力下正式落地。

REITs 从 1960 年在美国诞生至今，作为"资产上市"的金融资产类别，迅速在全球金融市场中扮演了仅次于股票、债券的重要角色。在历史演进过程中，REITs 经历了持续的制度优化，不同国家和地区也发展出了不同的结构形态，这是由不动产属性与金融属性深度融合特征所决定的。中国 REITs 实践相比其他金融产品而言，更需要做好顶层设计和政策优化。基于此，值中国公募 REITs 上市一年多之际，清华大学五道口金融学院不动产金融研究中心联合招商局集团招商蛇口，邀请来自相关政策部门、金融机构、业务实操与研究机构等多名专家，组成研究团队，共同编写了《构建不动产金融大循环——中国公募REITs的实践与方向》这一专著，全面总结了中国公募REITs的发展历程及实践经验，深入对比了国内外REITs发展的异同，系统提出了完善中国公募REITs的政策建议，为中国REITs实践做出了理论性、专业性的总结，对中国REITs发展提出了前瞻性政策建议。这本书从以下三个视角，为读者带来全新内容。

首先，本书在重要的时点探讨并回答了三个关键性问题。第一，REITs为什么对于中国经济高质量发展是必须的？当前，中国经济正处于从高速增长向高质量发展转型的关键时期，经济增长的动力由过去的要素驱动向创新驱动转变。通过REITs建立一种高效率、低风险的不动产金融模式，对促进经济转型、实现高质量发展意义重大。纵观全球REITs市场的发展历程，在绝大多数国家和地区，REITs都诞生于房地产泡沫或经济下行时期，因而成为推动市场复苏的重要机制创新，典型例子包括20世纪90年代的美国储贷危机、21世纪初日本房地产泡沫和东南亚金融危机的复苏。第二，在不动产行业调整转型过程中，公募REITs扮演了什么样的角色？当前，中国房地产市场承压但仍旧在经济增长中占相当比重，通过REITs化解房地产企业和金融机构资产负债表风险，促进存量管理时代的价值创造，同时通过保障性租赁住房REITs实现多主体、多渠道租购并举的住房制度转型，意义重大。第三，公募REITs对于完善资本市场，构建全新金融生态的意义何在？本书对于REITs的讨论视角，不单单把REIT作为金融工具和产品的创新，而是力图从构建中国金融新生态的角度，把REITs的诞生视为一个契机，思考和探讨在这个新生态中，如何通过REITs衔接不动产与金融资产，推动房地产与金融业良性循环，促进科技、产业、金融的深度融合。

其次，本书全面总结了我国公募REITs落地一年多的实际表现，并针对关键环节做了前瞻性的探讨。截至2022年底，中国公募REITs共上市24只，总市值约860亿元。随着公募REITs扩容、扩募的持续推进，其底层资产的多样性也在不断扩展，目前已广泛涵盖了高速公路、产业园区、仓储物流、能源设施以及保租房等多种资产类别。其中4只保障性租赁住房REITs也表现优秀，广受市场欢迎。中国公募REITs经过这一年多的试点，积累了丰富的经验，正逐步实现常态化、规范化运行。同时，也应看到，我国公募REITs仍处于扩大试点阶段，需要不断改进完善。本书各有关章节针对关键性的法律结构、治理模式、估值体系、税收政策以及资本结构等问题进行了深度分析，提出了可操作的优化建议，为进一步完善中国公募REITs提供了政策思路与方向。

最后，本书针对REITs产品生命周期的每个环节，结合理论与实操，对比国际与国内，分析现状与未来，做了全面深入阐述。可以说，这本书是REITs各个相关领域的专家智慧与经验的结晶。读者不仅能够从本书中清晰了解到，公募REITs项目在发行前有关底层资产合规要求、可转让性、资产重组方式、注册审核要求以及定价发售和流动性安排等一系列公募REITs全流程实操环节解读，还可以全面知悉公募REITs会计处理、资产估值、交易制度、投资者结构及投资风险等方面知识。此外，本书还通过分析国际REITs市场经验，探讨了其对中国公募REITs未来发展方向的借鉴意义。整体而言，本书是集理论性、专业性、实操性、前瞻性、权威性于一体的一部专著。参与写作的专家不仅亲身经历了推动中国公募REITs的实践探索，而且从理论和体系设计的角度，为读者呈现他们的深入洞察和思考，这些都为中国公募REITs制度建设，贡献了独特价值。

我国公募REITs的试点探索，是具有中国特色的金融创新。以REITs为节点的全新金融体系的建立，将会对中国经济转型升级大有裨益。鉴于我国庞大的不动产资产规模和巨大的市场发展潜力，中国公募REITs市场方兴未艾，未来前景可期，其规模和质量必将跻身全球REITs市场前列。期待公募REITs市场持续健康发展，助力我国实现社会主义现代化强国目标。

肖钢

第十三届全国政协委员、中国证券监督管理委员会原主席

2023年1月

序言二

# 以公募 REITs 创新服务实体经济高质量发展

高质量发展是全面建设社会主义现代化国家的首要任务。党的二十大明确指出要"健全资本市场功能,提高直接融资比重",这是构建高水平社会主义市场经济体制、推进高质量发展对资本市场提出的新要求。公募 REITs 正是提高直接融资比重的重要实践创新,也是中国特色金融体系服务实体经济高质量发展的重要实践成果。

中国特色金融体系最大的特点就是坚持服务实体经济和防范金融风险,避免西方金融市场一味追求高频交易和"非理性繁荣"造成的脱离实体经济、过度金融化、隐藏积累风险等弊端。我国公募 REITs 试点与欧美 REITs 市场最大的不同就在于底层资产,欧美主要集中在房地产行业,而我国主要是基础设施领域。基础设施公募 REITs 是以服务实体经济为天职的中国特色金融体系的具体体现。

我国固定资产投资占 GDP 比重较高,对经济增长具有极为重要的作用。当前,我国存量基础设施规模已达百万亿元。党的二十大进一步提出"优化基础设施布局、结构、功能和系统集成,构建现代化基础设施体系"。如何盘活存量资产,实现基础设施投融资高效循环,助力我国经济高质量发展取得新突破，已经成为金融供给侧结构性改革和基础设施建设发展的重大课题。公募REITs的核心要义就是开辟基础设施建设的融资新渠道，丰富金融市场投资新品种，创新金融服务实体经济新方式。

经过多年研究酝酿，结合我国金融法律体系和私募REITs试点经验，首批9只公募REITs试点项目于2021年6月在沪深交易所上市，拉开了我国境内基础设施公募REITs发展的序幕。截至2022年底，我国已有24只公募REITs完成发行上市，累计融资规模达783亿元，资产类型涵盖产业园区、保障性租赁住房、仓储物流、交通基础设施、能源基础设施、生态环保基础设施等；24只公募REITs总市值达到854亿元，平均涨幅达17.88%；已有12只公募REITs累计分红24次，分红总额达25.32亿元。可以说，我国公募REITs试点取得巨大成功。

基础设施公募REITs从供需两端打通了新的投融资市场，架起了基础设施融资和居民财富投资之间的桥梁，是境内资本市场服务实体经济、防范化解金融风险的重要创举。从供给侧融资角度看，公募REITs增强了资本市场服务实体经济的能力，提高了直接融资比重，有利于我国基础设施高效运营和持续建设。从需求侧投资角度看，公募REITs作为继现金、债券、股票后的"第四类"资产，填补了我国大类金融资产的空白，拓宽了社会资本投资渠道，满足了居民多元化财富管理和资产配置需求。

产融结合既是公募REITs的最大特点，也是招商局集团的重要优势。招商局创立150年来始终坚持"与祖国共命运、同时代共发展"，以商业成功推动时代进步。特别是新时代十年，招商局集团坚持金融的政治性和人民性，坚持"实业强国、金融报国"，推动产融结合，在REITs创新实践中持续贡献招商力量。早在公募REITs试点前，招商局集团成员企业就在监管部门的指导下开展了一系列REITs创新工作。招商蛇口在中国香港联交所发行并运营了我国首只央企境外REITs——招商局商业房托，招商银行、招商证券、博时基金等金融企业通过开展ABN、ABS等"类REITs"业务搭建了完善的能力体系，招商银行还是国内信贷资产证券化的重要开创者和参与者。

凭借产融结合的天然优势和与生俱来的创新基因，招商局集团在公募REITs试点中也发挥了重要引领作用。由招商蛇口作为原始权益人、博时基金作为管理人、招商银行作为托管人、招商证券担任财务顾问的博时蛇口产园REIT成为首批上市的基础设施公募REITs之一。招商银行托管了首批9只公募REITs中的7只，在目前已发行的24只公募REITs中，招商银行担任了其中11只的托管人，市场占有率达45.83%。

招商局集团不仅是公募REITs市场创新的积极推动者，更是最全面的参与者。集团旗下招商蛇口、招商公路、中国外运等成员企业建设运营了一大批产业园区、保障性租赁住房、高速公路、仓储物流等基础设施，是公募REITs重要的底层资产来源；招商银行、招商证券、博时基金、招商基金、招商仁和人寿、招银理财等金融企业可以为公募REITs发行和投融资提供端到端的全流程服务。从供给端的底层资产原始权益人和发行人，到管理端的管理人、托管人、财务顾问和个性化融资，再到需求端的机构投资、代理居民资产管理与财富管理代销，招商局集团全方位、全要素、全过程参与推动了公募REITs创新实践。

目前，博时蛇口产园REIT正在加快推动扩募，招商公路、中国外运还在积极申报新的公募REITs项目；招商基金正在积极申请设立公募REITs子公司，招商银行、招商证券、博时基金等金融企业将持续为客户提供更优质的公募REITs全流程服务。

本书全方位介绍了我国公募REITs发展的意义，回顾了我国公募REITs开局表现，并以博时蛇口产园REIT实操经验为基础，对公募REITs资产合规要求、可转让性及市场性、资产重组、注册审核要求、定价发售、流动性安排、治理运作、托管制度、税务及会计处理、估值及现金流预测、资本结构、交易制度、投资者结构、投资风险等方面进行了详细介绍。同时，本书在深入对比研究境内外REITs差异的基础上，结合招商蛇口运营境外市场REITs的多年经验，对我国公募REITs未来发展提出了思考和建议。

通过宝贵的研究成果和标杆项目的实操经验分享，我们希望推动建立公募REITs项目系统化发行模式，并随着公募REITs配套政策的不断出台，将每个项目"一事一议"转变为全行业通用的可复制、可推广的模式，逐步推动公募REITs朝着万亿级市场迈进。

招商局集团将全面贯彻落实党的二十大决策部署，继续发扬敢闯敢试、敢为人先的精神，牢记"空谈误国、实干兴邦"，全力推动公募REITs市场做强做优做大，为完善中国特色金融体系和公募REITs创新发展贡献更大力量。

让我们携手共同推动我国公募REITs市场高质量发展！

缪建民<br>
招商局集团、招商金控、招商银行董事长<br>
2023年1月

前言

# 持续探索中国不动产金融新模式

党的二十大报告指出，高质量发展是全面建设社会主义现代化国家的首要任务。作为国民经济的支柱产业，我国不动产行业的健康与可持续发展，对经济增长模式转型升级、人民生活品质长久提升，其重要性不言而喻。建立与中国不动产发展相匹配的、兼具市场深度和广度、高效且灵活的金融循环模式，更是当下不动产新发展模式探索的当务之急。

中国公募REITs的诞生，是中国不动产金融发展的新里程碑。迄今为止，我国REITs市场建设稳步推进，为盘活存量、优化配置、助力经济高质量发展等一系列重大问题，提供了全新的思路和契机。在公募REITs市场建设启动一年多之际，总结各方探索的经验和思考，恰逢其时，意义重大。

基于此，清华大学五道口金融学院不动产金融研究中心与招商局集团旗下招商蛇口联合策划，邀请中国证监会原主席肖钢、原副主席高西庆、中国房地产协会副会长张其光、招商局集团总会计师周松担任主编，汇集来自政策部门、金融机构、投资机构、中介机构、行业研究等十余家头部机构的超过30名资深专家，历时一年，多方研讨，数易其稿，形成了30余万字的著作成果。

清华大学五道口金融学院不动产金融研究中心，依托清华五道口在政策、学术与行业领域的研究优势与广泛资源，聚焦行业重大政策与实践课题，立足于严谨的理论与实证研究，通过与政策部门、学术及市场机构的沟通，推动政策改革完善、探索行业最佳实践、促进国际交流合作。中心自成立之初，始终关注中国REITs市场的创新探索，通过课题研究、研讨会、调研等形式，探讨公募REITs的发展和痛点、长租房REITs的设计以及如何盘活如水利基础设施、商业不动产等大规模存量资产问题。招商局是中国民族工商业的先驱，具有银行、证券、基金、保险、资管、租赁等全价值链金融体系。招商蛇口是改革开放初期，我国第一个外向型经济开发区，也是真正意义上的第一个产业园区。产业园区是最具基础设施公募REITs基因的资产品类之一，具备资产范围广、战略定位高、经济贡献大、收益好等特点。不动产金融研究中心与招商蛇口携手策划，邀请行业专家联合编著本书，具有重要的实践意义。

在中国REITs市场起步之际，本书力求高质量完成三方面的工作：一是结合国际经验和典型案例，对REITs市场发展的有关理论、机制设计和政策演变背后的核心逻辑，做全面梳理，为行业提供宏观视角的参考；二是结合现阶段从一级市场到二级市场的全流程，复盘实操中的核心观察与典型案例，以便读者对当前实践的各关键环节，有全面的了解；三是兼顾动态的视角，对REITs市场未来发展的法律、政策和市场机制等顶层设计，做前瞻性的探讨和审慎建议。藉此，我们希望为中国不动产金融的这项重大创新，在当前实践方面提供全面的参考，在长期政策与机制设计方面提供思考的素材与借鉴。

全书从策划到编写，历时一年，令人难忘。联合策划于2021年底启动，2022年1月课题组正式开题。开题研讨会上，肖钢主席听取专家分析，对本书撰写的目的意义、逻辑框架和研究重点给予指导，并提出希望本书结合理论与实践、中国与国际、当前与未来、战略与策略、艺术与技术，向行业普及知识，成为权威性辅导类资料，教育、培训和服务市场主体，成为我国公募REITs实践的必读书。随后，在肖钢主席、高西庆副主席、张其光副会长、周松总会计师及相关政策部门多位领导的指导下，课题组专家积极克服疫情、远距离沟通等不利因素，夜以继日，通力合作；在多次线上会议、线下研讨中，书稿几经修改，于2022年10月完稿并举办成果研讨会。

本书共十五章，从百年变局和世纪疫情下中国宏观经济运行的大背景出发，探讨发展中国公募REITs的紧迫性和必要性，剖析政策演进要点，全面复盘我国公募REITs落地一年多的实际表现，结合案例，分析亮点与痛点。书中着眼于公募REITs项目上市全流程，详细介绍实操环节经验，包括底层资产合规要求、可转让性、资产重组方式、注册审核要求等多方面内容。同时，本书也涉及公募REITs产品生命周期中的多方面知识，如会计处理、资产估值、交易制度、投资者结构以及投资风险等。为进一步完善中国公募REITs体系，促进其健康发展，本书还重点针对REITs发展的关键性问题，提出优化建议，譬如法律结构、治理模式、税收政策、资本结构，以及国有资产转移问题等，希望能为政策部门与行业提供更多参考。我们希望通过这本专著，系统回答三个关键性问题：其一，公募REITs的诞生对中国经济发展有什么意义？第二，在不动产行业调整、转型过程中，公募REITs扮演了什么样的角色？最后，公募REITs对于完善我国资本市场，构建全新金融体系的意义，应该如何理解？这些问题我们将在书中一一做出解答。需要说明的是，成书过程也是市场不断动态演进的过程，因定稿和出版时限，本书对于上市REITs案例的援引、针对制度设计等讨论的背景时间截至2022年9月底，共涉及17只上市REITs，包括三单保租房，并将扩容扩募的讨论纳入其中。对政策和市场发展的持续更新，期待在未来再版中呈现。本书篇幅较长、图表众多，内容难免疏漏，望广大读者谅解，欢迎及时联系课题组指正。

各界专家应邀指导并共同编写此书，贡献了大量宝贵时间，给予深入细致的专业指点。感谢本书主编、课题指导专家肖钢主席、高西庆副主席、张其光副会长、周松总会计师，就本书的立意、框架与重点，为课题组提供了高屋建瓴的指导和见解，以及具体翔实的编写建议。证监会的闫云松博士为本书核心思路和方向提供了重要参考。相关政策部门领导也对本书内容，尤其是政策建议观点的形成给予了重点指导。邓永恒教授凭借深厚的研究背景和丰富的国际经验，为国际章节的撰写提供了重要思路。另外，本书也得到招商局集团缪建民董事长的高度重视和大力支持，在此深表感谢！

感谢所有执笔专家，各机构资深专家通力合作，贡献了高质量的内容和审慎的洞见。按章节顺序（重要性不分先后），他们是：中国社会科学院的蔡真，中信证券的刘炜敏、张文博，中伦律师事务所的魏轶东，招商证券的蒋明华、胡海若、赵庆、王素芬、马佳、谢黎晔，博时基金的吴云、胡海滨，中金公司的张永诚、潘伟、夏露蟾、李映雪，毕马威中国的冯治国、赵彧瑞、肖莨月，德勤中国的吴汪斌、刘亚华、王利星，戴德梁行的胡峰、杨枝、张恺玲，不动产金融研究中心的郭翔宇、魏晨阳，高和资本的周以升、汤益轩，招商蛇口的余志良、熊静、刘莉。此外，也要感谢证监会的闫云松以及招商证券的左飞、赵可，招商基金的徐勇、王戎的参与，为课题组提供了大量有益的观点和材料。

感谢招商蛇口的领导和团队——许永军、蒋铁峰、黄均隆、余志良、熊静、刘莉，以及不动产金融研究中心副主任周以升和郭翔宇、曲悦、余健三位老师。双方团队精心策划、共同努力，招商蛇口团队对于本书统筹及协调，特别是实操章节框架设计、编撰思路、案例素材等均给予了巨大的支持和帮助，提出了很多中肯的意见，推动了本书很多观点的形成。周以升、熊静对课题合作和政策建议展望内容做出积极贡献，郭翔宇在撰稿、统稿、审稿方面贡献良多，曲悦、刘莉在双方合作、课题组工作协调、会议和调研组织以及出版工作统筹方面做了大量工作。

在此，还要感谢中国出版集团中译出版社给予我们专业而精准的支持建议。

向史而新，循脉而行，本书以针对我国公募REITs的全面复盘、客观对照与审慎建议展望为起点，集理论性、专业性、实操性、前瞻性、权威性于一体，为中国公募REITs市场的发展与金融新格局的构建提供解读和借鉴，为中国不动产金融大循环的建设，尽研究者、实践者和探索者的绵薄之力。藉此，期待我国不动产金融的良性大循环、我国金融的新蓝海和新生态早日实现，期待我们在更加富强、平等、幸福的社会机制中与时俱进！

魏晨阳

清华大学五道口金融学院不动产金融研究中心

2023年3月

# 目录

## 第一章　发展中国特色公募REITs的意义

第一节　全面认识中国公募REITs的产生背景 _ 003

第二节　发展中国特色公募REITs的重要性 _ 012

## 第二章　中国公募REITs的开局表现及回顾评价

第一节　开局表现和历程回顾 _ 023

第二节　政策要点剖析 _ 032

第三节　市场及案例回顾 _ 043

第四节　整体评价与问题总结 _ 060

## 第三章　公募REITs项目的底层资产合规要求

第一节　底层资产的合法合规性 _ 071

第二节　REITs项目公司的合法合规性 _ 089

第三节　资产合规亟待解决的相关问题 _ 092

## 第四章　公募REITs项目底层资产的可转让性

第一节　底层资产的可转让性 _ 101

第二节　底层资产转让亟待解决的相关问题 _ 120

## 第五章　公募REITs项目的资产重组

第一节　资产重组的原因和必要性分析 _ 125

第二节　资产重组的方式 _ 128

第三节　债务重组 _ 134

第四节　实操中的资产重组 _ 135

## 第六章　公募REITs的注册审核要求

第一节　公募REITs审核的原则、准则与方向 _ 143

第二节　试点阶段的审核规则和关注要点 _ 148

第三节　REITs常规化审核阶段监管机构关注重点 _ 158

## 第七章　公募REITs定价、发售及流动性安排

第一节　REITs的估值逻辑与定价机制 _ 171

第二节　公募REITs的发售上市流程 _ 177

第三节　境外REITs发售机制概述 _ 189

第四节　公募REITs的流动性安排 _ 190

## 第八章　公募REITs的治理模式

第一节　公募RIETs治理模式的必要性 _ 207

第二节　境外REITs治理结构和典型案例分析 _ 208

第三节　公募REITs治理模式的特殊性 _ 236

第四节　中国公募REITs治理模式的相关思考 _ 251

## 第九章　中国公募REITs立法路径研究

第一节　中国公募REITs面临的主要问题 _ 267

第二节　境外REITs市场经验借鉴 _ 269

第三节　中国公募REITs的立法路径选择 _ 272

## 第十章　公募REITs的税务考量及会计处理

第一节　税务考量 _ 279

第二节　会计相关问题 _ 300

## 第十一章　公募REITs的资产估值

第一节　基础资产估值的作用及意义 _ 317

第二节　境内外公募REITs估值要求对比 _ 319

第三节　基础资产估值方法选择及评估要点分析 _ 321

第四节　中国公募REITs基础资产情况及评估参数分析 _ 325

## 第十二章　公募REITs的资本结构

第一节　公募REITs资本结构的重要性 _ 343

第二节　公募REITs的融资工具 _ 343

第三节　境内外REITs市场资本结构 _ 348

第四节　中国公募REITs外部融资情况 _ 355

第五节　公募REITs资本结构的意义及展望 _ 359

## 第十三章　公募REITs交易制度、投资者结构以及风险

第一节　公募REITs的交易制度 _ 367

第二节　公募REITs的投资者结构 _ 377

第三节　公募REITs的投资风险 _ 393

## 第十四章　全球公募REITs经验借鉴

第一节　全球REITs市场的起源与发展历程 _ 399

第二节　全球REITs市场的现状 _ 414

第三节　可借鉴的全球经验 _ 422

## 第十五章　中国公募REITs的优化建议与展望

第一节　优化建议 _ 437

第二节　未来展望 _ 452

附　录 _ 460

# 第一章
# 发展中国特色公募 REITs 的意义

蔡 真[①]

当前，中国经济增长路径亟待转变，转型期又面临着国内外风险的冲击，发展中国特色公募 REITs 对稳经济具有重要意义。本章叙述了百年变局和世纪疫情下中国宏观经济运行的大背景，分析了 REITs 制度与稳经济的关系，并在此基础上探讨了发展中国公募 REITs 的紧迫性和必要性，以及中国公募 REITs 的特色之处。

---

[①] 蔡真，中国社会科学院金融研究所副研究员、国家金融与发展实验室房地产金融研究中心主任。

## 第一节　全面认识中国公募 REITs 的产生背景

### 一、中国经济运行的宏观背景

#### （一）中国经济增长路径面临转变

党的二十大报告指出，我们经历了对党和人民事业具有重大现实意义和深远历史意义的三件大事，其中一件是"完成脱贫攻坚、全面建成小康社会的历史任务，实现第一个百年奋斗目标"。中国能够实现第一个百年目标的内在经济逻辑是：中国利用自身禀赋优势并通过改革开放，促进了工业化、国际化、城市化的三重发展，推动了国内生产总值（GDP）高速增长。具体而言，人口方面中国成功将农村剩余劳动力在开放中转变为人口红利，资本方面中国依靠高储蓄和吸引外资实现了快速积累，技术方面中国依赖于"干中学"实现了快速追赶。

然而，中国经济的追赶路径逼近阶段性极限是一个必然过程。在人口方面，蔡昉的研究表明2013年中国的人口红利窗口已经关闭。[①] 后发国家因人口多而陷入"马尔萨斯陷阱"，只有将剩余劳动力转移到工业化进程中并参与国际分工，才能化人口负担为红利。中国正是抓住了这一点并利用了全球化扩张的窗口期，然而作为人口红利的外部镜像，2015年中国出口产品占全球市场份额比重达到14%的顶峰，之后开始下降。更为严峻的形势是，中国人口将在2023年变为负增长；[②] 基于比较优势的传统

---

① 蔡昉.2013年是中国人口红利消失转折点［N］.21世纪经济报道，2012-04-12.
② United Nations, World Population Prospects2022, summary of Results. www.un.org/development/desa/pd/sites/www.un.org.development.desa.pd/files/wpp2022_summary_of_results.pdf.

理念正受到基于安全观和国内再分配视角利益观的严峻挑战，全球化放缓已成为不争事实。

在资本方面，中国的资本形成增速逐步下降。资本形成来自一国储蓄，包括国内投资和净出口。现阶段净出口占中国GDP比重下降至1%，因此中国的储蓄主要来自国内储蓄的增长；从现有情况看，储蓄增长率与收入增长率保持正相关关系，随着收入增长的减缓，储蓄增长也将减缓。居民、企业和政府负债增长加速，根据国家金融与发展实验室公布的最新数据，2022年第二季度三者负债占GDP比重分别为62.3%、161.3%和49.5%，[1] 净储蓄水平持续下降，资本形成增长速度也逐步下降。

在技术方面，一方面，技术进步中的模仿效率和效益随本国技术水平接近全球技术前沿边界而下降；另一方面，知识产权制度不完善，不能有效保护创新激励，以银行主导的间接金融结构体系仅适用于追赶型经济，难以容纳创新过程的意见分歧，也不能有效分担创新过程中的风险。因而自主创新面临较大不确定性。此外，中国承诺"3060"的双碳减排目标，自然约束成为新的成本。

这些基本事实预示着中国经济的追赶路径已逼近稳态，寻找新的增长路径成为必然选择。未来经济增长路径转变的根本是从工业化以物质效率供给转向深度城市化过程中以人为中心，即通过服务提升人的生活质量，达到创新和提升效率的目标。

### （二）投资迎来增量向存量转换的时代

新古典增长理论告诉我们，经济增长趋于条件收敛，相应地，人均资本存量也趋于稳态，这意味着投资将从过去的增量时代向存量时代转换。过往理论界存在中国"高储蓄、高投资、高回报"模式是否可持续的争论，尽管当时给出了完美解释，甚至给出了恰当的模型拟合，然而这不过是"两个一百年"历史长河中的一个小片段。任何国家都不存在持续的经济规模收益递增特性，资本回报趋于收敛是必然规律。图1-1给出了中美日三国资本回报率的变化情况：在长达十年的时间里，日本保持了相对

---

[1] 张晓晶，刘磊. NIFD季报——2022Q2 宏观杠杆率［R/OL］. www.nifd.cn/SeriesReport/Details/3444.

稳定的回报率（5%左右），反映出经济处于稳态；美国的资本回报率略高于日本且有轻微上升的趋势，反映出第四次工业革命所产生的路径改变效应；中国的资本回报率从全球金融危机后呈下降趋势且逐渐逼近发达国家，2016年转折点的出现是由于"营改增"的减税效应，但整体上不改变下行趋势，这反映了中国经济增长的条件收敛状态。

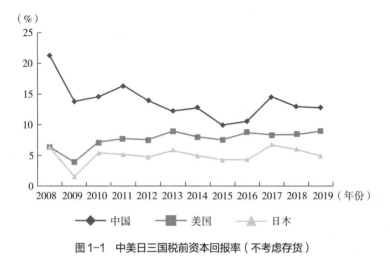

**图1-1 中美日三国税前资本回报率（不考虑存货）**

资料来源：李宏瑾，唐黎阳.全球金融危机以来的资本回报率：中国与主要发达国家比较［J］.经济评论，2021（4）.

中国固定资产存量经过多年积累已达到相当规模。根据中国社会科学院国家资产负债表研究中心的测算，2019年全社会非金融资产总存量达到661.9万亿元，其中非金融企业非金融资产达到341.9万亿元，考虑到人口转向负增长以及资本回报率逼近国际平均水平，生产性资本的人均配备接近上限。居民住房资产达到232.5万亿元，根据第七次人口普查数据，2020年全国人均住房建筑面积达到41.76平方米，人均住房间数1.2间（城镇人均住房间数0.99间）。从每人获得独立居住空间的视角来看，住房资产的人均配备也接近上限。此外，有研究表明，中国住房人均和户均居住面积已超过部分发达国家，[①] 这也意味着在居住条件上中国向国际平

---

① 蔡真.中国住房金融报告（2019）［M］.北京：社会科学文献出版社，2019：6.

均水准逼近。综合来看，固定资产投资（无论是生产性还是居住性资产）正由过去的增量时代向存量时代转换。

针对固定资产存量时代，如何盘活既有资产，从效率中汲取增长的力量尤为关键。这其中离不开两个重要因素：一是专业的人力资本，二是专业的房地产设施。以人力资本为重要载体的服务业，大多都是轻资产公司，它们不大有能力专购房地产设施用以经营，大多都采取租赁经营的方式；而服务业房地产设施的经营又具有专业性，这就催生了专门的房地产设施管理经营者，他们往往以公开募集房地产信托投资基金（简称"公募REITs"）管理人的身份出现，并且行业细分程度极高。运营商业地产类公募REITs的核心，是要找到好的品牌销售商并优化商场的装修程度，公募REITs的租金收益与商场的销售收入紧密相连，因而租赁合同条款除规定一个固定底线外还会按销售收入分成。运营仓储物流类公募REITs的核心是要选取一个综合运输成本最低的位置，同时在分拣、包装设备上进行大量投资，其租赁特点是客户相对稳定，但租金上涨的可能性较低。正是这些专业化公募REITs管理团队促进了相关服务业的发展，而服务业的发展又恰恰是经济增长路径转变的根本。

**（三）经济转型期面临国内外风险冲击**

中国经济增长正处于穿越路径拐点的关键时期，然而百年变局和世纪疫情相互叠加的复杂局面对转型形成了冲击，经济发展面临的"三重压力"进一步凸显。

就国内风险冲击而言，首先是来自新冠肺炎疫情的影响。我国立足国情、遵循科学规律采取了"动态清零"的防疫方针，最大限度保护人民生命安全和身体健康，同时也最大限度减少了对经济社会发展的影响。然而，经济增长无论是在需求端还是供给端都受到了疫情的扰动。需求端受影响最大的是消费，2021年疫情防控取得重大胜利，但社会消费品零售总额季度同比增速一直呈下降趋势，2022年第二季度同比增长 –0.7%，为2021年以来的首次负增长。由此可以看出，疫情对消费的扰动是持续的。生产端受疫情影响呈分化现象，数字驱动的行业如信息传输、软件和技术服务业以及金融业在疫情中逆势成长，但劳动力供给弹性低、复工复产卫生条件要求高以及对供应链依赖程度大的行业受疫情冲击影响较严重，包括建筑业、住宿和餐饮业、交通运输业、批发和零售业等。

其次，风险来源于"三期叠加"状态下过往问题的集中暴露，主要集中在以下三个方面。第一，房企风险持续发酵。自2021年"恒大风险事件"暴露以来，爆雷房企不断增加，融资环境持续收紧，叠加疫情影响，房企资金链更加紧张。截至2022年6月末，出险上市房企超过30家，这些房企的资产总额近10万亿元，形势极不乐观。第二，地方政府隐性债务持续增长。地方政府隐性债务问题由来已久，2021年4月，《关于进一步深化预算管理制度改革的意见》（国发〔2021〕5号）明确"坚决遏制隐性债务增量，妥善处置和化解隐性债务存量"总基调。然而，受预算软约束以及"土地价格不跌"信仰影响，地方政府隐性债务规模未能得到有效遏制。据多家机构估计，目前地方政府隐性债务存量约为40万亿元以上，其中相当一部分为地方城投平台的债务。第三，中小银行潜在风险上升。近年来城商行、农商行等中小银行不良率上升较快，2022年4月爆发了"河南村镇银行"事件。中小银行的极端事件可归因为重要股东资质低下、不当行政干预等，但中小银行风险上升的主要原因是，资产配置在房地产、地方融资平台领域更为集中，且自身化解风险能力有限。根据中国人民银行的统计，截至2021年底高风险机构为316家，资产规模约为3.5万亿元。以上三个方面的问题都与房地产市场高度相关：过往二十多年，房地产市场凭借城市化进程迎来了高利润时代。然而随着人口机会窗口关闭、全球化红利衰退、城市化进程放缓，影响增长路径的关键要素发生转变，房地产迅速成为低利润行业，销售端的低利润与融资端的高杠杆发生激烈碰撞，再通过产业链网络和金融网络进行传染，诸多风险事件集中爆发。

就国外风险冲击而言，首次爆发的是输入性通胀风险。全球疫情暴发后，美欧日等发达国家和地区推出了规模庞大的救助计划，使需求得以维持，在服务消费难以完全展开的情况下，居民货物消费增速甚至超过了疫情之前。与此同时，疫情以及俄乌冲突对全球经济供给面产生冲击。一方面，全球食品和能源出现供给缺口；另一方面，全球供应链受到严重冲击。在供给端不稳且需求端主要依靠政府负债和央行扩表行为驱动下，很容易形成"顺周期"通胀，即消费者价格指数（CPI）和生产价格指数（PPI）同时上涨。2022年6月美国CPI同比达到9.1%，2021年11月美国PPI同比达到26.5%，在20世纪80年代石油冲击逐渐平息后美国再也没有出现过如此之高的通胀。

其次，风险来源于全球经济复苏非同步性导致的政策溢出效应。在经历了较长时间CPI快速上涨后，部分发达国家意识到制约供给恢复的因素在短时间内难以完全修复，而CPI快速上涨持续的时间越长越会改变人们的通胀预期，从而使高通胀成为难以化解的问题。一些发达国家在财政政策退出的情况下，继续收紧货币政策。以美国为例，美联储自2022年3月以来已连续5次提高联邦基金目标利率，至2022年9月联邦基金目标利率达到3.25%；同时，美联储宣布自2022年6月开始缩表，每月减持475亿美元资产，三个月后减持规模增加到950亿美元。与此同时，中国在统筹疫情防控和经济社会发展的情况下，用较短时间实现了供给端特别是工业生产的全面恢复。2020年中国是全球唯一实现正增长的主要经济体，2021年中国经济增速仍高于发达经济体。进入2022年中国经济面临的主要矛盾不是通胀，而是内需偏弱，故而货币政策方面采取了降息和结构性扩张工具。在中美货币政策异步形势下，中国面临较大的货币贬值和资金外流压力。

## 二、公募REITs制度与稳经济的关系

### （一）稳经济的重要性

党的二十大明确了新时代新征程中国共产党的使命任务，即团结带领全国各族人民全面建成社会主义现代化强国、实现第二个百年奋斗目标，以中国式现代化全面推进中华民族伟大复兴。布劳德伯利（Broadberry）和沃利斯（Wallis）的一项关于长期经济绩效的研究表明：不同收入组别的国家在增长频率和增长幅度上差别不大，但高收入国家的收缩频率和收缩幅度要明显低于低收入国家，这意味着一个国家若想取得优异的长期经济绩效，必须尽可能地避免经济收缩。[①] 这一结论对当下经济工作具有重

---

① Broadberry, S. and J. Wallis, Growing, "Shrinking and Long Run Economic Performance: Historical Perspectives on Economic Development", Working Paper, 2016.

要实践指导意义：当前我国经济面临增长路径转变，同时又面临着供给端的冲击，若要实现第二个百年奋斗目标，当下稳住经济大盘甚为关键。

换个角度，从计量经济学视角可以更容易解释经济收缩的危害。第一，较大的经济收缩幅度导致较低的基数效应，即使在第二年有较高的经济增长幅度，但由于前一期的基数较低，导致复合增长率较低。第二，较高的收缩频率（即收缩时间段所占百分比）产生两方面效应：一方面，较高比例的收缩时间使得增长的趋势难以形成，从而影响长期的经济绩效；另一方面，较高的收缩频率如果与增长频率交替出现，则导致经济绩效的方差较大，如果不同时段收缩幅度和增长幅度差异较大，甚至会出现异方差情况，这进一步损害了长期的经济绩效。这一道理也可以用一句中国古话概括，即"守正笃实、久久为功"。这里"守正"的"正"指经济的潜在产出。如何守得住"正"？唯有"笃实"，这里的"笃实"除了要"撸起袖子加油干"，更重要的是要坚持"底线思维"，防止出现系统性风险或经济收缩现象。因为我们咬定的目标是"第二个一百年"，从现在到21世纪中叶还有近30年时间，唯有"稳字当头"、谨慎前行，方能保证经济增长的连续可导状态，最终实现可期的长期绩效。

### （二）公募 REITs 制度对稳经济的重要作用

如何稳住经济大盘？我们关注 REITs 制度在其中发挥的作用。此处也正式切入本书主题。

房地产投资信托基金（公募 REITs）是一种可流通的标准化金融产品，通常采取公司、基金或信托的组织形式，通过发行股票、受益凭证或其他权益凭证的方式向投资者募集资金，由专业投资管理机构投资和经营可产生收益的不动产或不动产相关资产来获取投资收益和资本增值，并将绝大部分投资收益（一般超过 90%）分配给投资者的投资信托基金。公募 REITs 投资的底层资产主要为预期可产生长期、持续、稳定现金流的不动产及相关资产，包括基础设施、写字楼、商场、住宅、酒店、仓库、林地、工业物业、医院、房地产抵押贷款、房地产抵押证券等。REITs 制度最早可追溯至 1960 年，美国第 86 届国会通过了《国内税收法典》（Internal Revenue Code）修正案，增修了 856~858 条款（Part Ⅱ—Real Estate Investment Trusts），即所谓的《房地产投资信托法案》(Real Estate Investment Trusts Act of 1960),明确了成立公募 REITs 的税收中性地位,并与基金投资公司接受相同的规范和监管。1960 年 9 月 14 日,时任美国总统艾森豪威尔签署,该法案于 1960 年 12 月 31 日正式生效,这标志着公募 REITs 制度通过立法成功创立。

公募 REITs 制度的立法成功虽说是各方利益博弈的结果,但最终发挥的作用导向了城市更新和稳经济。20 世纪中期,美国经济发展中城市出现了贫民窟现象,为此美国政府于 1949 年推出了"城市更新计划"(Urban Renewal Program)。1956—1959 年美国经济经历了短暂的低迷期,艾森豪威尔总统希望通过基础设施投资来刺激经济增长,然而这会造成公共财政负担加重并挤占"城市更新计划"。为此,政府希望私人资本进入房地产领域,满足"城市更新计划"所需资金,并通过投资增加帮助美国摆脱经济低迷状况。在综合权衡公募 REITs 税收中性地位带来的短期税收减少,以及私人资本对稳投资、稳经济的长期正面影响后,REITs 法案顺利获得总统批准。就当下中国而言,增长路径要转向以人为本的深度城市化,一个核心要素是推动城市更新,为在城市中生活的人提供高品质的公共服务,而公募 REITs 制度恰恰可以发挥这一作用。

日本公募 REITs 制度建立的目的在于增加房地产市场流动性,从而起到稳经济的作用。20 世纪 90 年代初日本泡沫经济破灭,土地资产价格大幅下滑,导致不良债权集中爆发和大量金融机构破产。在这样的背景下,房地产公司和金融机构联手推出证券化产品,希望增加房地产市场的流动性。亚洲金融危机对日本经济形成了又一次冲击,1998 年日本政府制定了《关于通过特定目的公司来进行特定资产流动化法律》,这为日本的资产证券化奠定了法律基础。2000 年 11 月日本通过《投资信托和投资公司法(修订法案)》,允许投资信托和投资公司将募集的资金投资于房地产,这标志着日本公募 REITs 制度正式确立。公募 REITs 制度一方面通过为市场提供流动性稳定了日本的房地产价格,另一方面提高了社会投资水平,从而稳定经济增长。当前中国经济转型中面临的最大内部冲击来自房地产市场,房企的流动性危机逐步向债务危机发展,目前房企违约债券金额约占债券市场总违约的三分之一，银行开发贷不良双升，当前亟须公募REITs制度化解房地产市场的流动性危机和债务危机。

公募REITs制度除对稳经济产生直接影响外，还关系到一国的资本市场建设，而一国拥有具备深度和广度的资本市场是经济平稳健康发展的充分条件。过去30年以来公募REITs市场迅猛发展，截至2021年底全球公开上市REITs的市值达到2.5万亿美元，成为继股票市场、债券市场之后的第三大类资本市场。从覆盖的国家和地区来看，1990年仅有5个国家和地区拥有REITs产品，到2021年增加至41个国家和地区，且拥有公募REITs制度的国家和地区GDP份额占世界的85%，这意味着世界主要国家和地区都拥有公募REITs制度。

公募REITs制度除发挥稳经济的作用外，还对宏观管理体制改革发挥着促进作用，而宏观管理体制改革又是实现增长路径转变的关键。国际货币基金组织为中国宏观管理框架改革列出了十一项阶段性评估指标[1]，其中七项公募REITs都可以发挥积极作用。第一，从工业转向服务业，公募REITs通过专业化的管理团队促进相关服务业效率提升；第二，资源分配上从国家导向转向市场和私人部门推动，REITs是一种公募化产品，可以让更多个人参与到资源配置中；第三，从过高的企业债务转向可持续的杠杆水平，公募REITs是一种权益型产品，可以降低杠杆水平；第四，从财政债务上升（特别是地方政府债务）转向可持续的财政，将公募REITs制度应用于公共基础设施时即可降低地方政府债务水平；第五，从增加要素投入转向提高生产率和鼓励创新，公募REITs可以盘活固定资产，提高其利用效率；第六，从不平等的增长转向包容性的增长，公募REITs降低了不动产投资的门槛，更多居民参与不动产资产配置使公募REITs具有普惠金融属性；第七，从高污染转向绿色增长、可持续利用能源，公募REITs基础资产中一大类是生态环保类资产，公募REITs制度通过募集社会资金促进了绿色投资。

---

[1] 林卫基，任志清，席睿德. 中国该如何深化改革：IMF的国际视野[M]. 北京：中信出版社，2018：9.

## 第二节　发展中国特色公募 REITs 的重要性

### 一、发展中国公募 REITs 的紧迫性

从各国家和地区推出公募 REITs 的历史契机来看，公募 REITs 的推出与一国的经济发展形势和房地产市场运行情况有着密切的关联。大部分国家和地区推出公募 REITs 的时间在经济增速放缓（如美国、荷兰、澳大利亚、法国、德国等）或出现较为严重的经济金融危机（如新加坡、日本、中国香港、西班牙等）之后。当前我国经济发展面临需求收缩、供给冲击、预期转弱三重压力，国内外风险挑战明显增多。基于上述宏观背景，经济工作需坚持"稳字当头、稳中求进"的工作思路，考虑到公募 REITs 制度对稳经济的重大作用，当前发展中国公募 REITs 具有紧迫性。

#### （一）大量基础设施资产有待盘活

长期以来，投资一直是稳增长的"压舱石"，故而形成了较大的存量。通过发行公募 REITs，可以将缺乏流动性的存量资产转换成流动性强的金融产品，建设经营方得到现金流的补充后可提高基础资产的流动性和盈利能力，从而更好地支持实体经济发展。根据 CEIC 数据，2010 年中国已经超过美国成为全球固定资产规模最大的国家。有研报估计，中国以基础设施为底层资产的 REITs 市场规模有望达到十万亿级别。[①]

根据国家统计局对基础设施投资的定义和数据测算，仅 2010—2020 年基础设施累计投资达 108 万亿元。分领域看，2019 年底全国铁路营业里程达 13.9 万千米，其中高铁 3.5 万千米，稳居世界第一位；全国公路营业里程 501 万千米，其中高速公路 14 万千米，同样居世界第一位；民用运输机场 238 个，其中旅客吞吐量超千万的机场达 39 个，全球机场吞吐量前 10 位中中国占据 3 位；全国已有 39 个亿吨大港，其中 6 个港口进入全球十大港口行列；全国共建成生活垃圾焚烧场 506 座，危险废物集中利用

---

① 韩志峰，张峥，等. REITs：中国道路［M］. 北京：人民出版社，2021：73-74.

处置单位近 2 600 家；全国营业性通用仓库面积超过 10 亿平方米，冷库库容超 1.5 亿立方米；全国运营、在建和规划的各类物流园区超过 1 600 个，国家示范物流园区 56 个，全国物流枢纽 23 个；全国电信运营商和第三方数据中心服务商拥有大约 300 万台机柜。北京大学光华管理学院 REITs 课题组根据全球主要市场的 REITs 相对经济总量和上市公司总市值的规模占比，结合中国的相关数据和合理预估，认为中国 REITs 市场的潜在规模有望达到 10 万亿元。根据瑞银证券统计，中国适合做基础设施 REITs 的收费公路、交通设施、电力、物流仓储类项目等相关产业潜在市场规模达 39 万亿元。

从基础设施服务能力看，2019 年，铁路动车组发送旅客 22.9 亿人次，铁路完成货运量达 43.9 亿吨，是美国、俄罗斯铁路货运量之和的 1.3 倍；全国民航运输机场完成旅客吞吐量 13.52 亿人次；全国港口货物吞吐量为 139.51 亿吨，7 个港口集装箱吞吐量突破 1 000 万标箱；生活垃圾焚烧场日处理能力 46.2 万吨，污水处理厂日处理能力 2.26 亿立方米，危险废物集中利用处置能力超 1.1 亿吨 / 年；邮政业服务用户超过 1 000 亿人次，快递业务量和业务收入分别为 635 亿件、7 498 亿元，稳居世界第一位。这些基础设施强大的服务能力，将为发行 REITs 产品奠定坚实基础。

未来一段时间，中国将进一步统筹推进基础设施建设，包括系统布局新型基础设施，加快推动绿色低碳发展、建设交通强国、推进能源革命、加强水利基础设施建设、推进以人为核心的新型城镇化、加快补齐基础设施领域短板等。这些新基建亟须通过公募 REITs 制度完成"投融管退"的闭环操作，从而实现基础设施投资的良性循环。

**（二）房地产市场风险亟须化解**

自 2021 年 6 月"恒大风险事件"爆发以来，房地产市场持续下行，截至 2022 年 6 月，70 城商品住宅销售价格已持续下跌 10 个月，2022 年上半年商品住宅销售面积同比下跌 26.6%，销售额同比下跌 31.8%。在销售端低迷不振的情况下融资端也在持续收紧，2022 年上半年房地产开发贷余额增速连续两个季度为负，2022 年第一季度和第二季度房企境内信用债发行额同比下降 27.4% 和 17.9%，境外债发行同比下降 71.4% 和

68.8%。在销售端低迷和融资端收紧共同作用下，房地产行业爆雷事件持续增加。

房地产行业爆雷事件造成的负面影响是多方面的，每一方面影响也是深重的。首当其冲的是金融业，金融业对信息传递最为敏感，其市场表现也最为充分：恒大爆雷后国内债券市场 AA 级房企的信用利差在短时期内高达 377 个 BP。许多人或许不明白这一数值所代表的含义，可以举一个类似的例子，2008 年金融危机时 LIBOR-OIS 的利差最高也只是达到 364 个 BP，这意味着房企债券已经陷入极大困境，堪称一次流动性危机。财政体系的影响相对滞后，因为税收以及土地出让收入须在房企完成一轮销售之后才能形成，然而恒大事件经一年多发酵后，对财政体系的冲击可谓千疮百孔。我们不仅看到土地流拍、溢价率降低这些直观现象，而且也有地方公务员、事业单位员工大幅降薪及城市公交停运等新闻频繁爆出，更不堪的是地方财政收入增长主要依靠罚款收入。实体经济的影响，得益于上市公司年报的披露。我们可以从中窥探冰山一角：恒大一家房企的爆雷就导致了多家行业龙头的巨亏，主营门窗幕墙的嘉寓股份 2021 年的亏损就超过了过去 15 年的累计盈利。老板电器、索菲亚、三棵树等多家行业龙头上市公司也因踩雷恒大而面临巨亏。社会稳定也因房企爆雷受到冲击：2022 年 6 月 30 日出现了"集体停贷事件"，涉及 200 多个楼盘，"停贷"对购房者而言是一种近乎"自杀式"的维权方式，这说明购房者已处于退无可退的绝境。中国居民的住房资产占总资产的比例高达 59.1%，住房按揭贷款占家庭总负债的 75.9%。考虑到如此脆弱的资产负债结构，如果购房者收不到实物资产，同时还要背负巨额房贷债务，那么发生类似于西班牙的"按揭受害者平台（PAH）运动"将不是没有可能。

针对当前房地产行业困境，人民银行和住建部等相关主管部门采取了引导预期、信贷托底、保交楼等诸多措施予以应对，但效果并不理想，一个重要的原因是开发商负债规模过大。据统计，中国开发商总计负债约 20 万亿元，而持有的不动产规模约为 18.2 万亿元。公募 REITs 制度目前取得了较为理想的运行效果，底层资产已由基础设施扩容至保障性租赁住房，可尽快推进并将其运用至当前房企的保交楼任务中。一方面，公募

REITs 份额化发行的特点有利于募集大量资金；另一方面，公募 REITs 制度是一种退出机制，可以帮助开发商盘活资产，从而有效应对流动性危机。

## 二、发展中国公募 REITs 的必要性

前文关于发展中国公募 REITs 的紧迫性分析，其实也包含了必要性的成分。除以上两点之外，发展中国公募 REITs 还具有以下重要意义。

### （一）有助于宏观经济防风险

债务问题是一个全球性的问题，自 2008 年全球金融危机后呈常态化趋势，其根源在于实体经济中资本产出比持续下降。就中国而言，债务问题主要集中于地方政府债务上，截至 2021 年底，中国地方政府债务余额为 30.3 万亿元，是我国债券市场最大的债券品种；除此之外，地方政府还承担着融资平台产生的隐性债务，2021 年底公开发行的城投债余额为 13.1 万亿元，两者合计 43.4 万亿元；如果考虑其他非公开发行的隐性债务，地方政府（显性+隐性）债务余额预计在 50 万亿—60 万亿元。防范地方政府债务风险已经成为当前防范风险工作的重中之重。地方政府大规模债务对应的资产主要是基础设施，其产生的根源固然与 GDP 锦标赛导致的投资饥渴症以及土地财政的制度漏洞有关，但金融体制的缺陷也难辞其咎。尽管中央采取了各种方式进行治理，但地方政府融资进行基础设施建设的热情并没有消减，而融资模式从早期的融资平台贷款到后来的影子银行，再到目前各种明股实债的政府和社会资本合作（PPP），不断翻新的花样实际上反映了"堵塞漏洞"的思路存在系统性偏差。

公募 REITs 的登场无疑开辟了一条解决债务问题的正规途径。中国的公募 REITs 制度与国际接轨，同样遵循"市场原则、权益导向"这一重要原则，通过权益化方式可以弥补项目资本金不足的问题，通过份额化方式可以起到分散债务风险的作用，最终达到降低政府杠杆率的效果。如果政府及其实际控制的平台公司可以通过公募 REITs 实现良性循环，未来城投公司则可以以投融资功能为主转型为真正意义上的地方基础设施专业化运营主体。我国的公募 REITs 制度明确了基金管理人可以聘请第三方机构负责日常运营维护和档案归集管理等工作，城投公司作为对地方情况和资产

状况最熟悉的机构,最有条件承担这一职责,这为城投公司转型成为"轻资产"的运行主体并最终化解债务风险提供了解决方案。然而,REITs的意义远不止于此。过去由于没有基础设施的定价基准,盲目投资和预算软约束难以防范。以REITs的价格作为基准,将会推动基础设施投资更加科学,也有助于厘清中央对地方补贴的边界和规则。

### (二)有助于金融供给侧改革

长期以来,由于间接融资模式占据主导地位,且信贷资金大量集中在房地产和地方投融资平台领域,同时叠加各类"通道",导致金融体系出现了明显的结构问题。随着资管新规以来的一系列制度建设和结构优化,"同业乱象"和"影子银行"等问题已得到明显化解,为推出公募REITs这一复杂金融工具打下了重要基础。未来,公募REITs的发展和成熟对于基础设施和房地产融资,可以起到带动非标转标、提高直接融资比例、改善银行期限错配问题、增加社会权益性资本介入等多项作用。

发展公募REITs对于建立多层次资本市场也具有重要意义。我国资本市场长期以来表现出重股权轻债权的发展倾向,这种发展格局不利于吸引长线资金的投资,造成了资本市场较浓的投机气氛。公募REITs产品兼具股权和债权属性,债权特性表现在,公募REITs管理人每年必须将90%以上的投资收益强制分配给投资者;股权特性表现在,管理人的主动管理能力会影响公募REITs产品的估值,而投资人也可采取用脚投票的方式买卖公募REITs份额。这种类似于夹层资本但又更偏向于债权性质的产品有利于吸引长线资金,有利于改变"重股轻债"的格局,对丰富资本市场的交易品种有重要作用。

### (三)有助于促进共同富裕

党的十八大以来,党中央把逐步实现全体人民共同富裕摆在更加重要的位置上。自1998年住房货币化改革以来,住房成为收入差距加大和财富分配不均衡的重要工具,而通过公募REITs这一工具将不动产金融化,更多老百姓可以分享不动产收益,从而促进共同富裕。这也体现了党的二十大报告中"以人民为中心"的发展思想。

公募REITs促进共同富裕的第一个逻辑是其具有普惠金融性质。普惠金融的目标在于，使得社会各阶层和群体都能以可负担的成本融资进行适当、有效的金融投资。公募 REITs 通过份额化的发行降低了不动产投资的参与门槛，使中低收入家庭参与不动产资产配置成为可能；同时公募 REITs 产品强制分红制度所形成的风险特征与中低收入人群的风险偏好相匹配，从而使更多人分享不动产市场的收益。

公募 REITs 促进共同富裕的第二个逻辑是其具有抗通胀属性。诸多文献研究表明，不动产是重要的抗通胀工具，其内在逻辑在于：高通胀时期，货币的超额供给会增强以不动产为基础资产的信用扩张，同时名义收入的增加也会提升不动产的购置需求，从而提升不动产价格。公募 REITs 产品投资于租金收入稳定的不动产项目，租金合同往往根据通胀情况进行调整，这保证了抗通胀属性由底层资产向金融产品的传递性。通胀有利于企业主和债权人，这类群体大都属于富裕群体，中低收入群体通过投资公募 REITs 产品，可以避免因通胀导致的收入以及财富分配差距。

### （四）有助于房地产行业转型升级

过往二十年房地产行业在人口转移背景下获得了快速发展，同时也推动了城市化进程。在取得显著成绩的同时，行业也形成了潜在风险。一方面，人口转移的"刚需"形成了行业高利润，高利润必然导致微观主体借助高负债和高周转进行业务的双轮驱动（这是资本的天然属性），然而"三高"的重资产模式遇见低利润时代必然产生激烈碰撞；另一方面，行业快速发展导致住房安全网建设的忽视，这是市场失灵的自然结果：由于高房价导致低租金收益率，同时租金回收期长，这导致住房租赁市场机构化水平低，以散户为主的租赁市场导致租户权益难以保障。2015 年"租购并举"概念提出，政府试图弥补市场失灵，但由于缺乏足够的政策支持，住房租赁市场演绎了一轮"庞氏融资"的老故事，许多长租公寓企业在疫情影响下纷纷倒闭。

行业光环的褪去意味着转型的必然性，而日益突出的棘轮效应也引起了监管层的高度重视。2022 年 8 月底 3 只保障性租赁住房公募 REITs 产品上市具有里程碑式的意义。一方面，它是对"房住不炒、租购并举"的最佳注脚；另一方面，它为开发商树立了标杆，对行业转型具有指导意义。第一，保障性租赁住房公募 REITs 的发行意味着资产退出是可能的，这为行业去杠杆、困境资产的退出提供了参照；第二，保障性租赁住房公募 REITs 能够成功发行说明其底层资产资本化率达到 4% 的要求，这意味着通过管理项目实现可观盈利是可能的，这为行业转型增加了信心。

## 三、中国公募 REITs 的特色之处

中国公募 REITs 的推出经历了曲折的过程，是各方智慧和努力的结晶，其方案在资产构成、收入构成、收入分配等方面与成熟市场保持高度一致，但在交易结构、税收结构等方面结合中国经验，体现了特色之处。

### （一）"公募基金 + ABS"的交易结构

中国公募 REITs 采用"公募基金 + ABS（资产支持证券）"的交易结构。要求基金 80% 以上份额投资于底层资产 ABS，并持有其全部份额，ABS 持有基础设施项目公司或保障性租赁住房项目的全部股权，最终基金通过 ABS 持有项目公司，同时取得基础设施项目完全所有权或经营权。基金管理人和 ABS 管理人必须具有实际控制关系或同一控制，并由基金管理人负责主动运营管理项目，以获取基础设施项目或保障性租赁住房的租金、收费等稳定现金流为主要目的，同时基金管理人可聘请运营管理机构负责不动产的日常运营管理。

这一交易结构是中国证监会克服诸多现实难点、开创性地以最小阻力架构来启动试点的重大举措，避免了受制于大量基础性法律约束的问题，且实现了公募化和权益化，并建立了主动管理机制。基础设施公募 REITs 的高效推出，实现了促进基础设施行业投融资、丰富投资品种、发展资本市场等多个政策目标。

### （二）税收结构的差异

公募 REITs 之所以广受青睐，在于其收益率高且稳定，税务优惠政策则是背后的重要原因。美国、日本、新加坡等公募 REITs 较为成熟市场通过专门立法或修改现有法案的方式，给予公募 REITs 诸多税收优惠安排，这些税收安排一般集中在公募 REITs 产品层面和投资人分红阶段，而对于底层资产入池涉及的不动产转让，一般不提供税收优惠政策。

2022年1月29日，财政部、税务总局发布了《关于基础设施领域不动产投资信托基金（REITs）试点税收政策的公告》，明确了公募REITs搭建、设立阶段的税收支持政策，对公募REITs市场发展具有重大积极影响。公告的主要内容包括：一是原始权益人将资产划转到项目公司以及原始权益人取得项目公司股权，增值部分暂不缴纳所得税；二是公募REITs完成资金募集且原始权益人收到对价款后，才就转让评估增值部分缴纳所得税，对战略配售自持部分比例对应增值的应税所得额，可按照先进先出原则递延至未来实际转让时缴纳；三是追溯适用，2021年1月1日前发生的符合规定的事项，也可按规定享受相关政策。这一政策对于持有优质基础资产的原始权益人来说，调整后可实现更加经济的税务安排，有利于提升其转让优质资产并发行公募REITs的积极性。

对比中外公募REITs税收差异，为保持税收中性，国外成熟市场的税收优惠主要体现在产品后端，而中国公募REITs的税收优惠主要集中于底层资产入池的前期阶段。

**（三）入池资产类型切入点的差异**

与发达国家首先用公募REITs服务房地产行业不同，中国公募REITs发展以基础设施作为切入点，而后将基础资产扩容至保障性租赁住房，这是一大特色，也体现出重要现实背景和宏观战略意义。

从基础设施切入基于两点考量：第一，基础设施投资是当前和未来拉动经济增长的重要引擎，在基础设施领域实现"稳投资"乃至"增投资"，是国内经济尽快摆脱疫情影响和迈向高质量发展的必然途径。第二，在资产类型上优先支持基础设施补短板行业，包括仓储物流、收费公路、各类市政工程，同时鼓励信息网络相关资产（如数据中心、信号塔等）和特定类型的产业园区等。定向支持这些特定类别的资产，有助于加速发展互联网、大数据为首的战略性新兴产业和现代物流、研发设计为主的现代服务业，有利于促进增长路径向深度城市化过程中以人为中心的转变。

在首批9只基础设施公募REITs大获成功后，基础资产的扩容首选保障性租赁住房，这也是基于两点考量：第一，有利于落实"房住不炒、租购并举"国家战略。从需求端来讲，随着我国经济增长路径转向深度城市化,必将形成新市民群体,新市民群体留在城市的首要需求是居住,通过发展保障性租赁住房公募 REITs,可为新市民提供可负担的居住条件;发展保障性租赁住房公募 REITs,可通过项目退出资金回收后实现"以存量带动增量";而租赁市场的扩大也有利于稳定房价,实现"房住不炒"目标。从供给端来讲,保障性租赁住房公募 REITs 的扩大,有助于改善以散租为主的市场结构,促进住房租赁市场向规模化、机构化方向发展。第二,保障性租赁住房公募 REITs 有助于推动房地产行业转型。一方面,公募 REITs 发行提供的项目退出机制实现了降杠杆和盘活资产,有效降低了风险;另一方面,保障性租赁住房公募 REITs 的持有管理模式与传统房企业务存在一定关联,为房企转型提供了可选择的路径。

### (四)为国有资本管理探索新路径

国外公募 REITs 的底层资产以私有产权为主,而我国公募 REITs 的底层资产以国有产权为主。国有资本资产长期以来面临管理运营低效的困境,而过往实施的私有化、管理层收购、PPP 等旨在提高国有资本运营效率的各种举措也面临着国有资产流失、安全性降低、合规性降低等诸多难题。公募 REITs 的出现无疑为国有资本管理探索出一条新路径。

我们可将公募 REITs 看成对项目资产进行的混合所有制改革,通过证券市场以公允价格实现资产权益的证券化,通过引入社会资本方,实现国有资本和社会资本共同持有 REITs 份额,进而持有项目公司。这一新的治理模式对国资而言具有如下优势。第一,实现了 REITs 旗下资产项目的国资主导性不变,目前上市 17 只公募 REITs(其中 3 只为保障性租赁住房 REITs)均委托原始权益人或其子公司进行运营管理。第二,实现了对国有资产的有效监督,REITs 持有人大会可以发挥"用手投票"机制,形成投资人对管理人的约束,公开信息披露以及二级市场价格机制有利于发挥"用脚投票"机制。第三,实现了国有资产的保值增值,REITs 制度是产融结合的载体,通过借助资本市场功能,公募 REITs 可以推动金融和实体产业相互促进,盘活存量资产,提升运营能力。

# 第二章

# 中国公募 REITs 的开局表现及回顾评价

刘炜敏[①]　张文博[②]

中国公募 REITs 发展至今，历经了早期酝酿、私募试点、公募试点和试点扩大四个阶段。经过十余年的酝酿和发展，2021 年 6 月，首批公募 REITs 成功发行，二级市场开局表现良好。本章在梳理公募 REITs 发展历史的基础上，剖析了境内公募 REITs 制度设计上的政策要点，回顾了已发行试点项目的市场表现，并总结了公募 REITs 制度建设的重要意义。

---

① 刘炜敏，中信证券股份有限公司金石基金总经理。
② 张文博，中信证券股份有限公司金石基金副总裁。

# 第一节　开局表现和历程回顾

## 一、开局表现

截至 2022 年 9 月 30 日，已有 17 只公募 REITs 在上海证券交易所及深圳证券交易所（以下简称"沪深交易所"）上市，3 只已经申报通过，9 只处于受理、反馈阶段。公募 REITs 的发售采取"战略配售＋网下发行＋网上公众发行"的方式，投资者认购情绪火爆。17 只项目中，询价区间上限相较资产评估值均有不超过 20% 的溢价。从发行结果来看，最终各

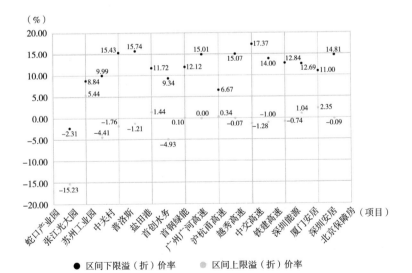

图 2-1　已发行 17 只公募 REITs 询价区间溢价率情况

数据来源：Wind，作者整理绘制。

注：数据截至 2022 年 9 月 30 日。

基金份额单位定价相较于"全部报价加权平均和中位数孰低值"基本控制在 -5% 以内。首批项目发行时，不少机构投资者因合规、时效等因素与首批公募 REITs 失之交臂。

战略投资者看好底层资产的长期稳定收益，同时公募 REITs 也优先选择追求资产长期稳健投资回报的战略投资者。产业投资者以战略投资作为参与公募 REITs 的切入点，期望以试点为契机开展转型，致力于公募 REITs 全产业链布局，把握基础设施补短板领域和新型基础设施领域的投资机会，打造投融管退为一体的新型运行管理平台，推动产融结合高质量发展。

网下投资者中券商自营、险资与银行理财表现突出，公募 REITs 风险收益特征与资金需求相吻合，将有助于提升投资收益率表现，在一定程度上缓解长端利率下行带来的固定收益类资产投资压力。此外，公募 REITs 具有较强的独立性，与股市、债市的相关性较弱，有利于分散投资风险。不同类型投资人认购意向在产品间具有明显差异，表征了其不同的配置偏好和投资思路。

网上公众投资者认购热情高涨，已发行 17 只公募 REITs 面向公众投资者的发售全部超募并开启比例配售，半数公募 REITs 产品启动了回拨机制，回拨后公众发售比例最高为 12.29%，但中签率仍较低。同时，公募 REITs 也为公众投资者提供了新的投资标的，高于固收类基金的收益具有明显吸引力。

从 2021 年 6 月首批公募 REITs 面世至今，公募 REITs 二级市场表现良好。截至 2022 年 9 月 30 日收盘，除平安广州广河 REIT 外，其余 16 只公募 REITs 收盘价均高于发行价。部分特许经营权类项目涨幅超过 30%，引发相关公募 REITs 纷纷发布风险提示性公告甚至停牌。目前公募 REITs 的交易风险已引来监管的关注，公众投资者缺乏对公募 REITs 的理性认识，特许经营权类项目由于经营权存在期限，基金分红中包含返还投资者初始投资资金，高估产品价值的可能性较高，若盲目跟风高溢价买入公募 REITs 产品，将面临投资回报大幅下降的风险。投资者的不成熟表明推进中国公募 REITs 市场的高质量发展仍然任重道远。

以 2022 年 9 月 30 日基金收盘价计算，产权类项目对应首年年化分派率[①]在 2.90%~7.80% 区间内，除深圳能源项目外均已低于 4%[②]，深圳安居、北京保障房项目已低于 3%；特许经营权类项目对应首年年化分派率在 4.25%~10.74% 区间内，较定价对应首年年化分派率出现明显下降，体现了公募 REITs 良好的二级市场表现与对投资者强劲的吸引力。各项目定价对应年化分派率与收盘价对应年化分派率对比情况如表 2-1 所示。

表 2-1 已发行 17 只公募 REITs 年化分派率情况表　　　　单位：%

| REITs 项目 | 定价对应首年年化分派率 | 2022 年 9 月 30 日收盘价对应首年年化分派率 | 定价对应次年年化分派率 | 2022 年 9 月 30 日收盘价对应次年年化分派率 |
| --- | --- | --- | --- | --- |
| 蛇口产业园 | 4.39 | 3.38 | 4.46 | 3.43 |
| 张江光大园 | 4.66 | 3.89 | 4.04 | 3.37 |
| 苏州工业园 | 4.31 | 3.70 | 4.36 | 3.74 |
| 中关村 | 4.19 | 3.04 | 4.34 | 3.15 |
| 普洛斯 | 4.29 | 3.52 | 4.31 | 3.54 |
| 盐田港 | 4.15 | 3.24 | 4.40 | 3.44 |
| 深圳能源 | 10.79 | 7.80 | 8.93 | 6.46 |
| 深圳安居 | 3.95 | 2.90 | 3.96 | 2.91 |
| 厦门安居 | 4.04 | 3.05 | 4.05 | 3.06 |
| 北京保障房 | 3.95 | 2.93 | 3.95 | 2.93 |
| 首创水务 | 8.67 | 6.16 | 9.08 | 6.45 |
| 首钢绿能 | 8.52 | 6.68 | 7.63 | 5.98 |
| 广州广河高速 | 5.91 | 6.16 | 6.87 | 7.16 |
| 沪杭甬高速 | 11.71 | 10.74 | 9.91 | 9.09 |
| 越秀高速 | 7.07 | 6.05 | 7.22 | 6.18 |
| 中交高速 | 4.29 | 4.25 | 4.41 | 4.37 |
| 铁建高速 | 8.05 | 7.78 | 8.67 | 8.38 |

数据来源：基金招募说明书、Wind，作者整理。

注：数据截至 2022 年 9 月 30 日。

---

① 定价对应年化分派率 = 预计年度可分配现金流 / 根据询价结果计算的基金市值，收盘价对应年化分派率 = 预计年度可分配现金流 / 收盘日基金市值，其中预计年度可分配现金流采用招募说明书披露数据。

② "958 号文"要求发行公募 REITs 的基础资产预计未来 3 年净现金流分派率（预计年度可分配现金流 / 目标不动产评估净值）原则上不低于 4%。

筚路蓝缕，以启山林。尽管公募 REITs 二级市场价格出现非理性上涨，投资者对产品的认识尚待进一步培育，相关试点政策也存在不全面、不具体的情况，但中国公募 REITs 市场发展的线索由本次试点过程明晰，中国公募 REITs 实践的新篇章由本次试点成果开启。本章将通过回顾境内公募 REITs 政策历程、剖析境内公募 REITs 政策要点、回顾境内公募 REITs 市场及案例的方式，总结公募 REITs 试点过程中的问题，发掘监管部门、发行人、投资者及各市场参与主体对公募 REITs 发展方向的企盼与需求。

公募 REITs 市场建设是中国金融供给侧改革的重要任务之一。十几年来，监管部门和各市场主体一直致力于不动产证券化领域探索，以期开拓公募 REITs 的道路。从 2007 年监管机构正式组建研究小组启动研究适合于中国境内的公募 REITs 道路至今，境内公募 REITs 的发展沿革主要历经早期酝酿、私募 REITs、公募 REITs 试点和进一步扩大试点四个阶段。

早期酝酿阶段，公募 REITs 产品正式进入监管机构讨论范畴，为公募 REITs 产品的推出打下理论基础；私募 REITs 阶段，公募 REITs 产品在前期理论的铺垫下迈出试点的第一步，私募 REITs 市场的蓬勃发展为公募 REITs 的正式推出积累了宝贵的实践经验；理论与实践的积累终于迎来了境内公募 REITs 的正式试点，2021 年 6 月，首批 9 只公募 REITs 试点项目正式上市，境内公募 REITs 市场正式扬帆起航。

## 二、发展历程

### （一）早期酝酿阶段（2007—2011 年）：监管部门相继开展 REITs 市场研究工作并出台相关政策，公募 REITs 处于早期酝酿阶段

改革开放以来，随着福利分房制度的消失，中国房地产市场进入商品房时代，房地产价格伴随社会经济的飞速发展不断上涨，尤其是 1997 年亚洲金融危机以来，房地产行业成为我国经济发展的新增长点，老百姓发现房产投资成了家庭财富增值的重要手段之一，继而将更多的财富投入房地产市场，又进一步促进了房地产价格的增长。长远来看，过量的财富涌入房地产市场，不利于我国经济的长久健康发展，政府调控政策陆续出台。短期来看，调控政策可以抑制地产商的投资和居民的购买，但从长远

来看，需要分别为地产商和居民找到合适的退出渠道和投资渠道，保证房地产市场平稳健康发展，公募 REITs 成为一剂良药。

2005 年，领展、越秀两只 REITs 在香港交易所上市，其中越秀成为首只投资中国内地物业的公募 REIT，随着外资投资境内地产限制的增加，内地房企赴中国香港发行 REITs 的案例也无法复制。越秀 REIT 发行是中国 REITs 发展的第一个标志性事件。监管层对境内公募 REITs 的探索从 2003 年便开始零星展开，到 2007 年中国人民银行（以下简称"人民银行"）、中国证券监督管理委员会（以下简称"中国证监会"）与中国银行监督管理委员会（以下简称"中国银监会"）的 REITs 专题研究小组相继成立，掀开了此后十余年境内公募 REITs 道路探索的序幕。此后，各监管部门密集出台了诸多鼓励措施，在多项重要文件中明确鼓励开展 REITs 试点，激发了社会各界的公募 REITs 探索热情。

至此，境内公募 REITs 的早期探索为日后公募 REITs 产品的正式诞生做好了理论铺垫，然而公募 REITs 产品与市场上已存的金融资产相比，在监管规则、交易结构、治理架构、运营管理、估值定价、投资人偏好等方面存在较大差别，其复杂性不言而喻，在此背景下，私募 REITs 的推出体现了"中国特色"公募 REITs 道路的智慧。

**（二）私募 REITs 阶段（2012—2018 年）：监管政策推动相比早期酝酿阶段大幅提速，多单试点项目陆续发行**

2008 年后，受到美国金融危机影响，国内关于资产证券化的试点推动暂时放缓，由人民银行牵头的北京、天津、上海三个试点廉租房 REITs 项目也一度搁浅。直到 2012 年，天津廉租房 REITs 项目经过大幅改造后，以债务型资产支持票据（ABN）作为载体，于 8 月 24 日在银行间市场成功发行，系银行间市场首单 REITs 试点项目。作为第二个标志性事件代表着我国的私募"类 REITs"逐渐走上历史舞台，距离 2005 年越秀 REITs 在香港地区上市已经过去 7 年。此时，推动中国权益型 REITs 的难点有二：第一，权益型 REITs 可以吸引股权类投资人尝试投资，但是类 REITs 依赖资产证券化（ABS）的债权结构，如何建立权益型 REITs 是需要突破的难点。第二，发展公募 REITs 需要其他配套融资工具和金融体系的支持，作为配套融资工具的商业抵押贷款证券化（CMBS）是美国REITs在20世纪90年代飞速发展的核心原因之一，在当时中国市场还没有发展。

2014年4月25日，作为第三个标志性事件，中信启航类REITs在深交所挂牌发行，开创了权益型类REITs的创新，标志着私募REITs发展阶段进入权益型阶段。中信启航的底层资产是位于北京和深圳的写字楼，与国际REITs的商业不动产属性相同。作为结构化的ABS产品，中信启航的交易"私募基金+ABS"的结构分为两层：底层是私募基金持有两处写字楼对应的项目公司，顶层是专项资产管理计划来认购私募基金份额。产品的结构化设计中，包含了70.1%AAA评级的优先级和29.9%的次级，期限预期不超过5年。中信启航为后来的中国公募REITs铺垫了专项资产管理计划以下的产品结构。但中信启航缺乏公募REITs对于公众募集的流动性要求以及不设立结构化分级的产品特征。同时，2012年至2014年，正是我国资产证券化产品不断酝酿与积淀的阶段，此时私募REITs业务也在不断蓄力，等待薄发。2014年，伴随着我国资产证券化业务进入快速发展阶段，我国私募REITs业务也迎来了新的篇章。

2015年7月，作为第四个标志性事件，鹏华前海万科REIT项目成功发行，鹏华前海万科项目是中国首单以公募基金为载体的REITs产品。但为了在当时实现公募REITs的突破，鹏华前海REIT做出了特殊的妥协。首先，其50%的收入来源不是不动产，而是其他金融资产；其次，公募基金50%投资的项目公司持有的不是权益型不动产，而是十年建设－经营－转让（Build-Operate-Transfer，简称BOT）不动产项目的收益权，收益中只包括不动产带来的租金没有价格上涨带来的资本利得。因此鹏华前海REIT为后来中国公募REITs结构铺垫了公募基金作为主体的上半层结构，把公募基金的载体和不动产收益权对接，但是缺少REITs的大多收入由不动产带来的属性。

中信启航项目和鹏华前海万科REIT项目的探索十分超前，在2021年中国公募REITs正式落地前6年，已经为"公募基金+ABS"的交易架构奠定基础，由此也解决了权益型公募REITs在流动性和股权性方面的难点。不同于公募REITs的标准化，鹏华前海REIT嵌入了许多妥协的特殊化结果，其后一直没有其他公募基金承载 REITs 发行。

作为第五个标志性事件，2016 年 8 月 29 日，国内第一单标准化 CMBS 高和招商 – 金茂凯晨资产支持专项计划成功发行，作为配套融资工具的 CMBS 正式登上国内金融舞台。截至 2022 年 9 月，CMBS 整体发行规模高达约 5 500 亿元。

此后，各种类 REITs、CMBS 便在供需两端受到追捧，在公募 REITs 正式落地前为未来配套融资工具的发展进行铺垫。截至 2022 年 9 月 30 日，全市场类 REITs 产品共发行 126 单，规模达到 2 382.39 亿元。其中 2017 年高和资本、渤海汇金等牵头的新派公寓类 REITs 作为第一个公寓 ABS 产品在深交所成功发行，2019 年中联基金、浙商资管等牵头的沪杭甬徽杭高速类 REITs 作为第一个基础设施类 REITs 成功发行，都为公募 REITs 在基础设施和保障性租赁住房的试点进行铺垫。

与海外的私募 REITs 相比，我国的私募 REITs 拥有自身特色之处。我国私募 REITs 采用契约制而非信托制或基金制，产品性质更多为债权型而非权益型，收益分配上大多是固收型而非股利 / 分红型等。简而言之，海外私募 REITs 与公募 REITs 的差别更多只体现在募集方式上，而我国的私募 REITs 则与 ABS 更为接近，与传统公募 REITs 相比具有较多的不同。

类 REITs 作为境内公募 REITs 道路中的特色产物，可以被视为境内公募 REITs 产品的前身，为公募 REITs 产品的正式推出提供了宝贵的实践经验，同时 CMBS 的发展也为未来围绕公募 REITs 形成的金融体系进行了很好的奠基。伴随着当前我国 ABS 业务的高速发展及公募 REITs 产品的不断成熟，我国的类 REITs 也会持续在国内资本市场占据重要席位。

**（三）公募 REITs 试点阶段（2019—2021 年）：公募 REITs 试点方案出台，首批公募 REITs 正式落地**

自 2016 年被中央首次提出以来，"房住不炒"已多次出现在中央经济工作会议上，成为政府对房地产市场的基本定调。作为我国经济的支柱产业之一，房地产行业的良性发展对我国经济至关重要。在此情况下，作为支持房地产行业良性发展的重要举措，经过十余年理论与实践的积累，我国的公募 REITs 项目正式进入了冲刺阶段。

基于前期私募REITs市场的探索，中国公募REITs的发行条件已经成熟，但是还有一些问题需要解决。

第一，在公司制和契约制的结构选择中，在不改变现有《中华人民共和国公司法》（以下简称《公司法》）和《中华人民共和国证券法》（以下简称《证券法》）的前提下，以公募基金为载体的契约制是必然的选择，此前鹏华前海REIT试点已经指明了道路。选择公募基金作为载体的契约制，是发行阻力最小，监管成本最低的方式。但深究其原因，是公募基金的税收制度所致。参照第十四章所述的国际REITs发展历程，公募REITs用苛刻的收入、资产限制换取了税收中性的益处，缺少了税收中性的保证，REITs会难以满足投资人对于稳定回报率的要求。公募基金本身可以避免在交易环节由于资本利得收税，大大增加中国公募REITs的吸引力，这一税收中性的特征无法在上市公司的体系下完成。

第二，在公募基金下要设立ABS，是因为公募基金不能直接投资非上市的股权，只能投资证券。对于不动产类型的股权投资，公募基金只能持有证券化后的资产，即ABS。

第三，先发的资产类别如何选择。国外经验都是从商业地产开始，逐步扩展到公寓、基础设施、房地产，因为商业地产的流动性强、同质化水平高、投资者吸引力大，更易进行试点。2019年3月，中华人民共和国国家发展和改革委员会（以下简称"国家发改委"）、中国证监会联合调研小组先后赴海口、上海、广州、杭州、北京等地调研及征求意见，为公募REITs的落地进行冲刺调研。考虑到公募REITs产品的复杂性，并结合房地产行业对国民经济的重要性，项目试点范围最终框定在国有资本为主、存量规模大、增长空间大且收益相对稳定的基础设施领域。

2020年4月，中国证监会、国家发改委发布了《中国证监会 国家发展改革委关于推进基础设施领域不动产投资信托基金（REITs）试点相关工作的通知》（证监发〔2020〕40号）（以下简称"40号文"）。同年7月，国家发改委发布《国家发展改革委办公厅关于做好基础设施领域不动产投资信托基金（REITs）试点项目申报工作的通知》（发改办投资〔2020〕586号）（以下简称"586号文"），标志着境内公募REITs试点正式拉开帷幕。同年9月,首批约50个项目在国家发改委完成了现场评审工作。

2021年4月,首批9只项目获得国家发改委批复,并由国家发改委正式向中国证监会进行了推荐。中国证监会在2021年5—6月,完成首批9只项目评审并出具公募基金注册通知书。2021年6月,首批9只公募REITs试点项目在沪深交易所上市,标志着境内公募REITs试点的正式落地。

境内公募REITs试点成功落地的背后离不开监管机构、专业人士、原始权益人等各界人士十余年的探索与努力。公募REITs产品作为投资标的兼具权益和固收属性,投资门槛相对较低,本身是良好的投资品种,叠加首批9只项目资产质量优质,稳定性高且收益率良好,9只项目在发售阶段便受到投资人的热烈追捧,上市后整体表现优异,起到了良好的示范作用,为进一步扩大试点范围打下了良好基础。

**(四)进一步扩大试点阶段(2021年至今):公募REITs进一步扩大试点范围,公募REITs市场规模再度扩容**

在试点开始后,中国公募REITs需要改善的方向集中在增加中国公募REITs的规模,解决资产重组期间的税收问题,扩大资产类别范围,允许已发行REITs的扩募,提升REITs杠杆率的限制。

2021年7月,国家发改委在"586号文"的基础上,发布了《国家发展改革委关于进一步做好基础设施领域不动产投资信托基金(REITs)试点工作的通知》(发改投资〔2021〕958号)(以下简称"958号文"),从项目区域、资产类别等维度进一步扩大公募REITs试点范围。在此之后,境内公募REITs迎来了全方位的发展。

首先,境内公募REITs资产规模逐步扩张。2021年6月,境内公募REITs迎来首批9只项目的发行,在同年11月新增2只发行,使得境内公募RETIs市场产品数量追平了中国香港公募REITs市场上产品只数。随着2022年8月及9月的两次较大规模的新增发行,截至2022年9月16日,境内公募REITs市场共发行17只产品,总发行规模达到579.40亿元。

其次,境内公募REITs的扩募规则顺利出台。自从境内公募REITs项目逐渐落地,公募REITs如何实现扩募一直受到广泛关注。2022年5月31日,沪深交易所分别发布了针对公募REITs项目扩募的《公募REITs

新购入基础设施项目指引》(以下简称《指引》),使得这一备受关注的话题有了较为明确的答案,为境内公募REITs的扩募奠定了制度上的基础。2022年9月29日,上海证券交易所(以下简称"上交所")受理了3只项目的扩募申请,深圳证券交易所(以下简称"深交所")受理了2只项目的扩募申请,至此境内公募REITs项目的扩募进入了实操阶段。

此外,境内公募REITs的资产类型不断丰富。境内公募REITs发行伊始,项目的基础资产主要为产业园区、高速公路、仓储物流、水利水务等基础设施资产。随着新项目的逐渐落地,保障性租赁住房、清洁能源等资产也加入公募REITs大军中。资产类型的逐渐丰富,标志着境内公募REITs市场发展的不断成熟,同时期待未来能有更多类型基础资产的项目出现在大众眼前。

公募REITs试点项目陆续上市,境内公募REITs市场规模不断扩容,投资人认购倍数屡创新高,再结合扩募规则的出台及资产类型的日益丰富,公募REITs市场的全面繁荣指日可待。

## 第二节　政策要点剖析

中国境内公募REITs在制度设计上既借鉴了境外市场成熟REITs经验,同时根据中国境内法规和金融市场现状,也进行了本土化改造。境内公募REITs政策经历了十余年的酝酿和发展,力求平稳推进。

公募REITs由国家发改委、中国证监会协同推进,由证券交易所、证券业协会、证券投资基金业协会自律管理,各监管机构政策相互协同,形成了一套完整的制度框架。

2020年4月24日,中国证监会、国家发改委发布了"40号文",是境内公募REITs试点的纲领性文件,标志着境内公募REITs试点正式起步,自此开始,各监管机构关于公募REITs的相关政策陆续出台;中国证监会随后出台了规范公募REITs设立、运作等活动的《公开募集基础设施证券投资基金指引(试行)》(中国证监会公告〔2020〕54号)(以下简称"54号文");国家发改委先后出台了明确我国公募REITs试点要求的"586

号文"、扩大公募REITs试点范围的"958号文"及加快推进试点工作的通知;证券交易所先后出台了各项公募REITs的统领性、全流程规则及配套规则;基金业协会及证券业协会也配套出具了相应的工作指引、操作指引等规则。

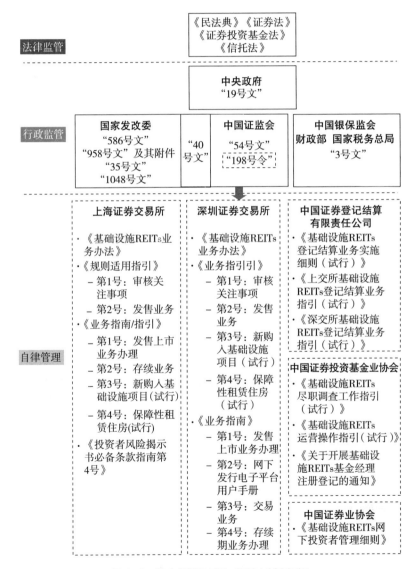

图 2-2 境内公募 REITs 的基本制度框架

资料来源:国家发改委,中国证监会,沪深交易所,作者整理绘制。

直至 2021 年初，境内公募 REITs 的政策体系搭建基本完成，试点项目正式发行的前置条件已经满足。在此之后，相关政策体系逐渐完善，为境内公募 REITs 的良好发展梳理了路标。

根据中国境内法规现状，境内公募 REITs 明确了"公募基金＋资产支持专项计划＋项目公司"的交易架构，并结合境内资本市场和基础设施资产特点，在试点阶段对资产区位、所属行业、准入要求、治理机制安排、发行定价方式、做市商机制和扩募安排等方面进行精心设计，从开展试点工作，到进一步扩大试点，稳步推动公募 REITs 市场健康稳定发展。

## 一、法律结构要求

根据中国证监会发布的"40 号文"及"54 号文"的要求，公募 REITs 项目中的证券投资基金应由符合条件的取得公募基金管理资格的证券公司或基金管理公司依法依规设立，在经中国证监会注册后，方可公开募集资金，进而通过购买同一实际控制人所属的管理人设立发行的基础设施资产支持证券，完成对标的基础设施的收购，开展公募 REITs 业务。

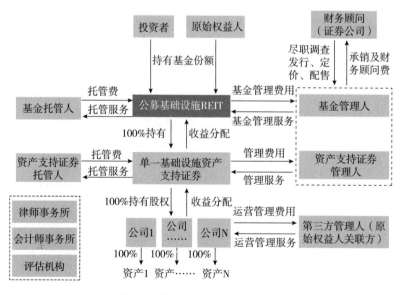

图 2-3 境内公募 REITs 交易结构

资料来源：中国证监会，作者整理绘制。

相较于境外 REITs 公司制或契约制架构，境内公募 REITs"公募基金＋资产支持专项计划＋项目公司"的交易架构相对复杂，其形成的主要原因如下。

**（一）规避项目公司直接上市的限制**

境内 A 股的发行和审核规则较为复杂和严格，对公司上市的规模、盈利性等指标具有严格的条件限制。通常，仅持有单个或多个基础设施资产的项目公司一般无法满足相关要求，无法直接上市。以上交所为例，公司首次公开发行（IPO）需要满足《公司法》《证券法》《首次公开发行股票并上市管理办法》《上海证券交易所股票上市规则》等法律法规要求，包括不限于：① A 股发行主体应是依法设立且合法存续的股份有限公司；② 需满足发行前三年的累计净利润超过 3 000 万元、发行前三年累计净经营性现金流超过 5 000 万元或累计营业收入超过 3 亿元等一系列财务经营指标。实际情况中，项目公司一般是为了基础设施项目建设而成立的有限责任公司，且需单独持有拟入池的基础设施资产，在主体资格和财务指标方面较难达标，因此直接上市的可能性较低。

**（二）规避公众投资者无法投资 ABS 的限制**

根据《证券公司及基金管理公司子公司资产证券化业务管理规定》："资产支持证券应当面向合格投资者发行，发行对象不得超过二百人，单笔认购不少于 100 万元发行面值或等值份额。合格投资者应当符合《私募投资基金监督管理暂行办法》规定的条件，是依法设立并受国务院金融监督管理机构监管的机构投资者。"因此，若采用"ABS＋项目公司"的架构，公众投资人无法参与资产支持证券投资，无法体现公募 REITs 的公募性质。

**（三）规避公募基金不能直接投资于非上市公司股权的限制**

根据《中华人民共和国证券投资基金法》第七十二条规定，公募基金财产应当投资上市交易的股票、债券、国务院证券监督管理机构规定的其他证券及其衍生品种，即不能直接投资于非上市公司股权。

基于上述原因，"公募基金＋资产支持专项计划＋项目公司"架构在不修改现有法律框架的基础上实现了公募基金通过基础设施资产支持证券持有基础设施项目公司全部股权,间接取得基础设施项目完全所有权或经营权利,是现行法律法规框架下最具备可行性的交易架构。

## 二、资产区位

从资产所在区位角度,公募REITs在首批试点阶段重点支持国家重大战略区域和国家级新区、经济技术开发区,此类区域一方面符合国家重大战略导向,另一方面基础设施建设运营较为发达,拥有充足的优质资产供给。

根据"958号文",全国各地区的项目不受区域限制,均可申报,并且同时设定了重点支持区域,包括"京津冀协同发展""长江经济带发展""粤港澳大湾区建设""长三角一体化发展""海南全面深化改革开放""黄河流域生态保护和高质量发展等国家重大战略区域"以及"符合'十四五'有关战略规划和实施方案要求的基础设施项目"。

公募REITs区域范围的进一步扩大体现了国家大力发展公募REITs市场的决心,至此,全国范围内的优质基础设施项目均有机会参与到公募REITs中。

## 三、资产所属行业

从资产所属行业角度,公募REITs在试点阶段仍聚焦国家鼓励支持的重点基础设施行业,旨在通过发行REITs帮助相关基础设施企业实现权益融资和运营效率提升,并进一步拉动相关领域基建投资,引领基础设施建设的高质量发展。而在首批试点完成后,"958号文"进一步扩大试点的行业范围,彰显国家对公募REITs在各个基础设施行业落地生根的决心。

在首批试点阶段,允许的行业范围仍区分了"优先支持"和"鼓励"两种情形,优先支持的行业为基础设施补短板行业,包括物流、交通、生态环保和市政基础设施,鼓励的行业为新型基础设施行业。具体来说,根据"586号文",优先支持行业项目包括仓储物流项目、收费公路、铁路、机场、港口项目,城镇污水垃圾处理及资源化利用、固废危废医废处理、大宗固体废弃物综合利用项目，城镇供水、供电、供气、供热项目；鼓励的行业项目包括数据中心、人工智能、智能计算中心项目，5G、通信铁塔、物联网、工业互联网、宽带网络、有线电视网络项目，智能交通、智慧能源、智慧城市项目。鼓励国家战略性新兴产业集群、高科技产业园、特色产业园等位于国家发改委确定的战略性新兴产业集群或《中国开发区审核公告目录（2018年版）》确定的开发区范围内，业态为研发、创新设计及中试平台，工业厂房，创业孵化器和产业加速器，产业发展服务平台等园区基础设施。而为了突出本次试点的基础设施属性和支持基础设施建设的政策导向，文件特别强调项目用地性质为非商业、非住宅用地，酒店、商场、写字楼、公寓、住宅等房地产项目均不属于试点范围。

在进一步试点阶段，行业不再区分"优先支持"和"鼓励"两种情形，并进一步拓宽了试点项目的行业范围。根据"958号文"，新增行业范围涵盖能源基础设施，包括风电、光伏发电、水力发电、天然气发电、生物质发电、核电等清洁能源项目，特高压输电项目，增量配电网、微电网、充电基础设施项目，分布式冷热电项目；市政基础设施，包括停车场项目；保障性租赁住房，包括各直辖市及人口净流入大城市的保障性租赁住房项目；并探索在其他基础设施领域开展试点，包括具有供水、发电等功能的水利设施，自然文化遗产、国家AAAAA级旅游景区等具有较好收益的旅游基础设施。

此外，延续"586号文"针对非基建类资产的要求，酒店、商场、写字楼等商业地产项目仍不属于试点范围。项目土地用途原则上应为非商业、非住宅用地。但作为例外，租赁住房用地以及为保障项目正常运转而无法分割的办公用房、员工宿舍等少数配套设施用地属于试点范围。

## 四、项目准入要求

除上述区域和行业的要求外，基础设施项目本身也需要满足一定的准入要求，以确保试点项目的优质性，具体细节将在第三章及第四章进一步展开。项目持续健康平稳运营，形成良性投资循环，为试点工作顺利开展奠定坚实基础。

## （一）项目权属

基础设施项目权属清晰系项目准入的基本要求之一。国家发改委、中国证监会、交易所和基金业协会等各监管机构发布的相关规定均要求基础设施项目权属清晰、资产范围明确，发起人（原始权益人）依法合规直接或间接拥有项目所有权、特许经营权或经营收益权。项目公司依法持有拟发行公募REITs的底层资产。

## （二）依法合规

基础设施项目建设和运营过程中的合法合规性是项目准入的基本要求，并受到各监管机构的高度重视。具体来说，项目审批、核准或备案、规划、用地、环评、施工许可、竣工验收等属于项目必须办理的重要手续。此外，还有依据相关法律法规必须办理的其他重要许可手续，例如有关项目应按照《固定资产投资项目节能审查办法》要求进行节能审查等；涉及经营增值电信业务的数据中心项目应取得增值电信业务经营许可等。

## （三）可转让性

公募REITs交易结构要求基础资产的真实转让，基础设施项目具有可转让性也是公募REITs顺利开展的必备前提。可转让性要求发起人（原始权益人）、项目公司相关股东已履行内部决策程序，并协商一致同意转让。如相关规定或协议对项目公司名下的土地使用权、项目公司股权、特许经营权、经营收益权、建筑物及构筑物转让或相关资产处置存在任何限定条件、特殊规定约定的，相关有权部门或协议签署机构应对项目以100%股权转让方式发行公募REITs无异议，确保项目转让符合相关要求或相关限定具备解除条件。

## （四）基础设施项目成熟稳定

根据相关监管要求，基础设施项目运营时间原则上不低于3年，历史现金流投资回报良好，项目收益稳定且来源合理分散，预计未来3年净现金流分派率原则上不低于4%。此项准入标准意在筛选运营良好且稳定的优质资产参与试点，保障项目发行上市后投资人收益，实现公募REITs市场良性发展。

### （五）参与方符合要求

试点工作中，为保证试点项目的质量，促进公募 REITs 平稳健康发展，监管机构优先支持有一定知名度和影响力的行业龙头企业的项目，同时要求发起人（原始权益人）、项目公司、基金管理人、资产支持证券管理人、基础设施运营管理机构内控制度健全，最近 3 年无重大违法违规行为或重大问题。

### （六）资产规模符合要求

《中华人民共和国国民经济和社会发展第十四个五年规划和 2035 年远景目标纲要》（以下简称"十四五"规划纲要）指出，推动公募 REITs 健康发展，有效盘活存量资产，形成存量资产和新增投资的良性循环。考虑到公募 REITs 产品的复杂性和创新性，为实现公募 REITs 的重要意义，监管机构要求首次发行公募 REITs 项目当期目标不动产评估净值原则上不低于 10 亿元。原始权益人以控股或相对控股方式持有、按有关规定可发行公募 REITs 的各类资产规模（如高速公路通车里程、园区建筑面积、污水处理规模等）原则上不低于拟首次发行公募 REITs 资产规模的两倍。

综上所述，对项目权属、依法合规和可转让性的要求系公募 REITs 开展的必备前提；对项目成熟稳定和参与方的要求意在筛选优质项目，推动公募 REITs 平稳健康发展；对资产规模的要求则是对未来公募 REITs 的扩募和成长性提出了期望，并引导具备多个同类优质基础设施资产的企业进行发行。

## 五、治理机制安排

如前文所述，公募 REITs 构建了"公募基金＋资产支持专项计划＋项目公司"三层架构，每一层包含对应的决策机构，负责不同层级事项的决策。在三层架构中，依据不同的政策与法律文件，形成"基金份额持有人层面＋基金层面＋项目层面"的治理机制。

表 2-2　中国境内公募 REITs 治理架构安排

| 决策层级 | 决策人 | 权力机构 | 决策事项 |
| --- | --- | --- | --- |
| 公募基金份额持有人层面 | 公募基金份额持有人 | 公募基金份额持有人大会 | 经参加大会的基金份额持有人所持表决权 1/2 以上表决通过：<br>（1）金额超过基金净资产 20% 且低于基金净资产 50% 的基础设施项目购入或出售<br>（2）金额低于基金净资产 50% 的基础设施基金扩募<br>（3）基础设施基金成立后发生的金额超过基金净资产 5% 且低于基金净资产 20% 的关联交易<br>（4）除基金合同约定解聘外部管理机构的法定情形外，基金管理人解聘外部管理机构的<br>经参加大会的基金份额持有人所持表决权 2/3 以上表决通过：<br>（1）对基础设施基金的投资目标、投资策略等作出重大调整<br>（2）金额占基金净资产 50% 及以上的基础设施项目购入或出售<br>（3）金额占基金净资产 50% 及以上的扩募<br>（4）基础设施基金成立后发生的金额占基金净资产 20% 及以上的关联交易<br>（5）另外，基金份额持有人与表决事项存在关联关系的，应当回避表决，其所持份额不计入有表决权的基金份额总数 |
| 公募基金层面 | 公募基金管理人 | 公募基金投委会/运营管理委员会 | 公募基金管理人应当按照法律法规规定和基金合同约定主动履行基础设施项目运营管理职责<br>公募基金管理人董事会应至少每半年对关联交易事项进行审查 |
| 基础设施项目层面 | 运营管理机构 | 运营管理机构 | 受公募基金管理人委托，负责部分基础设施日常运营管理职责<br>公募基金管理人依法应当承担的管理责任不因委托而免除，应当自行派员负责基础设施项目财务管理 |

资料来源：国家发改委，中国证监会，作者整理。

目前的治理机制安排与境内公募 REITs 交易架构相匹配，公募基金层面重大事项由公募基金份额持有人大会决定，项目公司层面管理职能由公募基金管理人承担。相比境外公募 REITs，境内公募 REITs 中公募基金管理人的责任范围较大，可委托运营管理机构的职责有限，且基金管理人的职责不因委托而转移。

## 六、发行定价方式

公募 REITs 的定价逻辑类似股票 IPO，采用类似 IPO 的询价定价制度。

具体定价制度将在本书第七章进一步展开。

公募REITs实行的询价定价制度，能够有效维护投资人的利益，使得网下投资者能够参与到发行定价的过程中，在很大程度上减少了发行定价的主观性和随意性。通过市场供求双方的直接协商，促使了参与询价的投资者理性报价，也加强了市场对询价过程的监督，是真正意义上的市场化定价模式。

## 七、做市商机制

从境外REITs产品发展历程来看，REITs产品发展初期流动性情况较差，且境内公募REITs底层资产为基础设施项目的所有权或经营权，底层资产不具有流动性，传统公募基金做市商常用的套利策略和风险对冲手段对于公募REITs并不适用。考虑公募REITs对境内投资者来说是一个全新的投资品种，投资者从陌生到熟悉需要一定过程，REITs上市初期可能面临一定阶段的流动性不足、报价过少、交易遇冷的情形，而流动性不足可能带来短期交易价格剧烈波动。为平抑相关价格波动、呵护公募REITs市场、为产品后续发展和扩容奠定基础，根据《上海证券交易所公开募集基础设施证券投资基金（REITs）业务办法（试行）》以及《深圳证券交易所公开募集基础设施证券投资基金业务办法（试行）》，沪深交易所要求REITs上市期间，基金管理人原则上应当选定不少于1家流动性服务商为基础设施基金提供双边报价服务。同时，基础设施基金交易实行价格涨跌幅限制，基础设施基金上市首日涨跌幅限制比例为30%，非上市首日涨跌幅限制比例为10%，进一步缓释REITs上市后的价格剧烈波动风险。

## 八、扩募安排

扩募在公募REITs中具有重要意义，通过公募REITs项目的持续扩募，项目发起人可真正形成商业模式闭环，提升公司价值。对于REITs而言，扩募有助于优化产品的投资组合、分散风险，也有利于推动REITs市场规模及质量上的进一步发展。在海外的REITs产品中，资产扩募亦是常态，可以说扩募正是REITs生命力的体现。

政策方面，"958号文"中规定，项目发起人应具有较强扩募能力，应持有不低于首次拟发行资产2倍的扩募储备资产，这一规定也为公募REITs的扩募打下了基础。2022年5月25日，国务院发布《国务院办公厅关于进一步盘活存量资产扩大有效投资的意见》（国办发〔2022〕19号）（以下简称"19号文"），旨在近一步盘活存量资产、扩大有效投资，这是在国务院层面首次对公募REITs发展作出明确具体的安排和要求，体现了对发展公募REITs的高度支持。"19号文"提出要"建立健全扩募机制，探索建立多层次基础设施REITs市场"，要求夯实各方责任，适度灵活，提升效率、做好示范，并促进立法、完善扩募机制、发挥平台作用等，助力其长期健康发展。

2022年5月31日，沪深交易所各自出台了针对公募REITs的《指引》。《指引》对新购入基础设施项目的原则和条件、新购入基础设施项目的程序、扩募所涉及的信息管理与停复牌、扩募发售的详细要求等事项进行了规定。对于部分扩募的基本要求，《指引》规定，拟购入的资产原则上与当前持有的资产为同一类型、新购入的基础设施项目需运作时间满12个月且运营良好、新资产购入事项应公平地向所有投资者披露可能对基金交易价格产生较大影响的相关信息等；对于扩募发售方式，"19号文"规定了扩募可采用定向扩募、向原持有人配售和公开扩募三种方式，其中公开扩募时可向原持有人优先配售，定向扩募的份额存在6个月的锁定期；对于扩募发售价格，"19号文"规定公开扩募的发售价格应当不低于发售阶段公告招募说明书前20个交易日或者前1个交易日的基础设施基金交易均价，定向扩募的发售价格应当不低于定价基准日前20个交易日基础设施基金交易均价的90%。《指引》这一公募REITs扩募细则的出台，是我国公募REITs发展中的又一个里程碑。

2022年7月，国家发改委办公厅公布《国家发展改革委办公厅关于做好基础设施领域不动产投资信托基金（REITs）新购入项目申报推荐有关工作的通知》（发改办投资〔2022〕617号）（以下简称"617号文"），从重视程度、简化申报、完善程序、确保质量、积极协调、引导新项目建设等6个方面对公募REITs的扩募进行了指导和要求。其中，"617号文"对扩募申报材料中各参与方相关信息、项目发起人可扩募能力、发行REITs的示范意义等内容的要求进行了简化,有利于项目扩募的加速推进;在扩募资产估值方面,"617号文"对其进行了放宽,不再参照首次发行时原则上不低于10亿元的相关要求执行,而是视实际情况而定,此规定有利于加快REITs项目中资产的循环。此外,"617号文"在完善程序、确保质量等其他方面的要求,进一步细化了我国公募REITs扩募的监管要求,为后续公募REITs项目的扩募创造了良好的环境。

2022年9月28日,博时蛇口产园REIT、华安张江光大REIT、中金普洛斯REIT、富国首创水务REIT、红土盐田港REIT等5只公募REITs发布扩募公告,我国公募REITs市场亦将随着本次扩募的成功落地,由"1.0版本"正是迈入"2.0版本"。

## 第三节 市场及案例回顾

从已发行的17只试点项目来看,基础设施资产包括收费公路、污水处理、垃圾发电、产业园、仓储物流、保障性租赁住房、燃气发电等7种基础设施类型,分布在北京、上海、深圳、广州、江苏、浙江、湖北等区域。根据17只公募REITs披露的基金份额发售公告,募集资金规模合计579.40亿元,其中特许经营权类项目共7单,募集资金规模329.84亿元,占募集资金总规模的56.93%;产权类项目共10单,募集资金规模249.56亿元,占募集资金总规模的43.07%。已发行公募REITs项目相关信息如下:

表2-3 已发行17只公募REITs相关项目信息表

| 序号 | 项目名称 | 基础设施资产 | 所在区域 | 基础设施类型 | 特许经营权类/产权类 | 资产估值(亿元) | 基金实际询价发行规模(亿元) |
|---|---|---|---|---|---|---|---|
| 1 | 中航首钢生物质封闭式基础设施证券投资基金 | 北京首钢生物质能源项目;北京首钢鲁家山残渣暂存场项目;北京首钢餐厨垃圾收运处一体化项目 | 北京市门头沟区 | 固废处理 | 特许经营权类 | 9.44 | 13.38 |

续表

| 序号 | 项目名称 | 基础设施资产 | 所在区域 | 基础设施类型 | 特许经营权类/产权类 | 资产估值（亿元） | 基金实际询价发行规模（亿元） |
|---|---|---|---|---|---|---|---|
| 2 | 平安广州交投广河高速公路封闭式基础设施证券投资基金 | 广州至河源高速公路（广州段）特许经营权及基于该等特许经营权持有并运营的公路资产 | 广东省广州市 | 高速公路 | 特许经营权类 | 96.74 | 91.14 |
| 3 | 浙商证券沪杭甬杭徽高速封闭式基础设施证券投资资金 | 杭徽高速公路浙江段及其相关构筑物资产组的收费权 | 浙江省杭州市余杭区、临安区 | 高速公路 | 特许经营权类 | 45.63 | 43.60 |
| 4 | 富国首创水务封闭式基础设施证券投资基金 | 深圳市福永、松岗、公明水质净化厂BOT特许经营项目；合肥市十五里河污水处理厂PPP项目 | 广东省深圳市宝安区、光明区，安徽省合肥市包河区 | 污水处理 | 特许经营权类 | 17.46 | 18.50 |
| 5 | 博时招商蛇口产业园封闭式基础设施证券投资基金 | 万融大厦及配套商业项目；万海大厦及配套商业项目 | 深圳市南山区 | 产业园区 | 产权类 | 25.28 | 20.79 |
| 6 | 华安张江光大园封闭式基础设施证券投资基金 | 盛夏路500弄1-6号的房屋使用权和土地使用权；盛夏路500弄7号的房屋使用权和土地使用权 | 上海市浦东新区 | 产业园区 | 产权类 | 14.70 | 14.95 |
| 7 | 东吴-苏州工业园区产业园封闭式基础设施证券投资基金 | 国际科技园五期B区和2.5产业园一期、二期项目 | 江苏省苏州市苏州工业园区 | 产业园区 | 产权类 | 33.50 | 34.92 |
| 8 | 中金普洛斯仓储物流封闭式基础设施证券投资基金 | 普洛斯北京空港物流园；普洛斯北京通州光机电 | 北京市、广东省广州市、 | 仓储物流 | 产权类 | 53.46 | 58.35 |

续表

| 序号 | 项目名称 | 基础设施资产 | 所在区域 | 基础设施类型 | 特许经营权类/产权类 | 资产估值（亿元） | 基金实际询价发行规模（亿元） |
|---|---|---|---|---|---|---|---|
| 8 | 中金普洛斯仓储物流封闭式基础设施证券投资基金 | 物流园；苏州望亭普洛斯物流园；普洛斯淀山湖物流园；普洛斯广州保税物流园；普洛斯增城物流园；普洛斯顺德物流园 | 广东省佛山市、江苏省苏州市、苏州市昆山市 | 仓储物流 | 产权类 | 53.46 | 58.35 |
| 9 | 红土创新盐田港仓储物流封闭式基础设施证券投资基金 | 现代物流中心项目 | 深圳市盐田区 | 仓储物流 | 产权类 | 17.05 | 18.40 |
| 10 | 华夏越秀高速公路封闭式基础设施证券投资基金 | 汉孝高速公路 | 湖北省 | 高速公路 | 特许经营权类 | 19.36 | 21.30 |
| 11 | 建信中关村产业园封闭式基础设施证券投资基金 | 互联网创新中心5号楼项目、协同中心4号楼项目和孵化加速器项目 | 北京市海淀区 | 产业园区 | 产权类 | 26.12 | 28.80 |
| 12 | 华夏中国交建高速公路封闭式基础设施证券投资基金 | 武汉至深圳高速公路嘉鱼至通城段及其附属设施 | 湖北省 | 高速公路 | 特许经营权类 | 98.32 | 93.99 |
| 13 | 国金铁建重庆渝遂高速公路封闭式基础设施证券投资基金 | 渝遂高速（重庆段）项目 | 重庆市 | 高速公路 | 特许经营权类 | 46.12 | 47.93 |
| 14 | 鹏华深圳能源清洁能源封闭式基础设施证券投资基金 | 深圳能源东部电厂（一期）项目 | 深圳市大鹏新区 | 燃气发电 | 产权类 | 32.64 | 35.38 |

续表

| 序号 | 项目名称 | 基础设施资产 | 所在区域 | 基础设施类型 | 特许经营权类/产权类 | 资产估值（亿元） | 基金实际询价发行规模（亿元） |
|---|---|---|---|---|---|---|---|
| 15 | 红土创新深圳人才安居保障性租赁住房封闭式基础设施证券投资基金 | 安居百泉阁、安居锦园、保利香槟苑、凤凰公馆 | 深圳市福田区、罗湖区、大鹏新区、坪山区 | 保障性租赁住房 | 产权类 | 11.58 | 12.42 |
| 16 | 中金厦门安居保障性租赁住房封闭式基础设施证券投资基金 | 园博公寓、珩琦公寓 | 厦门市集美区 | 保障性租赁住房 | 产权类 | 12.14 | 13.00 |
| 17 | 华夏北京保障房中心租赁住房封闭式基础设施证券投资基金 | 文龙家园、熙悦尚郡 | 北京市海淀区、朝阳区 | 保障性租赁住房 | 产权类 | 11.51 | 12.55 |
| — | 合计 | — | — | | | 582.21 | 579.40 |

资料来源：基金招募说明书等公开披露文件，作者整理。

已发行的产权类项目中，发行规模最大的资产类别为产业园，其次为物流园。而特许经营权项目中，高速公路项目一枝独秀，占据特许经营权项目发行规模的九成左右。

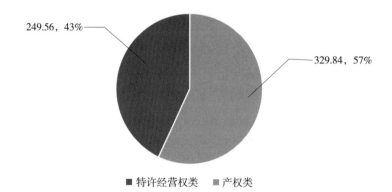

图2-4 资产类型在总发行规模及占比（亿元，%）

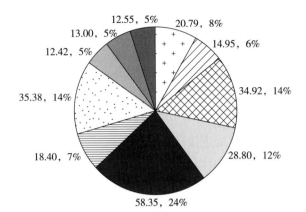

图 2-5 产权类中各项目的发行规模及占比（亿元，%）

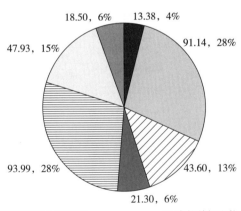

图 2-6 特许经营权类中各项目的发行规模及占比（亿元，%）

资料来源：基金招募说明书等公开披露文件，作者整理绘制。

## 一、保障性租赁住房 REITs 案例

2021年7月,"958号文"将保障性租赁住房纳入公募REITs试点范围。经过一年来监管部门与行业各方的积极推进,2022年8月31日,红土深圳安居REIT、中金厦门安居REIT、华夏北京保障房REIT作为首批保障性租赁住房REITs试点项目正式上市,合计发行规模总计37.97亿元,是中国公募REITs覆盖资产领域的进一步扩容。

### (一)基本信息

三单保障性租赁住房试点项目自被交易所正式受理以来,持续受到市场密切关注,发行环节网下和网上认购倍数均突破百倍,体现出市场对保障性租赁住房资产的高度认可;而华润有巢保障性租赁住房REIT项目也于2022年9月22日获得上交所受理,成为第一只被受理的房地产开发企业背景的保障性租赁住房REIT。四只保障性租赁住房REITs项目基本信息如表2-4所示。

表2-4 四只保障性租赁住房 REITs 基本信息

| 项目信息 | 红土创新深圳人才安居保障性租赁住房封闭式基础设施证券投资基金 | 中金厦门安居保障性租赁住房封闭式基础设施证券投资基金 | 华夏北京保障房中心租赁住房封闭式基础设施证券投资基金 | 华夏基金华润有巢租赁住房封闭式基础设施证券投资基金 |
|---|---|---|---|---|
| 发行份额及价格 | 5亿份,2.48元/份 | 5亿份,2.60元/份 | 5亿份,2.51元/份 | 未发行 |
| 发行规模 | 12.42亿元 | 13.00亿元 | 12.55亿元 | 未发行 |
| 上市日期 | 2022年8月31日 | 2022年8月31日 | 2022年8月31日 | 未上市 |
| 基金期限 | 自基金合同生效之日起至2088年6月25日 | 自专项计划成立之日起65年 | 自基金合同生效后62年 | 自基金合同生效日后67年 |
| 原始权益人 | 深圳市人才安居集团有限公司、深圳市福田人才安居有限公司、深圳市罗湖人才安居有限公司 | 厦门安居集团有限公司 | 北京保障房中心有限公司 | 有巢住房租赁(深圳)有限公司 |
| 基础设施资产 | 安居百泉阁、安居锦园、保利香槟苑、凤凰公馆 | 园博公寓、珩琦公寓 | 文龙家园、熙悦尚郡 | 泗泾项目、东经项目 |
| 资产所在区域 | 深圳市 | 厦门市 | 北京市 | 上海市 |
| 基础设施类型 | 保障性租赁住房 | 保障性租赁住房 | 保障性租赁住房 | 保障性租赁住房 |
| 项目类型 | 产权类 | 产权类 | 产权类 | 产权类 |
| 资产估值 | 11.58亿元 | 12.14亿元 | 11.51亿元 | 11.41亿元 |

资料来源:基金招募说明书等公开披露文件,作者整理。
注:数据截至2022年9月3日。

## （二）发行情况及二级市场表现

深圳人才安居 REIT、厦门安居 REIT、北京保障性中心 REIT 项目的发行规模较资产估值分别溢价 7.25%、7.08%、9.04%，网下投资者认购倍数分别达到 129.87 倍、106.38 倍、112.36 倍，公众投资者认购倍数更是高达 256.41 倍、144.93 倍、156.25 倍，持续刷新公募 REITs 发行认购倍数记录。

自 2021 年 8 月 31 日基金上市至 2022 年 9 月 30 日，深圳人才安居 REIT、厦门安居 REIT、北京保障性中心 REIT 项目涨幅分别达到 36.11%、32.54%、34.66%，受到投资者热捧。

## （三）基础设施资产情况

已发行或申报的四只保障性租赁住房项目的标的资产均位于北京、上海、深圳、厦门等一线及强二线城市，平均月租金均低于周边同水平市场化租赁住房的租金，且以小户型为主，有效发挥了针对新市民及青年群体的保障性作用。

## （四）重点关注事项

### 1. 发行保租房 REITs 需首先取得保障性租赁住房认定

发行保租房 REITs 需首先就标的资产取得保障性租赁住房认定书。部分城市（例如北京、上海、厦门）已发布明确的纳保政策细则，需依据细则中的流程，满足《国务院办公厅关于加快发展保障性租赁住房的意见》（国办发〔2021〕22 号）（以下简称"22 号文"）中的小户型（以建筑面积不超过 70 平方米的小户型为主）、客群（符合条件的新市民、青年人等群体）、租金水平（租金低于同地段同品质市场租赁住房租金）等要求，申请保障性租赁住房项目认定。以华润有巢 REIT 标的项目所在的上海市为例，建设单位（产权单位）应向项目所在区的房屋管理部门提交申请材料，已建成的项目应提交《保障性租赁住房项目认定申请表》、建设单位营业执照和《不动产权证》等权属证明材料，材料齐全的由项目所在区房屋管理部门在 5 个工作日内出具《保障性租赁住房项目认定书》。

截至 2022 年 9 月末，部分尚未发布纳保政策细则的城市，以深圳市为例，仍需采取一事一议原则，沟通深圳市政府、深圳市住建局等部门出具保障性租赁住房项目认定书。

表 2-5 四只保障性租赁住房 REITs 标的项目基本信息

| 项目信息 | 华润有巢 REIT | | 北京保障房 REIT | | 深圳人才安居 REIT | | | | 厦门安居 REIT | |
|---|---|---|---|---|---|---|---|---|---|---|
| 项目名称 | 润径项目 | 东经项目 | 文龙家园 | 熙悦尚郡 | 安居百泉阁 | 安居锦园 | 保利香槟苑 | 凤凰公馆 | 园博公寓 | 珩商公寓 |
| 项目所在地 | 上海市松江区 | 上海市松江区 | 北京市海淀区 | 北京市朝阳区 | 深圳市福田区 | 深圳市罗湖区 | 深圳市大鹏新区 | 深圳市坪山区 | 厦门市集美区 | 厦门市集美区 |
| 投入运营时间 | 2021年3月 | 2021年4月 | 2015年2月 | 2018年10月 | 2022年1月 | 2021年11月 | 2020年7月 | 2020年11月 | 2020年11月 | 2020年11月 |
| 土地性质 | R4, 农村集体建设用地 | R4, 国有建设用地 | R2, 公共租赁住房 | R2, 公共租赁住房 | R2/住宅、R2/商业 | R2/住宅 | R2/住宅 | R2/住宅 | R2 | R2 |
| 土地取得方式 | 招拍挂 | 招拍挂 | 招拍挂 | 招拍挂 | 协议出让 | 协议出让 | 招拍挂 | 招拍挂 | 协议出让 | 协议出让 |
| 各项目建筑面积（平方米） | 55 137 | 66 334 | 76 565 | 36 232 | 53 607 | 35 131 | 16 457 | 51 554 | 112 875 | 85 679 |
| 房源套数（套） | 1 264 | 1 348 | 1 396 | 772 | 594 | 360 | 210 | 666 | 2 614 | 2 051 |
| 出租率（%） | 96.44 | 91.99 | 94.8 | 94.3 | 99.00 | 99.00 | 100.00 | 98.00 | 99.42 | 99.11 |

资料来源：基金招募说明书等公开披露文件，作者整理。

## 2. 现有四单项目土地性质及获取方式均不相同

现有四单保障性租赁住房 REITs 项目的标的资产获取方式均不相同，总体上分为原始权益人方自行投资建设并持有运营，以及收购（受让）后持有运营两种。例如，华润有巢 REIT 项目通过独立项目公司以招拍挂方式取得 R4 用地，并自行建设，项目公司无其他资产、业务；厦门安居 REIT 项目的土地为划拨转协议出让，土地性质为 R2，均为厦门安居自行投资建设并运营。而北京保障房 REIT 项目标的资产均由开发商以招拍挂方式取得 R2 用地并约定配建公租房，后续由北京保障房中心统一收购并运营；深圳人才安居 REIT 项目中有两个项目由开发商通过拍地取得 R2 用地并约定配建保租房，建成后无偿移交给深圳人才安居集团运营；两个标的资产为协议出让取得 R2 用地后，自行投资建设并运营。

## 3. 现有四单项目在土地、纳保等维度均存在转让限制，需沟通主管部门出函

由于现有四单项目的多数标的资产在立项之初或土地出让合同中，就已约定项目用途为保障性住房/租赁住房的建设，因此在土地出让合同或不动产证上原本就存在转让的出售限制，需沟通主管部门出函，才能解除发行公募 REITs 的权利限制。

例如，北京保障房中心 REIT 项目的标的资产原本为公租房，项目建设规划证照约定，公租房只能用于租赁，不得销售。根据《北京市住房和城乡建设委员会关于严禁公租房、保障性租赁住房变相销售行为的通知》，公租房、保障性租赁住房产权转让时，应当经项目所在区政府同意，其中，公租房项目还须由区政府报送市住房城乡建设委同意后方可组织实施。再如，华润有巢 REIT 项目中的泗泾项目，作为招拍挂取得的集体用地项目，在《土地出让合同》《集体用地监管协议》和不动产权证中约定项目公司的出资比例、股权结构，实际控制人发生改变的，应经出让人和协调机构同意后方可实施。

认定保障性租赁住房项目后，根据"22 号文"及各地项目认定书，保障性租赁住房不得上市销售或变相销售。

因此，保障性租赁住房发行公募 REITs 均需沟通地方政府、土地主管

部门、住建部门等，取得有权部门对项目资产重组以及以100%股权转让方式发行基础设施REITs的支持文件。

**4. 涉及房地产开发业务的，需按照监管要求满足独立性及回收资金监管**

（1）独立性要求

根据国家发改委、中国证监会2022年5月27日发布的《关于规范做好保障性租赁住房试点发行基础设施领域不动产投资信托基金（REITs）有关工作的通知》及《上海证券交易所公开募集基础设施证券投资基金（REITs）规则适用指引第4号——保障性租赁住房（试行）指引》的相关要求，若原始权益人控股股东及关联方涉及房地产开发业务的，原始权益人应当为租赁住房业务的独立法人主体，在资产、业务、财务、人员和机构等方面与商品住宅和商业地产开发业务有效隔离，保持相对独立。

以华润有巢REIT项目为例，华润置地控股有限公司（以下简称"华润置地"）作为房地产开发企业，其以旗下的租赁住房资产板块开展公募REITs，需要满足中国证监会、国家发改委和交易所对涉房企业开展保障性租赁住房REITs的要求。2018年，有巢住房租赁（深圳）有限公司（以下简称"有巢深圳"）成立，从事租赁住房的投资、开发和运营。为开展公募REITs，原始权益人有巢深圳需要在资产、业务、财务、人员和机构等方面与商品住宅和商业地产开发业务有效隔离，保持相对独立。经过系列独立性改造，有巢深圳已满足相关独立性要求，并在招募说明书中重点披露。目前，有巢深圳持有一部分租赁住房资产，同时为其他非自持租赁住房提供运营管理服务。

（2）回收资金监管

根据监管政策要求，涉房企业发行公募REITs的回收资金需存入监管专户，签署资金监管协议，每季度末向监管报送资金使用情况，基金管理人可以对资金存放和使用进行调查。

以华润有巢REIT项目为例，有巢深圳建立了《有巢住房租赁（深圳）有限公司基础设施REITs回收资金管理制度》，对回收资金存储、使用、变更、监督和责任追究以及回收资金使用的申请、分级审批权限、决策程序、风险控制措施及信息披露程序等内容进行明确规定，以实现回收资金的严格闭环管理。

### （五）保租房公募REITs发行上市的重要意义

首批三单保租房成功发行上市，对保租房的发展和我国住房保障体系的建设都有重大意义。

一是通过示范效应提振市场主体参与保租房发展的信心。保租房前期投入较大、投资回报周期较长，市场主体在实践中始终面临缺乏能够提供长期稳定资金支持的金融产品。保租房REITs的上市，打通了租赁住房资本市场权益融资通道，为优质项目提供了退出渠道，实现了保障性租赁住房"融投管退"的闭环发展，创造了良性的商业模式。目前市场主体参与保租房建设的积极性在提高，越来越多的品牌公寓企业及房企通过成立合资公司、整租后开展运营、委托经营管理等方式参与保租房领域。

二是通过盘活存量住房资产促进形成保租房投资的良性循环。经过房地产改革以来二十多年的快速发展，当前我国房地产市场已形成较大规模的存量住房。各地在保障性租赁发展实践中，也形成了新建、改建、改造、转化等并行的房源筹集模式。通过发行保租房REITs，将成熟的存量房屋资产盘活，可形成多元化的租赁房源获取模式，释放保障性租赁住房市场发展潜力。

三是通过推动房企转型形成重经营、低杠杆的精细化运营新模式。保租房REITs的上市，为房企实现轻资产运营、降低资产负债率和债务风险提供了重要路径。合规经营的房企通过积极参与保租房筹建运营并申请发行REITs，可以实现对持有型重资产的剥离，实现自身的轻资产化和REITs的重资产投资均衡发展，进而为房企转型和探索房地产业新发展模式提供支持和方向。

保障性租赁住房是"十四五"时期住房建设的重点任务，随着首批保租房REITs成功上市的示范作用的发挥以及公募REITs市场的不断发展，社会各界对公募REITs促进保租房发展的认识将持续深化。这将带动整个保障性租赁住房市场的可持续发展，更好地解决大城市新市民、青年人的住房突出问题，推动实现全体人民住有所居。

## 二、博时招商蛇口产园 REIT

### （一）基本信息

- 基金名称：博时招商蛇口产业园封闭式基础设施证券投资基金
- 发行份额及价格：9 亿份，2.31 元 / 份
- 发行规模：20.79 亿元
- 上市日期：2021 年 6 月 21 日
- 基金期限：自基金成立之日起 50 年，可经基金份额持有人大会决议提前终止或延长
- 原始权益人：招商蛇口工业区控股股份有限公司
- 基础设施资产：万融大厦项目、万海大厦项目
- 资产所在区域：广东省
- 基础设施类型：产业园区
- 项目类型：产权类
- 资产估值：22.28 亿元

本基金的交易结构如图 2-7 所示。

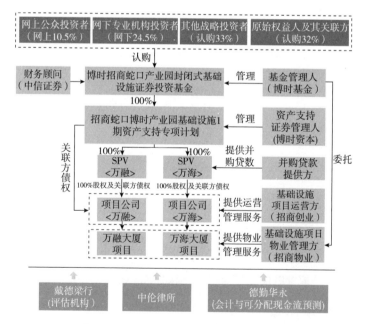

图 2-7　博时招商蛇口产园 REIT 交易结构

资料来源：基金招募说明书等公开披露文件，作者整理绘制。

## （二）发行情况及二级市场表现

博时招商蛇口产业园封闭式基础设施证券投资基金实际发行规模20.79亿元，基金发行溢价率为-6.75%。投资者结构方面，战略配售比例65%（其中原始权益人或其同一控制下的关联方认购32%），网下发售比例24.5%，公众投资者认购比例10.5%。本基金网下认购情绪火爆，网下有效认购倍数16.82倍，网下配售比率（中签率）5.94%。

自2021年6月21日基金上市至2022年9月30日，博时招商蛇口产园REIT涨幅达45.60%，日均成交金额0.18亿元，日均换手率为1.67%，受到投资者热捧。

## （三）首发基础设施资产情况

博时招商蛇口产园REIT的基础设施资产为深圳南头半岛东南部蛇口网谷片区的万融大厦项目和万海大厦项目，营业收入主要为产业研发办公物业的租赁收入。

基础设施资产位于大湾区核心腹地，区位优势明显。万融大厦项目和万海大厦项目均属蛇口网谷范围内，属于中国特色社会主义先行示范区、粤港澳大湾区及前海自贸区核心地带。蛇口网谷是南山区政府与招商局蛇口工业区联手建设的以融合高科技与文化产业为目的的互联网及电子商务产业基地。

基础设施资产的产业主题突出，行业分布多元，租户结构适度分散。截至2020年末，万融大厦及万海大厦项目租户均以新一代信息技术产业、文化创意产业、传统产业为主，租赁面积占比均超过10%。雀巢、敢为、京汉股份、联合光伏等重点企业代表成为产业园的长期入驻企业，贡献了项目整体每年租金收入的30%左右，进一步保障了基础设施资产收入的稳定性。

## （四）扩募情况

2022年9月29日，深交所正式受理博时招商蛇口产园REIT的扩募申请，基础设施项目为招商蛇口持有的招商局光明科技园部分资产，博时招商蛇口产园REIT成为首批5单申报扩募的公募REITs之一。

## （五）项目亮点：有效利用并购贷的典型案例

本项目是已发行 17 只公募 REITs 中为数不多的使用并购贷的项目。根据《公开募集基础设施证券投资基金指引（试行）》的规定："基础设施基金成立及以后，基础设施基金在遵循基金份额持有人利益优先原则的前提下，可依法直接或间接对外借入款项，借款用途限于基础设施项目日常运营、维修改造、项目收购等，且基金总资产不得超过基金净资产的 140%。"在《公开募集基础设施证券投资基金指引（试行）》规定的"基金总资产不得超过基金净资产的 140%"的范围内，充分利用外部借款，在基金成立时借入并购贷款，用于收购基础设施项目（收购项目公司股权交易对价）。

合理使用并购贷等外部借款，可以有效节省原始权益人基金发行阶段的资金占用，提高资金使用效率。同时，由于本项目中并购贷利率（不高于 4%）低于基础设施项目的现金流分派率（2021 年预计 4.39%，2022 年预计 4.46%），因此合理运用杠杆能够提高公募 REITs 基金的投资收益率。

此外，本项目同时是首批发行和首批扩募的公募 REITs 之一。

## 三、华夏越秀高速公路 REIT

### （一）基本信息

- 基金名称：华夏越秀高速公路封闭式基础设施证券投资基金
- 发行份额及价格：3 亿份，7.10 元 / 份
- 发行规模：21.30 亿元
- 上市日期：2021 年 12 月 14 日
- 基金期限：基金合同生效日至 2071 年 12 月 2 日
- 原始权益人：越秀（中国）交通基建投资有限公司
- 基础设施资产：汉孝高速
- 资产所在区域：湖北省
- 基础设施类型：高速公路
- 项目类型：特许经营权类
- 资产估值：19.36 亿元

本基金的交易结构如图2-8所示。

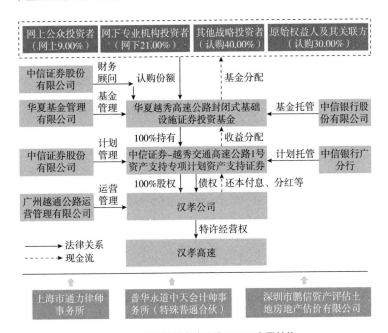

图2-8　华夏越秀高速公路REIT交易结构

资料来源：基金招募说明书等公开披露文件，作者整理绘制。

### （二）发行情况及二级市场表现

华夏越秀高速公路封闭式基础设施证券投资基金实际发行规模21.30亿元，基金发行溢价率为+10.02%。投资者结构方面，战略配售比例70%，网下发售比例21%，公众投资者认购比例9%。本基金网下认购情绪火爆，网下有效认购倍数38.41倍，网下配售比率（中签率）2.60%。

自2021年12月14日基金上市至2022年9月30日，华夏越秀高速公路REIT涨幅为23.39%，日均成交金额0.19亿元，日均换手率为2.39%，受到投资者热捧。

### （三）基础设施资产情况

华夏越秀高速公路REIT入池基础设施资产为汉孝高速。汉孝高速公路是湖北省武汉—十堰高速公路起点段，全长35.996千米，是国家规划银川—武汉大通道的重要组成部分，也是湖北省高速公路网规划"九纵五横三环"中重要组成,它由汉孝高速公路主线及汉孝高速公路机场北连接线(以下简称"机场北连接线")两部分组成。汉孝高速的收入主要包括车辆通行费收入、广告费收入、与服务设施等相关的租赁收入等各种经营收入。

### (四)项目亮点:发行 REITs 反哺上市母公司

本项目原始权益人越秀中国的唯一股东为中国香港上市公司越秀交通基建有限公司(以下简称"越秀交通基建"),越秀交通基建主要从事投资、经营及管理位于中国广东省及其他经济发展高增长省份的高速公路及桥梁。2021 年 12 月 14 日,华夏越秀高速公路 REIT 上市发行,越秀交通基建因此回笼资金 13.92 亿元(税前),并且录得处置收益 9.61 亿元(税前),同时越秀中国认购 REIT 平台 30% 的份额,越秀基建交通将其计入对关联企业的投资,能够按比例享受项目日后的稳定分派收益。

越秀交通基建在收购路产自行培养运营方面经验丰富,旗下大多数路产为外部购得,且置入公司后收益良好,但同时面临占用资金较大,投资回收期长的问题。当前,公司全力搭建完善三大平台:上市平台、REITs 平台、孵化平台,公募 REITs 平台将缩短公司的投资回收周期,提升整体盈利水平,与上市平台、孵化平台有效对接。

## 四、首批公募 REITs 发行前后市场情绪反差强烈的原因

首批公募 REITs 项目发行前整体谨慎观望,与发行后认购火爆、价格上涨形成强烈的反差,反差背后原因主要有以下四点。

第一,制度政策。推动公募 REITs 健康发展,是"十四五"规划作出的一项重要部署,对有效盘活万亿级别存量基础设施资产、创新投融资机制、拓宽权益融资渠道、增强资本市场服务实体经济能力等具有十分重要的意义。基础设施公募 REITs 试点作为一项顶层设计并自上而下推进的战略工程,从项目层面审核注册、发行成交、信息披露、治理机制等方面形成的系统性基础制度和配套规则,到交易层面的投资者制度、交易制度以及流动性机制等一系列制度建设与政策支持,为公募 REITs 的高质量发展奠定了重要基础。未来随着扩募等配套制度的完善,以及专项税收政策、

国有资产转让政策、允许更多长线资金参与投资等政策支持的进一步明确，有利于实现公募 REITs 优质资产持续注入，推动市场扩容稳步增长，不断改善流动性，提升稳定性，为更多长期性的资金入市创造条件，呵护公募 REITs 市场长期健康发展。

第二，市场环境。当前经济面临下行压力，宏观去杠杆等调控政策收紧，实体融资需求走弱，在市场流动性相对充裕，而股票市场持续表现低迷、债券市场信用分化严重的时间窗口下，投资者普遍面临结构性优质资产荒。与此同时，海外局势动荡以及新冠肺炎疫情反复等宏观环境持续加强投资机构的避险情绪。随着降息降准等宽松货币政策发力，市场无风险利率水平走低，叠加资产欠配压力，引导投资机构形成最低收益率下降的预期，而在 REITs 的年度可供分派现金流预期不下降的情况下，其稳定的现金流和抗通胀属性形成公募 REITs 的估值支撑以及价格上涨的预期。

第三，资产特性。我国公募 REITs 上市审批严格，资产质量要求非常高，底层资产现金流成熟稳定，强制高比例分红政策规则，对应较高的投资安全性和良好的回报预期。同时，从降低组合波动、分散风险的角度出发，REITs 与其他投资品相关性低，为市场提供了大类资产配置的新选择。此外，依托于国内万亿级别的基础设施资产体量，未来公募 REITs 扩容空间巨大，必然会成为投资机构的重要配置品种。公募 REITs 推出之后，其基础资产质量和经营模式得到市场投资者普遍认可和广泛关注，REITs 的高分红率、税收优惠和波动性较低的特点更是吸引了大型机构投资者转投，赚钱效应显现，进而带动了 REITs 产品价格持续走高。

第四，市场流动性。为保障公募 REITs 上市平稳运行，沪深交易所引入做市商制度（即"流动性服务机制"），优化交易机制，不断加强 REITs 交易监管和风险管理，在整体风险可控的条件下，着力激活各种类型投资者的积极性，提高了市场的交投活跃度。做市机构拥有一定的资本实力和定价能力，能够利用在公募 REITs 投研、做市业务等方面的资源储备以及专业能力，根据 REITs 的资产类型及行业特征，进行合理定价，通过持续为市场提供双边报价服务促进市场价格发现功能实现，防止暴涨暴跌，保障交易效率，避免非理性的交易行为。流动性服务将为公募 REITs 上市提供重要的流动性支持，推动 REITs 市场交投活跃度提升，助力公募 REITs 业务平稳发展，提升金融服务实体经济的效能。

## 第四节　整体评价与问题总结

### 一、整体评价

本次公募 REITs 成功试点表明，REITs 产品创新有利于动员和引导各类要素资源向基础设施领域聚集，切实有效盘活存量资产，形成存量资产和新增投资的良性循环。有利于优化资源配置、支持实体经济高质量发展，坚持深化供给侧结构性改革，找到中国经济"转型升级"在基础设施领域的着力点，探索出一条符合中国特色的实现路径。有利于提高直接权益融资比重，降低实体经济杠杆，为地方政府和国有企业的债务化解与风险防范提供了新的途径。有利于为市场提供中等收益、中等风险的工具，通过公众投资者持有与公募基金管理人的参与，提升基础设施的专业化管理水平和运营能力，实现"产融结合"。

公募 REITs 的试点成绩主要体现在以下几个方面。

#### （一）制度建设日臻完善

高站位的顶层设计有利于公募 REITs 的长远健康发展。在国家发改委、中国证监会等有关部门的推动下，"十四五"规划纲要中明确提出："推动公募 REITs 健康发展，有效盘活存量资产，形成存量资产和新增投资的良性循环。"

体系化的全国性制度框架是公募 REITs 试点工作稳步推进的基石。国家发改委、中国证监会、沪深交易所制定了全国性的项目申报要求及相关工作指引等，为试点工作稳步推进构筑了有力的制度支撑。

针对性的地方支持政策有利于更多试点项目的涌现。公募 REITs 试点工作开展以来，全国多个行业、地区颁布了 REITs 试点的鼓励政策：北京、上海、广州、苏州、南京、成都、西安、无锡、天津等地方人民政府或发展改革部门，针对公募 REITs 出台专项支持政策，鼓励本地区项目积极参与试点。《全国"十四五"现代综合交通运输体系发展规划》《国务院关于支持贵州在新时代西部大开发上闯新路的意见》《国家发展改革委、商务部关于深圳建设中国特色社会主义先行示范区放宽市场准入若干特别措施的意见》《四川省促进基础设施领域不动产投资信托基金（REITs）健康发展若干措施（征求意见稿）》《关于上海加快打造具有国际竞争力的不动产投资信托基金（REITs）发展新高地的实施意见》《关于加快推进南京市基础设施领域不动产投资信托基金（REITs）试点工作的若干措施》《广州市支持基础设施领域不动产投资信托基金（REITs）发展措施》《关于支持青岛市基础设施领域不动产投资信托基金（REITs）产业发展的若干措施》等多份文件中，明确提出推进公募REITs工作。上述支持政策的推出，形成了良好的政策氛围，有利于更多、更具有特色的试点项目的涌现，有利于市场的后续培育。

**（二）路径与关键节点顺利打通**

公募REITs试点采用地方发改委储备、国家发改委推荐、中国证监会交易所审批注册的路径，充分整合了地方发改委在基础资产层面、国家发改委在产业层面、中国证监会与沪深交易所在产品与市场层面的专业优势，有力保障了试点项目的质量和投资者权益。本次试点打通了项目申报的各个关键节点，各监管部门之间的分工得到明确，配合得到完善，效率得到提升，为试点工作的持续进行与市场容量的进一步扩大提供了畅通路径。

地方发改委着力做好项目储备工作。加强项目储备管理，做好实时跟踪调度，推动落实项目条件。各地方坚持项目库的统计监测和协调服务功能定位，做到项目"愿入尽入、应入尽入"，不以任何理由拒绝项目入库。

国家发改委有序开展项目推荐工作。深入落实国家重大战略、发展规划和有关政策要求，按照"成熟一个、推荐一个"的原则，有序向中国证监会推荐项目。制定项目委托评估工作制度，优化委托评估流程，周密细致做好合规性把关。

中国证监会、沪深交易所切实推动项目审批注册工作。试点开始后，沪深交易所在REITs产品研究、规则制定与市场组织、交易机制安排与创新、技术系统开发与测试、投资者培育与拓展等方面，进行了充分准备。

在中国证监会的统一部署下，参照公开发行证券的相关流程和要求，结合在资产证券化项目审核方面多年积累的丰富经验，切实把好入口关，全力做好项目审核，推动实现项目顺利注册获批，首批上市项目受到公众投资者的广泛认可，有力保障了中小投资者权益。

**（三）盘活存量资产，融资效果显著，破解权益融资难题，产生了良好的发行示范效应**

通过公募REITs试点，企业得以改善财务结构，压降资产负债率，带动较大规模新增投资。试点企业定期向国家发改委反馈回收资金投入新项目建设、用于基础设施补短板项目的情况。对未及时投入新项目的企业，国家发改委督促其加快资金使用，尽快形成实物工作量。截至2022年9月30日，已上市REITs共17只，募集资金580亿元，回收资金预计将带动新项目投额近3 300亿元。

国家发改委安排中央预算内投资给予支持，设立并下达引导社会资本参与盘活国有存量资产中央预算内投资示范专项，对采用REITs等方式盘活存量、回收资金用于新建项目且有实际成效的项目给予支持，更好引导带动企业参与公募REITs试点的积极性。广河高速项目中，广州交投成功申请5.14亿元中央预算内投资，用于支持盘活资产后投资的项目。各地也加快出具配套资金支持政策，如上海市对成功发行基础设施REITs产品的本市原始权益人，通过上海REITs发展专项资金给予奖励；广州市对在本市注册并成功发行基础设施REITs产品的原始权益人，按照相关规定安排财政专项扶持资金；南京市对使用回收资金投入的新项目，以及在盘活存量资产方面取得积极成效的项目单位，在同等条件下优先争取安排中央预算内投资和地方政府专项债券等。

**（四）存量市场空间广阔未来可期，逐步形成市场的集聚效应和规模效应**

公募REITs存量市场空间广阔，主要体现在后续储备项目的持续推进与已发行试点项目的增发扩募两个方面。

后续储备项目方面，根据国家发改委统计，截至2022年1月末，全国正在实质性推进公募REITs发行准备工作的项目接近百个。"958号文"

和配套文件响应中央政策精神，顺应市场主体期盼，将有利于实现碳达峰、碳中和目标的绿色能源项目，有利于解决好新市民、青年人等群体住房问题的保障性租赁住房项目等，纳入试点范围，增加了试点项目的多样性，对提升存量市场空间具有重要意义。

已发行试点项目增发扩募方面，部分发起人具有 2022 年内实现首次扩募的期望。2022 年 5 月 31 日，沪深交易所发布并施行扩募指引，积极回应了市场主体对扩募的期盼，明确了公募 REITs 扩募的相关机制，就准入条件、程序安排、信息披露管理及停复牌要求、发售和定价安排等事项进行了规范。2022 年 9 月 27 日，红土盐田港 REIT、博时蛇口产园 REIT、华安张江光大 REIT、富国首创水务 REIT、中金普洛斯 REIT 等 5 只公募 REITs 拟扩募并新购入基础设施项目的公告披露。根据国际市场经验，REITs 发行后进行扩募的需求较为强烈。例如，在香港地区上市的越秀房地产投资信托基金，从 2005 年上市时的 4 个项目、约 40 亿元资产规模，通过多年来不断从母公司和外部收购资产，发展至今共 8 个项目、约 350 亿元资产规模。

随着扩容与市场规模不断扩大，REITs 有望逐步实现集聚效应与规模效应，紧紧围绕国家重大战略，积极支持创新驱动、绿色发展、民生保障等重要领域，引导各种生产要素向符合试点导向的产业聚集。未来 REITs 的合并与扩张将进一步实现集聚效应，资源向运营效率较高的企业集聚，实现产业整体的提质增效。在实现集聚效应的同时，规模效应也逐渐显现。REITs 市场总规模的提升、单只产品规模的提升均有利于流动性与股价表现的提升，带来融资成本下降等有利因素。

## 二、问题总结

### （一）如何完善国资流转政策

已发行 17 只公募 REITs 项目中，16 只的发起人是国有企业，呈现国企占主导和引领的特点。国企在推进公募 REITs 过程中必然涉及国有资产交易（如产权转让、增资、资产转让等），主要包括内部重组阶段与发行阶段。2022 年 5 月 11 日，李克强总理主持召开国务院常务会议后，国务院国资委于 5 月 16 日发布《关于企业国有资产交易流转有关事项的通知》（国资发产权规〔2022〕39号）（以下简称"39号文"），明确"国家出资企业及其子企业通过发行基础设施REITs盘活存量资产，应当做好可行性分析，合理确定交易价格，对后续运营管理责任和风险防范作出安排，涉及国有产权非公开协议转让按规定报同级国有资产监督管理机构批准"，允许通过非公开协议转让方式完成公募REITs发行过程中涉及的国有资产交易。

"39号文"明确可采用非公开协议转让方式，有效避免了产权市场公开转让与公募REITs交易安排、发行环节和上市过程之间的冲突，但如何在"39号文"基础上，充分考虑公募REITs产品性质和发行特征，实现国资交易与国有主体申报公募REITs流程的衔接，值得进一步研究探讨。国资转让相关配套措施的制定请详见本书第四章。

### （二）如何加强各主管部门协同政策

在公募REITs试点过程中，资产合规性问题的解决往往是项目的主要难点，为解决资产合规性瑕疵，通常需由原始权益人进行证照补办或取得地方政府无异议函，而具体事项涉及中国证监会、行业管理、城乡规划、自然资源、生态环境、住房城乡建设、国资监管等多个主管部门，降低了试点发行效率，在一定程度上阻碍了市场扩容。如何加强政府部门协同，出台一揽子政策，打通目前制度瓶颈，从而加快落实各项发行条件，将在本书第三章进一步探讨。

### （三）如何明晰税收优惠政策

2022年1月26日，财政部、国家税务总局颁布《关于基础设施领域不动产投资信托基金（REITs）试点税收政策的公告》（财政部 国家税务总局公告〔2022〕3号）（以下简称"3号公告"），明确在基础设施资产重组环节，即原始权益人将基础设施资产划转至项目公司环节，适用特殊性税务处理，不征收企业所得税；在公募REITs发行环节，原始权益人向REITs转让项目公司股权时暂不缴纳企业所得税，递延至REITs募资完成后再缴纳。该政策有效避免原始权益人在REITs成功发行之前需要付出的大量税收成本，避免了REITs未发行成功可能造成的税负沉成本；降低原始权益人的资产重组成本，缓解原始权益人在发行前的现金流压力。"3号公告"是对REITs行业发展的重大利好，鼓励和支持更多企业参与试点,提高市场主体参与REITs的积极性,但试点税收优惠政策仍有需明确或补充的内容,如原始权益人关联方认购基金份额、跨境重组、划转之外的其他资产重组方式是否适用"3号公告",本书第十章将对相关问题做进一步解析。

### (四)如何优化交易架构及治理机制

我国"公募基金+ABS"的交易结构更接近海外契约式REITs,基金管理人由持有公募基金牌照的基金公司而非原始权益人关联机构担任,现阶段REITs治理的主要问题体现在原始权益人与基金管理人之间的冲突及发起人(大股东)与中小投资者之间的冲突两方面。如何解决REITs交易架构复杂、产品层级过多,以及管理人责任不明、能力不足的问题,本书第八章就提升REITs治理能力的相关问题展开了深入研究,回应了有关各方的诉求。

### (五)如何完善REITs投资者结构,加强投资者教育

#### 1. 完善投资者结构

已发行公募REITs中,大部分主流机构均已参与,包括保险、银行理财、证券公司自营/资管、私募基金等,公募REITs市场投资者结构以机构为主,市场交易更为理性。

战配投资者中,保险机构参与量占比最高,达到32.67%,符合其中长期持有的投资特点;其次是银行理财,合计战配认购占比23.70%,主要以国有银行和股份制银行为主。银行参与战略配售,除为了与原始权益人长期合作可接受限售期外,也为了提前锁定认购份额;再次是产业投资人,合计战配认购占比16.93%,其参与受行业上下游及股东背景影响较大。

网下投资者中,以交易为主的证券公司自营最为活跃,证券公司自营由于做市政策、"打新"交易性需求以及中国证监会投资鼓励政策,参与量明显高于其他类型机构;以配置为主的保险机构次之。如何引导社保基金、企业年金、职业年金以及公募基金参与到已发行的REITs投资中来,本书第十三章讨论了相关话题。

#### 2. 加强投资者教育

公募REITs发行以来部分产品遭到热炒,二级市场的非理性上涨,特

别是特许经营权类项目的过高涨幅表明投资者对 REITs 产品及其投资逻辑尚不熟悉。因此，培养与市场一同成长的投资者对公募 REITs 的未来发展具有重要意义。本书第十三章讨论了加强投资者教育，引导投资者理性看待公募 REITs 产品的相关内容。

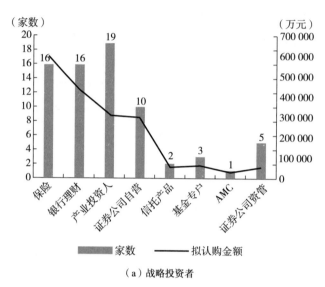

（a）战略投资者

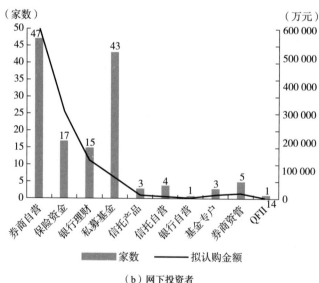

（b）网下投资者

图 2-9 已发行 17 只公募 REITs 战略投资者、网下投资者认购情况

资料来源：基金招募说明书等公开披露文件，作者整理。

## （六）如何优化上市交易机制

目前，公募 REITs 的系列制度设计为二级市场的稳健运行提供了保障。例如，做市商机制有效提高了二级市场的流动性，平稳了交易价格；公募 REITs 可以采用竞价、大宗、报价、询价多种交易方式，充分满足投资者交易需求；公募 REITs 可作为质押券参与交易所质押式协议回购、质押式三方回购等业务，完善了 REITs 投资者融资安排等。如何保证二级市场运行平稳，明确估值定价逻辑，解决流动性偏弱，产品端与资产端价值的偏离度较大，少量资金"炒作"造成二级市场价格出现大幅波动的问题值得关注。本书第七章对相关问题进行了分析。

# 第三章

# 公募 REITs 项目的底层资产合规要求

魏轶东[①]

公募 REITs 底层资产的合法合规是若干遴选标准之中最基本的要求，其不但决定了公募 REITs 项目未来能否顺利发行，还关系公募 REITs 项目是否可以保持长期稳定的运营，甚至会影响未来公募基金管理人对底层资产的处置。本章在探讨底层资产和底层资产项目公司的合法合规性基础上，举例说明底层资产合规要求需要注意和解决的问题，并提出相应的建议以不断完善相关法规体系。

---

① 魏轶东，中伦律师事务所合伙人。

## 第一节　底层资产的合法合规性

《中国证监会 国家发展改革委关于推进基础设施领域不动产投资信托基金（REITs）试点相关工作的通知》（证监发〔2020〕40号）（以下简称"40号文"）是公募REITs的纲领性文件，由国家发改委和中国证监会于2020年4月30日发布，作为公募REITs最重要的政策性文件，"40号文"明确公募REITs要"聚焦优质项目"，项目需要符合国家重大战略、宏观调控政策、产业政策、固定资产投资管理法规制度。随后，国家发改委于2020年7月31日发布《国家发展改革委办公厅关于做好基础设施领域不动产投资信托基金（REITs）试点项目申报工作的通知》（发改办投资〔2020〕586号）（以下简称"586号文"），作为国家发改委首次发布的试点申报指引，"586号文"明确了底层资产合规性是重中之重，项目手续的合法合规是试点工作顺利开展的必要前提。随着公募REITs试点申报工作的推进，国家发改委于2021年6月29日发布《国家发展改革委关于进一步做好基础设施领域不动产投资信托基金（REITs）试点工作的通知》（发改投资〔2021〕958号）（以下简称"958号文"），进一步强调了要坚持"成熟一个、申报一个"的工作原则，严格按照试点工作中的相关政策规定、项目条件、操作规范和工作程序，认真把关申报项目质量。上述规范性法律文件对底层资产的合法合规性的要求主要体现在底层资产的类型、权属要求、权利负担、固定资产投资管理手续、土地用途以及业务资质等方面。

### 一、底层资产的类型

#### （一）试点行业及其政策沿革

国际成熟市场REITs的底层资产通常为不动产或不动产相关资产。例如，中国香港地区 REITs 主要投资于写字楼、综合体、零售和酒店领域等不动产领域。美国 REITs 可以投资的业态包括办公室、公寓、仓储物流、零售、医疗中心、数据中心、酒店等，集中于特定的不动产领域。值得注意的是，美国国家税务局（Internal Revenue Service）和美国财政部在2016年颁布规定，明确了 Section 856 of the Internal Revenue Code 项下的"不动产"定义，将无线电通信设施、停车设施、桥梁、隧道、路基、铁轨、输电线路、石油天然气管道等多种底层资产，纳入 REITs 合格底层资产的范畴。日本和新加坡 REITs 底层资产所涵盖的范畴则更加丰富，除了综合体、零售和酒店领域外，还涉及工业、物流、公寓、医疗健康、数据中心等多个领域。印度证券交易委员会（SEBI）在 2014 年 9 月发布了《房地产投资信托守则》和《基础设施投资信托守则》，目前已发行三只 REITs 产品。

目前，中国内地 REITs 则选择以基础设施作为 REITs 的底层资产进行破题，政策制定者的初心和高瞻远瞩的视角前文已做介绍，在此主要对具体资产的类型进行探讨。我国内地 REITs 尚处于试点初期，现阶段 REITs 产品的底层资产仍以基础设施资产为主，并不包括酒店、商场、写字楼等商业地产项目，项目土地用途原则上应为非商业、非住宅用地。基础设施类的资产既包括交通运输、供水供电、通信设施、生态环保和市政设施等传统意义上的底层资产，也包括产业园区、仓储物流、数据中心等新型底层资产。试点阶段，国家发改委制定了审核准予入池资产的要求，通过正面清单的方式明确列举了试点行业和区域，并根据试点申报的具体情况对试点行业逐步扩充和完善。公募 REITs 试点初期对于底层资产所属行业范围的政策沿革如表 3-1 所示。

表 3-1 公募 REITs 试点阶段底层资产所属行业范围的政策沿革

| 发布时间 | 文件名称 | 行业范围 |
| --- | --- | --- |
| 2020 年 4 月 24 日 | 《中国证监会 国家发展改革委关于推进基础设施领域不动产投资信托（REITs）试点相关工作通知》（证监发〔2020〕40 号） | 优先支持基础设施补短板行业，包括仓储物流、收费公路等交通设施，水电气热等市政工程，城镇污水垃圾处理、固废危废处理等污染治理项目。鼓励信息网络等新型基础设施，以及国家战略性新兴产业集群、高科技产业园区、特色产业园区等开展试点 |

续表

| 发布时间 | 文件名称 | 行业范围 |
| --- | --- | --- |
| 2020年7月31日 | 《国家发展改革委办公厅关于做好基础设施领域不动产投资信托基金（REITs）试点项目申报工作的通知》（发改办投资〔2020〕586号） | （四）聚焦重点行业。优先支持基础设施补短板项目，鼓励新型基础设施项目开展试点。主要包括：<br>1. 仓储物流项目<br>2. 收费公路、铁路、机场、港口项目<br>3. 城镇污水垃圾处理及资源化利用、固废危废医废处理、大宗固体废弃物综合利用项目<br>4. 城镇供水、供电、供气、供热项目<br>5. 数据中心、人工智能、智能计算中心项目<br>6. 5G、通信铁塔、物联网、工业互联网、宽带网络、有线电视网络项目<br>7. 智能交通、智慧能源、智慧城市项目<br>（五）鼓励国家战略性新兴产业集群、高科技产业园、特色产业园等开展试点<br>项目应满足以下条件：1. 位于国家发展改革委确定的战略性新兴产业集群，或《中国开发区审核公告目录（2018年版）》确定的开发区范围内<br>2. 业态为研发、创新设计及中试平台，工业厂房，创业孵化器和产业加速器，产业发展服务平台等园区基础设施<br>3. 项目用地性质为非商业、非住宅用地<br>（六）酒店、商场、写字楼、公寓、住宅等房地产项目不属于试点范围 |
| 2020年8月6日 | 《公开募集基础设施证券投资基金指引（试行）》（中国证监会公告〔2020〕54号） | 基础设施包括仓储物流，收费公路、机场港口等交通设施，水电气热等市政设施，污染治理、信息网络、产业园区等其他基础设施，不含住宅和商业地产 |
| 2021年6月29日 | 《国家发展改革委关于进一步做好基础设施领域不动产投资信托基金（REITs）试点工作的通知》（发改投资〔2021〕958号） | 试点主要包括下列行业：<br>1. 交通基础设施。包括收费公路、铁路、机场、港口项目<br>2. 能源基础设施。包括风电、光伏发电、水力发电、天然气发电、生物质发电、核电等清洁能源项目，特高压输电项目，增量配电网、微电网、充电基础设施项目，分布式冷热电项目<br>3. 市政基础设施。包括城镇供水、供电、供气、供热项目，以及停车场项目<br>4. 生态环保基础设施。包括城镇污水垃圾处理及资源化利用环境基础设施、固废危废医废处理环境基础设施、大宗固体废弃物综合利用基础设施项目<br>5. 仓储物流基础设施。应为面向社会提供物品储存服务并收取费用的仓库，包括通用仓库以及冷库等专业仓库 |

续表

| 发布时间 | 文件名称 | 行业范围 |
|---|---|---|
| 2021年6月29日 | 《国家发展改革委关于进一步做好基础设施领域不动产投资信托基金（REITs）试点工作的通知》（发改投资〔2021〕958号） | 6. 园区基础设施。位于自由贸易试验区、国家级新区、国家级与省级开发区、战略性新兴产业集群的研发平台、工业厂房、创业孵化器、产业加速器、产业发展服务平台等园区基础设施。其中，国家级与省级开发区以《中国开发区审核公告目录（2018年版）》发布名单为准，战略性新兴产业集群以国家发展改革委公布名单为准<br>7. 新型基础设施。包括数据中心类、人工智能项目，5G、通信铁塔、物联网、工业互联网、宽带网络、有线电视网络项目，智能交通、智慧能源、智慧城市项目<br>8. 保障性租赁住房。包括各直辖市及人口净流入大城市的保障性租赁住房项目<br>9. 探索在其他基础设施领域开展试点<br>（1）具有供水、发电等功能的水利设施<br>（2）自然文化遗产、国家AAAAA级旅游景区等具有较好收益的旅游基础设施，其中自然文化遗产以《世界遗产名录》为准<br>酒店、商场、写字楼等商业地产项目不属于试点范围。项目土地用途原则上应为非商业、非住宅用地，租赁住房用地以及为保障项目正常运转而无法分割的办公用房、员工宿舍等少数配套设施用地除外 |

资料来源：国家发改委，中国证监会，作者整理。

从上述政策沿革可以看出，公募REITs试点行业在明确不包括住宅（保障性租赁住房和为保障项目正常运转而无法分割员工宿舍除外）和商业地产的前提下逐步扩大。"958号文"已增加了符合条件的新增能源基础设施、保障性租赁住房、水利设施、景区资产等试点行业范围。试点区域方面，"40号文"将公募REITs区域聚焦在京津冀、长江经济带、雄安新区、粤港澳大湾区、海南、长江三角洲等重点区域，而"958号文"已经明确将区域放开至全国范围，符合条件的项目均可申报。

在底层资产的范围进一步扩大的同时，监管部门对于资产的规范要求也进一步细化如下。

一是对资产规模的要求。首批试点项目申报时，国家发改委尚未明确要求，但"958号文"已经对资产规模提出明确要求。根据"958号文"

的规定，首次发行公募 REITs 对应的基础设施项目当期评估净值原则上应不低于 10 亿元；发起人（原始权益人）持有可发行公募 REITs 的各类扩募资产规模原则上不低于拟首次发行公募 REITs 对应的底层资产规模的 2 倍。

二是对运营时间的要求。根据"958 号文"的规定，底层资产运营时间的最低门槛为 3 年，但对于已能够实现长期稳定收益的项目可适当降低运营时间的要求。

三是对募集资金用途的要求。根据"958 号文"的规定，原始权益人通常需要明确回收资金的具体用途，并承诺将 90%（含）以上的净回收资金[①]用于在建项目上或前期工作成熟的基础设施补短板项目上。

综合来看，公募 REITs 试点行业和试点区域的进一步拓宽，极大提高了新一批公募 REITs 项目申报的积极性，有助于扩大 REITs 底层资产类型及区域的筛选范围，亦有利于 REITs 市场的可持续发展。

值得注意的是，多名人大代表和政协委员曾在 2022 年全国两会上表示商业不动产不同于住宅，是连接贸易物流、消费升级、第三产业转型的重要纽带，具有服务民生的公共属性，属于城市消费服务基础设施，因此提案将商业不动产纳入公募 REITs。诚如上述代表所言，商业不动产与一次性销售为目的的住宅不同，是以长期持有为目的的实体空间载体，与物流仓库设施一样，是为社会和居民提供生活服务的基础设施。此外，将商业不动产纳入公募 REITs 试点项目资产范围不但有助于房地产行业从"重销售、快周转"模式，转向"重持有、重运营"模式，而且有助于降低房地产行业杠杆，防止系统性金融风险，起到稳市场、稳预期的积极作用。

**（二）已发行产品的底层资产类型**

从已发行的前 17 只公募 REITs 产品来看，底层资产类型集中于产业园、仓储物流、高速公路、保障性租赁住房、清洁能源和污水处理方面；资产性质分为产权类和特许经营权类或 PPP 类。其中，高速公路、清洁能源及污水处理类底层资产对应特许经营权类资产，产业园、保障性租赁

---

① 净回收资金系指原始权益人取得的扣除用于偿还相关债务、缴纳税费、按规则参与战略配售等的资金后的回收资金。

租房和仓储物流资产均为产权类资产,具体情况如表 3-2 所示。

表 3-2 境内 17 只公募 REITs 产品资产类型和性质

| 序号 | 产品名称 | 底层资产 | 基础设施类型 | 性质 |
|---|---|---|---|---|
| 1 | 博时蛇口产园 REIT | 万融大厦、万海大厦 | 产业园 | 产权类 |
| 2 | 平安广州广河 REIT | 广河高速广州段 | 高速公路 | 特许经营权类 |
| 3 | 红土创新盐田港 REIT | 深圳盐田区物流中心 | 仓储物流 | 产权类 |
| 4 | 中航首钢绿能 REIT | 首钢生物质、残渣暂存场等 | 清洁能源 | 特许经营权类 |
| 5 | 华安张江光大 REIT | 张江光大产业园 | 产业园 | 产权类 |
| 6 | 浙商沪杭甬 REIT | 沪杭甬高速浙江段 | 高速公路 | 特许经营权类 |
| 7 | 富国首创水务 REIT | 合肥及深圳污水净化项目 | 污水处理 | 特许经营权类 |
| 8 | 东吴苏园产业 REIT | 国际科技园五期 B 区 | 产业园 | 产权类 |
| 9 | 中金普洛斯 REIT | 普洛斯物流园 | 仓储物流 | 产权类 |
| 10 | 建信中关村 REIT | 互联网创新中心 5 号楼、协同中心 4 号楼和孵化加速器 | 产业园 | 产权类 |
| 11 | 华夏越秀高速 REIT | 汉孝高速 | 高速公路 | 特许经营权类 |
| 12 | 华夏中国交建 REIT | 武深高速嘉通段 | 高速公路 | 特许经营权类 |
| 13 | 国金中国铁建 REIT | 渝遂高速公路重庆段 | 高速公路 | 特许经营权类 |
| 14 | 中金厦门安居 REIT | 园博公寓、珩琦公寓 | 保障性租赁住房 | 产权类 |
| 15 | 华夏北京保障房 REIT | 文龙家园和熙悦尚郡公租房 | 公共租赁住房 | 产权类 |
| 16 | 鹏华深圳能源 REIT | 深圳东部 LNG 电厂一期项目 | 清洁能源 | 特许经营权类 |
| 17 | 红土创新深圳安居 REIT | 保利香槟苑项目、凤凰公馆项目、安居百泉阁项目、安居锦园项目 | 保障性租赁住房 | 产权类 |

资料来源:基金招募说明书等公开披露文件,作者整理。

## 二、底层资产的合法合规要求

目前,公募 REITs 底层资产方面的合法合规要求已初步形成相对完整的规范框架。相应法律、规范体系不仅包括《中华人民共和国信托法》《中华人民共和国证券法》《中华人民共和国证券投资基金法》等上位法,还包括"40 号文""586 号文""958 号文"以及"54 号文"等具体的规范性文件。基金业协会也已发布《公开募集基础设施证券投资基金尽职调查工作指引(试行)》和《公开募集基础设施证券投资基金运营操作指引(试行)》等行业规定。交易所层面,上交所及深交所均已发布相关业务办法、审核事项关注事项等自律规范。结合前述法律、规范性文件、行业规定及自律规范，监管部门对于公募 REITs 项目的资产合法合规要求主要集中于权属、权利负担、固定资产投资管理手续、土地用途、项目的成熟稳定及运营合规性等方面。

### （一）权属要求

公募 REITs 底层资产对于基础设施项目而言，权属清晰是最基本的要求。虽然国家发改委、中国证监会和交易所的具体要求表述略有差异，但对"合格的底层资产"均提出了明确要求，即权利完整、边界明确清晰。具体而言，国家发改委要求基础设施项目权属清晰、资产范围明确，发起人（原始权益人）依法合规直接或间接拥有项目所有权、特许经营权或经营收益权；中国证监会要求原始权益人对基础设施项目享有完全所有权或经营权利，不存在重大经济或法律纠纷；交易所要求基础设施项目应当权属清晰，资产范围明确，并依照规定完成了相应的权属登记，自第三方受让的资产，已支付对价且公允，登记、批准备案等手续完成。

尽管国家发改委、中国证监会和交易所对"合格的底层资产"有共同的界定，但对于不同的底层资产，即产权类和特许经营类（含 PPP）资产的权属合规要求方面，关注点略有区别。

#### 1. 产权类资产：合法拥有资产所有权

对于产权类资产的公募 REITs，其项目收益依托于其所享有不动产所有权。从试点阶段来看，产权类资产通常包括产业园、仓储物流园、保障性租赁住房等。原始权益人应依法合规直接或间接拥有项目所有权，并由项目公司最终直接持有拟发行公募 REITs 的底层资产。

根据《民法典》的规定，不动产物权的设立，经依法登记发生效力，未经登记，不发生效力，除非法律另有规定。交易所目前的审核要求亦明确基础设施项目应当依照规定完成了相应的权属登记。因此，对于产权类资产，原始权益人应持有相应的不动产权证书，以作为确认资产权属和资产范围的主要依据。

#### 2. 特许经营类或 PPP 类资产：合法拥有特许经营权或经营收益权

对于 2015 年 6 月之前采用 BOT、转让－经营－转让（Transfer-Operate-Transfer，简称 TOT）、股权投资等模式实施的特许经营项目，应根据项目开发建设当时国家及当地政府关于固定资产投资建设、特许经营管理的相关规定［如建设部《市政公用事业特许经营管理办法》(建设部令第126号)］对项目的合法合规性进行判断。对于2015年6月以后批复实施的特许经营项目，应符合《基础设施和公用事业特许经营管理办法》项下采用竞争方式采购、订立特许经营协议、期限最长不超过30年等有关规定。

然而，对于非特许经营类PPP项目而言，需要对经营收益原始取得的审批、招标程序、经营收益权的实施主体、经营收益权的范围、期限等进行考察。特别需要注意的是，2015年6月以后批复实施的非特许经营类PPP项目，应当根据国家关于规范有序推广PPP模式的规定，从是否已获得实施方案批复、是否经过公开招标等竞争方式确定社会资本方、依照法定程序规范签订PPP合同等方面对项目的合法合规性进行判断。

### 3. 产权类资产与特许经营类或PPP类资产开展公募REITs项目的主要区别

就产权类资产与特许经营类或PPP类资产开展公募REITs项目的主要区别，主要体现在权属来源和土地使用权两个方面。在开展公募REITs项目时，权属来源之间的区别如前所述，无须赘言，而土地使用权方面的具体处理需要格外关注。

根据"958号文"的规定，①对于非PPP（含特许经营）类项目：如项目土地使用权是以划拨方式取得，土地所在地方政府或自然资源主管部门应对项目以100%股权转让方式发行公募REITs无异议；如项目土地使用权是以协议出让方式取得，原土地出让合同签署机构（或按现行规定承担相应职责的机构）应对项目以100%股权转让方式发行公募REITs无异议；如项目土地使用权以招拍挂出让或二级市场交易方式取得，应说明取得土地使用权的具体方式、出让（转让）方、取得时间及相关前置审批事项。②对于PPP（含特许经营）类项目：发起人（原始权益人）和基金管理人应当承诺，项目估值中不含项目使用土地的土地使用权市场价值，基金存续期间不转移所涉土地使用权（政府相关部门另有要求的除外），基金清算时或特许经营权等相关权利到期时将按照特许经营权等协议约定以及相关政府部门的要求处理该等土地使用权。

从上述规定即可看出，产权类资产与特许经营类或 PPP 类资产开展公募 REITs 项目的重要区别在于土地使用权价值是否纳入项目估值。这点区别不但导致产权类资产与特许经营类或 PPP 类资产的估值不同，而且也导致在开发公募 REITs 时对土地使用权方面的具体处理方式有所区别。

## （二）权利负担

由于基础设施项目属于重资产投资，为解决自身开发建设的资金需求，或为盘活资产提高收益，基础设施项目在建设时通常已设立相关不动产抵押、项目公司股权质押或应收账款质押用于融资。这些权利负担通常是为债权融资提供的担保，有担保的债权人对于基础设施项目享有的权利，将优先于基础设施项目的所有权人或特许经营权人，也优先于公募 REITs 投资者。因此，出于保护投资者的目的，监管机构要求基础设施项目之上不存在抵押、查封、扣押、冻结等他项权利限制和应付未付义务。除符合相关规定且不存在他项权利设定的对外借款外，基础设施项目在基础设施基金成立前存在的对外借款，应当在基础设施基金成立后以募集资金予以偿还。总之，在基础设施基金成立后应当解除基础设施项目上存在的他项权利负担。

但值得注意的是，上述要求并不禁止为搭建股债结构以及提高权益投资的收益率，而保留基础设施基金设立之前基础设施项目上已存在的无抵质押担保的对外借款，也不禁止基础设施基金成立后基础设施基金直接或间接举借并购贷款或经营性贷款用于基础设施项目日常运营、维修改造，允许项目公司为担保并购贷款和经营性贷款在基础设施项目上设立他项权利。例如，博时蛇口产园 REIT 就创造性地在基础设施基金成立后取得并购贷款，并在底层资产上设立了抵押。

除了他项权利，基础设施项目因涉及诉讼、仲裁等情况，还可能牵涉资产被查封、项目公司股权被冻结等情况。该等权利负担通常与基础设施项目陷入纠纷密切相关，为了保护投资者的利益，需要在基金成立前完全解除。

## （三）固定资产投资管理手续

在我国过去相当长的时期内，基础设施建设作为新增固定资产的经济活动,是固定资产投资的主要形式,因而公募REITs底层资产都属于固定资产投资项目。固定资产投资项目需要履行相应的固定资产投资管理手续,通常涉及立项、规划和用地手续、环评、节能审查、施工和竣工验收等环节。"40号文""586号文""958号文"以及交易所的相关规定均明文要求,公募REITs试点项目应已按规定履行项目投资管理及规划、环评和用地等相关手续,并已通过竣工验收。但在实践中,大量基础设施项目存在未批先建、未验先投或者投资管理手续不全不规范等情形,可能面临被主管部门责令限期改正、处以罚款、没收违法所得、停止建设、停止生产或使用,甚至责令关闭等风险。如果公募REITs的底层资产历史上存在合规风险,则可能对基金的整体收益造成不利影响,损害投资者的利益。因此,基金管理人和法律顾问等中介机构应对固定资产投资管理手续进行系统、严谨的梳理审查。

### 1. 立项手续

国家对固定资产投资项目,根据项目的不同情况分别实行审批、核准或备案管理。建设单位在投资建设基础设施项目前,应当根据项目具体情况,向当地发展和改革部门申请并取得项目审批、核准或备案手续。

2004年《国务院关于投资体制改革的决定》(以下简称《投资体制改革决定》)出台之前,我国固定资产投资项目不分投资主体、资金来源与项目性质,一律按投资规模大小分别由各级政府及有关部门审批。《投资体制改革决定》规定,对于企业不使用政府投资建设的项目,一律不再实行审批制,区别不同情况实行核准制和备案制。其中,政府仅对重大项目和限制类项目从维护社会公共利益的角度进行核准,其他项目无论规模大小,均改为备案制。此后,国家发改委也针对投资项目核准制定了一系列规范性文件,包括2004年发布的《企业投资项目核准暂行办法》(国家发展和改革委员会令第19号)和2014年发布的《政府核准投资项目管理办法》(国家发展和改革委员会令第11号)。2016年发布的《企业投资项目核准和备案管理条例》(国务院令第673号)和2017年发布的《企业投资项目核准和备案管理办法》(国家发展和改革委员会令第2号)进一步明确,对关系国家安全、涉及全国重大生产力布局、战略性资源开发和重大公共利益等项目,实行核准管理;而对于前述以外的项目,实行备案管理。因此,要判断基础设施项目的立项手续是否合法合规,需要了解该项目的立项时间,适用当时合法有效的法律法规和规范性文件等进行判断。

例如,"浙商证券沪杭甬高速封闭式基础设施证券投资基金"的底层资产,即适用审批制,在2001年7月24日取得了浙江省发展计划委员会向浙江省交通厅作出的"浙计投资〔2001〕631号"《关于同意将02省道昌化至昱岭关段一级公路调整为高速公路的批复》。2002年4月2日,浙江省交通厅向杭州市交通局作出"浙交复〔2002〕78号"《关于杭州市"交通西进"公路建设规划的批复》,原则同意"交通西进"公路建设规划"一绕、三线、三连、四大接口"的总体布局方案,杭徽高速公路为"三线"之一。而已发行的产业园类、仓储物流类项目绝大多数都不属于"关系国家安全、涉及全国重大生产力布局、战略性资源开发和重大公共利益等项目",按各地要求到发改委完成投资项目备案即可,不再适用"审批制"。

2. 用地手续

《中华人民共和国土地管理法》第四条规定,"国家编制土地利用总体规划,规定土地用途,将土地分为农用地、建设用地和未利用地"。基础设施项目建设需要使用土地的,均须依法申请取得建设用地使用权。涉及农用地转为建设用地的,应当办理农用地转用审批手续和征地审批手续,具体流程如图3-1所示。

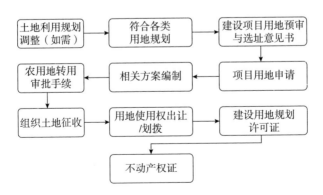

图3-1 用地手续申请流程

资料来源:作者根据相关法律法规整理。

由图3-1可见，基础设施项目用地首先应当符合土地利用总体规划、城市总体规划、村庄和集镇规划及其他专项规划等事项。根据《国土资源部关于严格土地利用总体规划实施管理的通知》（国土资发〔2012〕2号）的规定，凡不符合法律规定和土地利用总体规划的，不得通过建设项目用地预审。

项目选址意见书和建设用地预审是基础设施项目立项阶段的重要文件，目前由自然资源主管部门统一核发。对于一些基础设施项目而言，项目建设单位在申报核准项目时，必须取得选址意见书和用地预审意见，若未取得选址意见书或预审未通过的，则无法获得项目核准备案。根据在《国务院办公厅关于全面开展工程建设项目审批制度改革的实施意见》（国办发〔2019〕11号）（以下简称"11号文"）实施后，用地预审已经与选址意见书合并，由自然资源主管部门统一核发建设项目用地预审与选址意见书，不再单独核发建设项目选址意见书、建设项目用地预审意见。

建设用地批准书是项目用地合法性的证明及重要节点。根据2021年修订之前的《土地管理法实施条例》和《建设用地审查报批管理办法》，无论是有偿使用的国有土地，还是划拨使用的国有土地，皆需要取得建设用地批准书。但在"11号文"公布后，自然资源部于2019年9月17日发布《关于以"多规合一"为基础推进规划用地"多审合一、多证合一"改革的通知》（自然资规〔2019〕2号），已将建设用地规划许可证、建设用地批准书合并，统一核发新的建设用地规划许可证，不再单独核发建设用地批准书。

对于通过出让方式取得土地使用权的项目而言，又分为招拍挂出让和协议出让两种方式。需要注意的是，2004年3月，国土资源部、监察部联合下发《关于继续开展经营性土地使用权招标拍卖挂牌出让情况执法监察工作的通知》（国土资发〔2004〕71号），要求从2004年8月31日起，所有经营性项目用地一律公开竞价出让，各地不得再以历史遗留问题为由进行协议出让，这也是"831大限"的由来。而为贯彻《国务院关于加强土地调控有关问题的通知》（国发〔2006〕31号）和落实工业用地招标拍卖挂牌出让制度，国土资源部、监察部于2007年4月作出《关于落实工业用地招标拍卖挂牌出让制度有关问题的通知》（国土资发〔2007〕78

号),要求所有协议工业用地必须在 2007 年 6 月 30 日前签订完毕,否则只能以招标拍卖挂牌方式出让。至此,所有工业用地只能以招拍挂形式出让。

特许营业权和经营收费权类的基础设施项目用地中,多涉及划拨用地。此外,根据《土地管理法实施条例》,国有土地租赁、国有土地使用权作价出资入股也作为国有土地使用权取得方式,可能为基础设施项目所用。而国有土地授权经营作为处置土地资产的重要方式,在国家授权投资机构所属企业投资基础设施项目中被普遍采用。[1] 另外,新产业项目《关于支持新产业新业态发展促进大众创业万众创新用地的意见》(国土资规〔2015〕5 号)规定,提出了引导光伏、风力发电等产业项目使用未利用土地。

**3. 规划及施工手续**

(1) 规划手续

① 建设用地规划许可

对于以出让方式取得土地使用权的项目,建设单位应当在取得项目审批、核准或备案文件和签订国有建设用地使用权出让合同后,向当地规划主管部门申请办理建设用地规划许可证。对于以划拨方式取得土地使用权的项目,建设单位应当在取得项目审批、核准或备案文件后向当地规划主管部门申请办理建设用地规划许可证。

② 建设工程规划许可

基础设施项目建设单位应向当地规划主管部门申请取得建设工程规划许可证。需要注意的是,工程规划许可所载的规划条件,通常需要与《国有建设用地使用权出让合同》中所载的规划条件相一致;若有变更,建设单位可能需要与土地管理部门另行签订《国有建设用地使用权出让合同补充协议》。

---

[1] 1998 年 2 月,原国家土地管理局发布《国有企业改革中划拨土地使用权管理暂行规定》(国家土地管理局第 8 号令),明确提出国有企业改制涉及的划拨土地使用权,可以采取国家授权经营方式进行处置。1999 年 11 月,国土资源部下发《关于加强土地资产管理促进国有企业改革和发展的若干意见》(国土资发〔2000〕433 号文),对国有土地资产授权经营方式作了进一步规范。

（2）施工手续

在基础设施项目工程开工前，建设单位应向当地住建部门申请取得建筑工程施工许可证。与建设工程规划许可类似，基础设施项目后续也可能涉及施工许可的变更。部分基础设施项目也可能存在"先施工、后取得建设用地使用权"等瑕疵。

**4. 单项审批手续**

（1）环评

根据《中华人民共和国环境影响评价法》《建设项目环境保护管理条例》等规定，建设项目应根据对环境的影响程度，按照建设项目环境影响评价分类管理名录完成环境影响评价，并区分不同情况取得环境保护行政主管部门对环境影响报告书、环境影响报告表的审批意见，或在环境保护行政主管部门完成环境影响登记表备案。

（2）节能审查

根据现行有效的《固定资产投资项目节能审查办法》（国家发展和改革委员会令第44号），对于政府投资项目，建设单位在报送项目可行性研究报告前，需取得节能审查机关出具的节能审查意见；对于企业投资项目，建设单位需在开工建设前取得节能审查机关出具的节能审查意见。但对于年综合能源消费量不满1 000吨标准煤，且年电力消费量不满500万千瓦时的固定资产投资项目，以及用能工艺简单、节能潜力小的行业，不需单独进行节能审查。建设单位应在项目可行性研究报告或项目申请报告中对项目能源利用情况、节能措施情况和能效水平进行分析。

需要注意的是，《固定资产投资项目节能审查办法》生效之前，固定资产投资项目实行审查制或登记备案制，即按照有关规定实行审批制或核准制的固定资产投资项目，建设单位应在报送可行性研究报告或项目申请报告时，一并报送节能评估文件提请审查或报送节能登记表进行登记备案；按照省级人民政府有关规定实行备案制的固定资产投资项目，按照项目所在地省级人民政府有关规定进行节能评估和审查。因此，需要判断基础设施项目的节能手续是否合法合规，要根据项目具体情况，适用当时合法有效的法律、法规和规范性文件进行判断。

（3）消防手续审查

2019年4月前，对于公安部门规定的大型人员密集场所和其他特殊建设工程，建设单位应向公安机关消防机构申请消防设计审核，其他建设工程应当进行消防设计备案。2019年4月伊始，根据多规合一的规定，对于住建部门规定的特殊建设工程，建设单位应取得住建部门出具的消防设计审查合格意见；对于其他建设工程，建设单位在申请领取施工许可证或者申请批准开工报告时应当提供满足施工需要的消防设计图纸及技术资料。

（4）其他

除上述环评、节能、消防手续外，基础设施项目建设单位根据其具体情况，还会涉及一些其他单项审批或验收手续，例如交通影响评价、人防审批等。

**5. 竣工验收手续**

工程竣工验收分为工程综合验收和专项验收。依据《建设工程质量管理条例》规定，基础设施项目工程竣工后，建设单位应当组织勘察、设计、施工、监理等有关单位进行竣工验收，俗称"五方验收"，并出具竣工验收报告。在基础设施项目工程竣工验收合格后，建设单位应向当地住建部门申请备案，取得当地住建部门加盖文件收讫章的工程竣工验收备案表。此外，基础设施项目建设单位通常还需履行相应的单项验收手续，包括规划验收、消防验收、节能验收、环保验收、档案验收等。

根据"958号文"的要求，办理相关手续时的法律法规、规章制度及国家政策是判断项目投资管理手续合法合规性的判断依据：如果项目无须办理相关手续，原始权益人应说明有关情况，并提供证明材料；如果项目投资管理手续存在缺失情形，原始权益人应补办相关手续或以适当方式取得相关部门认可。对于现行法律法规、规章制度、政策文件等明确无须办理的情形，原始权益人应对有关情况作出详细说明，并提供项目所在地相关部门或机构出具的证明材料。以富国首创水务REIT为例，该项目缺失建设用地规划许可证、建设工程规划许可证、建筑工程施工许可证及竣工验收备案文件，为满足国家发改委的要求，相关政府部门出具了《深圳市水务局关于福永、燕川、公明水质净化厂有关报建手续办理情况的说明函》等书面证明，说明上述文件的缺失系历史遗留问题造成政府审批程序瑕疵所致，相关缺失的文件及手续正在办理中。根据该项目的招募说明书、法律意见书等披露信息，基金管理人、法律顾问等中介机构认为，相关文件缺失不影响项目合法合规运营，不存在对本次发行构成重大不利影响的暂停运营、重大合同纠纷及重大违法违规情形。该等风险缓释措施得到了国家发改委审核部门的认可。

### （四）土地用途

目前，公募REITs试点范围不包括酒店、商场、写字楼等商业地产项目，原则上项目土地用途应为非商业、非住宅用地。同时，根据交易所就基础设施项目审核关注要点的规定，基础设施项目土地实际用途应与其规划用途及其权证所载用途相符；如不一致，应说明其实际用途的法律、法规及政策依据。

根据《土地管理法》《土地管理法实施条例》等法律法规以及各地相关的规定，对于土地实际用途与规划用途不一致的情形，可能面临有关政府部门处以罚款、责令交还土地、没收地上建筑物、附着物等行政处罚的法律风险。实务中，部分基础设施项目存在土地规划用途与实际用途不一致的问题。针对这种情形，风险缓释措施通常包括以下几种：①由政府主管部门出具专项批复意见；②由原始权益人出具承诺书，承诺赔偿项目公司因此所遭受的全部损失（如有）；③根据项目实际情况，申请改变土地使用权出让合同规定的土地用途。特别地，建议同时核查项目所在地政府是否有出台相关产业发展的政策文件，包括但不限于放宽土地用途的规划支持政策，已证明项目实际用途不违反规划用途。

在首批发行的基础设施公募REITs项目中，有4个项目存在底层资产全部或部分规划用途与实际用途不一致的情形。其中，博时蛇口产园REIT、东吴苏园产业REIT、华安张江光大REIT这3个产业园类项目均存在未将工业用地或科研用地上的工业用房、厂房或非居住用房用于原规划的工业厂房的情形；而中金普洛斯REIT则是将工业用地上的工业厂房用于物流仓储。

根据上述 4 个项目公开披露的法律意见书，风险缓释措施主要包括相关政府部门出具"确认无异议"的书面意见，或原始权益人出具承诺书等。例如，在中金普洛斯 REIT 中，根据公开披露的意见书，针对基础设施项目土地使用权证记载用途为工业用地而项目实际用途为物流仓储及配套设施的问题，北京市规划和自然资源委员会通州分局出具书面确认函，明确该项目符合促进城市功能合理复合化发展、推进存量空间的精细化提升等具体要求，并同意以该基础设施项目参与申报公募 REITs 试点。

## （五）业务资质

底层资产涉及经营资质的，交易所往往要求相关经营许可及资质合法、有效。相关经营资质在基础设施基金底层资产存续期内存在展期安排的，应当按照相关规定或主管部门要求办理延期手续，并由基金管理人和专项计划管理人在相关文件中披露具体安排。

基础设施项目对于业务资质的要求集中在特定行业和领域，相应可能涉及以下业务资质要求。

第一，电信业务经营许可证。根据《中华人民共和国电信条例》等相关规定，电信业务经营实行许可制度，应按照电信业务分类获得相关经营基础电信业务或经营增值电信业务的许可证。例如，电信铁塔项目需要取得基础电信业务许可证，IDC 项目需要取得增值电信业务许可证。

第二，排污许可证。根据《排污许可管理条例》等相关规定，排污单位应按照规定申请取得排污许可证，未取得排污许可证的，不得排放污染物。在公募 REITs 中，底层资产为污水处理、垃圾处理等项目的，需要取得排污许可证。

第三，取水许可证。根据《取水许可和水资源费征收管理条例》等相关规定，除法定情形外，取用水资源的单位和个人应当申请领取取水许可证，并缴纳水资源费。未取得取水申请批准文件擅自建设取水工程或者设施，或逾期不补办或者补办未被批准的，以及逾期不拆除或者不封闭其取水工程或者设施的，可能面临强制拆除或者封闭、罚款等行政处罚。在公募 REITs 中，底层资产为供水项目的，需要取得取水许可证。

## （六）基础设施项目成熟稳定

基础设施项目的试点申报要求聚焦优质资产，相应底层资产主要为成熟优质、运营稳定的基础设施项目，应当具备现金流预期相对明确、单位价值波动性原则上相对有限等特征，从而确保公募REITs产品的收益相对稳定。

根据监管审核要求，项目运营时间及运营收益通常作为判断基础设施项目成熟稳定的依据。根据"958号文"的要求，首先，项目运营时间原则上不低于3年，已能够实现长期稳定收益的项目可适当降低要求；其次，项目现金流投资回报良好，近3年内总体保持盈利或经营性净现金流为正；再次，项目收益持续稳定且来源合理分散，直接或穿透后来源于多个现金流提供方，且重要现金流提供方应当资质优良，财务情况稳健；最后，预计未来3年净现金流分派率①原则上不应低于4%。

从交易所层面监管要求来看，基于收入来源、运营效果等标准，项目运营应当符合以下条件：①项目具备成熟稳定的运营模式，运营收入有较好增长潜力；②运营时间原则上不低于3年，投资回报良好；③对于产业园、仓储物流、数据中心等依托租赁收入的基础设施项目项目，近3年总体出租率应保持较高水平，租金收缴情况良好，承租人行业分布合理，且主要承租人资信状况良好、租约稳定；④对于收费公路、污水处理等依托收费收入的基础设施项目，近3年应满足运营收入较高或保持增长，使用者需求充足稳定，区域竞争优势显著，运营水平处于行业前列等要求。

## （七）基础设施项目运营的合法合规性

结合"958号文"的规定及国家发改委的审查要求，项目在运营期间应不涉及安全、质量、环保等方面的重大问题，发起人（原始权益人）、运营管理机构近3年在投资建设、生产运营、金融监管、工商、税务等方面应无重大违法违规记录的要求。发起人（原始权益人）、运营管理机构还应当就基础设施项目运营的合法合规性出具相关承诺函，并在项目文件中一并披露。

---

① 净现金流分派率按照预计年度可分配现金流除以目标不动产评估净值计算。

## 第二节 REITs 项目公司的合法合规性

在公募 REITs 中,在基金管理人责任的严格监管口径下,项目公司在整体交易安排中的角色也被弱化为持有基础设施项目的特殊目的载体。基于该等安排,监管部门对于公募 REITs 的合法合规性监管重点集中于基础设施项目的合法合规性,对项目公司的监管要求并未超出目前《公司法》对于一般法人主体的规范要求。但由于最终基金将以持有基础设施项目公司全部股权的方式持有基础设施项目,项目公司股权转让予专项计划也是整个公募 REITs 的关键步骤,项目公司在历史沿革中所涉及的债权债务等风险事项仍可能影响基础设施基金未来的净值。鉴于此,监管部门结合基金业协会关于《公开募集基础设施证券投资基金尽职调查工作指引(试行)》(以下简称《公募基金尽调指引》)的规定,对公募 REITs 中项目公司提出了相应的合法合规要求。

### 一、设立、存续及合规经营

根据目前的监管实践以及实际已发行项目披露的具体情况,项目公司在整个交易架构下是由专项计划作为唯一股东的一人有限责任公司,项目公司不再设立董事会,其所持资产范围也仅包括入池资产。

项目公司的依法设立及合法有效存续是其可以长期稳定及合法持有基础设施项目的前提。根据《公司法》的相关规定,项目公司依法设立并合法存续,需要重点关注项目公司的设立程序、工商注册登记、股东人数、住所、出资比例等是否符合法律法规和规范性文件的规定。另外还需要关注项目公司设立时的股东是否合法拥有出资资产的产权,资产权属是否存在纠纷或潜在纠纷,从而确保项目公司初始设立时股权结构的稳定。

对于项目公司的经营合规性而言,尽管尚未存在明确的审查期限要求,但可以参考对于原始权益人、运营管理机构等参与机构的要求,核查项目公司最近三年的合规经营情况,包括是否存在重大违法、违规或不诚信行为,是否被认定为失信被执行人,是否受到过行政处罚以及相应的整改情况等情况。

## 二、重大股权变动

对于原始权益人为持有基础设施项目所成立的新的项目公司，其历史沿革相对简单，仅需要重点关注其设立、存续及合规经营的情况。相较而言，部分项目公司，特别是特许经营权类资产的项目公司，或通过将无关联资产从项目公司剥离的方式，将项目公司装入公募REITs。结合基础设施项目成熟稳定的要求，在此情况下，该等项目公司可能设立多年，历史沿革亦相对复杂。

项目公司历史沿革的审查，涉及基础设施项目的合法合规性，因此需要对项目公司重大股权变动是否符合有关法律法规和规范性文件的规定做出判断。在此过程中，需要根据《公司法》的规定，审查项目公司历次内部决议，以判断其股权变动是否已经内部授权；审查历次增资协议或股权转让协议，确认项目公司实际股权变动情况以及对应的价款支付情况；审查历次股权变动是否已办理完毕相应的工商变更登记等事项。

在对项目公司历史沿革进行审查的过程中，也涉及项目公司的可转让性。除项目公司历史沿革中所涉股东可能就其所持股权变动潜在纠纷外，基于对基础设施领域特定行业的监管要求，行业主管部门或对项目公司的股权转让设置限制条件，相关国资管理部门也设置了股权转让的监管要求。前述股权转让的相关转让限制条件、特殊规定、约定均需要符合相关要求或具备解除条件，并应当取得相关部门就国有资产交易相关事宜的批复。

## 三、重大资产重组

同项目公司重大股权变动一样，根据重组方案安排，原始权益人为持有基础设施项目所成立的新的项目公司，其历史沿革相对简单，可能不涉及重大资产重组的情况。而部分项目公司则可能基于集团公司的发展规划等，历史沿革中涉及一些重大资产重组事项。

根据《公募基金尽调指引》的规定，基础设施项目的尽职调查工作内容涉及项目公司设立后发生过对投资者做出投资决策具有重大影响的重组事项情况，包括但不限于：取得相关有权机构决策或审批文件、审计报告（如有）、评估报告（如有）、中介机构专业意见（如有）、债权人同意债务转移的相关文件（如涉及）、重组相关的对价支付凭证和资产过户文件等资料，调查项目公司重组动机、内容、程序和完成情况。同时，根据"958号文"的要求，如基础设施项目发生过资产剥离、资产重组、资产划转等情况，需一并提供反映近3年及近一期运营情况的经会计师事务所审阅的备考财务报表。

## 四、项目公司资产及其独立性

虽然原始权益人通过转让项目公司股权的方式实现资产的出售，项目公司全部股权最终将由专项计划直接持有，但是根据目前的监管要求，原始权益人应当作为战略投资者持有至少20%的份额，而且部分原始权益人的认购比例甚至高达50%以上且最终基础设施项目并未出表。此外，基于基金管理人试点初期基础设施运营管理经验和精力的不足以及原始权益人对于运营管理基础设施项目的诉求等，原始权益人或其关联公司可能会担任基础设施项目的运营管理机构。因此，在公募REITs资产上市的实质要求下，应当保证项目公司的独立性，避免利益冲突或利益输送的情况。

根据《公募基金尽调指引》的规定，基础设施项目的尽职调查工作内容包括调查项目公司独立性情况，具体为内容：①调查项目公司是否具备完整、合法的财产权属凭证以及是否实际占有；调查商标权、专利权、版权、特许经营权等的权利期限情况，核查前述资产是否存在重大经济、法律纠纷或潜在纠纷；调查金额较大、期限较长的其他应收款、其他应付款、预收及预付账款产生的原因及交易记录、资金流向等，核查项目公司是否存在资产被原始权益人及其关联方控制和占用的情况，判断其资产独立性。②调查项目公司是否设立财务会计部门或具备财务人员团队、建立独立的会计核算体系，具有规范的财务会计制度和对分公司、子公司的财务管理制度，是否独立在银行开户、独立纳税等，判断其财务独立性。

此外，根据交易所对基础设施项目所涉关联交易情况的核查要求，基金管理人应对基础设施项目最近3年及近一期的关联交易情况进行核查并在招募说明书等文件中进行披露。具体而言，关联交易事项应满足以下要求：第一，符合相关法律法规的规定和公司内部管理控制要求；第二，交易定价公允，依据充分，与市场交易价格或独立第三方价格不存在较大差异；第三，基础设施项目现金流来源于关联方的比例合理，不影响基础设施项目的市场化运营。基金管理人、专项计划管理人应对关联交易的合理性、必要性及潜在风险进行分析，并设置合理充分的风险防控措施。

## 第三节　资产合规亟待解决的相关问题

### 一、底层资产有待扩容

目前公募REITs的火爆发行，使其迅速获得市场的进一步追捧，也给予原始权益人以更多的发行热情和信心。目前已发行的公募REITs更多集中在产业园、仓储物流园、高速公路及垃圾处理项目。"958号文"已对基础设施项目试点行业进一步拓宽，且我国存量优质基础设施项目庞大，内需旺盛，更多的优质项目可作为发行公募REITs的底层资产，例如城市轨道交通。

城市轨道交通发行公募REITs，有利于地铁线路的更新改造和新线，实现存量资产盘活，也有利于强化原始权益人企业轻资产运营能力。试点初期，已有部分城市轨道交通类资产拟进行公募REITs的申报发行。该领域发行公募REITs的主要障碍在于整体收益率较低且依赖政府补贴。轨道交通服务具有很强的公益性，政府会对其进行严格的价格管制，导致原始权益人的票价收入整体偏低，是否可满足REITs市场化收益的能力存在较大不确定性。因此，对于已申报的城市轨道交通类试点项目，监管部门整体持审慎态度。

为解决前述收益率偏低的问题，发行人借鉴PPP项目的"AB包"模式，提出网运分离模式，即将具有自然垄断特征的底层资产与具有营运性质的设备设施动产实施市场主体的分离,通过不同主体进行投资和运营的一种商业模式。就城市轨道交通项目而言,网运分离模式主要是将地铁资产区分为土建资产(如地铁的区间、隧道、站点等)和运营资产(如车辆、机电信号设备、自动售检票系统等)这两个部分。项目公司持有车站和区间等底层资产,根据列车运行的车公里数及站点进出的人流量,向地铁集团收取线路(区间)使用费、站点旅客服务费,并负责底层资产的日常维护以及大修、更新等。通过前述土建资产及运营资产的分离,依据轨道交通项目收入的测算情况,确定入池资产和规模并以适当方式剥离至新设项目公司。当然,为了保证城市轨道交通项目运营的持续稳定性,网运分离只是有限的分离,新设项目公司通过租赁其他未入池资产的方式,实现网运协同。

网运分离模式下,资产独立运营能力依赖于地铁集团的收费、补贴与维护,需要经受长期的多方协调与密切合作,从长周期看,该类模式能否持续稳定,权责义务能否对等,仍需要进一步研究。截至目前,前述"AB 包"模式尚未取得监管方面的完全认可,相关监管部门希望能够使项目公司直接享有城市轨道交通的经营权。轨道交通项目作为公募 REITs 产品的底层资产,仍需关注项目的实际收益及关联交易等问题。发行人需要通过提高运营效率、降低运营成本、增加多经收入等拓宽收入来源等多种方式,提升轨道交通项目的盈利水平并以此满足监管要求。

## 二、土地用途的规制与突破

### 1. 公募 REITs 关于土地用途的监管要求

国家发改委及中国证监会等监管层面已多次明确,酒店、商场、写字楼等商业地产项目不属于试点范围,项目土地用途原则上应为非商业、非住宅用地。在土地用途上可能存在发行障碍的资产集中在产业园类底层资产。"586 号文"规定,产业园基础设施的业态为研发、创新设计及中试平台,工业厂房,创业孵化器和产业加速器,产业发展服务平台等园区基础设施,项目用地性质为非商业、非住宅用地。

工业用地或新型产业用地下的产业园发行公募 REITs,在土地用途方面通常不存在实质障碍。但试点初期，国家发改委严格把握土地用途非商业、非住宅用地，曾对于按照《城市用地分类与规划建设用地标准》（GB50137-2011）分类于 B29 其他商务用地项下的科研设计用地持保留态度。

从用地分类的政策严格来看，2012 年正式实施的《城市用地分类与规划建设用地标准》将科研用地由原来《城市用地分类与规划建设用地标准》（GBJ137-90，已废止）下单一的 C65 科研设计用地调整为 A35 科研用地和 B29 其他商务用地。其中 A35 面向非盈利性的科研事业单位，而 B29 则针对盈利性质的科研机构和企业。根据《城市用地分类与规划建设用地标准》（GB50137-2011）的详细条文说明，"B29 其他商务用地包括在市场经济体制下逐步转轨为商业性办公的企业管理机构（如企业总部等）和非事业科研设计机构用地"。从《城市用地分类与规划建设用地标准》（GB50137-2011）的规定来看，B1 和 B2 为两个平行的分类。其中，B1 为商业设施用地，B2 为商务设施用地；B29 为 B2 项下的细项分类，属于其他商务设施用地，不属于"958 号文"原则上禁止的"商业用地"。此外，各地方政府对于科研设计用地也有更精细化的分类标准。如《南京市城市用地分类和代码标准（2012）》，B29 是指其他商务用地，B29a 为科研设计用地，B29a 不包括科研事业单位用地。南京市《土地利用现状分类与规划用地分类衔接对照表（2014）》（宁国土资〔2015〕60 号）中载明，B29a 对应的规划用地分类为科研设计用地，对应的土地利用现状分类为科教用地，用途为科技研发。

2. 已申报产品土地用途情况

截至目前，已发行项目均已有科研设计用地的产业园项目。例如，建信中关村产业园 REIT 招募说明书中披露：互联网创新中心 5 号楼项目的规划用途为教育科研设计、地下车库，房屋规划用途为研发楼，实际用途主要是研发办公、餐饮、停车场；协同中心 4 号楼项目的规划用途为教育科研设计、地下教育科研设计、地下车库，房屋规划用途为科研楼，实际用途主要是研发办公、职工食堂、停车场；孵化加速器项目的土地规划用途为教育科研设计、地下车库，房屋规划用途为研发楼，实际用途主要是研发办公、餐饮、停车场。东吴苏园产业 REIT 招募说明书中披露的《科技园五期 B 区土地出让合同》的土地用途为科研设计用地。

3. 科研设计用地能否满足监管要求

从传统意义上来说，科研设计企业需要依托中试平台、工业厂房、实验室等完成科技创新，软件行业等依托于计算机设备、互联网等完成研发工作。鉴于此，仅通过建筑物的形态等物理特征无法完全区分产业园类资产属于基础设施类资产抑或是商业办公楼。

综合科研设计用地的分类沿革、已发行产品实践以及新型科技研发产业的特征等，科研设计用地可以在一定条件下作为公募 REITs 底层资产。但基于目前审核监管对于用地性质的沿革把握，涉及科研设计用地的项目，建议仍在正式申报前与监管部门进行个性化的沟通，确认监管方面的意见和处理建议。

## 三、基础设施项目成熟稳定的具体判断

"985 号文"对于项目成熟稳定应当具备的要求上，列举了六项具体要求，包括基础设施项目的权属要求、土地使用依法合规、基础设施项目具有可转让性、基础设施项目成熟稳定、资产规模符合要求与发起人（原始权益人）等参与方符合要求。基础设施项目的成熟稳定亦是申报项目整体成熟稳定的具体要求。公募 REITs 的入池资产，即具体的基础设施项目，应当是成熟的不动产资产；反之，尚处于开发建设、尚未投产的资产不符合公募 REITs 的试点申报要求。基础设施项目成熟稳定的考量，主要涉及运营时间、项目现金流投资回报、项目收益及分派率等要求。不同于现金流投资回报要求近 3 年内总体保持盈利或经营性净现金流为正、净现金流分派率原则上不低于 4% 的要求，对于相对具体、可量化的审核标准上，项目运营时间及项目收益持续稳定且来源合理分散的具体要求仍存在探讨空间。

1. 运营时间要求

结合基础设施项目的一般运营特征，监管部门设定了基础设施项目运营时间原则上不低于 3 年的运营时间要求。但是对于 3 年运营期限的要求，

也需要结合基础设施项目的具体行业及资产特点具体分析，避免将3年运营时间的要求绝对化；"958号文"也已明确对已能够实现长期稳定收益的项目，可适当降低运营年限要求。例如，产业园、仓储物流园、互联网数据中心等可能在投入运营后较短时间内即实现整体运营收益的持续稳定。此外，运营时间的要求需要结合基础设施项目整体的运营时间和收益情况来判断。部分基础设施项目未实现运营时间满3年的，可以考虑从该部分基础设施项目资产比例、预计产生的资产收益及预计将占基础设施项目整体收益的比例、目前是否已实际影响基础设施项目整体收益率等角度综合分析。

例如，红土盐田港REIT的招募说明书披露，底层资产中现代物流中心项目的B3仓库运营时间尚未满3年。但是由于底层资产其他部分2014年已经投入运营，B3仓库的运营时间问题未影响现代物流中心项目整体运营时间不低于3年的结论。

### 2. 不依赖于政府补贴的具体判断

基础设施项目具有一定的公益属性，其建设及运营过程中均可能受到政府的资金支持，基础设施项目这种公益属性与公募REITs的市场化要求存在矛盾和冲突，也可能无法满足项目收益持续稳定且来源合理分散的要求。

监管方面，对于涉及政府补贴的基础设施项目，相关规定明确其不应当依赖第三方补贴等非经常性收入，但不存在明确的判断"依赖性"的标准。根据《公募基金尽调指引》的要求，底层资产的现金流来源是否具备合理的分散度，是否主要由市场化运营产生，且不依赖第三方补贴等非经常性收入，应当结合底层资产涉及的地区概况、区域经济、行业政策、供需变化等因素，对现金流提供方的集中度风险进行具体分析。

例如，已发行的中航首钢绿能REIT涉及发电补贴，根据其招募说明书披露，2018年、2019年和2020年项目确认的国补收入分别为6 175.55万元、6 291.63万元和5 500.75万元（分别占当年营收的15.74%、14.59%和15.29%）。通过参考前述项目经验可以推断，监管层面允许清洁能源中垃圾发电项目的国补收入占比在15%左右。

政府补贴类的非经常性的收入，受政策影响很大。政府部门随时可能发挥宏观调控职能，对各类基础设施项目的补贴可能根据基础设施不同行业的发展情况调整财政补贴的范围、金额、比例等。各地方政府部门也将根据地方发展规划，调整对基础设施项目或相应项目公司的财政补贴。除政策变化外，政府补贴还可能存在账期较长、回款缓慢的风险，使得基础设施项目当年度实际收入可能少于确认收入，基础设施项目实际回款情况可能与现金流预测产生偏差，最终影响投资者收益。

鉴于监管方面尚未明确基础设施现金流来源中政府补贴的占比要求，建议在正式申报前与监管部门进行预先沟通，以确认项目是否满足不依赖第三方补贴等非经常性收入的监管要求。

# 第四章

# 公募 REITs 项目底层资产的可转让性

魏轶东[①]

公募 REITs 发行过程是通过证券化的形式，将流动性较差的底层资产转化为流动性较强的 REITs 份额的过程。在这一过程中，底层资产通过多个转让环节被"装入"公募基金载体。当前，公募 REITs 由于其底层资产的复杂性，多数存在直接或间接的转让限制、特殊规定等问题，需将此类转让限制和障碍解决后才可转让底层资产。因此，如何解除相关限制，是公募 REITs 发行初始环节重要的一步。本章从相关法律法规、管理规定、协议文件对于公募 REITs 底层资产可转让性的规定出发，结合已发行公募 REITs 项目可转让性问题的处理方式，提出当前底层资产可转让性方面亟待解决的问题，并提出相应的建议。

---

① 魏轶东，中伦律师事务所合伙人。

## 第一节　底层资产的可转让性

### 一、底层资产的转让限制

底层资产的转让限制，既可能存在于底层资产相关的土地使用权、建筑物及构筑物的转让或资产处置方面，也可能存在于直接对持有底层资产的项目公司股权的转让，还包括基础设施相关的特许经营权、经营收益权等方面的转让。而在公募 REITs 发行上市过程中，项目公司以适当方式持有底层资产是整个交易结构搭建和重组中一个至关重要的步骤。在此过程中，如选择底层资产以适当方式剥离项目公司，首先需要解除底层资产转让方面存在的各种限制；而对于项目公司已持有底层资产的情形而言，项目公司股权转让专项计划的过程也需要解除股权转让过程中的各项转让限制。

#### （一）转让限制的类型

《国家发展改革委关于进一步做好基础设施领域不动产投资信托基金（REITs）试点有关工作的通知》（发改投资〔2021〕958 号）（以下简称"958 号文"）根据不同的资产类别、项目类别、土地取得方式等方面存在的转让限制，要求取得有权机构对该项目以 100% 股权转让方式发行公募 REITs 的无异议函。"958 号文"在"项目基本条件"中明确规定"基础设施项目具有可转让性"，并在申报材料中详细列举了申报时需要提交的证明基础设施项目具有可转让性的有关手续办理情况，同时进一步严格要求相关资产转让或相关资产处置存在"任何"限定条件、特殊规定约定的，均应取得相关有权部门或协议签署机构出具的无异议函。

结合"958 号文"对于项目可转让性的要求，底层资产的广义层面的转让限制可以划分为以下几类。

### 1. 内部决议

按照"958号文"的要求，底层资产可转让性要求原始权益人及项目公司相关股东已履行内部决策程序，并协商一致同意转让。

按照上述要求，公募REITs的交易结构涉及将底层资产以适当方式剥离至新设项目公司时，原始权益人应当按照公司治理制度（如章程规定等），依据其内部决策程序，作出同意转让项目公司股权或底层资产的股东会或董事会决议。为便于底层资产的推进和执行，原始权益人一般会对公募REITs的发行所涉底层资产转让、重组方案、募集资金的使用，以及项目特定问题的处理等公募REITs的发行所涉事宜整体作出决议安排，部分原始权益人也会一并考虑作出战略配售事宜的相关决议。如项目涉及多个原始权益人，除主要原始权益人外，其他原始权益人也应当根据相应的内部决策程序，作出相应决议。

### 2. 外部审批/同意

目前公募REITs的试点行业主要集中于交通基础设施、能源基础设施、市政基础设施、生态环保基础设施、仓储物流基础设施、园区基础设施以及各类新型基础设施、保障性租赁住房等。在此背景下，一方面，由于公募REITs的底层资产具有发挥公共职能、承担公共服务的特点，因此，通常被要求不能擅自转让。例如，各地为了落实保障性租赁住房不得上市销售或变相销售的要求，通常会在相关政策中规定保障性租赁住房资产层面的转让限制。另一方面，由于部分基础设施（比如仓储物业或产业园）享受了准入、用地、税收等方面优惠政策，因此，相关政策或协议亦会规定资产层面甚至项目公司股权层面的转让限制。基于上述特征，底层资产转让通常需要经过有权部门或协议签署机构的同意并履行相应程序等。

（1）法律法规关于底层资产转让的限制

法律法规对于底层资产的转让限制，除土地使用权的相关转让限制外，需要结合不同类别的底层资产明确不同行业、不同土地用途下相应的转让限制要求。需要注意的是，法律法规对于转让限制的规定，可能既涉及国家法律法规一般性的规定，也涉及地方政策法规、规范性文件在执行层面所制定的具体要求，还可能涉及园区的管理要求。

（2）相关协议关于底层资产转让的限制

底层资产的投资、建设及运营全过程中项目相关主体所签署的各项协议均可能涉及底层资产的转让限制。例如，投资协议、入园协议、监管协议等对于底层资产转让及项目公司股权转让的限制，特许经营或 PPP 合同对于特许经营权及项目公司股权转让的限制，租赁合同约定的承租人优先承租权及优先购买权等限制，以及相关融资协议通常会约定关于借款人或担保人资产处置、重组、分立及股权转让等方面的限制。除此以外，主管部门也可能将政策要求进一步落实到相关协议中，例如在土地出让合同中对于整体转让或分割转让的限制、对于土地使用权受让对象或建筑物承租人的限制等方面作出约定。

需要注意的是，就底层资产的转让限制，具有相当的个体差异性，很大程度上需要根据底层资产所在地的地方政府部门或所在园区管理部门的相关规定和政策，就具体项目具体分析。即使是同一类型的底层资产，在不同地区的转让限制也可能存在差异。因此，在公募 REITs 项目申报工作开展之初，应当就项目存在的转让限制进行详细梳理，便于后续沟通解除相关转让限制。

**（二）底层资产的转让限制**

1. 建设用地使用权

土地使用权的转让限制是许多公募 REITs 项目所面临的难题。《关于完善建设用地使用权转让、出租、抵押二级市场的试点方案》（国土资发〔2017〕12 号）及《国务院办公厅关于完善建设用地使用权转让、出租、抵押二级市场的指导意见》（国办发〔2019〕34 号）（以下简称"34 号文"）均对于建设用地使用权的转让进行了严格界定，将各类导致建设用地使用权转移的行为都视为建设用地使用权转让，包括买卖、交换、赠与、出资等，以及司法处置、资产处置、法人或其他组织合并或分立等形式涉及的建设用地使用权转移。

（1）划拨土地转让限制

划拨土地的取得及转让均存在严格的限制要求。就划拨土地的取得方面,《民法典》已明确规定,严格限制以划拨方式设立建设用地使用权;可以通过划拨方式取得土地使用权的项目范围已在《土地管理法》及《划拨用地目录》中具体规定,供水、公共交通设施等城市基础设施用地、国家重点扶持的能源、交通、水利等基础设施用地项目以及福利性住宅等公益事业用地,可以以划拨方式提供土地使用权。

按照《城市房地产管理法》第 40 条、《城镇国有土地使用权出让和转让暂行条例》第 45 条、《城市房地产转让管理规定(2001 修正)》第 12 条以及"34 号文"的要求,划拨土地使用权及地上建筑物的转让应由有批准权的人民政府审批,审批决定转让后土地用途符合《划拨用地目录》的可以不办理土地使用权出让手续,不补缴土地出让价款,但应将转让房地产所获收益中的土地收益上缴国家或者作其他处理;转让后不符合《划拨用地目录》的,受让方应当办理土地使用权出让手续,并缴纳土地使用权出让金。

(2)出让土地转让限制

不同于划拨土地使用权转让须经依法批准,"34 号文"明确规定以出让方式取得的建设用地使用权转让,在符合法律法规规定和出让合同约定的前提下,应充分保障交易自由;以作价出资或入股方式取得的建设用地使用权转让,参照以出让方式取得的建设用地使用权转让有关规定,也不需要再报经原批准建设用地使用权作价出资或入股的机关批准;转让后,可保留为作价出资或入股方式,或直接变更为出让方式。

尽管充分保障以出让方式取得的建设用地使用权转让的自由,但对于建设用地使用权转让仍然有明确的监管规定,如交易价格方面,"34 号文"规定,申报价格比标定地价低 20% 以上的,市、县人民政府可行使优先购买权;又如开发强度方面,《城市房地产转让管理规定》第十条规定,以出让方式取得土地使用权的,转让房地产时,应当符合按照出让合同约定进行投资开发。土地出让合同对转让条件另有约定的,还应当遵守土地出让合同约定的转让条件。"34 号文"进一步明确了土地转让后,土地出让合同中所载明的权利、义务随之转移,受让人应依法履行。

在房地合一的制度下,建设用地使用权转移的,地上建筑物、其他附着物所有权应一并转移,反之亦然。因此,土地使用权的转让限制也会一并限制地上建筑物、其他附着物的所有权转让。而建筑物的工程规划许可、施工许可及不动产权证书等涉及的该建筑物本身的转让限制，如不动产权证书附记载明相关建筑物不得转让等限制，也将一并适用于相应建设用地使用权。

（3）其他监管要求

就土地使用权的转让限制而言，除土地管理法律法规的限制要求外，一些特殊用地，如产业用地或科研设计用地还涉及因对于产业项目的监管等而特别设置的土地使用权的转让限制，包括转让的审批流程、分割转让限制、受让对象或受让价格要求、持有年限要求等。

尽管法律法规或政策要求未明确设置资产转让的审批程序，主管部门仍有可能基于审慎监管要求或对政策法规的不同理解，而在实践中要求相关资产转让履行相应审批流程。按照目前"958号文"对于底层资产转让限制严格审慎的监管倾向，试点项目申报时应当与对应主管部门进行充分的访谈与沟通，了解主管部门在实践中的限制性要求。

### （三）项目公司股权的转让限制

1. 涉地公司股权转让的联合监管

目前法律规定未明确涉地公司的股权转让属于土地使用权的转让，也未对此类交易的性质及效力进行规定。公募REITs项目中，转让项目公司股权是必要步骤。"958号文"要求，相关规定或协议对项目公司名下的土地使用权、特许经营权、经营收益权、建筑物及构筑物转让或相关资产处置存在任何限定条件、特殊规定约定的，相关有权部门或协议签署机构须出具无异议函。据此规定，试点项目仅涉及对底层资产（如土地使用权、房屋等建筑物所有权）限制的，也应当取得相关有权机构或协议签署机构对项目公司股权转让的无异议函。

同对于建设用地使用权的各种转让形式进行严格界定相似，项目公司股权结构、出资比例、实际控制人等变更也都可能视为项目公司股权转让。"34号文"规定，自然资源、住房城乡建设、税务、市场监管等主管部门应加强对涉地股权转让的联合监管。部分地区也设置了项目公司股权转让的监管要求。如上海市要求，产业用地受让人的出资比例和股权结构发生改变的，应事先经出让人同意。又如江苏省规定加强对涉地股权转让的联合监管，建立信息征询、反馈和共享机制；南京市进一步规定，市场监管局负责依法参与涉地股权转让的联合监管。

政策法规层面虽然已经明确涉地股权转让的联合监管，但在实践中，部分地区土地管理部门或相关行业主管部门尚未与市场监督管理部门实现信息协同共享，主管部门实际无法实现对项目公司股权转让的有效监管。特别是，目前尚未对监管方式进行统一和明确，部分地区的市场监督管理局也尚未摸索出涉地股权转让的监管方式。部分地区市场监督管理局也会认为，自身并无对涉地股权转让的联合监管权限和职能。

2. 是否构成分拆上市

针对上市公司直接或间接持有的项目，《基础设施领域不动产投资信托基金（REITs）试点项目申报材料格式文本》（以下简称《发改委申报材料格式文本》）规定，如涉及分拆上市事宜，应说明取得相关监管部门关于分拆上市意见的情况；如不涉及分拆上市事宜，应说明具体原因并请律师事务所出具相关法律意见。按照前述规定，涉及分拆上市事宜的，在发改委申报阶段的法律意见书中即应当对是否构成分拆上市事宜发表相应法律意见。

在已发行的公募 REITs 项目中，有原始权益人为中国香港地区上市公司的项目，如浙商沪杭甬 REIT。按照《香港联合交易所有限公司证券上市规则》第 15 项应用指引的相关规定，即《有关发行人呈交的将其现有集团全部或部分资产或业务在本交易所或其他地方分拆作独立上市的建议之指引》（以下简称"《香港上市规则》第 15 项应用指引"）等相关规定，原始权益人在中国境内发行公募 REITs 产品可能被香港联交所认定属于分拆上市。因此，浙商沪杭甬 REIT 取得了香港联交所上市委员会同意其根据《香港上市规则》第 15 项应用指引进行本次分拆的函。

而对于原始权益人为境内上市公司的项目而言，《上市公司分拆规则（试行）》（中国证券监督管理委员会公告〔2022〕5 号）规定，上市公司分拆，是指上市公司将部分业务或资产，以其直接或间接控制的子公司的形式，在境内或境外证券市场首次公开发行股票并上市或者实现重组上市的行为。按照前述规定的定义，上市公司分拆仍限缩在发行股票范围内，发行公募 REITs 不属于前述《上市公司分拆规则（试行）》项下的分拆上市。

3. 国有资产转让

公募 REITs 项目可能涉及两个环节的国有资产交易。

一是，如需要通过分立、资产划转、增资减资、剥离重组等方式搭建新项目公司，该环节可能构成《企业国有资产交易监督管理办法》（国务院国有资产监督管理委员会、财政部令第 32 号）（以下简称"32 号令"）项下的"企业国有资产交易行为"。

需要注意的是，对于土地等资产处置可能也涉及相应国资监管要求。如广州市有规定，市属企业处置土地资产后土地资产权益仍为市属国有控股或实际控制的，由市属企业董事会决策并严格按有关规定、程序实施；失去市属国有控股或实际控制的，并达到相应面积标准的，应报市国资监管机构审核或相应在决策前应事先征求市国资监管机构的意见。

二是，原始权益人将其持有的项目公司和/或 SPV（特殊目的公司）（如有）股权转让给公募 REITs 持有的资产支持证券、原始权益人将其持有的项目公司股权转让给资产支持证券持有的 SPV 公司（如有），公募基金通过募集资金支付转让对价。根据"32 号令"，该环节难以适用非公开协议转让的规定，原则上应通过产权市场公开进行。但"32 号令"项下的产权市场并不包括证券交易所，因此，仍需要就上述交易取得国资监管部门的同意或豁免。

根据《发改委申报材料格式文本》的要求，涉及国有资产转让的项目目前仍需要取得国资监管部门对于发行公募 REITs 的意见。已发行的项目中，多地区的国资监管部门出具的函件已显示出对公募 REITs 项目市场化运作的认可，同意发行公募 REITs 按照《公开募集基础设施证券投资基金指引（试行）》等证券监管制度要求，遵循等价有偿和公平公正的原则公开规范发行，无须另行履行国有资产进场交易程序。

## 二、底层资产转让限制的解除

### （一）转让限制的解除方式

概括而言，底层资产及项目公司股权转让限制的解除均应当在满足所设置转让条件的前提下，结合转让限制的要求取得主管部门或协议相对方的同意或无异议等。

根据已发行公募REITs项目招募说明书及法律意见书公开披露的情况，就已发行公募REITs项目所涉底层资产及项目公司股权转让限制及解除方式梳理如下。

表4-1 境内已发行公募REITs项目底层资产和项目公司股权转让限制及解除方式

| 序号 | 基金名称 | 转让限制 | 解除方式 |
|---|---|---|---|
| 1 | 富国首创水务REIT | 1. 深圳资产特许经营权协议约定，运营期第四周年后，在不影响污水处理厂正常持续运营的前提下，经政府方批准同意，投资者可部分转让或全部转让项目公司的股权<br>2. 合肥资产许经营权协议约定，自特许经营期开始8年之内项目公司股东不能直接或间接转让项目公司的股份。特许经营期满8年后，经甲方事先书面同意，项目公司股东可转让项目公司股份 | 项目实施机构（特许经营协议签署方）深圳市水务局和合肥市城建局分别出具函件，原则同意基础设施项目实际运营管理控制权不发生转移的前提下将所持项目公司股权开展本次发行交易结构下的股权转让 |
| 2 | 中金普洛斯REIT | 《昆山市工业用地再开发及交易管理办法（试行）》（昆政发〔2018〕7号）规定，工业用地项目调整出资比例、股权结构的，经所在地区镇同意后，由市场监管部门依法予以变更；同等条件下，所在地区镇可优先收购 | 淀山湖镇人民政府出具回函载明，镇政府同意项目公司股东通过转让项目公司100%股权的方式将普洛斯淀山湖物流园项目纳入公募基础设施基金及其持有的特殊目的载体，从而发行基础设施REITs项目 |
| 3 | 东吴苏园产业REIT | 1. 2.5产业园一期、二期和国际科技园五期B区项目土地出让合同约定，关于土地使用权转让须符合按照本合同约定进行投资开发，完成开发投资总额的25%以上<br>2.《苏州工业园区优化产业项目用地出让管理的若干规定》（苏园管规字〔2017〕4号）规定，产业用地使用权原则上不得转让，产业用地受让人股权结构或出资比例发生改变的，应当事先经管委会授权签订《产业发展协议》的单位同意；产业项目的土地、地上建筑物和构筑物确需转让的，应经出让人同意，具体按照园区产业项目用地转让相关规定执行<br>3.《科智商管产业发展协议》约定，科智商管出资比例结构、股权结构及实际控制人未经独墅湖管委会同意不得发生变动；《园区艾派科产业发展协议》约定，园区 | 1. 苏州2.5产业园一期、二期项目和国际科技园五期B区项目已经全部建成，且苏州工业园区国土环保局已出具无异议函<br>2. 高贸区管委会（作为经苏州工业园区管委会授权签订《园区艾派科产业发展协议》的授权主体）已出具《关于对以苏州2.5产业园一期、二期资产申请试点发行公募REITs的无异议函》；独墅湖管委会（作为经苏州工业园区管委会授权签订《科智商管产业发展协议》的授权主体）已出具《关于对以国际科技园五期B区资产申请试点发行公募REITs的无异议函》<br>3. 苏州工业园区管委会出具《园区管委会关于对兆润控股以苏州工 |

续表

| 序号 | 基金名称 | 转让限制 | 解除方式 |
|---|---|---|---|
| 3 | 东吴苏园产业REIT | 艾派科未经高贸区管委会批准，不得以股权变更的方式变相更改出让地块产业类别用途、开发条件，或违反苏州工业园区产业政策及发展要求<br>4.《关于进一步加强存量工业用地管理促进企业转型升级的实施意见》（苏园管〔2018〕93 号）规定，涉及存量工业用地不动产权利人申请股权（结构）变更登记的，应启动合法性审查程序 | 园区产业园资产申请试点发行公募REITs 的无异议函》 |
| 4 | 华安张江光大REIT | 1. 上海市《关于本市盘活存量工业用地的实施办法》（沪府办〔2016〕22 号）规定，存量工业用地使用权人出资比例结构、项目公司股权结构改变的，在办理股权变更前，须按照出让合同约定事先征得出让人同意<br>2. 上海市《关于本市推进产业用地高质量利用的实施细则》（沪规土资地〔2018〕687 号）规定，工业用地和研发用地应整体持有，受让人的出资比例和股权结构发生变化的，应事先经出让人同意<br>3. 融资及担保合同约定项目公司股权和资产转让的应事先取得贷款人同意和 / 或及时通知贷款人<br>4.《上海市经营性用地和工业用地全生命周期管理土壤环境保护管理办法》（沪环保防〔2016〕226 号）规定，经营性用地和工业用地出让、转让前，土地储备机构或土地使用权人应组织完成土壤环境调查评估、修复（如需），土地出让人在土地出让前应征询所在地区环保局意见，对于存在污染或治理修复未达环保要求的地块不得出让、转让 | 1. 上海市浦东新区规自局出具《关于同意以张江光大园资产申请试点发行公募 REITs 的无异议函》<br>2. 银行出具《提前还款同意函》，同意为发行公募 REITs 之目的转让项目公司 100% 股权；以公募 REITs 募集资金偿还借款后及时配合办理抵质押注销登记<br>3. 项目公司和土地使用权的前手权利人张江集电承诺在公募 REITs 发行前完成土壤环境调查评估和修复（如需），并报送环保局，在未完成上述程序前不进行基础设施 REITs 基金份额的发售；张江集电承诺如由于基础设施 REITs 发行前的原因导致张江光大园项目因土壤环境评估事宜而引发的任何行政处罚、赔偿和责任等将由张江集电承担 |
| 5 | 浙商沪杭甬 REIT | 1. 原始权益人之一沪杭甬公司为香港联交所上市公司，其下属项目公司股权转让及本次 REITs 发行上市构成《香港上市规则》第 15 项应用指引项下分拆上市<br>2.《浙江省收费公路管理办法》规定，收费公路经营企业股权转让，致使对收费公路收费权具有控股地位的股东发生变化的 | 1. 香港联交所发出书面通知，同意本次分拆<br>2. 沪杭甬公司出具承诺函，承诺将在基础设施 REITs 发行时认购相应基金份额，以确保杭徽高速公路（浙江段）收费权的具有控股地位的股东不发生变化，并将对项目公司 |

续表

| 序号 | 基金名称 | 转让限制 | 解除方式 |
|---|---|---|---|
| 5 | 浙商沪杭甬REIT | 应当报省人民政府批准 | 进行并表管理；并承诺在基础设施REITs发行后，如减持导致杭徽高速公路（浙江段）收费权的具有控股地位的股东发生变化的，将依据现行有效的法律法规的规定履行相应的报批程序 |
| 6 | 博时蛇口产园REIT | 1.《深圳市工业楼宇及配套用房转让管理办法》及土地出让合同规定，本项目仅能以宗地为单位整体转让，且自土地出让合同签订之日起不满15年进行整体转让的，政府及其指定部门在同等条件下有优先购买权<br>2.《深圳市工业楼宇及配套用房转让管理办法》和《深圳市工业区块线管理办法》规定，基础设施项目位于一级工业区块线范围内，转让的受让方应当符合一定资格条件并通过区产业部门审核<br>3. 万海大厦项目核准通知书记载，该项目为自用房，不得流入市场<br>4. 根据土地出让合同的约定及《不动产权证书》附记的记载，项目配套的商业、食堂经批准进入市场销售的，应当按照市场评估地价标准补缴地价<br>5. 项目中包含消防控制室和人防报警室，性质为非商品房，无法单独转让；项目存在不计入规定建筑面积的核增建筑面积（功能为架空休闲），均须与项目整体转让 | 1. 深圳市规划和自然资源局南山管理局出具《关于招商蛇口产业园参与公募REITs项目情况的复函》和《关于招商蛇口产业园参与公募REITs项目的补充意见》<br>2. 深圳市南山区工业和信息化局出具《南山区工业和信息化局关于招商蛇口产业园参与公募REITs项目情况的复函》 |
| 7 | 红土创新盐田港REIT | 1. 土地出让合同约定，项目宗地及建筑物限整体转让<br>2. 土地使用权通过协议出让方式取得 | 1. 项目公司不涉及分拆转让项目的需求，不会对公募REITs资产处置（如需）、项目估值造成不利影响<br>2. 深圳市规划和自然资源局盐田管理局出具《深圳市规划和自然资源局盐田管理局关于盐田港现代物流中心项目参与基础设施不动产投资信托基金REITs相关意见的复函》，确认本项目（宗地号J306-0009）已签订的土地出让合同及补充协议书中未对项目股权转让进行限制，其对该项目以100%股权转让方式发行公募REITs无异议 |

续表

| 序号 | 基金名称 | 转让限制 | 解除方式 |
|---|---|---|---|
| 8 | 平安广州广河REIT | 1. 特许经营协议约定，项目公司股权结构的变更应报请政府批准；未经招标人事先书面同意，项目公司不能转让本合同或本合同项下任何权利或义务，或其任何资产<br>2. 根据现行有效的法律法规，收费公路项目公司的股权及收费权转让无须履行交通运输管理部门的审批或备案程序<br>3. 原始权益人债券发行文件约定，如发生股权交易等导致发行人净资产减少超过文件约定指标或对发行人的生产经营影响重大的，应召集债券持有人会议进行审议<br>4. 项目公司银行融资文件约定，进行股权变动等可能对贷款人权益造成不利影响的行动时需征得贷款人同意 | 1. 项目公司股权转让同时将获得以评估值为基础确定的转让对价，对原始权益人净资产应无实质不利影响<br>2. 银行与项目公司等相关方签署书面协议，豁免相关转让限制<br>3. 广州市交通运输管理部门出具《广州市交通运输局关于以广河高速（广州段）发行公募 REITs 的复函》 |
| 9 | 中航首钢绿能REIT | 《垃圾处理服务协议》约定，垃圾处理服务期内未经市城管委事先书面同意，项目公司的股权结构不得发生变化；垃圾处理服务期内，经市城管委事先书面同意，项目公司股东可以转让项目公司股权 | 市城管委出具《北京市城市管理委员会关于首钢生物质能源项目股权转让情况说明的复函》 |
| 10 | 华夏越秀高速REIT | 1. 根据现行有效的法律法规，收费公路项目公司的股权转让无须履行交通运输管理部门的审批或备案程序<br>2. 越秀交通为中国香港上市公司，分拆汉孝公司及标的公路涉及分拆上市 | 1. 武汉市交通运输局出具《市交通运输局关于翔丰有限公司出让汉孝公司 100% 股权的复函》<br>2. 香港联交所同意本次分拆 |
| 11 | 建信中关村REIT | 1.《中关村国家自主创新示范区条例》（北京市第十三届人民代表大会常务委员会公告第 12 号）规定，中关村国家自主创新示范区内以协议出让方式取得的国有土地使用权的转让，应报请北京市人民政府批准，土地所在地的区人民政府享有优先购买权<br>2.《北京市人民政府关于加快科技创新构建高精尖经济结构用地政策的意见（试行）》（京政发〔2017〕39 号）规定，园区开发企业不得转让园区产业用地，不得将建设并持有的产业用房及其各项配套服务用房整体或分割销售，不得转让公司股权<br>3.《项目备案通知书》载明"根据《北京市国土资源局关于进一步加强研发、工业 | 1. 北京市人民政府出具《北京市人民政府关于同意中关村发展集团申报基础设施领域不动产投资信托基金（REITs）试点相关事项的批复》，北京市海淀区人民政府出具《北京市海淀区人民政府关于支持中关村发展集团股份有限公司参与申报基础设施领域不动产投资信托基金（REITs）试点的函》<br>2. 海淀园管委会出具《关于海淀区已建成产业项目转让事项办理的说明》并出具《产业审核意见书》，载明海淀园管委会负责审核和办理相关已建成项目的买受人资格和相关 |

续表

| 序号 | 基金名称 | 转让限制 | 解除方式 |
|---|---|---|---|
| 11 | 建信中关村REIT | 项目监管有关问题的通知》(京国土用〔2010〕480号)的规定,该类项目不得擅自改变用途,未经批准,不得转让或销售"。根据北京市已建成产业项目相关规定(包括京国土用〔2010〕480号文,《关于进一步完善已建成研发、工业项目转让管理有关问题的通知》(京建发〔2019〕216号),《关于进一步明确已建成产业项目买受人审核有关问题的通知》(京建发〔2019〕217号)及《北京市海淀区人民政府关于本区已建成产业项目转让事项办理工作流程的通知》相关规定),在北京市海淀区行政区划范围内的规划用途为研发的已建成产业项目的转让,由园区管理部门海淀园管委会进行审核<br>4. 土地出让合同约定,仅限受让人自用,未经批准,不得转让<br>5. 相关借款合同约定,应就中关村软件园公司进行股权转让、对外投资等重大事项获得北京银行上地支行的同意,除非中关村软件园公司提前偿还相应借款 | 转让事项审核以及项目公司具备受让上述楼宇的产业准入资格,对其受让上述不动产及其后续以100%股权转让方式发行基础设施公募REITs事项无异议<br>3. 北京市规自委出具《北京市规划和自然资源委员会关于支持中关村发展集团申报基础设施领域不动产投资信托基金(REITs)试点项目的函》<br>4. 北京银行上地支行出具相关同意函 |
| 12 | 华夏中国交建REIT | 1. 划拨用地使用权转让须经有批准权的人民政府批准<br>2.《特许经营协议》约定股权转让应取得咸宁市人民政府同意<br>3.《特许经营协议》约定项目收费权转让须经湖北省人民政府批准<br>4.《特许经营协议》约定土地使用权转让应经咸宁市人民政府同意并经有关部门审批<br>5. 项目公司《银团贷款合同》约定,项目公司转让其经营性资产的行为涉及总资产5%以上的,应事先征得银团书面同意;项目公司如进行重大产权结构变动的,应提前通知银团并征得同意<br>6. 原始权益人相关债券发行文件规定,发行人如发生股权交易等导致发行人净资产减少超过文件约定指标或对发行人的生产、 | 1. 咸宁市人民政府作出了《关于武汉至深圳高速公路嘉鱼至通城段项目参与公募REITs试点申报的批复》<br>2. 湖北省人民政府办公厅签批文件《关于中交投资有限公司联合体参与基础设施REITs试点工作的意见》载明的处理意见为建议湖北省人民政府授权咸宁市人民政府决定同意该项目进行REITs试点<br>3. 咸宁市人民政府办公室签批文件《关于中交投资有限公司联合体参与基础设施REITs试点工作的意见》载明的处理意见为湖北省人民政府授权咸宁市人民政府决定同意该项目进行REITs试点<br>4. 银团已作出《关于同意湖北中交嘉 |

续表

| 序号 | 基金名称 | 转让限制 | 解除方式 |
|---|---|---|---|
| 12 | 华夏中国交建REIT | 经营影响重大事项应召集债券持有人会议进行审议<br>7. 根据现行有效的法律法规，收费公路项目公司的股权转让无须履行交通运输管理部门的审批或备案程序 | 通高速公路发展有限公司提前还款等相关事宜的决议》，一致同意将项目公司的全部股权转让至基础设施REITs项下指定主体<br>5. 中交投资出具《确认及说明函》、中交二航局出具《承诺函》确认项目公司股权转让将获得以基础设施项目评估值为基础进行定价的基金募集资金作为转让对价，对原始权益人净资产无实质变动影响 |
| 13 | 国金中国铁建REIT | 原始权益人铁建重投的控股股东中国铁建是一家香港联合交易所上市公司，铁建重投参与本项目构成中国铁建分拆上市 | 香港联交所上市委员会发出书面通知同意本次分拆 |
| 14 | 中金厦门安居REIT | 土地出让合同约定，本项目涉及出让性质的建筑物及土地使用权应整体自持，不得分割转让、不得分割抵押；转让、抵押必须经出让人、第三方和第四方同意；基础设施项目不动产权证书记载本宗地及地上建筑物若转让、出租、抵押，应按照土地出让合同相关条款执行 | 厦门市自规局出具《厦门市自然资源和规划局关于园博公寓项目和珩琦公寓项目申请发行基础设施REITs的复函》 |
| 15 | 华夏北京保障房REIT | 1.熙悦尚郡项目《建设用地规划许可证》《建设工程规划许可证》记载公共租赁住房只能用于租赁，不得销售<br>2.《北京市住房和城乡建设委员会等四部门关于进一步规范本市新供住宅项目配建公租房、保障性租赁住房工作的通知》（京建发〔2021〕389号）和《北京市住房和城乡建设委员会关于严禁公租房、保障性租赁住房变相销售行为的通知》（京建发〔2021〕353号）规定，公租房、保障性租赁住房不得上市销售或变相销售 | 1. 北京市规自委出具《北京市规划和自然资源委员会关于北京保障房中心有限公司申报基础设施领域不动产投资信托基金（REITs）试点相关意见的函》<br>2. 北京市住建委出具《北京市住房和城乡建设委员会关于北京保障房中心有限公司申报基础设施领域不动产投资信托基金（REITs）试点相关事项的批复》 |
| 16 | 鹏华深圳能源REIT | 1.《广东省实施〈中华人民共和国土地管理法〉办法》规定，土地使用权转让的，转让方应当向土地所在地的县级以上人民政府土地行政主管部门如实申报转让价，申报的转让价低于协议出让土地最低价标准的，土地行政主管部门经同级人民政府批准，可以按照申报价行使优先购买权；土地使用权转让的市场价不合理上涨时， | 1. 项目所在地自然资源和规划主管部门及土地出让合同的签署机构规土大鹏管理局出具《关于〈为深圳能源东部电厂一期项目申报基础设施公募REITs试点出具无异议函的请示〉的复函》<br>2. 深圳能源拟将项目公司对应股权转让同时将获得以基础设施项目评 |

续表

| 序号 | 基金名称 | 转让限制 | 解除方式 |
|---|---|---|---|
| 16 | 鹏华深圳能源REIT | 政府可以采取必要措施<br>2.《深圳市工业楼宇及配套用房转让管理办法》规定，本项目仅能以宗地为单位整体转让，且自土地出让合同签订之日起不满15年进行整体转让，政府及其指定部门在同等条件下享有优先购买权<br>3. 土地出让合同约定及不动产权证书附注记载限整体转让<br>4. 土地使用权通过协议出让方式取得<br>5. 原始权益人深圳能源债券发行文件规定，发行人如发生股权交易等导致发行人净资产减少超过文件约定指标或对发行人的生产、经营影响重大事项应召集债券持有人会议进行审议 | 估值为基础进行定价的基金募集资金作为转让对价，根据《深圳能源承诺函》，上述转让行为对深圳能源净资产无实质变动影响，未触发相关债券发行文件中持有人会议的召集情形 |
| 17 | 红土创新深圳安居REIT | 1. 不动产权属证书及/或土地出让合同上均存在"非市场商品房"或"非商品房""不得转让""出租型人才住房（只租不售）"等的记载，项目资产只能对外出租，无法上市交易<br>2. 基础设施项目的保障性租赁住房认定书中载明，本项目只能用作保障性租赁住房，不得上市销售或变相销售 | 1. 深圳市规划和自然资源局大鹏管理局、坪山管理局、福田管理局、罗湖管理局出具关于支持相应项目参与基础设施REITs的复函，载明对相应项目以100%股权转让方式发行基础设施REITs无异议<br>2. 深圳市住房和建设局出具《深圳市住房和建设局关于出具对市人才安居集团及其控股子公司以100%股权转让方式发行基础设施REITs意见的复函》 |

资料来源：基金招募说明书等公开披露文件，作者整理。

### （二）转让限制解除的充分性

转让限制解除的最终目的，是实现公募REITs通过资产支持证券和项目公司等载体取得底层资产完全所有权或经营权。因此，在审慎核查入池资产及项目公司所涉转让限制后，确保充分解除资产转让限制尤为重要。通常按照已设立的转让限制要求，在满足转让条件下，经审批或同意后可以实现转让限制的解除。但转让限制的解除需要关注以下事项。

**1. 转让限制解除合法有效**

为实现合法、有效的解除限制，需要明确转让限制的主管部门。除限制条款特别明确的规定有权解除转让限制的主管部门或协议相对方等有权主体外，实践中也可能存在未明确或其他需要进一步明确主管单位的管辖范围等情况。此外，针对所设置的具体转让条件，相关同意转让文件中应当明确、具体载明所涉转让限制的解除情况，并就转让限制的解除不应当再附有任何条件或要求。

2. 涉及限制转让的其他风险

底层资产在建设或运营过程中，可能存在合规方面的瑕疵。为避免前述合规风险最终由项目公司或公募 REITs 承担，涉及瑕疵事项的，建议对瑕疵事项可能涉及的处罚或赔偿责任在基金发行前作出处理或由原始权益人承诺承担相应责任。底层资产涉及产权人变更的，转让限制解除后还应当及时办理完毕权属的变更登记；涉及转让价款支付，还应当关注相应价款的公允性、合理性并及时完成相应价款的支付。

需要注意的是，前述已发行公募 REITs 项目所涉底层资产及项目公司股权转让限制的解除，多数仅表明相关主管部门对于在本次公募 REITs 发行中所涉及底层资产及其后续以项目公司 100% 股权转让方式无异议。公募 REITs 取得底层资产及项目公司股权后，相关限制仍持续存在，例如对保障性租赁住房项目通常设有的转让、销售限制，公募 REITs 发行后如需转让项目公司股权或通过其他方式处置项目时，仍需取得规划和自然资源委员会、住房和城乡建设部等相关部门的同意。

## 三、公募 REITs 发行中涉及的国资转让问题

### （一）在"32 号令"下，公开进场交易与非公开协议转让皆不适用于 REITs

国有企业在基础设施领域持有较大的份额，基于盘活资产、调整报表结构等需求，不少国有企业都有发行 REITs 产品的意愿。如前所述，公募 REITs 涉及国有资产转让的环节包括：①通过分立、资产划转、增资减资、剥离重组等方式搭建新项目公司；②原始权益人将其持有的项目公司和/或 SPV 公司（如有）股权转让给公募 REITs 持有的资产支持证券、原始权益人将其持有的项目公司股权转让给资产支持证券持有的 SPV 公

司（如有）。

国有原始权益人将其持有的项目公司和/或SPV公司（如有）股权转让至资产支持证券和原始权益人将其持有的项目公司股权转让给资产支持证券持有的SPV公司（如有）这一环节构成"企业国有资产交易行为"。但是，首先，严格适用"32号令"等国有资产监督管理法律法规的规定，股权转让应当在产权交易所公开进行，由此无法确保资产支持专项计划竞得股权，导致底层资产落入旁人手中。其次，进场交易定价和公募REITs网下询价定价效果不同。产权市场和资本市场的定位、功能、主体构成和生态存在诸多不同之处，以市场主体为例，产权市场的潜在买方与资本市场主要投资者存在较大差异，产权市场以产业投资者居多，而资本市场以财务投资者、价值投资者和配置型投资者为主，投资者类型和构成的差异往往会影响价值发现和定价。公募REITs涉及的国资交易通过产权市场公开进行与网下询价的价格相比可能存在差异。最后，进场交易所需时间较长，最终可能拖延整个公募REITs的发行流程。

但国有原始权益人将其持有的项目公司和/或SPV公司（如有）股权转让至资产支持证券或其持有的SPV公司（如有）这一交易，通常不属于同一国家出资企业及其各级控股企业或实际控制企业之间因实施内部重组整合进行产权转让的情形，也不属于涉及主业处于关系国家安全、国民经济命脉的重要行业和关键领域企业的重组整合，对受让方有特殊要求，企业产权需要在国有及国有控股企业之间转让的情形，因此无法直接适用"32号令"第31条规定的非公开协议转让方式。

**（二）目前已发行REITs项目涉及的国资流程处理**

根据《发改委申报材料格式文本》的要求，涉及国有资产转让的项目，需提交国有资产管理部门关于项目申请公募REITs试点的反馈情况，以及国有资产监督管理部门出具的相关函件复印件（如有）。按照前述规定，涉及国有资产转让的项目目前仍需要取得国资监管部门对于发行基础设施基金的意见。截至目前，已发行公募REITs项目涉及的国有资产转让情况具体处理如表4-2。

表 4-2 中国公募 REITs 项目涉及国有资产转让情况

| 序号 | 项目名称 | 处理方式 | 具体内容 |
|---|---|---|---|
| 1 | 中航首钢绿能 REIT | 非公开协议转让 + 国资豁免进场交易 | 首钢环境将项目公司股权转让至首钢基金的全资子公司 SPV，属于同一国家出资企业内部实施重组，适用非公开协议转让；首钢基金将 SPV 股权转让至资产支持证券，由北京市政府出具会议纪要，记录中国证监会已明确基础设施 REITs 在证券交易所公开发行，本市相关项目申报可按照规定，并参照外省市做法，豁免国有资产进场交易程序 |
| 2 | 富国首创水务 REIT | 非公开协议转让 | 股东将项目公司股权转让至资产支持证券，首创股份认购基金 51% 份额，转让方和受让方均为首创集团及其各级国有、国有控股企业或实际控制企业，经首创集团审议决策，并在实施前由首创集团以报告形式上报北京市国资委备案的产权转让可以采取非公开协议方式进行。首创集团董事会审议同意项目公司股权转让事项 |
| 3 | 浙商沪杭甬 REIT | 非公开协议转让 | 浙江省国资委、杭州临安区国资办、余杭国资办、杭州国资办下发批复，同意将项目公司股权（以非公开协议方式）转让至公募 REITs 设立的特殊目的载体，转让价格不低于资产评估值 |
| 4 | 东吴苏园产业 REIT | 非公开协议转让 | 苏州工业园区国资办出具同意函，批复鉴于公募 REITs 的公募基金将采取公开询价机制并在证券交易所公开上市交易，园区国资办同意科技公司和建屋产业公司通过非公开协议转让的方式将项目公司的 100% 股权转让给公募基金控制的特殊目的载体 |
| 5 | 博时蛇口产园 REIT | 国资豁免进场交易 | 原始权益人承诺履行国有资产交易审批流程。后续取得了国资管理部门对直接签署股权转让协议的同意 |
| 6 | 红土创新盐田港 REIT | 国资豁免进场交易 | 深圳市国资委出具反馈意见，同意按照市场化方式通过公开询价确定基金份额认购价格和基础设施项目交易价格，明确盐田港集团在本项目中无须另行履行国有资产交易程序 |
| 7 | 平安广州广河 REIT | 国资豁免进场交易 | 广州市国资委出具复函，批复基础设施 REITs 是通过证券交易所公开发行的金融产品，执行中国证监会公布的《基础设施基金指引》等证券监管制度，遵循等价有偿和公开公平公正的原则公开规范发行，无须另行履行国有资产进场交易程序 |
| 8 | 华安张江光大园 REIT | — | 原始权益人光全投资系由张江集电和光大安石共同控制的有限合伙型私募基金。光全投资虽由张江集电出资，但是不因此被界定为特殊目的公司安恬投资的国有股东，安恬投资股权转让无须适用国有企业产权转让进场交易的相关规定 |
| 9 | 中金普洛斯 REIT | — | |

续表

| 序号 | 项目名称 | 处理方式 | 具体内容 |
|---|---|---|---|
| 10 | 华夏越秀高速REIT | 国资豁免进场交易 | 广州市国资委出具复函，基础设施REITs是通过证券交易所公开发行的金融产品，执行中国证监会公布的《公开募集基础设施证券投资基金指引（试行）》等证券监管制度，遵循等价有偿和公开公平公正的原则公开规范发行，无须另行履行国有资产进场交易程序 |
| 11 | 建信中关村REIT | 国资豁免进场交易 | 中关村管委会函复，同意基础设施公募REITs所涉国有资产按照中国证监会公布的《公开募集基础设施证券投资基金指引（试行）》等证券监管制度要求，遵循等价有偿和公开公平公正的原则公开规范发行，无须另行履行国有资产交易程序 |
| 12 | 华夏中国交建REIT | 国资豁免进场交易 | 国务院国资委批复，原则同意中交嘉通以武汉至深圳高速公路嘉鱼至通城段资产参与基础设施REITs试点的方案，所涉及的产权转让事项可通过相关方直接签署转让协议方式实施 |
| 13 | 国金中国铁建REIT | 非公开协议转让 | 原始权益人铁建重投转让所持SPV股权和项目公司股权应取得中国铁建批准、进行资产评估并向国务院国资委进行资产评估备案，铁建重投参与本项目已经中国铁建批准；原始权益人重庆高速已取得重庆市国资委出具的项目公司股权转让事项可通过相关方直接签署转让协议方式实施的回复意见，重庆高速转让项目公司股权，应取得重庆高速集团的批准、进行资产评估及评估备案，重庆高速已经重庆高速集团董事会审议通过 |
| 14 | 中金厦门安居REIT | 国资豁免进场交易 | 厦门市国资委出具批复，同意原始权益人将所持有的项目公司100%股权转让至资产支持专项计划；并同意本次发行基础设施REITs按照中国证监会公布的《公开募集基础设施证券投资基金指引（试行）》等证券监管制度要求，遵循等价有偿和公开公平公正的原则公开规范发行，无须另行履行国有资产进场交易程序 |
| 15 | 华夏北京保障房REIT | 国资豁免进场交易 | 北京市国资委出具批复，原则同意北京保障房中心依法合规开展基础设施领域不动产投资信托基金（REITs）试点工作，所涉及的产权转让事项可通过相关方直接签署转让协议方式实施 |
| 16 | 鹏华深圳能源REIT | 国资豁免进场交易 | 深圳市国资委出具反馈意见，批复基础设施REITs是通过证券交易所公开发行的金融产品，项目所涉国有资产按照《基础设施基金指引》等证券监管制度要求，遵循等价有偿和公开公平公正的原则公开规范发行，无须另行履行国有资产交易程序，按照市场化方式通过公开询价确定基金份额认购价格，进而确定基础设施资产交易价格，防止国有资产流失，实现国有资产保值增值 |

续表

| 序号 | 项目名称 | 处理方式 | 具体内容 |
|---|---|---|---|
| 17 | 红土创新深圳安居REIT | 国资豁免进场交易 | 深圳市国资委出具反馈意见,批复基础设施REITs是通过证券交易所公开发行的金融产品,项目所涉国有资产按照中国证监会公布的《公开募集基础设施证券投资基金指引(试行)》等证券监管制度要求,遵循等价有偿和公平公正的原则公开规范发行,无须另行履行国有资产交易程序 |

资料来源:基金招募说明书等公开披露文件,作者整理。

### (三)豁免公开进场交易的合理性

**1. 公募REITs询价发行机制与IPO的询价发行机制类似,具有公开交易的性质**

根据"54号文",基础设施基金通过网下询价的方式确定基金份额认购价格,基金管理人或其聘请的财务顾问受委托办理路演推介、询价、定价、配售等相关业务活动。公募REITs的询价发行程序与IPO的询价发行程序类似。根据《证券发行与承销管理办法》的相关规定,首次公开发行股票的发行价格可以通过向网下投资者询价的方式确定股票发行价格,也可以通过发行人与主承销商自主协商直接定价等其他合法可行的方式确定发行价格,采取询价方式确定发行价格的,由主承销商受委托办理路演推介、询价、定价、配售等相关业务活动(详情见第七章)。发行价格通过公开询价机制和专业投资者的参与共同确定,可以达到进场公开交易对国有资产的保护效果。

**2. 基础设施项目应当经评估**

申请注册基础设施基金前,基金管理人应当聘请独立的评估机构对拟持有的基础设施项目进行评估并备案。相应评估值将反映国有资产的价值,最终交易价格未偏离评估值,不会引发国有资产流失的后果。

**3. 国资监管法规的进一步明确**

已发行的项目中,多地区的国资监管部门出具的函件已显示对基础设施基金项目市场化运作的认可,同意发行基础设施基金执行《公开募集基础设施证券投资基金指引(试行)》等证券监管制度,遵循等价有偿和公开、公平、公正的原则公开规范发行,无须另行履行国有资产进场交易程序。国资监管部门对于公募REITs发行所面临的难点给予了充分的理解和支持。即使规范层面仍缺乏明确的政策法规依据，但《中华人民共和国企业国有资产法》（以下简称《企业国有资产法》）仍有公募REITs免于进场交易的解释空间。《企业国有资产法》第54条已明确，"国有资产转让应当遵循等价有偿和公开、公平、公正的原则。除按照国家规定可以直接协议转让的以外，国有资产转让应当在依法设立的产权交易场所公开进行。转让上市交易的股份依照《中华人民共和国证券法》的规定进行"，其中第52条也规定，"国有资产转让应当有利于国有经济布局和结构的战略性调整，防止国有资产损失，不得损害交易各方的合法权益"。深圳市国资委就已明确提出"遵循等价有偿和公平公正的原则公开规范发行，无须另行履行国有资产交易程序"。

国务院国资委于2022年5月16日发布了《关于企业国有资产交易流转有关事项的通知》（国资发产权规〔2022〕39号），规定"国家出资企业及其子企业通过发行公募REITs盘活存量资产，应当做好可行性分析，合理确定交易价格，对后续运营管理责任和风险防范作出安排，涉及国有产权非公开协议转让按规定报同级国有资产监督管理机构批准"，这为之后开展公募REITs取得关于国有资产采用非公开协议方式转让的国资批准，提供了明确的法规依据，进一步减少国有企业发行公募REITs的障碍和沟通成本。

## 第二节 底层资产转让亟待解决的相关问题

当前底层资产转让环节亟待解决的主要是特许经营权类资产转让限制的解除的问题。

此前，《国家发展改革委办公厅关于做好基础设施领域不动产投资信托基金（REITs）试点项目申报工作的通知》（发改办投资〔2020〕586号）（以下简称"586号文"）并未明确要求在特许经营权协议未对项目公司股权转让作出限制性约定的情形下，此等股权转让是否需要取得特许经营权协议签署机构的同意。以高速公路类底层资产为例，《关于公路经营企业产权（股权）转让有关问题的通知》（交财发〔2010〕739号）（以下简称"739号文"）被废止之前，收费公路项目公司股权转让需要取得交通运输管理部门的批准，或者履行备案程序。《交通运输部、国家发展改革委、财政部关于进一步规范收费公路权益转让行为的通知》（交财审发〔2017〕80号）明确转让收费公路权益按照《公路法》《收费公路管理条例》及《收费公路权益转让办法》的规定执行，并未对转让公路经营企业的股权作出任何限制性规定，并废止了"739号文"。而公募REITs项目中原始权益人向专项计划转让项目公司股权，并不涉及项目公司转让其持有的土地使用权及地上建筑物、其他附着物的情况。参考已发行公募REITs项目的经验，如平安广州广河REIT明确，根据国家及地方层面现行有效的法律法规，收费公路项目公司的股权转让无须履行交通运输管理部门的审批或备案程序，但其仍取得了广州市交通运输局出具的相关同意函。

"958号文"则总结了首批试点项目申报过程中的经验，从"实质重于形式"角度出发，考虑有些法律法规或相关有约束力的合同、协议中对资产层面的限制其实是为防止相关资产以任何形式未经监管即被流转的风险。因此，"958号文"作出了较"586号文"更为严格的规定，不但要求法规或固定资产投资管理手续相关文件、协议对项目股权转让有限制的，需要获得主管部门或协议签署机构对项目以100%股权转让方式发行公募REITs的无异议函，对于法规、相关手续、协议对土地使用权、经营收益权、建筑物、特许经营权等转让或相关资产处置等存在限定条件、特殊规定约定的，应获得有权主管部门或协议签署机构对项目以100%股权转让方式发行公募REITs的无异议函；对PPP（含特许经营）类项目，亦应获得PPP（含特许经营）协议签署机构（或有权代理机构）、行业主管部门对项目以100%股权的转让方式发行公募REITs出具的无异议函。在"958号文"发布后发行的华夏越秀高速REIT也认为根据现行有效的法律法规，收费公路项目公司的股权转让无须履行交通运输管理部门的审批或备案程序，但其仍取得了武汉市交通运输局同意转让项目公司100%股权的函件。

但在实践中，有不少主管部门或协议签署方认为，对土地使用权、经营收益权、建筑物所有权的转让限制属于对资产转让的限制，并不及于项目公司的股权转让，由此认为自身没有必要、也没有职责出具相关无异议函。因此，请相关主管部门或机关出具无异议函的依据及逻辑便显得尤为重要。而相关主管部门和协议签署方对于项目公司股权转让是否构成特许经营权转让的把握和理解也存在差异，虽然"958号文"已经明确 PPP（含特许经营）类项目，应取得协议签署机构、行业主管部门对项目以100%股权转让方式发行公募 REITs 出具的无异议函，但与主管部门的充分沟通亦至关重要。当然，我们也期待相关监管部门能够在更高层级作出制度性安排，以确保发行公募 REITs 的底层资产可转让性的相关安排能够在地方层面顺利推进。

# 第五章

# 公募 REITs 项目的资产重组

马 佳[①] 赵 庆[②]

基于我国公募 REITs 采用 "公募基金 + 资产支持证券" 的双层结构设计，在底层资产可转让性问题解决后，该资产需要装入新设项目公司，使得新项目公司只持有与 REITs 标的相关的资产，这就涉及资产重组问题。本章主要从资产重组的原因和必要性出发，阐述现有的资产重组和债务重组的操作方式，介绍国内典型 REITs 案例资产重组过程，并针对当前公募 REITs 底层资产在重组时仍存在的问题进行解读和探讨。

---

① 马佳，招商证券投资银行委员会固定收益融资部高级经理。
② 赵庆，招商证券投资银行委员会固定收益融资部副董事。

## 第一节　资产重组的原因和必要性分析

### 一、国内公募 REITs 资产重组的主要目的

不同于境外 REITs 的交易结构，国内公募 REITs 采用"公募基金+资产支持证券"双层结构模式，这种有"中国特色"的交易结构和操作模式是基于目前国内法律法规和税收政策体系的最优选择，既不突破现有《中华人民共和国公司法》《中华人民共和国证券法》《中华人民共和国证券投资基金法》等相关法律，又可以有效利用公募基金的税收优惠政策，在现行条件下最大限度降低公募 REITs 发行过程的操作难度和税收成本。

同时与境外 REITs 可直接收购不动产资产不同，由于国内尚未针对公募 REITs 制定完善的税收优惠政策，直接收购资产税收负担较重，且资产支持专项计划并非法人主体，由专项计划直接持有和运营资产存在一定的障碍和法律瑕疵，无法实现有效的风险隔离。基于上述原因，国内公募 REITs 是通过资产支持专项计划收购持有标的基础设施资产的项目公司股权的方式间接收购基础设施资产。

目前国内公募 REITs 的核心架构自上而下分别是"公募基金–ABS–项目公司–基础设施项目"，具体交易结构如图 5–1。

由于国内公募 REITs 是通过收购项目公司股权的方式间接收购标的基础设施项目，因此若标的基础设施项目没有单独的项目公司，或项目公司除持有标的基础设施项目以外，还持有其他资产，这时就需要通过资产重组的方式，搭建一个只持有标的基础设施项目的干净项目公司，待未来发行公募 REITs 时，再将该项目公司 100% 股权转让给专项计划。实施资产

重组就是为满足当前国内公募 REITs 相关政策法规对交易结构的要求，为在发行公募 REITs 时由专项计划收购项目公司股权做好准备工作。

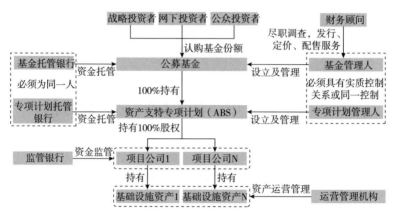

图 5-1　目前国内公募 REITs 的具体交易结构

资料来源：基金招募说明书等公开披露文件，作者整理。

## 二、国内公募 REITs 资产重组的特殊目的

### （一）搭建股债结构

国内公募 REITs 为了在项目公司层面利用税盾抵减所得税，同时充分抽取项目公司现金流，在实操中一般需要构建 1∶2 的最优股债结构（详细分析请参见第十章第一节），具体构造方式包括直接发放股东借款、项目公司减资、调整会计政策并分红、通过 SPV 方向吸收合并等。

若选择通过 SPV 反向吸收合并搭建股债结构，需要先设立 SPV 公司，专项计划先以募集资金向 SPV 公司发放股东借款、增资，SPV 公司以收到的现金购买项目公司 100% 股权，最后项目公司反向吸收合并 SPV 公司，并承接 SPV 公司对股东的债务，从而实现股债结构搭建。

### （二）使用并购贷款

搭建 SPV 公司还可以用来使用并购贷款。由于并购贷款对资金用途有一定的限制，专项计划因作为非法人主体而难以作为并购贷款借款人，因此实操中，可以通过设立 SPV 公司的方式，银行向 SPV 公司发放并购贷款，SPV 公司以专项计划的投资款和银行并购贷款一起购买项目公司股权，实

现财务杠杆的搭建。收购完成后，项目公司反向吸收合并 SPV 公司，并承接 SPV 公司对银行的并购贷款债务。

首批公募 REITs 项目中，招商蛇口产业园 REIT 项目就采用该种方案利用并购贷构造产品的财务杠杆。

### （三）所得税筹划

发行公募 REITs 过程中，由于部分资产的评估价值远高于账面价值，所得税可能是最大的一笔税务支出，当增值较大时，在项目公司股权交易环节需缴纳大额的所得税费用。

若原始权益人账面有可抵扣亏损，则可以利用可抵扣亏损抵减应税收入，从而降低项目公司股权交易环节所产生的所得税费用；若原始权益人账面没有可抵扣亏损，则发行人可提前通过资产重组，将资产整体装入账面有可抵扣亏损的主体名下，该操作可争取适用特殊性税务处理，按账面价值入账，资产不增值。未来（一般需要等待 12 个月）发行公募 REITs 时由该主体作为原始权益人，争取利用该主体账面的可抵扣亏损抵减部分转让所得，降低由于资产增值产生的所得税成本。

但需要注意的是，《财政部 国家税务总局关于促进企业重组有关企业所得税处理问题的通知》（财税〔2014〕109 号）（以下简称"109 号文"）要求，资产划转适用特殊性税务处理需满足具有合理商业目的、不以减少、免除或者推迟缴纳税款为主要目的等适用条件，实操中能否实现还需与税局沟通确认，具有一定的不确定性。

### （四）发行前的独立性改造（针对保租房类项目）

根据《中国证监会办公厅 国家发展改革委办公厅关于规范做好保障性租赁住房试点发行基础设施领域不动产投资信托基金（REITs）有关工作的通知》（证监办发〔2022〕53 号）及《上海证券交易所公开募集基础设施证券投资基金（REITs）规则适用指引第 4 号——保障性租赁住房（试行）》（以上交所为例，深交所类似）等监管文件的要求，开展保租房公募 REITs 的原始权益人应当为"开展保障性租赁住房业务的独立法人主体，不得开展商品住宅和商业地产开发业务"，同时要求"原始权益人控股股东或者其关联方业务范围涉及商品住宅和商业地产开发的，原始权益人应当在资产、业务、财务、人员和机构等方面与商品住宅和商业地产开发业务有效隔离，保持相对独立"。因此，保租房类项目在开展公募 REITs 前，可能需要通过资产重组，将保租房相关业务装入独立的法人主体，或将商品住宅和商业地产开发等其他业务剥离出去，以满足监管对保租房类项目的独立性要求。

## 第二节 资产重组的方式

### 一、资产重组的整体模式

从资产剥离的整体模式角度来看，资产重组一般可以分为正向剥离和反向剥离。

#### （一）正向剥离

正向剥离是指将标的基础设施项目从原项目公司剥离至一个原始权益人新设的、"干净的"项目公司，实现新设项目公司仅持有与标的基础设施项目相关的资产、负债和人员。

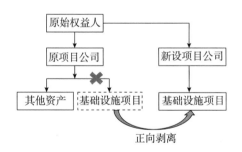

图 5-2 正向剥离模式

正向剥离的优势在于将标的资产剥离到一个新设的项目公司，该项目公司历史沿革简单干净，无须处理项目公司历史遗留问题，减少对项目公司尽职调查的工作量；正向剥离的劣势是由于基础设施项目的持有主体由原项目公司变更为新设项目公司，需要完成产权过户或特许经营权转让变更，并需要与业务相关方重新签署业务合同，涉及债务人变更的，还需要取得债权人的同意，协调沟通难度及工作量相对较大。

一般来说，以下几种情形更适合采用正向剥离的模式：

（1）原项目公司除持有标的基础设施项目以外，还持有大量其他资产；

（2）原项目公司历史沿革复杂，或存在法律、财务或税务等遗留的难以解决的问题或风险；

（3）基础设施项目产权变更或特许经营权转让可以取得相关部门的支持，不存在实质障碍；

（4）原项目公司账面有可抵扣亏损，可通过正向剥离，在资产重组阶段实现资产增值，利用可抵扣亏损抵减转让所得，从而降低由于资产增值而产生的所得税成本。

## （二）反向剥离

反向剥离是指将原基础设施项目公司除持有的标的基础设施项目以外的其他资产、负责和人员剥离到其他主体，使得原项目公司仅保留与标的基础设施项目相关的资产、负债和人员。

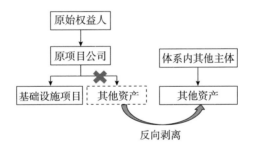

图5-3 反向剥离模式

反向剥离的优势在于基础设施项目的持有主体在资产重组前后保持不变，无须进行产权过户或特许经营权的转让，亦无须重新签署业务合同，在其他资产不多的情况下，操作和沟通难度相对较小，缩短资产重组时间；但反向剥离由于继续沿用原项目公司，需要解决原项目公司在法律、财务及税务等方面的历史遗留问题，对项目公司的尽职调查工作要求更高，若原项目公司历史沿革过于复杂，可能会存在风险或操作隐患。

一般来说，以下几种情形更适合采用反向剥离的模式：

（1）原项目公司除持有标的基础设施项目以外，持有的其他资产较少，将其他资产剥离出去的操作难度较小；

（2）原项目公司历史沿革较为清晰，不存在重大历史遗留问题或风险；

（3）基础设施项目在办理过户或者特许经营权转让变更时存在难以解决的实质障碍。

## 二、正向剥离的具体方式

正向剥离一般最常采用资产划转、企业分立、非货币性资产投资三种资产重组方式（资产出售方式税收成本过高，实操中很少采用，在此不做介绍）；采用反向剥离的项目，剥离出原项目公司的其他资产一般规模较小，采用的方式也较为灵活，在此不做展开介绍。

### （一）资产划转

资产划转原本是针对国有企业的一种重组形式，后来逐步延伸到其他企业，主要作为集团公司内部资产重组及资源整合的方式，目前官方并未对资产划转进行明确的定义。在基本形式上，资产划转是按主导方的指示进行的资产转移，可以是有偿，也可以是无偿。

"109号文"对资产划转进行了初步阐释："100%直接控制的居民企业之间，以及受同一或相同多家居民企业100%直接控制的居民企业之间按账面净值划转股权或资产"；《国家税务总局关于资产（股权）划转企业所得税征管问题的公告》（国家税务总局公告〔2015〕40号）（以下简称"40号公告"）中进一步明确了资产划转的四种情形及会计处理方式；在2022年1月26日财政部和税务总局针对公募REITs税收政策所颁布的《关于基础设施领域不动产投资信托基金（REITs）试点税收政策的公告》（财政部 国家税务总局公告〔2022〕3号）（以下简称"3号公告"）中，对以资产划转方式进行资产重组适用特殊性税务处理的表述是"原始权益人向项目公司划转基础设施资产相应取得项目公司股权，适用特殊性税务处理"。

"3号公告"中并没有明确所提及的"划转"是否需要符合"109号文"和"40号公告"的限定的资产划转范围，即"100%直接控制的居民企业之间，以及受同一或相同多家居民企业100%直接控制的居民企业之间"，实操中是否需要沿用"109号文"和"40号公告"对资产划转的范围约束，有待国家税务总局出台进一步补充细则进行明确，目前阶段项目执行时需与当地税务局进行沟通确认。

选择资产划转方式的一个很重要原因，是为适用特殊性税务处理的要求，递延缴纳所得税。"109号文"和"40号公告"明确了适用特殊性税务处理的条件，即股权或资产划转后连续12个月不改变被划转股权或资产原来实质性经营活动，否则不能适用特殊性税务处理，需在不满足特殊性税务处理的事件发生后，按一般性税务处理，划出方应按原划转完成时股权或资产的公允价值视同销售处理，需根据资产增值补缴所得税。而"3号公告"中并没有上述股权锁定12个月等要求，因此原始权益人通过资产划转的方式向项目公司划转基础设施资产，完成资产重组后，无须等待12个月，即可发行公募REITs，将项目公司股权转让给公募REITs项下的专项计划。

然而在实操中可能存在一种特殊情形：原始权益人将基础设施资产划转至新设项目公司，并获得项目公司股权，满足特殊性税务处理的要求，但是原始权益人本身账面有可抵扣亏损，若采用特殊性税务处理，则在资产划转过程中无法实现资产的增值，就无法利用原始权益人账面的可抵扣亏损。"3号公告"中并未明确若适用特殊性税务处理时是否必须采用特殊性税务处理，发行人是否可以自主选择税务处理方式，这有待官方进一步明确，也需要在未来实践中逐步摸索。

另外，《财政部 国家税务总局关于全面推开营业税改征增值税试点的通知》（财税〔2016〕36号）（以下简称"36号文"）中明确，纳税人在资产重组过程中，通过合并、分立、出售、置换等方式，将全部或者部分实物资产以及与其相关联的债权、负债和劳动力一并转让给其他单位或个人，不属于增值税的征税范围，其中涉及的货物转让及不动产、土地使用权转让行为，不征收增值税。因此在当前公募REITs项目的实操当中，在划转基础设施资产的同时，一般会将与基础设施资产相关的债权、负债和劳动力一并划转至新设项目公司，从而适用"36号文"的规定，免缴增值税。

## （二）企业分立

企业分立是指一家企业（被分立企业）将部分或全部资产分离转让给现存或新设的企业（分立企业），被分立企业股东换取分立企业的股权或非股权支付，实现企业的依法分立。在公募REITs资产重组过程中，具体是指原基础设施项目的持有主体，将与标的基础设施项目相关的资产、负债和人员分立剥离到一个新设的公司下面，新设项目公司股东与原项目公司股东相同。分立进一步又分为派生分立和新设分立，公募REITs实操中一般采用派生分立的方式，具体流程如图5-4所示。

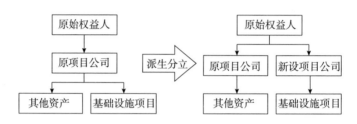

**图5-4 派生分立流程**

分立后得到的新设项目公司股权清晰、历史沿革简单，但由于基础设施项目的持有主体发生了变化，需完成上述正向剥离后所涉及的一系列变更操作。同时，涉及不动产过户的，还应尽量取得主管部门确认该等过户行为不属于视同房地产转让情形、无须审核。

公司分立应当按照《公司法》规定履行相关程序，包括公司股东会作出分立决议、编制资产负债表及财产清单、通知债权人并在报纸上发布公告、向公司登记机关办理分立公司变更登记及新设公司设立登记等。特别地，根据《公司法》等规定分立后的新设公司应就被分立公司分立前债务承担连带责任的问题。对于此等风险应在公募REITs项目申报文件中充分揭示和披露，并设置原始权益人承诺承担相关责任和损失等风险缓释措施。

## （三）非货币性资产出资

根据《公司法》第27条的规定："股东可以用货币出资，也可以用实物、知识产权、土地使用权等可以用货币估价并可以依法转让的非货币财产作价出资。"在公募REITs资产重组过程中，标的基础设施项目的原持有主体可以以基础设施项目出资设立新的项目公司，从而实现资产剥离。具体流程如图5-5所示。

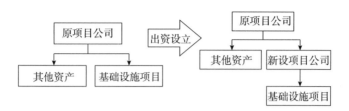

图5-5 出资分立流程

以非货币性资产出资设立子公司的，要根据相关法律法规，履行必要程序，包括签订股东协议、资产评估作价、国资审批（如需）、签订公司章程、转移产权等。同时与企业分立一样，由于基础设施项目的持有主体发生了变更，需要完成产权过户、特许经营权转让变更、业务合同重签等一系列变更操作。

### （四）不同重组方式的对比

不同的资产重组方式适用的条件不尽相同，具体需要根据项目的具体情况及与当地主管部门、税务部门的沟通情况进行选择。扩募阶段涉及资产重组的，具体操作与首发阶段相似，在此不做单独说明。

表5-1 不同重组方式对比

| 重组方式 | 税收筹划 | 适用情况 |
| --- | --- | --- |
| 资产划转 | 争取税收优惠空间较大，所得税可争取递延，增值税可争取免缴，土增税和契税能否免缴需要跟当地税务部门确认 | 不涉及土地使用权转让时；当地税务部门认可资产划转免缴增值税（"36号文"）、土增税和契税（"21号文"） |
| 企业分立 | 争取税收优惠空间较大，分立过程亦可以争取认定为同时属于"资产划转"从而适用所得税递延，增值税可免缴，土增税和契税明确可以免缴 | 涉及土地使用权转让且当地税务部门不认可资产划转可以适用"21号文"免缴土增税和契税 |
| 非货币性资产出资 | 争取税收优惠的空间较小，视当地税务部门认定情况而定 | 一般选择该方式较少，但部分地方税务部门较为认可，可以同时适用"36号文"和"21号文"，免缴增值税、土增税和契税 |

## 第三节 债务重组

部分基础设施项目存在存量银行贷款，若资产重组涉及产权的变更，例如，通过资产划转或企业分立的方式，将资产、负债和人员一并装入新设项目公司，则原来的项目贷款需要提前清偿或进行债务人的变更。鉴于后续发行公募REITs具有一定的不确定性，因此发行人大都不愿意动用大量资金提前偿还存量贷款，这就需要通过债务重组，完成债务人变更。

债务重组最直接简单的方式，就是通过原贷款银行、原项目公司、新设项目公司签订三方协议，完成债务的转移，债务人变更为新设项目公司。同时，一般银行固定资产贷款等都会设置抵质押等权利限制，完成债务重组后，可能需要重新办理抵质押手续。另外，原银行贷款期限一般较长，而发行公募REITs时可能需要提前清偿部分或全部存量贷款，所以实操中一般会在三方协议中同时约定，贷款行同意发行公募REITs的相关操作，并同意发行公募REITs后可提前偿还贷款，并配合解除抵质押等权利限制。

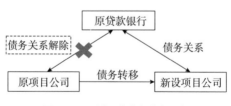

图 5-6　通过原贷款行债务重组

在实际操作中，可能会存在原贷款银行无法及时配合完成变更债务人的操作，此时一般需要先进行一步债务置换，由可以配合进行债务重组等操作的新贷款银行先发放贷款清偿原贷款，再进行债务重组操作。

若基础设施项目本身有存续尚未到期的ABS，则可能还需要召开原ABS持有人大会，协调投资者同意ABS提前结束，并解除相关权利限制；亦可以尝试与原ABS投资者沟通，在公募REITs成立后，以募集资金清偿原ABS本息，实现"无缝衔接"，但由于公募REITs的发行成立日期具有一定的不确定性，以公募REITs募集资金清偿存量ABS本息的沟通和操作难度较大。扩募阶段涉及债务重组的，具体操作与首发阶段相似，在此不做单独说明。

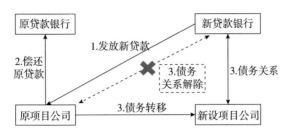

图 5-7　通过新贷款行债务重组

## 第四节　实操中的资产重组

### 一、已发行 REITs 项目资产重组概况

在公募 REITs 的实操中，发行人一般会根据当地税务主管部门的具体意见，结合资产自身情况，来选择具体的资产重组方式，既要满足合规要求，又能最大限度降低发行人税收成本。

我们初步整理了目前市场已发行的部分公募 REITs 项目资产重组方式的情况（表 5-2）。

表 5-2　部分公募 REITs 项目资产重组方式

| 项目简称 | 资产类别 | 资产重组方式 |
| --- | --- | --- |
| 华夏北京保障房 REIT | 保障房 | 资产划转（资产、负债、人员一并划转） |
| 红土深圳安居 REIT | 保障房 | 资产划转 |
| 中金厦门安居 REIT | 保障房 | 资产划转（资产、负债、人员一并划转） |
| 东吴苏园产业 REIT | 产业园 | 资产划转（资产、负债、人员一并划转） |
| 建信中关村 REIT | 产业园 | 以标的基础设施项目对项目公司增资，并一并转移负债和人员 |
| 博时蛇口产园 REIT | 产业园 | 派生分立 |
| 红土盐田港 REIT | 仓储物流 | 无偿划转 |
| 平安广州广河 REIT | 高速公路 | 资产划转（资产、负债、人员一并划转） |
| 鹏华深圳能源 REIT | 环保 | 资产划转 |

资料来源：基金招募说明书等公开披露文件，作者整理。

由表 5-2 可见，目前国内公募 REITs 项目涉及资产重组的，采用最多的重组方式是资产划转。

## 二、案例分析

### （一）广河高速 REIT 项目

广河高速 REIT 项目的发起人和原始权益人是广交投集团，底层资产是广河高速（广州段），该项目是首批 9 个公募 REITs 项目之一，也是首批项目中发行规模最大的一个。

广交投集团全资子公司市高公司原持有广河高速项目，但市高公司除持有广河高速项目外，还持有其他高速公路资产，故需要进行资产重组，实操中采用资产划转（正向剥离）的方式，将广河高速项目装入单独的新设项目公司。

具体操作过程如下。

1. 资产重组过程

广交投集团新设全资子公司广河项目公司，初始注册资本 100 万元。市高公司与广河项目公司签署《转让协议》，市高公司将与广河高速项目相关的全部资产、负债和人员无偿转让给广河项目公司，由广河项目公司与相关方重新签署相关合同文件，承接市高公司与基础设施项目相关的权利及义务。

该资产划转过程属于"40 号公告"中约定的第四种形式"受同一或相同多家母公司 100% 直接控制的子公司之间，在母公司主导下，一家子公司向另一家子公司按账面净值划转其持有的股权或资产，划出方没有获得任何股权或非股权支付"，因此可以采用特殊性税务处理，广河项目公司以基础设施项目原账面价值入账，市高公司与广河项目公司均不确认所得。

2. 债务重组过程

基础设施项目在开发建设阶段存在银团贷款融资，并将基础设施项目收费权质押给银团。通过与银团贷款行沟通，若直接进行债务重组，部分银行需要上会审批债务人变更事宜，时间周期较长，影响公募 REITs 发行计划。

基于上述原因，市高公司首先通过债务置换的方式，借新还旧，以新贷款清偿原银团贷款；然后市高公司、广河项目公司与新贷款银行签署《三方协议》，完成债务变更，债务人变更为广河项目公司；最后广河项目公司与新贷款银行签订《补充协议》，约定后续发行公募 REITs 所涉及的解除质押、提前还款等事宜，豁免原贷款合同中部分条款对发行公募 REITs 相关操作的限制。

3. 主要税务处理

所得税方面，资产重组暂按资产划转适用特殊性税务处理，递延缴纳，确定 12 个月内发行公募 REITs，不再适用特殊性税务处理后，按一般性税务处理，市高公司视同销售，补交所得税，广河项目公司将基础设施项目账面价值调为公允价值。同时市高公司账面有部分可抵扣亏损，抵减了部分所得税。

增值税方面，通过资产、负债和人员的一并划转，适用"36 号文"免缴增值税。

土地增值税和契税方面，原基础设施项目用地为划拨用地，不存在转让土地使用权的行为，可争取免缴土地增值税和契税。

4. 实操中遇到的问题

资产重组过程涉及特许经营权主体变更，需要与主管部门协调沟通，重新签署相关协议或补充协议；因为相关政策约定尚不清晰，因此需要就纳税方案与地方税务局进行沟通确认；债务重组过程中，涉及多家贷款银行，贷款合同中部分条款对发行公募 REITs 涉及的操作存在限制，需通过补充协议的方式进行豁免，沟通难度较大。

（二）华润有巢保租房 REIT

华润有巢保租房 REIT 项目的原始权益人为有巢住房租赁（深圳）有限公司（简称"有巢深圳"），其唯一股东为华润置地控股有限公司，实际控制人为中国华润有限公司。

由于有巢深圳的控股股东业务范围涉及商品住宅和商业地产开发业务，为满足监管规则对保租房项目原始权益人的独立性要求，有巢深圳在申报公募 REITs 前通过资产重组等方式进行了系列独立性改造，剥离出保租房外的其他资产和业务，将有巢深圳打造为开展保障性租赁住房业务的独立平台。

有巢深圳在资产、业务、财务、人员和机构等方面的独立性情况如下。[①]

### 1. 资产独立

除有巢深圳投资并持有的租赁住房项目外，就日常开展业务所需的设施、设备、办公用房等资产，涉及使用华润置地或其下属子公司拥有的资产、信息系统等，有巢深圳均采用租赁或采购服务方式，并相应支付对价，资产权属清晰。

### 2. 业务独立

有巢深圳系开展保障性租赁住房业务的独立法人主体，就有巢深圳的日常经营事项，有巢深圳根据其公司章程和内部制度进行决策，华润置地根据公司章程和《公司法》等法律规定行使股东权利，参与有巢深圳重大事项的决策。有巢深圳业务过程中涉及与华润置地及其关联方之间的交易，通过系统订单、协议等方式约定，并遵守内部关联交易制度的规定。

### 3. 财务独立

有巢深圳制定了《财务管理制度》等必要的财务制度，并配备有财务负责人、会计、出纳等财务人员，执行独立的财务管理流程，开立独立的银行账户。根据有巢深圳的说明，其与华润置地不存在共用银行账户、资金混同的情况。

### 4. 人员独立

有巢深圳聘用的总经理、法定代表人、财务负责人等高管人员与有巢深圳签署了劳动合同，且未在华润置地担任职务，有巢深圳日常业务涉及的岗位外包的员工由有巢深圳或其子公司签署劳务外包合同并支付费用。

### 5. 机构独立

根据有巢深圳的公司章程等文件，有巢深圳设股东、董事会、监事、经理，公司章程规定了股东、董事会、监事和经理的职责权限，根据不同职能设置了内部组织架构并规定了各组织部门的职能权限，制定了经营管理所需的人事行政、财务、投资、关联交易、资产管理等内部制度。

---

① 根据华润有巢保租房REIT项目法律意见书整理。

改造完成后，有巢深圳在资产、业务、财务、人员和机构等方面与商品住宅和商业地产开发业务实现了有效隔离，并保持相对独立，满足监管的独立性要求。

## 三、基础资产重组过程中待解决的问题

目前由于针对公募 REITs 的税收等相关配套政策尚不完善，实操中存在各地方税务局对相关政策条文意见不统一、不一致的问题，导致在选择资产重组方式上存在着非常大的不确定性。

所得税方面，"3 号公告"对于适用条件要求表述的比较模糊，目前有地方税局会严格按照"3 号公告"的字面表述执行，只限定资产划转的重组方式才能适用"3 号公告"，而像分立等其他重组方式不被认可。

增值税方面，资产重组过程能否适用财税"36 号文"以免缴增值税不同地方税局意见有所差别。例如，博时招商蛇口产园公募 REIT 项目在资产重组过程中，就因为深圳税务局不认可资产划转可以适用财税"36 号文"豁免增值税的原因，而采用企业分立的重组方式；而其他项目资产划转时若同时将与资产相关的债权、负债、人员一并划转，当地税务局是可以认可适用财税"36 号文"的。

另外，针对公募 REITs 资产重组过程中涉及的土地增值税、契税等，能否依据现有税收政策免缴尚无清晰定论。

# 第六章

# 公募 REITs 的注册审核要求

吴 云[①]  胡海滨[②]

注册审核是公募 REITs 发行前的重要阶段,直接决定着 REITs 项目是否能够成功发行。REITs 发行与股票、债券等发行不同,公募 REITs 作为"资产的 IPO",注册审核的关注重点对 REITs 发展的方向与质量把控至关重要。本章从监管机构注册审核的角度,对公募 REITs 审核阶段关注要点进行梳理;同时,结合 REITs 试点阶段的审核规则做简要分析,最后对未来常规化的注册审核流程,从监管的角度提出相应的建议。

---

① 吴云,博时基金管理有限公司 REITs 投委会执行委员。
② 胡海滨,博时基金管理有限公司基础设施投资管理部公募 REITs 业务北方区域总监、博时招蛇产园 REIT 基金经理。

## 第一节　公募 REITs 审核的原则、准则与方向

### 一、当前国家发改委、中国证监会、交易所三层审核的出发点

与股票、债券等金融工具相比，公募 REITs 需要经过国家发改委推荐与中国证监会注册审核两个阶段，这是由公募 REITs 的"资产 IPO"特点决定的。监管机构一方面要审核基础资产的合法合规性和收益稳定性，另一方面要对公募 REITs 的交易结构、信息披露、收益分配、治理架构、做市安排等产品层面做审核。公募 REITs 独特的推荐与注册特点，给投资者带来了更多的保障。

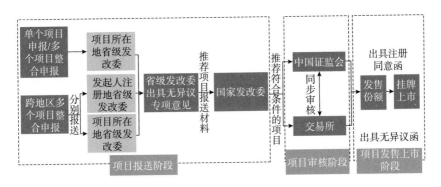

图 6-1　公募 REITs 审核流程

资料来源：根据公开资料整理，作者绘制。

当前公募 REITs 发售上市前的审核可以分为项目报送和项目审核两个阶段。项目报送阶段由发起人（原始权益人）向项目所在地省级发改委报送纸质版试点申请材料，各省级发改委推荐项目，主要从符合相关法律制

度以及回收资金用途等方面出具无异议专项意见，在此基础上，国家发改委将符合条件的项目推荐至中国证监会。这一阶段的审核主要是由各地区发改委和国家发改委负责，审核重点是公募 REITs 的基础资产是否符合"958 号文"的要求。

项目审核阶段则采用电子化申报方式，由基金管理人通过交易所材料申报系统向交易所上传基础设施基金及 ABS 全套材料，中国证监会和交易所同步对材料进行审核，对"同一申报材料"出具"同一反馈意见"，项目审核流程进度在上海证券交易所、深圳证券交易所 REITs 项目信息披露专区全程公开。这一阶段的审核主要是由中国证监会和沪深交易所负责，审核的重点是公募 REITs 的基础资产和 REITs 基金产品是否符合中国证监会、沪深交易所关于公募 REITs 发行上市的条件。

除了新发行 REITs 审核外，2022 年 5 月沪深交易所发布了已上市 REITs 的《新购入基础设施项目指引》；国家发改委也于同年 7 月发布《关于做好基础设施领域不动产投资信托基金（REITs）新购入项目申报推荐有关工作的通知》（发改办投资〔2022〕617 号，以下简称"617 号文"），国家发改委、中国证监会和沪深交易所对新购入项目的审核侧重点与新发行 REITs 基本一致。2022 年 9 月 29 日，第一批 5 只已上市公募 REITs 同时向沪深交易所提交了通过扩募方式新购入项目的申请文件并获交易所受理。

## 二、公募 REITs 审核需要考虑的方面

2020 年 4 月 30 日公募 REITs 开始试点以来一直受到市场的广泛关注。公募 REITs 肩负着多重使命：它可以帮助原始权益人盘活存量资产、改善资产负债表、提高净资产收益率（ROE）水平；还能帮助原始权益人经营模式由重资产运营向轻资产运营转换，进而降低宏观杠杆率；它可以为资本市场提供新的具有独立于股票、债券、货币的新资产类别，帮助资产管理机构更好地做好组合管理；它还可以为投资者提供较为稳定的分红回报，为未来第三支柱养老金提供资产保值增值的更多选择。此外，因为国际资本市场 REITs 已经发展了多年，我国公募 REITs 的发展也与我国资

本市场与国际资本市场接轨有着重要作用。

为了我国公募 REITs 的发展能够行稳致远，监管机构对公募 REITs 的试点工作可谓关怀备至，在审核过程中也紧紧围绕着如何保障公募 REITs 平稳健康发展这一核心目标。总体来看，监管机构在审核阶段工作的准则与方向主要是以下几点。

**（一）基础资产合规是基础**

行稳致远的基础是合规经营，如果原始权益人的历史情况不合规、基础资产的报批、投资、建设、竣工验收及经营情况不合规，那么未来就有因为合规手续不全导致项目面临被停业整顿或整改的隐患，严重的还可能涉及纠纷和法律诉讼，这样的项目是必须要在审核阶段被拦下来的。

需要说明的是，原始权益人、基础资产的合规审核也需要综合考虑不同行业、不同区域、不同历史时间的现实问题，以现在的合规标准去审核基础资产在历史形成上的问题容易出现"不接地气"的问题。同样一个手续，在有的行业中就是核心材料至关重要，而在有的行业中可能就没那么重要甚至出现了先建设后补充的所谓"行业惯例"；同样一类基础资产，不同区域的本地化政策可能也有差异，导致同类项目不同区域的合规手续清单不同；此外，我们国内的法律法规也在不断健全发展，许多报批、审核的合规手续在 10 年前、5 年前与现在的要求并不相同，即使是历史上手续完备的部分项目若以当前标准来评价手续也有所欠缺。

因此，监管机构会坚守原始权益人、基础资产合规无重大瑕疵的原则，但是也会实际考虑不同行业、不同区域、不同历史时期的合规性政策的现实，要求原始权益人、基金管理人、财务顾问、法律服务机构对其合规性做充分的论证，对于缺少的合规性文件需予以补足，对于因历史原因导致确实不能补足的要充分论证历史合规要求与现在合规标准的差异以及该文件材料带来的合规性风险是否重大等问题。

围绕合规性的问题，可具体到多个方面。原始权益人方面，围绕原始权益人股权结构是否清晰、历史沿革是否完整、最近 3 年是否受到过重大处罚、基础资产的运营是否依法合规都属于原始权益人合法合规的范畴。

基础资产方面，基础资产形成过程中的历史过程性文件是否齐备合规、转让审批手续是否齐备等是重点的合规考察内容。

## （二）信息披露真实、准确、完整

既然是"资产IPO"，那么对于公募REITs发行、存续阶段的信息披露就必须有非常高的要求，发行期阶段的信息披露的就是真实、准确、完整，存续期阶段还有及时性、应披尽披等要求。

公募REITs的申报文件格式在相关的规定中有明确要求，这里不再赘述。除申报文件外，公募REITs作为一种特殊类型的公募基金，对公众投资者做信息披露的最主要文件是《招募说明书》和《基金合同》，因此这两份文件是否充分满足了真实、准确、完整的原则尤为重要。

真实性是信息披露的首要原则，真实性要求《招募说明书》和《基金合同》披露的信息必须是客观真实的，而且披露的信息必须与客观发生的事实相一致，《招募说明书》和《基金合同》中披露的所有事项，尤其是重要事件和财务会计资料有充分的工作底稿作为依据和支持。完整性原则，要求《招募说明书》和《基金合同》所披露的信息在数量和性质上能够保证投资者形成足够的投资判断意识，对于有可能影响投资者决策或判断等事项不能做任何隐瞒。准确性原则要求《招募说明书》和《基金合同》所披露的信息必须准确表达其含义，所引用的财务报告、现金流预测报告应由具有证券期货相关业务资格的会计师事务所审计或审核，引用数据应提供资料来源，所做的假设或模型参数设置应具有科学依据，事实应充分、客观、公正，信息披露文件不得刊载任何有祝贺性、广告性和恭维性的词句，尤其不能进行任何误导性陈述。

在审核中，围绕信息披露真实、准确、完整性的审核首先集中在与投资者关系最为密切的原始权益人和基础资产的历史财务数据、未来现金流预测、资产评估模型方面，此外对于一些可能存在疑义的商务合同、诉讼、行业数据等也是比较被关注的点。

## （三）投资者权益保护

公募REITs作为一个新的金融产品，通过良好的制度设计能够让发行REITs的发行人、投资REITs的投资人、参与REITs项目的各中介机构都能从中获益，公募REITs才能有市场化的生命力。从我国股票市场从起步到发展的经验来看，投资者的权益保护是这里的重中之重。REITs投资者的权益如果不能得到应有的保障，则REITs市场就成了"无源之水"，必不长远。因此，监管机构也会从投资者的角度出发，对可能涉及投资者权益的方方面面对公募REITs做审核。

首先，现金流预测报告、基础资产评估报告是与一级投资者关系最密切的两份材料，关系着投资者投资REITs的价格区间和未来现金流分配的比例；又因为公募REITs的发起人有高估基础资产价值的动机，因此现金流预测报告、基础资产评估报告是否科学、客观、公允是监管机构最为关注的一类问题。

其次，合规性文件如果存在历史问题导致不能补全，或当期的税收政策有可能未来取消导致现金流预测出现超预期变化等问题，经律师和中介机构判断不影响发行上市的情况下，一般都要求原始权益人及其股东对历史问题兜底。即如果出现这类问题，原始权益人或其股东应对基础设施项目有回购兜底的承诺，以保护投资者的权益。这里需要注意的是，回购兜底承诺并不是"明股实债"，而是对不可预测的政策变化或历史问题未来对投资者造成重大损失的一种保护。兜底承诺应既避免因本该由原始权益人保证的事项未达成而损害投资者权益，又不超出原始权益人应承诺的范围（不能变为"明股实债"融资）。兜底承诺往往与合法合规经营的考察部分是连在一起考量的，也是监管机构较为看重的点。

再次，公募REITs的公司治理结构是否能够保障投资者的权益。在目前公募REITs的交易机构中，原始权益人认购份额不低于20%，往往成为单一最大投资人，公募REITs的运营又往往委托给原始权益人来运营。从投资者构成上看，公募REITs的投资人是"小股东"角色，就像上市公司的小股东利益需要得到保护一样，公募REITs的治理结构也必须能够防止大股东侵害小股东利益的情况。因此，原始权益人的运营是否尽职尽责、公募基金是否履行足够的主动管理责任，投资者是否对自己投资的公募REITs享有相关的权利，公募REITs的日常经营和决策是否有利于全体投资者的利益就是一个非常严肃的问题。关于REITs的治理结构在本书其他章节有专门论述。

最后，存续期信息披露及时准确、防止内幕交易、做市商积极参与等也是与投资者利益相关的点，监管机构也会关注。

### （四）交易结构精简高效

交易结构方面，虽然"封闭式基金＋ABS＋项目公司"的模式已经是标准结构，但是我们也看到首批REITs中出于各种原因在ABS和项目公司中间再加入SPV公司，并在REITs上市后由项目公司反向吸并SPV公司的情况，交易结构依然略显复杂；公募基金投资于ABS、ABS投资于项目公司都是100%投资的关系，ABS这一层除满足公募基金不能直接投资于非上市公司这一法律要求外并未有更多的结构作用从而也显得不够简洁。此外，原始权益人如果是基础资产受托运营方的话，在目前的公募REITs结构中只有战略投资人角色和受托运营方角色，并未参与到公募REITs的管理角色中来，基金管理人仅通过一份委托运营协议委托原始权益人运营基础资产也显得对原始权益人的约束或激励不够。

基于以上考虑，交易结构的优化应是伴随着我国公募REITs的不断发展成熟的一个持续的过程，监管对于交易结构的审核也是随着我国公民REITs治理结构的不断优化而不断更新的。更简洁的交易结构、更科学有效的REITs治理架构能够减少交易结构摩擦成本、提高管理效率、明晰各方责任义务，是未来的发展方向。监管机构的审核也会随着我国公募REITs的发展围绕交易结构做出与时俱进的审核判断。

## 第二节　试点阶段的审核规则和关注要点

### 一、审核规则

国家发改委、中国证监会、沪深交易所均发布了公募REITs审核相关规则，对于申报材料的具体要求做了基本规定。具体汇总如下：

表 6-1 国内公募 REITs 审核规则

| 发文机构 | 法规名称 | 法规关键内容 |
|---|---|---|
| 国家发改委 | "958号文"附件《基础设施领域不动产投资信托基金（REITs）试点项目申报要求》 | 1. 基础设施项目的基本要求：（1）基础设施项目权属清晰、资产范围明确。（2）土地使用依法合规。（3）基础设施项目具有可转让性。（4）基础设施项目成熟稳定：项目运营满3年；现金流稳定且合理分散；预计未来三年现金分派率不低于4%。（5）资产规模符合要求：首发规模不低于10亿；有首发规模2倍以上的可扩募资产。（6）发起人（原始权益人）等参与方过去3年守法合规<br>2. 报送发改委的申报材料要求：（1）项目申报材料须包含基础设施 REITs 设立方案等项目基本情况、依法依规取得固定资产投资管理手续等项目合规情况，以及产权证书、政府批复文件或无异议函、相关方承诺函等项目证明材料。（2）发起人（原始权益人）应严格按照958号文要求准备项目申报材料。国家发展改革委向中国证监会推荐项目时，将以适当方式一并转送项目申报材料中的有关内容。（3）发起人（原始权益人）对材料真实性、有效性、合规性、完备性负责。对缺少相关材料、未办理相关手续，以及需要说明的重大问题等，发起人（原始权益人）要在项目申报材料中对有关情况和原因进行详细说明 |
| 中国证监会 | 《公开募集基础设施证券投资基金指引（试行）》（中国证监会公告〔2020〕54号） | 申报材料要求：（1）符合《中华人民共和国证券投资基金法》《公开募集证券投资基金运作管理办法》要求的公开募集证券投资基金注册申请文件；（2）基金管理人及资产支持证券管理人相关说明材料；（3）拟投资基础设施资产支持证券相关说明材料；（4）拟投资基础设施资产支持证券认购协议；（5）基金管理人与主要参与机构签订的协议文件；（6）中国证监会规定提交的其他材料 |
| 沪深交易所 | 《深圳证券交易所公开募集基础设施证券投资基金业务办法（试行）》、《上海证券交易所公开募集基础设施证券投资基金（REITs）业务办法（试行）》 | 1. 基金管理人提交材料清单：（1）上市申请；（2）基金合同草案；（3）基金托管协议草案；（4）招募说明书草案；（5）律师事务所对基金出具的法律意见书；（6）基金管理人及资产支持证券管理人相关说明材料；（7）拟投资基础设施资产支持证券认购协议；（8）基金管理人与主要参与机构签订的协议文件；（9）交易所要求的其他材料<br>2. 资产支持证券管理人提交材料清单：（1）挂牌条件确认申请；（2）资产支持证券管理人合规审查意见；（3）基础设施资产支持专项计划（以下简称专项计划）说明书、标准条款（如有）；（4）基础资产买卖协议、托管协议、监管协议（如有）、资产服务协议（如有）等主要交易合同文本；（5）律师事务所对专项计划出具的法律意见书；（6）基础设施项目最近3年及一期的财务报告及审计报告；（7）基础设施项目评估报告；（8）专项计划尽职调查报告；（9）关于专项计划相关会计处理意见的说明（如有）；（10）法律法规或原始权益人公司章程规定的有权机构作出的关于开展资产证券化融资相关事宜的决议；（11）交易所要求的其他材料 |

资料来源：国家发改委，中国证监会，沪深交易所，作者整理。

## 二、审核关注要点

### （一）原始权益人的关注要点

实践中，除相应的法律法规规定的门槛条件必须满足外，对原始权益人监管机构关注的要点还来自以下几个方面。

（1）原始权益人的适格性。

原始权益人的适格性。即原始权益人必须是基础资产的产权所有人，对原始权益人适格性的要求是上一节"基础资产合规是基础"这一原则的具体体现之一。

对于原始权益人一直100%持有基础资产的项目来说这条比较好解释，现实项目中往往存在一个基础资产所在的项目公司存在一个以上股东的情况，甚至遇到过两个分别拥有不同的基础资产，为了发行REITs而新成立一个合资公司，再将两个不同的基础资产打包划入新设立的项目公司里这种"拼盘发REITs"的情况。监管机构一般建议一个REITs项目只有一个原始权益人，这不仅是出于简化交易结构的考虑，更重要的是公募REITs的基础资产如果存在瑕疵（最典型的是税筹安排可能不适用于未来的税法导致需要补税的情况发生），则原始权益人应履行对REITs份额回购的义务。如果存在多个原始权益人，其回购能力和回购意愿都很难把握，为未来REITs的治理增添了复杂性。

还有部分原始权益人基础资产是其他国有企业划转而来，政府划转手续存在一定瑕疵的情况下，原始权益人是否具有适格性都需要律师出具专门的法律意见。

（2）原始权益人的公司架构。

如果基础资产所在项目公司的股东是有限合伙企业，那么其是否具有担任原始权益人的资格需要具体情况具体分析。尤其是在未来出现Pre-REITs基金的情况下，持有基础资产的原始权益人往往是一个有限合伙企业，甚至可能是契约型基金，那么这种Pre-REITs基金是否可以直接作为原始权益人发行公募REITs都是现在监管审核和考虑的重点。

### （二）对基础资产合规性的关注要点

国家发改委审核层面，根据"958号文"的附件《基础设施领域不动产投资信托基金（REITs）试点项目申报要求》第二项"二、项目基本条件"是发改委的审核项目的具体依据，也是上一节"基础资产合规是基础"这一原则的重要体现。总体来说，国家发改委重点关注的问题有以下几个方面。

（1）项目的权属要清晰，最好基础资产所在项目公司只有一个股东。如涉及多个股东，则必须能够论述清楚项目的权属究竟归谁所有。一般来说，项目的股东数量不要超过2个，且其中小股东的股权占比最好不要超过1/3。如实在股东数量较多，或小股东的股权占比超过1/3，建议大股东在准备REITs实施前先收购一部分小股东股权。

（2）土地使用依法合规。基础设施项目往往涉及土地使用权，对于需要取得土地证的项目必须依法取得土地证，且取得的过程无瑕疵；对于不需要取得土地证但需要获得土地使用权的，土地租赁的手续必须依法合规，且应符合REITs对土地使用权证取得的要求。举例来说，有的保障性租赁住房项目在立项的时候土地取得方式是划拨，但是如果发行REITs经过论证需要转为出让地，这时候土地就需要补缴出让金并重新领取出让地的土地证。有的新能源电站项目，可能涉及占用耕地、林地的情况，土地合规性就要做具体论证。还有的新能源电站项目的土地是向村民租赁而来，这类土地需要依法走土地流转的手续，就需要全体村民代表大会集体决议。如果此前土地租赁流程只有村委会的决议但没有村民代表大会的决议，就需要重新补走村民代表大会的决议流程。

土地使用依法合规是每个REITs项目的审核重点，不同基础资产的类别、不同的历史时期甚至不同的城市，适用的土地使用相关法律法规都不尽相同，需要原始权益人和中介机构一起具体分析论证，这往往也是REITs项目实施过程中比较花时间的工作。

（3）基础设施项目具有可转让性。因为REITs涉及项目公司的股权转让，本质上是基础资产的所有权（以及控制权）出现了变更，有的原始权益人在取得项目的时候附带了对当地政府或有权部门一定期限内不做转让的承诺。这种承诺比较常见，往往作为地方政府将优质项目拿出来招标的附带条款，因此这类项目在发行 REITs 的时候必须征得有关部门或机构的书面同意。

此外，因为不同类型的基础资产在立项的时候可能涉及多个部委，例如新能源项目涉及国家能源局、旅游景区项目涉及国家文化和旅游部、保障性租赁住房项目涉及国家住房和城乡建设部等，各部委可能在 2020 年 REITs 试点前即出台过一些限制项目控制权转让的文件或法规，这种情况下如要发行 REITs，其项目的可转让性往往需要有权部门予以书面确认。

（4）基础设施项目成熟稳定。这一条主要关注项目的运营时间原则上不低于 3 年、近 3 年内总体保持盈利或经营性净现金流为正以及预计未来 3 年净现金流分派率原则上不低于 4% 等。

具体审核过程中，如果能充分证明项目已经成熟，"项目运营时间原则上不低于 3 年"的限制有一定的沟通空间；"近 3 年现金流为正"且"未来 3 年现金分派率原则上不低于 4%"都是硬性指标，对于未来现金流的预测模型、基础资产的估值合理性等都是被关注的重点。

此外，如果基础资产的现金流来源不够合理分散的话，还需要论证未来现金流的稳定性是否会受重要现金流提供方的影响；对于新冠肺炎疫情可能导致未来现金流出现波动的情况，一般要求有一定的风险缓释措施。

证监会和沪深交易所审核层面，根据中国证监会《REITs 指引》、沪深交易所《REITs 业务指引》等文件的要求，基础资产的门槛要求有：①原始权益人享有完全所有权或经营权利，不存在重大经济或法律纠纷，且不存在他项权利设定，基础设施基金成立后能够解除他项权利的除外；②主要原始权益人企业信用稳健、内部控制健全，最近 3 年无重大违法违规行为；③原则上运营 3 年以上，已产生持续、稳定的现金流，投资回报良好，并具有持续经营能力、较好增长潜力；④现金流来源合理分散，且主要由市场化运营产生，不依赖第三方补贴等非经常性收入。这四条规定涉及基础设施项目的股权归属、原始权益人的适格性、基础资产现金流稳定性三大类，基本与国家发改委的审核思路类似，实际审核中中国证监会和沪深交易所的关注要点也比较一致。

### (三)产品结构的关注要点(含税筹)

产品结构是中国证监会、沪深交易所的关注要点,因为与未来发行上市、REITs 治理、信息披露、投资者权益保护息息相关,具体来说主要体现在产品结构搭建(含税筹结构、产品交易结构)、基金治理架构两个方面:

一方面,产品结构搭建主要指将资产装入独立且干净的项目公司,并搭建基础设施基金的资产重组和股权结构搭建过程,主要包括:资产剥离、资本弱化架构搭建、股权交易。其中:"资产剥离"系指通过系列税收筹划和法律分析,将拟用于发行公募 REITs 的资产单独置于某一法律实体之下。"资本弱化架构搭建"系指通过股债结构的搭建,形成 REITs 间接对项目公司享有的债权,达到税收优化并便于分配的目的。"股权交易"系指 REITs 通过各层特殊目的载体取得项目公司 100% 股权的过程。

基础设施项目存在对外借款情形的,应当符合《基础设施基金指引》的相关要求。基金管理人、资产支持证券管理人应当核查并披露借款类型、金额、用途、增信方式、涉及的抵质押等权利限制情况,明确偿还安排及风险应对措施等。

税筹方面,在项目的前期设计阶段,在符合公募 REITs 产品发行要求和税务法律法规的前提下,可结合产品的重组方式(资产划转、企业分立、非货币性资产投资),综合考虑各税务筹划方案的整体税负成本及对应的税务风险等,合规地降低架构搭建阶段的税负成本。具体可结合财政部、国家税务总局联合发布的《关于基础设施领域不动产投资信托基金(REITs)试点税收政策的公告》(财政部税务总局公告 2022 年第 3 号)(以下简称"3 号公告"),"3 号公告"明确了重组及设立环节的企业所得税处理方式。

在架构搭建环节,除资产剥离、资产重组外,还需要同时搭建未来的现金流结构,需将底层资产的现金流向上稳定分配给公募基金。通过搭建资本弱化架构形成关联方债权,底层资产所产生的净现金流通过关联方债权利息的形式向上传递,而在符合一定前提条件下的利息支出可实现项目公司层面的税前抵扣,进而无须就该部分缴纳企业所得税,降低产品体系的税务负担,提升公募 REITs 的分派率。同时,还需考虑《企业所得税法》对于企业关联借款费用有关的资本弱化规定，关注超过规定债资比例的相关股东负债的利息费用面临不得在企业所得税前扣除的风险，和项目公司未来向资产支持专项计划支付利息费用的利率水平。

另一方面，基金治理架构也是监管审核关注的要点。从实际情况来看，目前已上市公募REITs均采取"外部管理"的模式，即聘请委托运营方进行基础资产的运营管理。这种模式的好处一是可以最大化地减少因运营管理人员变更导致的发行REITs后基础资产运营绩效下降的风险，二是可以"短平快"地解决当前基金管理人行业人才尚不充裕的现实问题，是一种试点阶段比较现实的解决方案。但从监管的角度来说，采用"外部管理"模式容易导致管理责任不清的问题，为压实基金管理人主动管理责任，监管机构的关注重点是促进基础设施持续健康平稳运营，因此要求基金管理人与运营管理机构之间建立合理的激励和约束机制，明确奖惩标准；此外要明确界定运营管理权责利关系，并约定解聘、更换运营管理机构的条件和程序，尽力将"外部管理"模式损害投资者权益的风险降到最低。

### （四）现金流预测及评估关注要点

#### 1. 现金流预测

国家发改委"958号文"要求基础设施项目预计未来3年净现金流分派率（预计年度可分配现金流/目标不动产评估净值）原则上不低于4%，这是一个基本要求，因此未来3年现金流的预测、基础资产的评估值是一定会受到关注的两个点。一方面现金流预测、资产评估值与基础资产是否能够满足4%分派率息息相关，如果不满足就不具备申报条件；另一方面现金流预测是否科学、评估值是否公允也与投资者权益保护息息相关，原始权益人作为资产卖出方，天然有给中介机构压力提高现金流与预测和资产评估值的动机，即使评估结果由第三方机构做出，但其科学性、公允性依然需要经得起各方推敲。

监管机构对现金流预测主要关注的问题有以下两点。

第一，现金流预测的基础一般是过去3年的财务数据，尤其是利润表和现金流量表。如果利润表、现金流量表显示项目公司收入、利润、经营活动现金流不够稳定，则未来3年的现金流预测是否足够科学审慎就会被关注。例如，过去 3 年受疫情影响很多拟申报 REITs 的资产现金流相较于 3 年以前的情况波动较大，如何评估和量化疫情对过去 3 年财务数据的影响就是一个经常被关注的问题。

第二，未来现金流预测的模型里对于收入增长率、成本增长率、资本投入安排等事项是否经得起推敲。不同行业涉及不同的收入增长率参数，例如高速公路收入增长与车流量增长率、通行费增长率相关，产业园收入增长与租金水平、出租率直接相关，市政基础设施与收费标准、城市人口数量直接相关。不同行业有不同的参数设定，参数设定应有较为充足的科学依据。此外，资本性支出也是非常重要的考虑点，有的基础资产已经快到大修期，或者未来有明确的改扩建安排，则未来大修和改扩建对现金流的影响就需要在现金流测算模型里有所体现。

### 2. 资产估值

中国证监会发布的《公开募集基础设施证券投资基金指引（试行）》（以下简称《REITs 指引》）明确界定了基础设施公募 REITs 资产的评估对象、评估机构资质要求、评估工作频率等重要问题。此外，公募 REITs 指引还就评估报告所需披露内容、报告有效期、机构聘用期限等细节做出了规范。

《REITs 指引》第十二条中明确规定了评估报告的披露信息要求，基金业协会发布的《公开募集基础设施证券投资基金运营操作指引（试行）》、沪深交易所发布的《公开募集基础设施证券投资基金（REITs）规则适用指引第 1 号—审核关注事项（试行）》均已明确要求以收益法作为基础设施项目评估的主要估价方法。

目前已经上市的 17 只公募 REITs 虽然基础资产的收入来源上各有不同，但都使用了 100% 收益法做评估，在现金流预测确定的情况下，折现率就是影响资产评估值最为重要的因素。不同评估机构都有自家的折现率选取模型，一般来说与无风险利率水平、宏观经济环境、行业 WACC（加权平均资本成本）成本、可比公司情况等因素相关。此外，目前高速公路、产业园等基础资产已经有多只 REITs 上市，同行业 REITs 的折现率也有了直接参照物，如果新申报的 REITs 与已上市同类型资产的 REITs 折现率偏离较大，则一般都需要解释具体原因。

## （五）扩募、募集资金用途的关注要点

### 1. 对扩募的关注要点

截至2022年9月30日，首批5只拟扩募的REITs申报材料刚刚挂网，因此REITs扩募关注要点可参考的案例不多。根据现有监管规则，公募REITs扩募有关项目申报工作也要符合发改委申报要求相关规定，可根据项目具体情况适当简化。

履行完毕国家发改委程序后，基金按规定履行中国证监会及交易所变更注册、变更申请程序；变更注册、变更申请程序履行完毕后，须根据法律法规及基金合同约定召开基金份额持有人大会，依法对基金扩募相关事项进行审议决策，决议通过后方可执行扩募发售工作。

需要注意的是，目前拟扩募的5只REITs均不约而同地选择了定向扩募方式，而没有采用公开发行方式。如同上市公司增发股票往往采用定向增发方式一样，REITs扩募采用定向扩募的方式需要做的信息披露工作较少，流程也较公开发行更为简短，因此已公告的首批5只拟扩募REITs的审核关注要点并不一定能代表未来REITs扩募过程中的审核要点。

不过，已公告的5只拟扩募REITs的审核过程依然具有参考意义。扩募作为已上市REITs新购入资产的重要方法，其审核要点跟新发行REITs基本一致，也主要是原始权益人适格性、基础资产合规性、现金流稳定性、未来新购入资产的现金流预测、现金分派率是否不低于4%等几个方面，且审核流程上还可适度简化。

除与新发REITs有共性的关注点外，REITs扩募与新发REITs还有以下不同点可能会受到审核重点关注。

（1）新购入资产的股东与拟扩募REITs的原始权益人之间的关系。目前看，如新购入资产的股东与拟扩募REITs的原始权益人为同一人或同一实控人，则扩募流程比较顺畅。如二者没有直接关系则扩募存在一定障碍，即已上市REITs通过扩募的方式收购其未实际控制的基础资产目前路径暂不明确。实际情况中常遇到一个国有企业（拟扩募REITs的原始权益人）代管或受托管理其他国有企业基础资产的情况（所谓"已实控但未并表"），且有政府红头文件支持可以证明这种代管关系具有实际控制的实

质，但因为基础资产所在项目公司的股权并未变更给代管人，这种情况下是否可以作为扩募资产尚在讨论中；对于连代管关系都没有的表外基础资产目前也不能通过扩募方式并入 REITs。

从海外经验来看，因为海外 REITs 的 REITs 管理人往往就是原始权益人的全资子公司，故其收购未实际控制的资产行为类似于上市公司通过增发股票来并购非上市公司。国内 REITs 因为基金管理人与原始权益人并非同一主体，故短期内海外经验难以借鉴，目前 REITs 只能作为原始权益人表内资产上市的平台来实施扩募。

（2）新购入资产的资产类型与拟扩募 REITs 的原基础资产是否属于同一类型。沪深交易所发布的《公开募集基础设施证券投资基金（REITs）规则适用指引第3号—新购入基础设施项目（试行）》中均规定"拟购入的基础设施项目原则上与基础设施基金当前持有基础设施项目为同一类型"，但对于"同一类型"的认定方式并未有详细规定，存在一定的解读空间。根据国家发改委"958号文"的分类，将可以发行 REITs 的基础设施分为七个大类，理论上同一大类的资产基本满足"同一类型"的要求，例如风电、光伏发电同属能源基础设施，其商业模式也有很多共同点，原始权益人一般也同时拥有运营风电、光伏电站的专业团队，这种情况下认定"同一类型"有较多的解释空间。

对于分属国家发改委"958号文"规定的七大类资产不同类别的资产是否可以扩募？从监管要求来看，我国公募 REITs 鼓励基金管理人实施专业化管理，在某一领域深耕专业能力，持续为投资者创造稳定收益，因此理论上如果新购入的资产与原 REITs 资产有一定的协同关系，则可以考虑按"同一类型"资产对待。例如，产业园区常有配套的保障性租赁住房作为职工公寓，这种情况也存在一定的解释空间。

因为我国 REITs 新购入资产刚刚起步，实操中还会逐步遇到不同类型的现实问题，监管机构对于新购入资产的审核也在与时俱进地完善中，可以预见未来新购入资产也将会成为我国 REITs 市场不断发展壮大的重要力量。

2. 对募集资金用途的关注要点

对 REITs 发行募集资金用途的引导，是我国公募 REITs 审核中的特色之一。《国家发展改革委办公厅关于做好基础设施领域不动产投资信托基金（REITs）试点项目申报工作的通知》（发改办投资〔2020〕586号）（以下简称"586号文"）规定，鼓励将REITs发行后的回收资金用于国家重大战略区域范围内的重大战略项目、新的基础设施和公用事业项目建设，鼓励将回收资金用于前期工作成熟的基础设施补短板项目和新型基础设施项目建设。由此可见，REITs发行虽然是原始权益人将资产上市的过程，但是募投资金用途依然有鼓励的方向，对于募投资金不属于鼓励范围的REITs项目，在审核阶段可能会排后于同等条件下募投资金更符合国家战略的其他REITs项目，因此REITs募集资金使用用途也是需要原始权益人申报前重点筹划的要点之一。

## 第三节　REITs常规化审核阶段监管机构关注重点

截至2022年9月30日，我国共有17只公募REITs完成上市，3只已完成发行募集正在上市过程中，4只新发行申请已被交易所正式受理，5只新购入项目（简称"扩募"）REITs已发布新购入公告；全国另有100单左右项目已经启动REITs实施工作，均尚未推进到国家发改委转报中国证监会阶段。

从过去2年多来的试点情况来看，监管机构对于项目质量的要求较高。从已经上市的17只公募REITs来看，4个产业园REITs项目上海张江、北京中关村、苏州工业园都是国内排名前十位的产业园区，深圳蛇口网谷产业园是央企背景、区位优势显著、周围配套齐全的优质园区；2个物流园REITs项目，普洛斯是全球第一的物流企业，盐田港是海运集装箱物流枢纽，这5个项目也基本代表了国内产权类公募REITs的一流资产质量。5个收费权类的项目总体来说也具备明显区位优势（一、二线城市和经济发达地区）、现金流较为稳定、现金分派率高的特点，也是优质的公募REITs资产。

但是，考虑我国基础设施资产分布的广泛性、基础资产收益率的不均衡性，目前已经上市的17只REITs基础资产可谓是优中选优，并不代表国内基础设施项目的普遍水平。试点期间先筛选优质资产发行 REITs 可以起到示范作用，但是试点后期或试点结束后还用首批 REITs 的质量标准去考量其他基础设施资产就会导致能满足要求的资产过少，供给不足。换句话说，首批上市的几个公募 REITs 大概率代表了公募 REITs 审核的天花板标准，而不是门槛标准。

那么，如何设定公募 REITs 的审核门槛标准呢？如果门槛定高了，会导致满足门槛标准的公募 REITs 太少，使得市场容量有限，难以发挥公募 REITs 帮助中国巨量基础设施证券化的作用，也难以满足广大追求资产保值增值的投资需要；门槛也不能定低了，不然很可能会有较大比例或数量的瑕疵项目溜进市场，如果不能及时甄别，很可能给投资者带来投资风险，进而影响整个公募 REITs 市场的发展。

从监管的角度来看，门槛标准的制定也是一个大课题。因为从"958号文"的精神来看，试点范围、试点区域、现金分派率、原始权益人的合法经营要求等都较为宽泛，如果审核的门槛制定较高，会导致监管机构的前端审核工作较多，若如同首批公募 REITs 一样需要监管投入较大的人力物力来支持高质量项目的审核工作，监管机构审核压力较大，项目审核进度也就难以保障，同样不利于公募 REITs 的市场容量扩大。而如果审核标准制定较低，未来就会有较多的公募 REITs 风险事件发生，也会给监管机构带来较大的工作压力。因此，对于公募 REITs 门槛标准的制定也是试点阶段需要逐步讨论明确的重要课题。门槛标准明确后，公募 REITs 从试点阶段过渡到全面推行阶段监管机构的角色也会有转换与升级。

## 一、监管机构的角色定位的转换与升级

监管从注重市场建设角色向注重裁判员角色转换。试点阶段，监管机构首先扮演了市场建设者角色。首批试点期间，监管机构组织了大量的行业专家、各参与机构研究我国公募 REITs 的政策，对首批筛选出来的基础资产在尽职调查期间发现的对发行 REITs 可能存在的障碍和问题都有针对性地做了研究和讨论，尤其对于报入各省发改委储备库的 REITs 项目，国家发改委、中国证监会、沪深交易所也都安排了多场沟通会随时跟进项目

的进展，并对在项目推进过程中可能遇到的困难进行了针对性的辅导。从这个角度来说，监管机构承担着政策普及、问题反馈、申报指导的建设者作用。

在材料申报的过程中，监管机构也发挥着守门员的作用。公募 REITs 本质上还是"资产 IPO"，是面向广大投资者发行的金融产品，因此试点期间的 REITs 项目如果存在硬伤或重大瑕疵，对未来公募 REITs 的平稳健康发展将产生巨大的不利影响。监管机构一方面推动和引导优质项目尽快完成审核流程，另一方面也在不断地把存在硬伤或重大瑕疵的项目挡在投资者的门外，从这个角色上来说监管机构扮演的是"守门员"。

在试点阶段，监管机构的建设者、守门员角色是保障试点期间公募 REITs 平稳实施落地的核心力量。随着公募 REITs 的申报流程逐步成熟，中介机构即可承担起更大的责任，监管机构建设者角色会逐步弱化；此外，随着投资者对公募 REITs 的产品特点、风险特征有了较为深入的了解，投资者也在逐步成熟，尤其是机构投资者的风险识别能力、专业判断能力都很强，能够逐步自行判断项目质量、把控项目风险，监管机构守门员的角色也可以逐步退出。因此，过渡到成熟阶段后，监管机构的角色会从注重引导员、守门员角色向注重裁判员角色转换。

裁判员的角色是监管机构作为监管方，对公募 REITs 的发起人、中介机构、基金管理人、投资人等公募 REITs 的各个相关方实施监管，要求各方遵守公募 REITs 的相关法律法规、切实履行各自的权利和义务，并承担相应的风险和责任。监管机构不再对公募 REITs 的项目质量、信息披露的真实性和基础资产的评估价值等进行实质性审批，从具体的审批事务当中解脱出来，把对公募 REITs 信息的识别和市场风险承担责任交给投资者。

与我国的 IPO 监管的发展规律一样，未来公募 REITs 也可能经历从核准制向注册制演进的过程，如果公募 REITs 也能按照注册制规则来进行，则监管机构的裁判员作用会得到充分发挥，我国公募 REITs 市场发展也会越发成熟甚至与国际接轨。

从原则上来说，监管机构的职责是明确制度、并通过严格的监管确保各相关方依照制度执行。尽职调查、发行风险由基金管理人（未来有可能由财务顾问，甚至可能由主承销商角色的机构）承担，把合规要求的实现由各中介机构承担，信息披露的真实、准确、完整、及时的要求由基金管理人和资产运营方承担。在发起人、中介机构、基金管理人都尽责履职的前提下，公募 REITs 的投资风险原则上由投资者自行承担。

需要说明的是，即使公募 REITs 未来按照注册制来审核，也并不意味着监管机构就对申报的公募 REITs"来者不拒"。与 IPO 的注册制改革一样，监管机构在收到申请材料后，依然可以对其材料的完备性、可能存在的问题做反馈，需要发起人、中介机构对监管机构的问题做反馈回复，直到获得挂牌上市无异议函为止。

## 二、监管要点的与时俱进

从首批 REITs 试点的情况来看，还存在审核要点和审核过程不甚透明的情况。监管机构扮演"引导者"角色，大量的项目沟通环节发生在项目正式申报之前，直到项目正式申报阶段，大部分基本问题均已得到解决（一般称为"预沟通"），因此项目材料被监管机构正式受理后，其审核的过程也较为迅速，反馈的问题较少。从首批 9 只 REITs 的公开信息来看，从项目材料被交易所正式受理到出具反馈意见的时间非常短，且反馈的问题基本只有 1~2 个，发起人的反馈回复提交给交易所后很快就取得了无异议函。这种只有"一轮反馈、一个问题"的情况，具有明显的试点阶段特征，并非正常状态。

在公募 REITs 的审核从试点阶段向全面推行阶段过渡的过程中，可以预见监管机构关注的审核要点会更加公开透明，且随着未来公募 REITs 的发展与时俱进。

### （一）项目门槛进一步明确，审核透明度大幅度提升

我国股票市场从无到有、从发展到成熟的过程中，监管机构的角色转换和监管思路升级的历史经验表明，公募 REITs 的监管大概率也会遵从这一规律。前文已述，项目门槛标准的清晰明确是公募 REITs 从试点阶段向常规化审核阶段的重要一步，只有项目门槛标准得到明确，发起人、中介机构才能更好地判断哪些资产具备发行条件、如何满足发行条件，也能进

一步明确中介机构的职责和义务，促进我国公募 REITs 的长远发展。

在项目门槛标准明确后，监管机构的工作量可以大大减少，并且遵循市场化的原则，将满足门槛条件的项目质量把关工作交给投行机构和基金管理人，将发行询价和风险定价交给资本市场和投资人。

此外，从我国股票 IPO 与增发、公司债券注册制与备案制（公开发行公司债券采用注册制，非公开发行公司债券采用备案制）的经验来看，尽量保持审核过程透明度都是成功发行的关键因素。公开发行债券从项目材料申报阶段即由交易所专门的信息发布专区对全市场公开，交易所的每一轮反馈问题、发行人与承销机构的每一轮反馈问题的回复以及提交的时间点都是公开信息，每个市场参与者均可方便地查阅到。发行人尤其是中介机构通过研究和学习同类项目的问题反馈情况，能够较为精准的把握监管机构的审核要点，从而提高自己在债券申报注册时候的申报项目质量。

同样，公募 REITs 在过渡到常规化审核阶段之后，项目的前期"预沟通"过程会大大减少，主要的审核过程都会通过公开透明的方式提供给全市场的各个 REITs 项目相关方。并且随着不同类型的公募 REITs 资产表现出来的不同特点，监管机构的关注要点也会有所不同，体现更多的行业特性和专业性。

### （二）公募 REITs 的产品结构升级带来的监管要点变化

目前公募 REITs 的交易结构，是基于我国当前法律框架下的合规解，甚至是唯一解，但不代表是最终解。关于我国公募 REITs 产品结构未来发展进化的问题，学术界、监管层已经做了很多研究和探讨，包括未来可能为更好地运用公募 REITs 和资产证券化工具服务实体经济，修订和完善我国《公司法》《证券投资基金法》《证券法》等相关法律，以及配套出台相关的行业法规和实施细则等。

本书第八章从公募 REITs 治理的角度出发，通过对海外 REITs 的法律结构和国内法律法规的未来发展方面也做了专题论述。随着公募 REITs 产品结构的发展，监管的要点也会随着产品结构的发展不断变化。总体而言，我们认为审核侧重点将从重基础资产质量向基础资产质量与运营管理能力并重方向演进。

首先，当前的交易结构下，监管的侧重点更多关注在基础资产的质量上。除对基础资产合规性的严格要求外，对于基础资产的区位优势、周边竞品情况、过去三年的现金流稳定性、未来现金流预测的稳定性、估值的合理性等关键要素均关注较多。

试点阶段发行的 REITs 基础资产都是优中选优的"超优质资产"。超优质资产的优点是现金流稳定、未来经营风险小，这类资产就像股票市场中基本面成熟、分红稳定的绩优股。虽然此类 REITs 投资者的现金分派率比较有保障，但是这类资产的成长性不足，资产运营机构只要稳健运营就可以保障现金分派率，使得资产运营机构的管理能力难以充分发挥。此外，超优质的基础资产毕竟是少数，这类资产很快会被市场机构充分挖掘完毕，接下来 REITs 市场容量势必面临增速放缓的问题。因此，充分挖掘具有成长潜力的潜在优质资产，发挥资产运营机构的主动管理能力，通过基础资产升级改造提升运营收益将是未来 REITs 市场发展的方向，监管审核的侧重点也会逐步转向到这类资产上。

其次，当前首推超优质资产 REITs 对基金管理人的能力要求并不高，也符合当前我国公募 REITs 的交易结构由公募基金公司担任 REITs 管理人的特点。未来 REITs 管理人的能力要求不仅是"守住业绩"，更要"提高业绩"，这对公募基金提出了更高的要求，监管的侧重点也会向考察 REITs 管理团队的专业能力方面有所倾斜。

试点期间，目前已经上市的 17 只公募 REITs 都不约而同地选择了"外部管理"模式，即 REITs 基金管理人将资产日常运营委托给第三方机构（大部分是原资产的所有者和运营方，也即原始权益人）。这种外部管理的模式较为适用于超优质的基础资产——既然原始权益人的运营团队在过去三年运营得不错，为什么不让它们继续管理运营呢？轻车熟路的风险总小于临阵换帅的风险。但是，如果 REITs 基金管理人需要履行主动管理职责，那么外部管理模式下公募基金的主动管理角色是否能够充分发挥？或者从投资者的角度来讲，既然实际运营主要靠的是第三方管理团队，那投资者为何要将管理费交给 REITs 基金管理人呢，投资者直接聘请第三方管理团队来做 REITs 管理人是不是更能节约管理费成本？

显然，这种公募 REITs 基金管理人需要"证明自己"的要求，对公募基金管理人来说是个不小的挑战，同时也是巨大的机遇。从目前已上市的 17 只 REITs 管理费率来说，基本在每年 0.2%~0.3% 的区间，明显低于股票型基金 1.5%/ 年的管理费率，和债券型基金的管理费率水平差不多。如果 REITs 基金管理人可以给投资者带来更高的投资回报，那么就可以向投资者获取更多的管理费，通过提取超额业绩报酬的方式显著增加 REITs 管理人的管理费收入。

监管机构也早就意识到了这一点，首批 REITs 的管理费一般都是"固定＋浮动"的收费方式，只是因为首批 REITs 基本都是超优质资产，未来业绩增长的空间已经被充分挖掘，使得浮动部分的管理费率波动不大。因此，REITs 基金管理人有通过招聘专业运营管理人才、提高公司资产运营能力，从外部管理模式向内部管理模式转变的动力。

对监管机构而言，识别 REITs 管理人的资产管理能力将是未来审核的重点之一。实际上，监管机构已经要求 REITs 基金管理人必须设立独立的公募 REITs 业务部门，并要求每只公募 REITs 至少要有 3 名具备相关经验的人员担任基金经理。只是从试点阶段来看，因为基础资产超优质，对基金经理和 REITs 管理人的团队人才储备的考察并未深入，这种情况未来会有所改变。

最后，不像基础资产的质量审核指标较为客观，对 REITs 基金管理人主动管理能力的考察具有较多的主观因素。即使监管机构可以从资产运营人员的相关经验、历史管理业绩等指标来考察，但并不能确保未来项目运营依然能够保持历史业绩水平。实际上，对于 REITs 基金管理人的能力水平考察更应是市场投资者应该具备的能力，而不是由监管机构代劳。从守门员向裁判员过渡的过程中，很重要的一点就是投资者应该具备更加专业的判断，通过主动承担更多的风险来获得与之相匹配的更高预期收益。

从海外的经验来看，REITs 管理人可以是具备专业的基础资产运营管理牌照的机构来承担，而不一定是具有公募基金牌照的管理机构。我国的公募 REITs 是否会走向独立发放 REITs 管理牌照尚待商榷，但从监管的角度来看，独立牌照更有利于加强专业 REITs 资产运营机构的品牌效应，降低投资者筛选 REITs 管理人的难度,也有利于降低监管机构从守门员向裁判员角色转换的难度。

中国证监会在 2022 年 5 月 20 日发布了《关于实施〈公开募集证券投资基金管理人监督管理办法〉有关问题的规定》,其中第二十七款规定基金管理公司可以与基础设施项目的原始权益人合资设立一家子公司专门从事公募 REITs 业务,拉开了公募基金设立 REITs 子公司的帷幕,至 2022 年 9 月 30 日已有公募基金管理公司向中国证监会递交了申请设立 REITs 子公司的申请。

设立 REITs 子公司有可能成为未来我国 REITs 交易结构与海外接轨的重要一步。从有利于 REITs 业务发展和风险隔离层面分析,当前 REITs 基金与股票型基金、债券型基金的投资方向、决策流程、交易结构均有较大差别,设立 REITs 子公司能进一步聚拢专业资源有利于 REITs 业务板块的发展。当前 REITs 交易结构中要求专项计划管理人与基金管理人为同一实控人控制,使得 REITs 与目前做非标、ABS 的基金子公司绑定,在基金子公司其他业务板块受到监管处罚的时候往往会影响 REITs 业务的正常开展,通过设立 REITs 子公司也可以与现有的基金子公司业务隔离、风险隔离。

此外,如果未来 REITs 子公司可以获得独立的 REITs 管理人牌照,则在对目前《公司法》《证券法》《基金法》无须大改的情况下,即可将目前 REITs "基金管理人 + ABS 管理人" 的双层结构简化为 REITs 子公司担任 REITs 管理人的单层结构,对 REITs 落实主动管理责任、提高决策效率、避免风险外溢等方面均有非常大的好处,也有利于监管机构进行专业化监管;此外 REITs 子公司还可以设立独立于母公司的人才培养体系,专注基础资产的行业投资、资产运营和资产培育,为 REITs 子公司采用 "内部管理" 模式来主动管理 REITs 基金创造了良好条件,也为我国 REITs 与海外 REITs 管理模式接轨初步扫清了障碍。

### (三)监管机构的牵头作用、护航作用发挥

截至 2022 年 9 月 30 日,我国已有 17 只公募 REITs 完成上市,3 只已完成发行募集正处于上市过程中,4 只新发行申请已被交易所正式受理,

5只新购入项目（简称"扩募"）REITs已发布新购入公告；全国另有100单左右项目已经启动REITs实施工作（已选定中介机构、开展尽职调查）。

2021年12月29日，国家发改委发布了《关于加快推进基础设施领域不动产投资信托基金（REITs）有关工作的通知》（发改办投资〔2021〕1048号）（以下简称"1048号文"），该通知提出了"一、加强宣传解读，调动参与积极性；二、摸清项目底数，分类辅导服务；三、安排专人对接，做好服务工作；四、加强部门协调，落实申报条件；五、及时沟通反映，加快申报进度；六、用好回收资金，形成良性循环；七、鼓励先进典型，形成示范引领"七项要求，这七项要求的前五项都围绕着如何挖掘更多的REITs项目、如何更快的推进REITs项目两大课题所展开，且明显针对当前REITs试点期间发现的困难做了工作部署。

从实际工作中看，一方面，部分原始权益人持有优质的资产但发行REITs的意愿不甚强烈，这类原始权益人较看重优质资产每年产生的现金回报，不愿意通过发行REITs将资产的回报分享给投资人；另一方面，也有发行人对REITs能够降低企业资产负债率、防范和化解隐性债务风险、提高企业再投资能力、提升基础设施运营效率、促进投资良性循环等方面的积极作用认识不到位，将REITs工具要求的4%以上现金分派率等同于"融资成本"，直接与银行贷款等债务融资工具的利息率相对比，导致发行意愿不强。

针对该问题，国家发改委要求各地发改委"进一步加强新闻宣传和政策解读""适时组织行业管理部门、原始权益人和金融机构等开展业务培训"，希望原始权益人能够充分认识公募REITs工具的积极意义，提高原始权益人的发行积极性，这充分体现了发改委进一步发挥牵头作用和引导作用的决心。

针对已经启动REITs实施工作的项目，"1048号文"提出了"摸清项目底数，分类辅导服务；安排专人对接，做好服务工作；加强部门协调，落实申报条件；及时沟通反映，加快申报进度"四项具体工作要求。从这四项要求中看，发改委已经将审核工作提到了项目启动阶段，基本覆盖了项目从启动到申报再到过审封卷的全部阶段。尤其针对公募REITs实施工作涉及跨部门协调的问题，发改委提出"加强与证监、行业管理、城乡规划、自然资源、生态环境、住房城乡建设、国资监管等部门的沟通协调，共同解决项目推进过程中存在的问题，尽可能压缩项目准备周期"的具体要求，这些都是公募REITs在基础资产合规性审核时中介机构经常需要带着原始权益人去沟通协调的部门，可见国家发改委的工作非常细致和务实，体现了发改委对公募REITs的保驾护航作用。

最后，"1048号文"还提出了"用好回收资金，形成良性循环；鼓励先进典型，形成示范引领"两项工作要求，是针对已经成功发行公募REITs的地区如何用好REITs回收的资金和形成榜样效应所做出的工作部署，体现了发改委对已发行项目后续持续跟踪辅导的细致关怀。

"1048号文"的出台，是以国家发改委为代表的监管机构对公募REITs试点工作开展至今，总结试点经验后做出的有针对性的工作部署。据笔者了解，中国证监会、沪深交易所也在向基金管理人、证券公司、法律服务机构、资产评估机构、审计机构等REITs参与方广泛征求意见，监管机构正在不遗余力地为公募REITs试点工作顺利推进而努力。在可预见的未来，监管机构的牵头作用、护航作用仍将是未来一段时间内对我国公募REITs行稳致远的保障。

# 第七章

# 公募 REITs 定价、发售及流动性安排

刘炜敏[①]　张文博[②]　张永诚[③]　潘　伟[④]
夏露蟾[⑤]　李映雪[⑥]

一级市场合理完备的定价机制和二级市场的流动性安排对建立有效的公募 REITs 市场至关重要。本章全面梳理了公募 REITs 产品的定价机制，总结了我国公募 REITs 发售流程的四个主要环节，并与境外的发售机制进行对比。此外，本章也讨论了做市商制度和绿鞋机制对保障二级市场流动性和价格合理性的重要作用。

---

① 刘炜敏，中信证券股份有限公司金石基金总经理。
② 张文博，中信证券股份有限公司金石基金副总裁。
③ 张永诚，中金公司固定收益部全球结构化组负责人、董事总经理。
④ 潘伟，中金公司固定收益部全球产品组执行负责人、董事总经理。
⑤ 夏露蟾，中金公司固定收益部副总经理。
⑥ 李映雪，中金公司固定收益部副总经理。

## 第一节　REITs 的估值逻辑与定价机制

公募 REITs 是标准化的金融产品，通过一、二级市场进行上市交易，并由 REITs 供需双方确定交易价格，市场合理定价是充分发挥 REITs 资源配置作用的前提条件。因此，树立符合商业逻辑本质的定价理念，建立完善的市场定价机制，使 REITs 价格成为基础设施资产及不动产的"定价锚"，是 REITs 市场建设的重要课题。

不论是政策制定者还是市场参与者，都很关注 REITs 市场的价格和走势，并希望成熟的 REITs 市场能够发挥价格发现的功能，同时减少价格的波动性和市场参与者的投机行为。根据国内外的有关研究，境外 REITs 市场的价格呈现如下特点：第一，REITs 市场的价格在长期来看与基础设施资产及不动产价格之间有着十分紧密的关联，这是因为 REITs 的投资标的就是基础设施资产或不动产，但同时，REITs 市场的价格在短期内又呈现出与股票市场的高度联动性。第二，对于 REITs 市场是否存在投机性和价格泡沫，学术界仍然不能形成统一确定的结论，一方面，REITs 确定的底层资产天然排斥脱离基本面的炒作，另一方面，实证经验能够证实在基础设施资产或不动产价格发生重大变化时，REITs 市场存在价格泡沫。第三，REITs 市场相较其底层资产估值，往往呈现不同程度的折溢价，折溢价的形成与 REITs 产品的流动性、市场投资者情绪、REITs 管理水平等因素高度相关。

可见，REITs 市场建立合理完备的估值与定价机制，对于 REITs 市场的成熟稳定发展具有至关重要的作用，而 REITs 产品具备不动产和金融产品的双重属性，使 REITs 的定价机制与其他金融产品相比有一定特殊性和复杂性。

REITs作为投资品的投资价值或产品属性有三个方面：固定收益属性、权益属性、不动产属性。固定收益属性，体现在REITs稳定的分红回报；权益属性，体现在REITs管理团队通过专业管理实现的底层资产升值；不动产属性，体现在底层不动产价值对REITs价值的重大影响。因此，从REITs的不同产品属性出发，投资者可以运用不同的估值方法。

## 一、基础设施资产或不动产价值和REITs价值的关系

### （一）概述

基础设施资产及不动产作为REITs的底层资产，其价格波动亦对REITs产品估值有重要影响。REITs底层资产和REITs产品的定价具有共同的逻辑，从理论上说，二者有着相互锚定的关系。

REITs持有的基础设施资产或不动产具有大宗交易市场，REITs产品具有发行市场和二级市场。REITs产品的价格是底层资产在金融市场上的定价（即资产的REITs价格）。同时，在大宗市场上，通过同类资产的售价可以确定底层资产的价格（即资产的大宗价格）。这两个价格从长期来看应具有一致性，如果差异较大，那么就可能存在"套利"机会。

通过观察全球成熟REITs市场的实践，发现REITs市场具有价格发现的功能，可以成为基础设施资产及不动产市场价格的"锚"。REITs市场价格与底层资产价格走势之间有着同步性和相关性，且REITs具备抵御基础设施资产及不动产市场短期波动的能力。

### （二）我国公募REITs不同阶段估值与定价的关系

在我国公募REITs市场中，项目发行和上市交易的不同阶段，均会对应不同的底层资产和公募REITs的估值定价，分别为发行前对底层资产的评估值、通过网下投资者市场询价/资产估值及二级市场交易价格确定的REITs首次发行/扩募定价、上市交易后的REITs二级市场估值，三者具有较强的关联但又有不同的定价逻辑。其中，发行前对底层资产的评估值详见本书"第十一章公募REITs的资产估值"，本章将聚焦REITs首次发行/扩募定价和REITs二级市场估值展开论述。

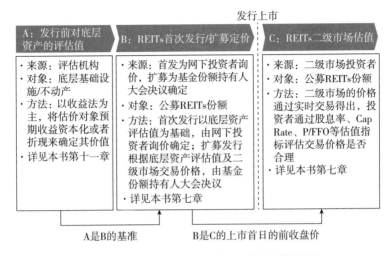

图 7-1 公募 REITs 和底层资产不同估值定价的关系

资料来源：国家发改委、中国证监会、沪深交易所，作者整理绘制。

首先，发行前对底层资产的评估值是评估机构采用收益法，将未来现金流折现到评估基准日得到的估值。在我国公募 REITs 试点中，监管要求，首次发行公募 REITs 项目预计未来 3 年净现金流分派率（预计年度可分配现金流/目标不动产评估净值）原则上不低于 4%，从而一定程度上对项目估值增加了约束。

此外，不同类别的资产估值逻辑差别很大，例如物流园、产业园等产权类项目在以收益法为主进行估值的同时，往往参考大宗交易市场的价格，同时计算资本化率（Cap Rate）进行验证，资本化率 = 第一年净营业收入（NOI）/资产市值或评估值，是评估不动产的常用指标。但是，收费权类资产通常很少有大宗交易市场交易价格作为参考，因此通常同时参考成本法和资本化率作为辅助验证。对公募 REITs 不同底层资产估值的详细论述可参考第十一章第四节。

其次，通过网下投资者市场询价/资产估值及二级市场交易价格确定的首次发行/扩募定价对应的估值就是对 REITs 这种金融产品的估值，而非对底层资产的估值。首次发行时，根据指引要求，基础设施基金份额认购价格应当通过向网下投资者询价的方式确定，网下投资者为证券公司、基金管理公司、信托公司、财务公司、保险公司等中国证监会认可的专业机构投资者。网下投资者一方面以底层资产的评估值为基础；另一方面通过二级市场状况帮助确定询价定价。

询价定价是以底层资产评估值为基础的投资者定价，较底层评估值可能存在适当的折价和溢价，通常溢价幅度不超过10%。在北京保障房、深圳保障房2单项目发行时，以底层资产评估值为基准的首年现金流分派率分别为4.24%、4.30%，符合监管要求的净现金流分派率大于4%的标准，但是最终询价后确定的发行定价对应的首年现金流分派率均为3.95%，低于监管的相关要求，也侧面体现了监管及市场对于保租房类资产的认可。

扩募时，根据我国公募REITs扩募发行的指引要求，为充分保护基金份额持有人利益，向不特定对象发售时，考虑基础设施基金二级市场交易价格和新购入基础设施项目的市场价值等有关因素，合理确定配售价格，扩募发售定价应当不低于发售阶段公告招募说明书前20个交易日或者前1个交易日的基础设施基金交易均价；向特定对象发售时，发售价格应当不低于定价基准日前20个交易日基础设施基金交易均价的90%，这里参考了股票市场增发的要求。

可见，较首发定价相比，扩募发行赋予二级市场交易价格更大的参考权重，上述设计充分保护了投资者利益，遵循了"基金份额持有人利益优先的原则"。

最后，上市交易后的二级市场价格对应的估值也是REITs产品的估值，是公募REITs上市交易后的二级市场定价。该价格仍离不开不动产估值的"锚"，但是受市场流动性、投资者风险偏好等更多因素的影响，价格波动更大，较难预测。

## 二、固定收益属性角度，股息率为重要参考指标

在美国、日本、新加坡等成熟REITs市场，REITs均需要将其大部分资产投资于能够稳定产生租金收入的物业资产，并将不低于当年净收入的90%进行分红。参照国外经验，我国在公募REITs试点工作中，也要求

80%以上基金资产投资于基础设施资产支持证券，基础设施基金应当将90%以上合并后基金年度可供分配金额以现金形式分配给投资者。REITs的产品设计决定了投资者的主要收益来源为稳定的底层资产收入，因此可类比固定收益证券中的估价收益率，确定REITs的估值指标。

股息率（Dividend Yield）是一年的总分红额与当时市价的比值，该指标直观、易于计算、主观性相对较少，分红水平最被投资者关注，不同公司/REITs间对比方便。但管理人在一定程度上可以调整分红率，从而导致其短期内可能无法真实反映REITs的收益能力。

## 三、权益属性角度，常用的估值方法为现金流折现法、P/FFO等

除稳定的分红回报外，部分物业因其良好的地理位置或受到专业的运营管理等出现增值，因此REITs投资者的另一收益来源为底层物业的升值，对应REITs的权益产品属性。参考股票市场，也可将REITs的估值方法分为绝对估值法和相对估值法。

### （一）绝对估值法

绝对估值法的本质为将未来的一系列预期现金流折现至现在加总得到估值。在股票的绝对估值法中，可选择股利折现法（DCF）和自由现金流折现法（FFCF）两种，由于境内外REITs均有强制分红属性，因此采用FFO、AFFO和分红作为折现的对象均可适用。

营运现金流（Funds From Operations，简称FFO）是用以衡量REITs基于经营产生现金流的绩效指标，计算方式如下：

FFO = 净收入 + 折旧 + 摊销 − 非经常性损益；

由于会计净收入中已减去底层资产的大额折旧和摊销，所以FFO的提出主要是为了真实反映底层资产营运净收入，从而在会计净收入上加回折旧摊销，并剔除资产出售收益等非经常性损益。AFFO为调整后营运现金流，是在FFO的基础上继续减去那些被资本化的、用于维护和更新的费用支出等非经营性损益。

若以 FFO 为折现对象，现金流贴现模型的表达式为：$V = \sum_{i=1}^{\infty} \frac{FFO_i}{(1+r)^i}$，其中 $V$ 是 REITs 的单位价值，$r$ 为 REITs 的资本成本。如果假设 FFO 的长期增长率为 $g$，那么可简化为戈登股利增长模型：$V = \frac{FFO_1}{r-g}$。

我国公募 REITs 试点中常用的指标为可供分配金额，是在合并净利润基础上进行合理调整后的金额。根据《公开募集基础设施证券投资基金运营操作指引（试行）》，计算可供分配金额过程中，应当先将合并净利润调整为税息折旧及摊销前利润（EBITDA），并在此基础上综合考虑项目公司持续发展、项目公司偿债能力、经营现金流等因素后确定可供分配金额计算调整项。计算公式为：

EBITDA= 净利润 + 折旧和摊销 + 利息支出 + 所得税费用；

可供分配金额 =EBITDA ± 调整项[①]。

### （二）相对估值法

相对估值法的运用与股票市场一脉相承，股票市场中常用的相对估值指标有市盈率（P/E）、市净率（P/B）、市销率（P/S）等。迁移到 REITs 上来，只需要将分母做相应调整，选择适合 REITs 产品的指标即可，例如 FFO、AFFO，对应的相对估值指标为市价/营运现金流（P/FFO）、市价/调整营运现金流（P/AFFO）。

### （三）REITs 和股票估值方法比较

从 REITs 的权益属性看，其估值方法和股票估值方法有诸多相似之处，不论是相对估值法还是绝对估值法，其本质思想都相差无几，区别仅在于测度金融产品的收益/现金流的方法上。同时，正是测度收益的

---

① 可能涉及的调整项包括：（1）当期购买基础设施项目等资本性支出；（2）基础设施项目资产的公允价值变动损益（包括处置当年转回以前年度累计调整的公允价值变动损益）；（3）基础设施项目资产减值准备的变动；（4）基础设施项目资产的处置利得或损失；（5）支付的利息及所得税费用；（6）应收和应付项目的变动；（7）未来合理相关支出预留，包括重大资本性支出（如固定资产正常更新、大修、改造等）、未来合理期间内的债务利息、运营费用等；（8）其他可能的调整项，如基础设施基金发行份额募集的资金、处置基础设施项目资产取得的现金、金融资产相关调整、期初现金余额等。

指标不同（REITs 采取营运现金流 FFO，股票采取净利润），导致了同一类资产在股票市场和 REITs 市场发行，可能会产生估值差异。以绿色能源发电板块为例，将 A 股、港股市场上的绿色能源企业和 REITs 市场上的能源企业做比较，在统一指标口径的条件下，绿色能源发电 REITs 的估值可达到 A 股估值的 1.39 倍[①]，达到 H 股估值的 1.49 倍，略高于股票市场。

表 7–1　REITs 权益估值方法和股票估值方法比较

| 估值方法 | REITs | 股票 |
| --- | --- | --- |
| 相对估值法 | 市价/净营运现金流（P/FFO）、市价/调整后净营运现金流（P/AFFO） | 市盈率（P/E）、市净率（P/B）、市销率（P/S） |
| 现金流折现模型 | 分红贴现（DCF）、净运营现金流折现 | 股利贴现（DCF）、自由现金流折现（FFCF） |

## 第二节　公募 REITs 的发售上市流程

公募 REITs 的发售上市，分为路演推介、基金发售、基金成立、基金上市等环节。基金管理人或财务顾问通过向网下投资者以询价的方式确定基础设施 REITs 认购价格后，投资者按照确定的认购价格参与基础设施基金份额认购。相应地，投资者参与基础设施 REITs 认购的方式有三种，分别为战略投资者配售、网下投资者认购和公众投资者认购，并需根据监管规则满足对应资质要求。

基金管理人或其聘请的财务顾问受委托办理基础设施基金份额发售的路演推介、询价、定价、配售等相关业务活动。

详情参见《公开募集基础设施证券投资基金（REITs）规则适用指引第 2 号——发售业务（试行）》。

---

① 以 2022 年 2 月 28 日的数据为基准。

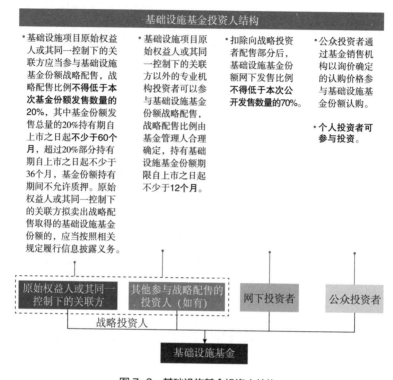

图 7-2　基础设施基金投资人结构

资料来源：国家发改委，中国证监会，作者整理绘制。

## 一、路演推介

### （一）合规要求

根据项目需要，基金管理人、财务顾问可以向符合规定的投资者进行路演推介，推介对象及过程等应符合法律法规、中国证券业协会自律规则及交易所有关规定。

推介应当采用现场、电话、互联网等合法合规的方式，向投资者介绍基础设施基金及其持有项目的基本情况、估值情况、所属市场和行业概况，以及发售方案等相关内容。推介过程中，不得夸大宣传，或以虚假广告等不正当手段诱导、误导投资者，不得披露除招募说明书等公开信息以外的其他信息。

基金管理人、财务顾问在推介过程中应当诚实守信、勤勉尽责，严格遵守相关法律法规以及相关行业规范，不得操纵发行定价、暗箱操作；不得以代持、信托等方式谋取不正当利益或向其他相关利益主体输送利益；不得直接或通过其利益相关方向参与认购的投资者提供财务资助；不得有其他违反公平竞争、破坏市场秩序等行为。

路演形式包括一对一路演、一对多路演和反向路演等。

### （二）路演安排

基金管理人、财务顾问可以向符合适当性规定的投资者进行路演推介，形式为一对一路演或一对多路演，推介方式应当采用现场、电话、互联网等合法合规的方式，并以事实为依据。同时，考虑投资者内部投资决策流程时间，建议至少预留1~2个月进行潜在战略投资者意向挖掘及投资报审流程推动工作，实际排期可视项目监管审批及销售推动进度灵活确定，具体路演安排如表7-2所示。

表7-2 路演安排方式

| 路演安排 | 具体内容 |
| --- | --- |
| 总体原则 | 基金管理人、财务顾问可以向符合适当性规定的投资者进行路演推介 |
| 路演形式 | 一对一路演、一对多路演（建议全程录像）、反向路演、全网路演等 |
| 推介方式 | ·应当采用现场、电话、互联网等合法合规的方式<br>·应当以事实为依据 |
| 路演对象 | ·战略投资者路演：原则上应在注册申请文件受理后组织路演，考虑实际推动进度，战略投资者路演可适当提前（一般为1~2个月）<br>·网下投资者路演：询价公告发布后（即X-3日开始，询价日X日）<br>·网上投资者路演：一般为X-1日（询价日X日） |
| 合规禁止 | ·不得夸大宣传，或以虚假广告等不正当手段诱导、误导投资者<br>·不得披露除招募说明书等公开信息以外的其他信息<br>·不得对二级市场交易价格作出预测 |

资料来源：国家发改委、中国证监会，作者整理。

## 二、基金发售

### （一）战略配售

#### 1. 参与主体

基础设施项目原始权益人或其同一控制下的关联方，以及符合网下投资者要求的专业机构投资者，可以参与基础设施基金的战略配售。

参与战略配售的投资者不得参与网下询价，但依法设立且未参与本次战略配售的证券投资基金、理财产品和其他资产管理产品除外。

2. 参与条件

具备良好的市场声誉和影响力，具有较强的资金实力，认可基础设施长期投资价值。

3. 参与方式

由基金管理人、财务顾问对战略投资者进行选取和配售，基金管理人应当与战略投资者事先签署配售协议，并在基金合同、招募说明书等法律文件中披露战略投资者选择标准、向战略投资者配售的基金份额总量、占本次基金份额发售比例及持有期限等。

募集期结束前，战略投资者应当在约定的期限内，以认购价格认购其承诺认购的基金份额数量。

4. 持有期限

战略投资者应当按照《基础设施基金指引》的规定，承诺持有的基金份额在规定的持有期限内不得进行转让、交易。

（1）基础设施项目原始权益人或其同一控制下的关联方

合计参与战配的比例不得低于发售数量的 20%，其中发售总量的 20% 持有期自上市之日起不少于 60 个月，超过 20% 部分持有期自上市之日起不少于 36 个月，持有期间不允许质押。

（2）其他专业机构投资者

战配比例由基金管理人合理确定，持有期限自上市之日起不少于 12 个月。

（二）询价与定价

1. 定价方式

基础设施基金的定价整体遵循网下投资者主导，战略投资者及公众投资者跟随的模式。基础设施基金份额认购价格应当通过向网下投资者询价的方式确定。

网下投资者应当通过交易所的网下发行电子平台向基金管理人及财务

顾问提交询价及认购申请,并在配售结束后通过网下发行电子平台查询其配售对象的网下获配情况。

2. 网下投资者类型

网下投资者为证券基金管理人、财务顾问、基金管理人、财务顾问、信托基金管理人、财务顾问、财务基金管理人、财务顾问、保险基金管理人、财务顾问及保险资产管理基金管理人、财务顾问、合格境外机构投资者、商业银行及银行理财子基金管理人、财务顾问、政策性银行、符合规定的私募基金管理人以及其他符合中国证监会及交易所投资者适当性规定的专业机构投资者。全国社会保障基金、基本养老保险基金、年金基金等可根据有关规定参与基础设施基金网下询价。

网下投资者应当按照规定向中国证券业协会注册,接受中国证券业协会自律管理。

3. 参与条件

网下投资者及其配售对应应当在询价日前一交易日 12 时前在中国证券业协会完成注册。

基金管理人、财务顾问应根据公告的询价条件,对网下投资者的资格进行审核,并向交易所网下发行电子平台确认拟参与该次网下发售的网下投资者及配售对象的相关信息。

4. 询价禁止

原始权益人及其关联方、基金管理人、财务顾问、战略投资者以及其他与定价存在利益冲突的主体不得参与网下询价,但基金管理人或财务顾问管理的公募证券投资基金、全国社会保障基金、基本养老保险基金和年金基金除外。

5. 参与方式

网下投资者参与询价的应当向交易所申请获得网下发行电子平台的投资者 CA 证书。在网下发行电子平台进行报价,询价时间原则上为 1 个交易日。同一网下投资者全部报价中的不同拟认购价格不得超过 3 个,可以多次提交报价记录,但以最后一次提交的全部报价记录为准。

### 6. 定价

基金管理人、财务顾问应当根据所有网下投资者报价的中位数和加权平均数（剔除不符合条件的报价及其对应的拟认购数量），审慎合理确定认购价格并及时公告。

如确定的认购价格高于中位数确定的认购价格高于中位数和加权平均数的孰低值的，基金管理人、财务顾问应至少在基金份额认购首日前5个工作日发布投资风险特别公告，并在公告中披露超过的原因，以及各类网下投资者报价与认购价格的差异情况。

### （三）网下及公众投资者认购

网下询价结束后，基金管理人应当在基金份额认购首日的3日前，披露基金份额的发售公告。网下投资者及公众投资者以询价确定的认购价格参与基础设施基金份额认购。

#### 1. 发行主体及条件

（1）网下投资者：询价阶段提供有效报价的投资者方可参与网下认购。

（2）公众投资者：参与场内认购的，应当持有中国结算上海人民币普通股票账户或封闭式基金账户；场外认购的，应当持有中国结算开放式基金账户。

#### 2. 参与方式

（1）网下投资者：通过交易所网下发行电子平台提交认购申请，并在募集期内通过基金管理人完成认购资金的缴纳，通过中国结算登记份额。

（2）公众投资者：通过场内证券经营机构或基金管理人及其委托的场外基金销售机构认购基金份额。

其中，普通投资者在首次购买基础设施基金时，应签署风险揭示书。

#### 3. 回拨机制

（1）公众投资者认购份额不足的，可以将公众投资者部分向网下发售部分进行回拨。

（2）网下投资者认购数量高于网下最低发售数量，且公众投资者有效认购倍数较高的，网下发售部分可以向公众投资者回拨。

回拨后的网下发售比例,不得低于本次公开发售数量扣除向战略投资者配售部分后的 70%。

公募 REITs 发售总份额 = 战略配售(不少于总份额的 20%)+ 网下投资者(不少于扣除战略配售后的 70%)+ 公众投资者。

**4. 配售机制**

认购份额超过发售份额时采取配售机制。

(1)网下投资者:按照事先确定的配售原则在有效认购的网下投资者中选择配售基金份额的对象。

(2)公众投资者:按照相同比例进行配售。

**5. 基金份额确认**

基金管理人根据《基础设施基金指引》的要求确认战略投资者认缴情况,以及公众投资者和网下投资者的最终配售情况,并完成相关募集结束处理。

投资者认购缴款结束后,基金管理人、财务顾问应聘请符合相关规定的会计师事务所对认购和募集资金进行鉴证,并出具验资报告;并应聘请律师事务所对网下发售、配售行为,参与定价和配售投资者的资质条件,及其与基金管理人和财务顾问的关联关系、资金划拨等事项进行见证,并出具法律意见书。

**(四)特殊情形**

1. 中止发售

网下投资者提交的拟认购数量合计低于网下初始发售总量的,基金管理人、财务顾问应当中止发售,并发布中止发售公告。中止发售后,在中国证监会同意注册决定的有效期内,基金管理人可重新启动发售。

除规定的中止发售情形外,基金管理人、财务顾问还可以约定中止发售的其他具体情形并事先披露。

2. 募集失败

基金募集期满,出现基金份额总额未达到准予注册规模的 80%;募集资金规模不足 2 亿元,或投资人少于 1 000 人;原始权益人或其同一控制下的关联方未按规定参与战略配售;扣除战略配售部分后,网下发售比例低于公开发售数量的 70% 等情形的基础设施基金募集失败。基金管理人在募集期限届满后 30 日内返还投资者已缴纳的款项，并加计银行同期存款利息。

### （五）其他注意事项

1. 底稿归档

基金管理人、财务顾问应当保留路演、投资者核查、定价、配售等过程中的相关资料至少 15 年并存档备查，且能如实、全面反映询价、定价和配售过程。

2. 从业禁止

基金管理人、财务顾问员工在开展基础设施基金发售业务的过程中，不得存在以下行为：

（1）在询价、配售活动中进行合谋报价、利益输送或者谋取其他不当利益；

（2）违反相关规定向不符合要求的主体进行询价、配售；

（3）未及时向交易所报备发售方案，或者交易所提出异议后仍然按原方案启动发售工作；

（4）基金管理人、财务顾问、基金服务机构等主体未按规定及时编制并披露发售信息披露文件，或者所披露信息不真实、不准确、不完整，存在虚假记载、误导性陈述或者重大遗漏；

（5）基金管理人、财务顾问违反规定向原始权益人、投资者收取不当费用。

## 三、基金成立、限售锁定

### （一）基金备案与成立

基金募集期限届满，募集的基金份额总额符合《证券投资基金法》第五十九条规定的，基金管理人按照规定办理验资和基金备案手续。中国证监会自收到基金管理人验资报告和基金备案材料之日起 3 个工作日内予以书面确认；自中国证监会书面确认之日起，基金备案手续办理完毕，基金合同生效。

基金管理人在收到中国证监会确认备案通过文件的次日予以披露合同生效公告，并在基金设立之日起10个工作日内，基金管理人或财务顾问将法律意见书、发售总结报告、验资报告等文件一并报送交易所。

### （二）限售锁定及解除

基金上市前，基金管理人通过交易所相关平台提交相关基金份额的场内限售和场外锁定申请，交易所审核通过并登记生效后，基金管理人披露基金份额限售/锁定公告。

**1. 限售锁定**

战略投资者持有的基础设施基金战略配售份额应当按照《公开募集基础设施证券投资基金指引（试行）》的规定以及相关约定进行限售管理。基金管理人应当制定专项制度，加强对战略投资者持有基金份额的限售管理。

**2. 限售解除**

战略投资者持有的基础设施基金战略配售份额符合解除限售条件的，可以通过基金管理人在限售解除前5个交易日披露解除限售安排。

具体流程参见《上海证券交易所公开募集基础设施证券投资基金（REITs）业务指南第1号——发售上市业务办理》《深圳证券交易所公开募集基础设施证券投资基金业务指南第1号——发售上市业务办理》。

## 四、基金上市

基金正式成立后，基金管理人在完成基金备案及份额限售和锁定后，指定至少1家做市商提供做市服务，并向交易所提出上市申请，提交相关申请材料。基金上市申请经交易所审核同意后，上市日期由交易所牵头协商所内相关部门后确定，并正式函告基金管理人。基金管理人在基金上市前3个工作日按信息披露要求，并在指定媒体及交易所网站披露上市交易公告书。基金管理人在上市前1个工作日的16：00之前，向交易所提供基金份额净值，作为上市首日的开盘参考价。

下一个工作日，公募REITs基金正式上市交易。

## 五、基金发售时间表

表7-3 公募REITs发售模拟时间表

| 时间节点 | 具体内容 |
|---|---|
| X-N 日 | （1）取得中国证监会批复<br>（2）战略投资者签署保密协议进行相关路演 |
| X-7 日 | 战略投资者完成《配售协议》签署，明确认购份额 |
| X-3 日 | （1）刊登披露文件<br>（2）网下路演推介<br>（3）网下投资者提交核查文件 |
| X-2 日 | 网下投资者提交核查文件 |
| X-1 日 | （1）网下投资者提交核查文件截止日（当日12∶00前）<br>（2）网下投资者完成证券业协会网下投资者注册备案，完成交易所公募REITs网下申购的CA证书申请，账户开立完成<br>（3）基金管理人/财务顾问开展网下投资者资格审核，并确认网下投资者及其配售对象信息<br>（4）研究部出具XX项目定稿版投价报告（或有） |
| 询价日（X） | （1）网下询价原则上安排一个交易日。符合要求的网下投资者进行报价。（上交所网下认购时间为：9∶00-15∶00/深交所网下认购时间为：9∶30-15∶00）<br>（2）基金管理人、财务顾问确定认购价格<br>（3）基金管理人、财务顾问确定有效报价投资者及其配售对象<br>（4）向中国证监会和交易所汇报投资者申报、拟定价格及最终发行方案（如需） |
| T-3 日 | 刊登《基金份额发售公告》，公告发售价格 |
| T 日 -T+2 日（预计） | （1）公众投资者认购<br>（2）网下投资者通过询价平台提交认购申请，并完成向基金管理人缴款<br>（3）战略配售投资者认购承诺份额 |
| T+3 日（预计） | （1）中国结算将场内、场外认购申请发送基金管理人确认<br>（2）基金管理人确认回拨情况及最终投资者配售份额情况<br>（3）中国结算完成份额登记 |
| T+8 日（预计） | 基金在中国证监会完成募集结果备案，正式成立 |
| T+9 日（预计） | 刊登《基金合同生效公告》 |
| T+N 日（预计挂牌日） | 预计份额上市日 |

注：X 为询价日，T 为认购日。

## 六、扩募发售

公募REITs扩募可以向不特定对象发售，也可以向特定对象发售（以下简称"定向扩募")。向不特定对象发售包括向原基础设施基金持有人配售份额(以下简称"向原持有人配售")和向不特定对象募集(以下简称"公开扩募")。

(1)向原持有人配售:应当向权益登记日登记在册的持有人配售,且配售比例应当相同。

(2)公开扩募:可以向原持有人优先配售,网下机构投资者、参与优先配售的持有人以及其他投资者可以参与优先配售后的余额认购。

(3)定向扩募:发售对象应符合基金份额持有人大会决议规定的条件,且每次发售对象不超过35名。

详情参见《公开募集基础设施证券投资基金(REITs)规则适用指引第3号——新购入基础设施项目(试行)》。

表7-4 公募REITs扩募三种发售方式对比

| 发售方式 | 向不特定对象发售 | | 向特定对象发售 |
| --- | --- | --- | --- |
| | 向原持有人配售 | 公开扩募 | 定向扩募 |
| 原始权益人份额及锁定期要求 | 新购入基础设施项目的原始权益人或者其同一控制下的关联方配售参与基础设施基金份额战略配售的比例合计不得低于本次基金份额发售数量的20%。其中基金份额发售总量的20%持有期自上市之日起不少于60个月,超过20%部分持有期自上市之日起不少于36个月,基金份额持有期间不允许质押 | | |
| 发售对象 | 向原持有人配售的,应当向权益登记日登记在册的持有人配售,且配售比例应当相同 | 基础设施基金公开扩募的,可以全部或者部分向权益登记日登记在册的原基础设施基金份额持有人优先配售,优先配售比例应当在发售公告中披露。网下机构投资者、参与优先配售的原基础设施基金份额持有人以及其他投资者,可以参与优先配售后的余额认购 | 基础设施基金定向扩募的,发售对象应当符合基金份额持有人大会决议规定的条件,且每次发售对象不超过35名① |
| 定价限制 | — | 公开扩募的发售价格应当不低于发售阶段公告招募说明书前20个交易日或者前1个交易日的基础设施基金交易均价 | 定向扩募的发售价格应当不低于定价基准日前20个交易日基础设施基金交易均价的90%② |

续表

| 发售方式 | 向不特定对象发售 | | 向特定对象发售 |
|---|---|---|---|
| | 向原持有人配售 | 公开扩募 | 定向扩募 |
| 定价机制 | 基金管理人、财务顾问（如有）应当遵循基金份额持有人利益优先的原则，根据基础设施基金二级市场交易价格和新购入基础设施项目的市场价值等有关因素，合理确定配售价格。 | | 定向扩募的发售对象属于③以外的情形的，基金管理人、财务顾问（如有）应当以竞价方式确定发售价格和发售对象。基金份额持有人大会决议确定部分发售对象的，确定的发售对象不得参与竞价，且应当接受竞价结果，并明确在通过竞价方式未能产生发售价格的情况下，是否继续参与认购、价格确定原则及认购数量 |
| 锁定期 | — | | 定向扩募的基金份额，自上市之日起6个月内不得转让；发售对象属于③规定情形的，其认购的基金份额自上市之日起18个月内不得转让 |

注：①"发售对象不超过35名"指认购并获得本次向特定对象发售基金的法人、自然人或者其他合法投资组织不超过35名。证券投资基金管理公司、证券公司、银行理财子公司、保险资产管理公司、合格境外机构投资者、人民币合格境外机构投资者以其管理的2只以上产品认购的，视为一个发售对象。

②定价基准日前20个交易日基础设施基金交易均价 = 定价基准日前20个交易日基础设施基金交易总金额 / 定价基准日前20个交易日基础设施基金交易总份额。

定向扩募的定价基准日：基金发售期首日。基金份额持有人大会决议提前确定全部发售对象，且发售对象属于注③情形之一的，定价基准日可以为本次扩募的基金产品变更草案公告日、基金份额持有人大会决议公告日或者发售期首日。

③《公开募集基础设施证券投资基金（REITs）规则适用指引第3号——新购入基础设施项目（试行）》第四十八条第二款规定：基金份额持有人大会决议提前确定全部发售对象，且发售对象属于下列情形之一的，定价基准日可以为本次扩募的基金产品变更草案公告日、基金份额持有人大会决议公告日或者发售期首日：（1）持有份额超过20%的第一大基础设施基金持有人或者通过认购本次发售份额成为持有份额超过20%的第一大基础设施基金持有人的投资者；（2）新购入基础设施项目的原始权益人或者其同一控制下的关联方；（3）通过本次扩募拟引入的战略投资者。

## 第三节　境外 REITs 发售机制概述

### 一、首发机制

美国 REITs 法律结构上采用公司制，在交易所上市的 REITs 也是公开发行的股票的一种，因此其发行上市流程与公开发行股票相同，发行定价模式以累计投标方式为主。REITs 发行定价是一个高度市场化的过程，定价过程由承销商和机构投资人主导。定价过程主要分为三个阶段：基础分析及战略投资人引进、承销商市场推介以及管理层路演定价。

日本、澳大利亚、新加坡、中国香港 REITs 法律结构上多采用契约制，但发行和上市规则均直接引用或参照股票上市规则，发行定价模式以累计投标方式为主，中国香港、澳大利亚也有采用初步市场询价后固定价格发行的方式。REITs 发行定价由机构投资人主导，公众投资人跟随；定价具体流程也与美国市场大同小异。

印度是全球市场上第一个将基础设施投资信托 InvITs 作为独立品类来监管（且与房地产投资信托 REITs 相区分）的地区。InvITs 法律结构上采用信托制，发行定价模式为累计投标方式。但是 InvITs 定价过程采用的是机构投资人和公众投资人（战略、基石投资人除外）同时通过证券交易所的电子竞标系统公开竞价的模式，且战略及基石投资人对最后的公开发行询价确定的发行价格"少补多不退"。

### 二、扩募机制

境外扩募增发与普通股增发过程相似，一般包含以下四个步骤：①董事会或股东大会决议通过；②发行人向交易所提交申请审核；③确定发行细节；④正式发行。相较于股票增发，REITs 增发扩募往往是出于对特定资产组合的定向收购，因此在定价上也需体现被收购资产的公允价值，而股票增发可用于企业一般用途，不需要和特定的拟收购标的绑定。

境外扩募增发通常采取私募发售、公开市场发售、优先配售方式或多种方式结合，体现对不同层次投资者的差异化安排。中国香港《房地产投资信托守则》明确指出扩募必须使当前持有人有权利认购以保障其持有总单位比例，只有在新单位未获持有人认购情况下，才可将新单位发售给第三方，体现对原有份额持有人利益的保护。

境外不同市场扩募增发规则具有差异。美国和日本市场在扩募份额不超过已发行份额的 20% 时，扩募流程不受额外限制，董事会能够进行快速决策和扩募方案的实施；新加坡市场上扩募往往涉及召开全体份额持有人大会并进行普通决议（一般需要半数以上投票通过）；中国香港市场交易所和监管对扩募施加额外的限制：如要求证券在交易所开始交易的 12 个月内不得进行扩募以及股份回购的 30 天内不得进行扩募等要求。

## 第四节　公募 REITs 的流动性安排

公募 REITs 在定价发售后，即进入到二级市场。从新加坡、中国香港等境外成熟市场的情况来看，REITs 换手率普遍不高，二级市场流动性较弱，不足的流动性也可能带来价格的波动，因此流动性安排在公募 REITs 二级市场中尤为重要。

流动性安排包括做市商制度、绿鞋机制等，其中最主要的工具为做市商制度，该制度能够持续稳定地为市场提供流动性保障和价格合理引导，起到"润滑剂"和"稳定器"的作用。而境外 REITs IPO 常用的绿鞋机制则有利于提升上市初期的流动性，对境内公募 REITs 提供了有益的借鉴。本节通过对两个制度基本情况、实际经验的介绍及相关数据的对比，分析流动性安排对公募 REITs 的重要作用。

### 一、公募 REITs 的做市商制度

#### （一）做市商制度的起源和发展

做市商制度又称为报价驱动交易制度，是境外成熟市场普遍采用的制度，起源于 20 世纪 60 年代的美国柜台交易市场。做市商制度指的是在证券市场中，由具备一定实力和信誉的法人作为经纪商，向投资者报出特定

证券的买卖价格（即双边报价），并在所报价位上接受投资者的买卖要求，以其自有资金和证券与投资者进行交易，从而为市场提供流动性。

20世纪90年代，我国即开始探索做市商制度运用于证券市场，银行间债券市场率先做出行动，央行于2007年1月颁布《全国银行间债券市场做市商管理规定》，正式建立做市商制度，银行间债券市场成为我国第一个正式引入做市商制度的市场。我国积累了一些经验之后，银行间外汇市场、新三板市场、沪深交易所基金市场均引入了做市商机制，在2022年1月初中国证监会就《证券公司科创板股票做市交易业务试点规定（征求意见稿）》向社会公开征求意见，科创板市场也将迎来做市商机制。做市商制度已成为我国证券市场盘活市场、提供流动性、稳定市场价格、促进价格发现效率的一个重要机制，为促进公募REITs的持续健康发展，引入做市商制度，则是题中应有之义。

### （二）做市商制度对公募REITs的重要意义

一是，做市商制度有效地为市场提供流动性，保证交易的连续性。做市商通过双边报价，提高交易活跃程度。采取积极做市策略的做市商通常报价策略更为激进，其报的买价或卖价通常要优于市场报价，从而提升市场成交量。尤其在交易量不足、价差过大的情况下，投资者投资意愿降低，做市商制度显示出优势。做市商通过连续双向报价，保证市场价格的连续性，避免了在某一价位上交易对手缺位的情况。做市商的持续双边报价义务一定程度上保证了投资者的交易需求，市场的流动性和交易的连续性得以维护，增强投资者信心，并逐渐吸引投资者进入。

二是，做市制度降低公募REITs价格波动。在相同的市场交易需求下，做市商的双边报价在一定程度上降低了大额交易对市场带来的价格冲击，进而降低公募REITs价格的波动，整体上有助于维护公募REITs市场的稳定。

当公募REITs价格剧烈波动时，做市商参与交易，通过双向报价与投资者进行交易来平抑价格波动，帮助投资者理性对待价格，有助于遏制价格操纵、过度投机的现象，促进价格回归其市场价值。此外，做市商的数量较多时，其相互形成良性竞争，做市商报价价差会最大程度缩小，使做市标的价格更趋于合理，也使投资者的交易成本降到最低，从而保护中小投资者利益。

三是，做市制度有助于公募 REITs 价值的发现。做市商往往是专业投资机构，具有研究、人力及财务资源、信息等方面的优势，通过对底层项目资产质量和市场行情的分析，其对于公募 REITs 的市场价格相较于个人投资者有更理性客观的判断，所给出的报价会更公允，与普通投资者相比更接近公募 REITs 的真实价值，可以引导市场价格回归至合理区间。

做市商制度引入做市商进入市场的同时，也提升了公募 REITs 市场中专业投资机构的比例，进而促进了公募 REITs 产品价格的发现。此外，标的产品的做市商较多且都较为优质，也会给市场传递正向的信号，增强市场对产品的信心。

四是，做市制度有助于投资者进行风险管理。首先做市机制有助于降低公募 REITs 的价格波动，进而降低了产品的整体风险水平，风险水平的降低有助于投资机构对公募 REITs 进行风险管理。其次做市机制通过提升公募 REITs 市场的流动性来降低退出成本，投资机构在能够比较方便实现公募 REITs 投资的退出，整体上降低了风险管理的难度。

五是，做市制度有助于公募 REITs 市场的良性循环。做市制度提升了公募 REITs 的流动性，降低交易成本，促进公募 REITs 价值的发现，进而吸引更多的机构及个人投资者参与投资交易，这些新增投资人的参与为公募 REITs 市场提供了额外的流动性，进而吸引更多的投资者参与，市场参与者的水平继续提高，有助于公募 REITs 市场的良性循环，形成整个市场的正反馈机制。

此种良性循环或许也会给原始权益人打一针强心剂，增强原始权益人对于公募 REITs 市场的信心，有利于增强已上市公募 REITs 的原始权益人扩募的动力；有利于促进更多原始权益人将企业的优质资产进行公募 REITs 上市，丰富公募 REITs 的底层资产；有利于让原始权益人在资产开发建设环节就以公募 REITs 上市为目标，形成闭环，增强我国基础设施的质量，吸引多方主体参与公募 REITs 市场，为公募 REITs 市场注入活力，从而更好地服务国家战略、服务实体经济。

（三）公募 REITs 引入流动性服务商

根据沪深交易所发布的《公开募集基础设施证券投资基金（REITs

业务办法（试行）》，基础设施基金上市期间，基金管理人原则上应当选定不少于 1 家流动性服务商为基础设施基金提供双边报价等服务，按照沪深交易所的《基金流动性服务业务指引》及其他相关规定执行。根据沪深交易所发布的《业务指南——发售上市业务办理》，指定做市商为公募 REITs 上市的前提条件，需在上市申请书（函）中明确。证券公司、商业银行、保险机构、信托公司、基金管理公司、财务公司等专业机构及其子公司，或沪深交易所认可的其他专业机构，可申请成为做市商。

根据上交所、深交所等公开信息，截至 2022 年 9 月 30 日，已上市 17 只公募 REITs 的做市商共涉及 14 家证券公司，每只公募 REIT 均有 3 家及以上的做市商。做市商家数分别为：

表 7-5　境内公募 REITs 做市商数量

| 项目名称 | 蛇口产业园 | 苏州工业园 | 张江光大园 | 普洛斯 | 盐田港 | 首创水务 | 首钢绿能 | 广州广河高速 | 沪杭甬高速 |
|---|---|---|---|---|---|---|---|---|---|
| 做市商家数 | 4 | 6 | 3 | 5 | 3 | 7 | 4 | 9 | 7 |

| 项目名称 | 中关村 | 越秀高速 | 中交高速 | 铁建高速 | 深圳能源 | 深圳安居 | 厦门安居 | 北京保障房 | |
|---|---|---|---|---|---|---|---|---|---|
| 做市商家数 | 7 | 6 | 7 | 6 | 6 | 4 | 4 | 5 | |

数据来源：沪深交易所，作者整理。

### （四）公募 REITs 做市商制度流程和评价规则

（1）制度流程：根据沪深交易所的规则，做市商应当制定健全的业务制度和完备的业务流程，涵盖做市业务管理、交易管理、结算、风险管理、内部控制、应急等各个业务环节，并明确各相关部门的职责和岗位设置。做市商应当制定做市业务管理办法，保障业务规范开展，内容包括但不限于做市业务实施机制、决策流程、授权体系、风险管理、合规与内部控制、考评及问责机制等。

做市商应当制定做市业务风险管理制度，加强对做市业务的风险管理，有效防范和化解业务风险，内容包括但不限于做市业务风险管理基本原则、风险指标设计、风险识别与评估、风险控制与处置、风险定期报告机制、压力测试的情景设置和分析等。

做市商应当制定做市业务应急预案,以应对做市业务中的突发事件,保障做市业务平稳开展。

(2)评价规则:沪深交易所设定相应的指标体系并进行定期统计监测,按照公开、公平、公正的原则对基金流动性服务商进行评级。根据《上海证券交易所基金业务指南第2号——上市基金做市业务》《深圳证券交易所证券投资基金业务指南第2号——流动性服务商评级》,做市商有以下的做市报价要求。

首先需要满足基本的报价义务,最小申报金额、最大买卖价差、平均单笔申报金额、开盘和收盘集合竞价参与率(其中上交所仅有开盘集合竞价)、连续竞价参与率等均需要满足及格线要求。

沪深交易所也在规则中提出了对于规范做市商的要求。例如,做市商不得进行内幕交易、市场操纵、谋取不正当利益,以及或者其他可能损害投资者合法权益的行为。

表7-6 境内公募REITs做市商做市义务要求

| 交易场所 | 最小申报金额(万元) | 最大买卖价差(%) | 最小平均每笔申报金额(万元) | 最低集合竞价参与率(%) | 最低连续竞价参与率(%) |
| --- | --- | --- | --- | --- | --- |
| 上交所 | 20 | 1 | 5 | 60 | 40 |
| 深交所 | 10 | 1 | 5 | 60 | 40 |

资料来源:沪深交易所,作者整理。

在满足基本报价义务的基础上,沪深交易所根据时间加权报价差、连续竞价参与率和成交量占做市服务平均成交量比重(其中上交所仅对主做市商考核该指标)等评价指标,对做市商为特定基金提供主做市服务情况进行定期评价,上交所的评价周期为月度,深交所的评价周期为季度,评级结果分为AA、A、B、C、D五级,D档为不合格。

**(五)公募REITs的流动性和波动率情况**

从流动性角度,根据REITs公告的做市商家数及做市义务要求,做市商的做市报价量占全市场报价量的占比通常超过10%,公募REITs的日换手率与做市商数量展现出一定程度的正相关关系。从价格波动性角度,公募REITs的日波动率与做市商数量展现出一定程度的负相关关系,并且

17 只公募 REITs 的平均日波动率为 2.26%。如不考虑上市仅一个月（截至 2022 年 9 月 30 日）的 3 只保租房 REITs，其他 14 只公募 REITs 的平均日波动率为 1.37%。

从新资产类型来看，首批保障性租赁住房 REITs 项目深圳安居 REIT、厦门安居 REIT 和京保 REIT 于 2022 年 8 月 31 日上市交易。保租房底层资产拥有更高的出租率、更稳定的租金，使得保租房 REITs 具备一定的抗周期属性，受到投资人的认可和青睐。从上市第 6 个交易日至第 22 个交易日（剔除上市首 5 个交易日）来看，3 只保租房 REITs 的日均换手率为 1.30%，略高于其他 14 只公募 REITs 同期的日均换手率 1.25%。

表 7-7 境内公募 REITs 做市商报价宽度、日均交易额、波动率、换手率

| 项目分类 | 项目名称 | 做市商家数 | 交易场所 | 达到优秀的报价宽度（%） | 日均交易金额（万元） | 日波动率（%） | 日换手率（%） |
| --- | --- | --- | --- | --- | --- | --- | --- |
| 仓储物流 | 普洛斯 | 5 | 上交所 | 0.80 | 2 972 | 0.99 | 1.56 |
|  | 盐田港 | 3 | 深交所 | 0.60 | 1 325 | 1.59 | 1.44 |
| 产业园区 | 张江 REIT | 3 | 上交所 | 0.80 | 1 195 | 1.19 | 1.52 |
|  | 蛇口产业园 | 4 | 深交所 | 0.60 | 1 678 | 1.33 | 1.99 |
|  | 苏州工业园 | 6 | 上交所 | 0.80 | 1 677 | 1.06 | 1.10 |
|  | 中关村 | 7 | 上交所 | 0.80 | 2 701 | 2.57 | 2.13 |
| 环保 | 首钢绿能 | 4 | 深交所 | 0.60 | 991 | 1.14 | 1.70 |
|  | 首创水务 | 7 | 上交所 | 0.80 | 2 043 | 1.80 | 2.80 |
|  | 深圳能源 | 6 | 深交所 | 0.60 | 3 710 | 3.28 | 2.68 |
| 高速公路 | 沪杭甬高速 | 7 | 上交所 | 0.80 | 1 018 | 0.71 | 0.89 |
|  | 广州广河高速 | 9 | 深交所 | 0.60 | 2 361 | 0.56 | 1.33 |
|  | 越秀高速 | 6 | 深交所 | 0.60 | 1 855 | 2.09 | 2.31 |
|  | 中交高速 | 7 | 上交所 | 0.80 | 4 214 | 0.39 | 1.77 |
|  | 铁建高速 | 6 | 上交所 | 0.80 | 2 846 | 0.48 | 2.32 |
| 保租房 | 深圳安居 | 4 | 深交所 | 0.60 | 1 858 | 6.46 | 2.75 |
|  | 厦门安居 | 4 | 上交所 | 0.80 | 1 891 | 6.41 | 2.94 |
|  | 北京保障房 | 5 | 上交所 | 0.80 | 1 984 | 6.44 | 2.95 |

数据来源：Wind，作者整理。

注：换手率 = 日成交量 / 流通份额，为保持换手率可比，数据收集时间为 2021 年 7 月 1 日—2022 年 9 月 30 日，首批 9 只 REITs 的换手率计算截止日为 2022 年 6 月 20 日（首批 REITs 解禁前一日）。

## （六）做市商制度在境内 ETF 市场的应用

公募 REITs 和交易型开放式指数基金（以下简称 ETF）做市商机制均在沪深交易所基金流动性服务框架下运行，并且公募 REITs 和 ETF 均在交易所上市，投资人可以如买卖股票一样去购买两种产品，二者具有高度相似性，下面以运行多年的 ETF 做市商机制为例量化分析做市商的重要作用。

我国 ETF 市场于 2012 年推出基金流动性服务，并于 2018 年底实施了新的做市商遴选机制和评价体系，实施至今已逾三年，整体平稳有序。根据上交所 2022 年初发布的《2021 年度上海证券交易所基金做市商报告》，截至 2021 年 12 月 20 日，上交所基金市场共有做市商 29 家，涵盖了以头部券商为主的 14 家主做市商和以中小券商为主的 15 家一般做市商。截至 2021 年 12 月 20 日，具有做市商的基金产品共 372 只，较 2020 年增加 158 只。具有做市商的 ETF 为 357 只，占沪市 ETF 的 90%，较 2020 年增长约 10%。做市商成交金额占全部做市产品总成交金额的 19%，与 2020 年相比，成交金额占比增长约 8%，做市商制度对 ETF 市场的重要性不言而喻。

以上交所股票型 ETF 为例，2021 年上交所股票型 ETF 的日均换手率均值为 6.57%，其中无做市商的仅为 1.49%，有做市商的为 7.10%，有做市商的股票 ETF 日均换手率为无做市商股票 ETF 的 4.76 倍，可见有做市商的品种交易活跃度明显高于无做市商的品种，做市商对提升市场交易活跃程度的作用显著。股票型 ETF 平均相对买卖价差为 0.12%，其中无做市商的平均相对买卖价差为 0.46%，有做市商的平均相对买卖价差为 0.09%，相较于无做市商股票 ETF，有做市商的股票 ETF 平均相对买卖价差降低 0.37%，做市商的参与缩小了基金相对买卖价差，提升了定价效率，为普通投资者提供以更合理价格交易的机会。另外，做市商个数的增加也会提高交易活跃程度，降低价格波动。个例来看，广发基金的中证 500ETF 基金在 2020 年 7 月 29 日新增一家券商为其做市商，从原来的两个做市商变为三个做市商，新增做市商前两个月日均换手率为 1.53%，新增后两个月日均换手率为 1.93%，增加了 0.4 个百分点；波动率则由 1.80% 降低 0.58 个百分点至 1.22%。

另外，通过日均折溢价率的绝对值衡量交易价格偏离程度，根据《上海证券交易所 2020 年度基金做市商系列报告（一）》，2020 年上交所股票型 ETF 交易价格偏离 IOPV（基金份额参考净值）平均为 0.26%，而无做市商的高达 0.73%，有做市商的为 0.20%。可见 ETF 引入做市商有助于 ETF 交易价格回归其价值，提升定价效率，降低投资者交易成本。

## 二、境外绿鞋机制

除做市商制度外，境外在 REITs 的流动性安排上常用的另一机制为绿鞋机制，一般在 IPO 上市后 30 日内使用，主要目的为稳定价格，提升上市初期的流动性。本小节我们将介绍绿鞋机制的发展与应用，以及与境内公募 REITs 做市商制度的对比，探索值得国内借鉴的经验。

### （一）境外绿鞋机制的起源和发展

超额配售选择权（以下称"绿鞋"或"绿鞋机制"）于 1963 年在美国率先于股票 IPO 时使用，该机制指的是在股票发行时，发行人授予后市稳定商在该次发行簿记结束后一段时间内（一般为定价日后的 30 个自然日）按发行价超额发行不超过该次初始发行数量的一定比例（一般最高为 15%）股份的权利。美国 1960 年初的股市情况较好，监管当局批准"绿鞋机制"主要还是为了鼓励更多企业从公开市场融资，1960 年美国证券交易商协会将超额配售选择权认定为价格稳定机制，超额配售的最高比例定为 10%，1983 年美国证券交易商协会继续将超额配售最高比例提升至 15%。

一般而言，实施"绿鞋机制"的主要目的是：如上市后二级表现承压，则后市稳定商运用超额配售所获得的资金，进行发行初期稳定后市的操作，不行使或不全部行使超额配售选择权；在股价表现良好的前提下，后市稳定商行使超额配售选择权，实现发行人发行规模的扩大。

### （二）绿鞋机制的安排、执行结果、策略

在股票首次发行簿记结束后，发行人与承销商会根据簿记情况决定是否在初始发行规模外，多配售一定数量的股票（即初始超额配售）。如果进行初始超额配售，则承销商将与发行人或基石投资者签署借股协议用于配售，此时承销商处于卖空状态，初始超额配售所获募集资金此时暂不计入发行人的融资规模，该部分资金可全部或部分供后市稳定商用于稳定后市。

最终，承销商/后市稳定商将视上市后的股价表现和相应稳市需求，

选择在公开市场买回或行权"绿鞋",来偿还予发行人或基石投资者。行权"绿鞋"增发所获得的资金可计入发行人的融资规模。

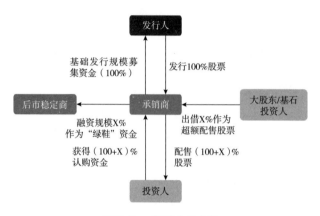

图7-3 "绿鞋"的安排

资料来源:作者整理绘制。

"绿鞋机制"的行权是扩大发行规模的关键,而是否能最终行权取决于股票定价高低以及股票上市后的股价表现,后市稳定商的操作不会直接影响公司是否获得超额配售股份对应的募集资金。

表7-8 "绿鞋"的执行结果示意

| 项目 | 股价始终低于发行价 | 股价始终高于发行价 | 股价较发行价有涨有跌 |
|---|---|---|---|
| 后市稳定期内后市稳定商操作 | 后市稳定商将15%绿鞋资金全部用于二级市场购买股票 | 后市稳定商无需进入二级市场购买股票 | 股价低于发行价:稳市商从市场买入股票;股价高于发行价:向市场卖出股票以刷新绿鞋 |
| 后市稳定期结果示意 | 超额配售权失效<br><br>股票:15%还给大股东/基石投资者;募集资金:100%不变 | 超额配售权全额执行<br><br>股票:上市公司增发15%股票还给大股东/基石投资者;募集资金:后市稳定商将15%资金交给上市公司,募集规模为原规模的115% | 超额配售权部分执行<br><br>股票:增发与二级市场买入股票合计X%还给大股东/基石投资者;募集资金:100%+增发部分 |

根据发行人的需求,后续稳定通常有以下目标:确保上市首日开盘不低于发行价;确保后市稳定期内股价有良好表现;超额配售部分尽量多执行,从而扩大募集规模。

常见的后市稳定策略主要包括:挖掘多渠道护盘资金,主要挖掘配售中未能足额获配机构、与发行人或承销商保持较好合作关系的机构投资人、未能参与配售的机构;针对性的护盘策略。

上市首日通常采用较为激进的护盘策略,设置开盘、盘中以及尾盘相应的交易策略,有效利用绿鞋资金保证上市首日股价表现;后市稳定期内,通常采用继续挂出一定规模的高于发行价的买单策略,若出现恐慌性下跌时,再抛压减轻及时护盘。

### (三)"绿鞋机制"在境外 REITs 发行中的应用

以新加坡和中国香港 REITs 发行为例,在其发行时实施"绿鞋机制"的要求与一般公司一致。超额配售规模上限通常不超过初始发行规模的 15%,后市稳定期间为定价日后的 30 个自然日内。

#### 1. 行权结果:新加坡 REITs "绿鞋"行权结果更优

从选取的 38 只新加坡 REITs 和 11 只中国香港 REITs 样本的 IPO 发行情况看,84% 新加坡的 REITs 在 IPO 发行时设置了"绿鞋机制",初始超额配售比例均值为 9.19%,11 只中国香港 REITs 发行时则均设置了"绿鞋机制",初始超额配售比例均值为 11.45%。

从"绿鞋"行权结果看,32 只设置"绿鞋"发行的新加坡 REITs 实际行权规模的均值在初始发行规模的 6.05%;11 只香港 REITs 的实际行权规模均值为初始发行规模的 5.06%。整体看新加坡 REITs 的"绿鞋"行权情况更优,发行人可获得更大的发行规模。原因可能为 REITs 在新加坡市场认知程度更高或发行定价估值更合理,投资人看涨预期更强,因此发行初期各只 REIT 股价破发情况较少。

表 7-9 境外 REITs 发行时"绿鞋"执行情况

| REITs 上市地 | 样本数 | 设置"绿鞋"样本数 | "绿鞋"行权 | "绿鞋"额度 | 行权规模 |
| --- | --- | --- | --- | --- | --- |
| 新加坡 | 38 | 32 | 23 | 9.19% | 6.05% |
| 中国香港 | 11 | 11 | 6 | 11.45% | 5.06% |

数据来源:Bloomberg。

## 2. 流动性：初始超额配售资金利于提高产品上市初期流动性

初始超额配售资金需要在定价内后 30 个自然日内由后市稳定商决定是否使用，根据后市稳定的目标，通常后市稳定商会在交投最为活跃的上市首日大规模地使用绿鞋资金，因此"绿鞋资金"的存在进一步提高了上市首日 REITs 产品的换手率。

在法定的后市稳定期内，如有资金余量，后市稳定商亦会选择在合理点位进场进行护盘操作。从样本 REITs 后市稳定期内平均换手率（剔除上市后日）和稳定期后一个月平均换手率上看，初始超额配售资金可能一定程度上在稳定期内提升了产品的流动性。

此外，通过新加坡是否设置"绿鞋"发行的 REITs 在上市初期的换手率对比也可以看到，设置了"绿鞋机制"的 32 只 REITs 在法定的后市稳定期内平均换手率为 1.25%，未设置"绿鞋"的 6 只 REITs 相同期间内平均换手率为 0.84%。

**表 7-10　REITs 设置"绿鞋机制"后上市流动性对比**

| REITs 上市地 | 设置"绿鞋"样本数 | 后市稳定期内日均换手率（%） | 后市稳定期后一个月日均换手率（%） |
|---|---|---|---|
| 新加坡 | 32 | 1.25 | 0.28 |
| 中国香港 | 11 | 1.54 | 0.43 |

数据来源：Bloomberg。

注：后市稳定期内日均换手率剔除上市首日换手率。

"绿鞋机制"有利于提升产品上市初期流动性。个例来看，汇贤产业信托于 2011 年 4 月上市，并向包销商授予 15% 的超额配售权，上市后汇贤产业信托一度跌破发行价，稳定价格操作人在香港联交所以低于发行价的价格买入初步基金单位总数的 15%，稳定期内平均换手率为 1.32%，稳定期后一个月日均换手率为 0.15%。越秀房产信托基金于 2005 年 12 月上市，并向包销商授予 15% 的超额配售权，上市后股价一度在发行价之上，稳定价格操作人全额行使超额配售权，稳定期内平均换手率为 2.84%，稳定期后一个月日均换手率为 1.40%。

3. 价格波动性："绿鞋机制"对价格走势的提振并不明显

选取新加坡市场 32 只设置"绿鞋机制"的 REITs 与 6 只未设置"绿鞋机制"的 REITs 在后市稳定期的交易日内每日价格涨跌幅（剔除首日价格波动影响）进行对比后发现，发行时是否设置"绿鞋"对每日价格涨跌幅的影响差异较小，主要原因可能为较大体量的"绿鞋资金"均用于首日护盘，后续期间内资金量对于盘面价格走势的影响力减弱。

从另外一个角度看，部分设置了"绿鞋"却在首日破发的 REITs，后续期间内价格也未能较快地实现上涨，主要原因一方面也是受首日护盘后"绿鞋资金"额度减少的影响，另一方面也可能是在后市护盘的策略下，针对破发的 REITs，鉴于交易流动性的减弱，以抛压减轻护盘的操作为主。

### （四）公募 REITs 做市商制度与绿鞋机制对比

以中国 REITs 2021 年 6 月至 12 月间换手率为例，中国内地第一批 9 只公募 REITs 已上市交易 133 个交易日，第一批 9 只 REITs 产品的日均换手率均值约为 1.60%，而采取"绿鞋"机制的 32 只新加坡 REITs 以及 11 只中国香港 REITs 在相同的上市交易期间内日均换手率均值分别为 0.36% 和 0.56%。[①]

做市商制度更有利于产品的长期流动性。通过对比境内外 REITs 在上市后 133 个交易日的日均换手率可以看出，中国内地公募 REITs 的日均换手率水平明显高于新加坡和中国香港市场的 REITs。同时，由于"绿鞋机制"在上市首月后即不再对市场流动性有边际贡献，因此中国内地公募 REITs 上市 20 个交易日后的日均换手率相较新加坡和中国香港市场的优势进一步扩大。除了这几个市场因投资者情况不同可能带来的交易意愿差异外，中国内地公募 REITs 市场做市商也为市场额外提供了长期持续的流动性。

表 7-11　中国境内外 REITs 上市 133 个交易日日均换手率均值对比

| REITs 上市地 | 中国内地 | 新加坡 | 中国香港 |
| --- | --- | --- | --- |
| 样本数（个） | 9 | 32 | 11 |

---

[①] 考虑中国内地公募 REITs 首发上市时有较高比例的战配份额处于锁定期内无法交易，此处内地公募 REITs 日换手率按日成交量/流通份额计算；新加坡/中国香港日换手率按日成交量/上市份额。

续表

| REITs 上市地 | 中国内地 | 新加坡 | 中国香港 |
|---|---|---|---|
| 上市首日换手率均值（%） | 21.99 | 9.80 | 17.87 |
| 日均换手率均值（%） | 1.60 | 0.36 | 0.56 |
| 剔除上市首日成交后日均换手率均值（%） | 1.44 | 0.29 | 0.43 |
| 上市后第 21–133 个交易日日均换手率（%） | 1.44 | 0.22 | 0.27 |

数据来源：Wind，Bloomberg。

注：中国内地换手率=日成交量/流通份额，新加坡/中国香港换手率=日成交量/上市份额。

## 三、浅析扩募对公募 REITs 流动性的影响

2022 年 9 月，普洛斯 REIT、盐港 REIT、蛇口产园 REIT、张江光大 REIT、首创水务 REIT 共计 5 只公募 REITs 公告扩募，预示着国内公募 REITs 市场首批扩募开启。从境外 REITs 扩募经验来看，扩募对 REITs 流动性有正向支持作用。

以 GLP J-REIT 为例，其是普洛斯持有的日本仓储物流设施的单体上市 REIT，是日本第 5 大上市 REIT。GLP J-REIT 上市以来，通过多次资产收购，在管资产规模增长近 3 倍，优质资产持续注入与单位基金份额稳定增长，形成良性循环。根据历史成交量统计，扩募前后市场流动性会有一定程度的上升。

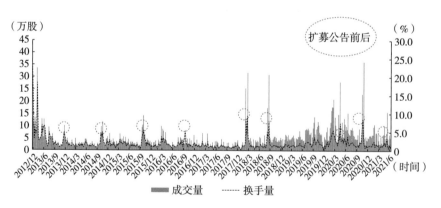

图 7-4　GLP J-REIT 成交量及换手率情况

数据来源：Bloomberg，作者整理绘制。

## 四、做市商制度的未来展望

参照新加坡、中国香港等成熟市场的过往情况，由于REITs股债结合的属性，投资人长期持有的意愿相对较高而交易意愿偏低，换手率普遍不高，二级市场的流动性总体上弱于股票，投资者在买入或卖出时可能存在交易对手缺位、无法及时成交的情况，而流动性不足可能带来上市后短期内交易价格大幅波动。因此，能承担"买卖桥梁"角色的做市商的作用对于公募REITs市场显得弥足重要。公募REITs做市商能够通过合理定价和连续双边报价，在为市场提供充足流动性的同时，减少市场波动、降低投资者交易成本，并依托自身的研究和系统优势，通过专业分析并衡量自身风险形成较为合理的报价，引导市场价格向其内在价值靠拢。相较于新加坡/中国香港REITs市场的"绿鞋机制"，境内的做市商制度能够在更长期中持续、稳定地为市场提供流动性保障和价值引导。此外，鉴于目前公募REITs大幅上涨、投资人看涨预期较强的市场行情下，也可考虑在公募REITs发行时引入绿鞋机制，实现价格由一级市场向二级市场的平稳过渡，和做市商机制相辅相成，起到市场"润滑剂"和"稳定器"的作用。

总体而言，做市商制度有助于公募REITs市场良性循环，形成整个市场的正反馈机制。该制度也有利于增强已上市公募REITs的原始权益人扩募的动力，有利于让原始权益人在资产开发建设运营环节就以公募REITs上市为目标，提升基础设施质量，丰富公募REITs的底层资产，进而吸引多方主体参与到公募REITs市场，为公募REITs市场注入活力，从而更好地贯彻落实党中央深化金融供给侧改革、服务国家战略、服务实体经济。

展望未来，做市商机制有广阔的发展前景，将进一步推进公募REITs市场的发展，对国内资本市场的建设大有裨益。未来，做市商也可以在如下方面探索发挥更大的作用。

（1）2022年6月，国内第一批公募REITs战略投资者份额的解禁，大幅扩大了公募REITs市场的流通规模，使得公募REITs出现价格波动,此时,做市商平滑市场的作用凸显,快速稳定市场。而未来随着公募REITs不断扩容、扩募,对于做市商的综合服务方案也会提出新的要求和挑战。

(2) 公募REITs一级市场的发行和扩募会受到二级市场价格的正反馈,二级市场对新发及扩募资产的定价是非常重要的价格"锚",对于未来增加公募REITs市场容量,做市商对二级市场价格的合理引导具有重要作用。

(3) 随着公募REITs市场蓬勃发展规模扩张,预计会出现公募REITs的指数、公募REITs主题的ETF基金等二次创新产品,以满足投资者在配置、"固收+"、风险管理等不同方面的需求,定制化产品组合的需求势必增强。做市商因其具有的流动性管理能力和较强的研究能力,在成分选取、市值加权、价格加权甚至流动性加权等指数构建过程中,未来也可以对以公募REITs产品为基础资产的创新产品构建起到积极的作用。

# 第八章

# 公募 REITs 的治理模式

"中国公募 REITs 的实践与方向"课题组

有效、稳定的治理模式对 REITs 项目保持长期稳定发展至关重要。本章首先深入分析了 REITs 治理模式的必要性,再全面梳理了境外 REITs 治理模式的经验,并结合公募 REITs 治理模式的特殊性,对我国公募 REITs 治理模式的设计和创新进行探讨。

## 第一节　公募 RIETs 治理模式的必要性

2021 年 6 月，国内首批 9 只基础设施公募 REITs 发行，截至 2022 年 9 月共有 17 只 REITs 在交易所上市，其中 3 只为保障性租赁住房 REITs。随着国内不同类型 REITs 项目的接连发行，关于如何进一步完善公募 REITs 产品治理机制的讨论日渐增多。因为有效且稳定的治理机制不仅能够有效提升项目效益，同时也能够很好地区分相关干系人的权责利，有利于 REITs 长期稳定的发展，因此有效、稳定的治理机制对公募 REITs 市场的发展将起到至关重要的作用。

按照管理人身份划分，REITs 可以采用内部管理与外部管理两种治理模式，孰优孰劣一直存在广泛争论。一般认为，外部管理模式是指 REITs 以公司或信托的形式作为资产持有主体，基金管理和资产管理功能由外部的第三方专业机构承担；而内部管理模式是指 REITs 拥有不动产资产的同时拥有内部运营管理人团队，前述管理职责由内部管理团队承担。REITs 管理内容通常包含投资管理和运营管理两方面，同一只 REIT 可能存在不同的委托方式，如投资管理委托 REIT 内部团队，而运营管理委托外部机构。一般具备委托特征的 REITs 虽然不能决定其被分类为内部管理或外部管理，但明确的委托关系可有效划分权责利，我们在后文的案例中也可以看到，在确立委托法律外观的情况下，REITs 和管理公司后续两者的独立发展空间更大。

按法律表现形式划分，REITs 产品大致分为契约型、公司型和有限合伙型三类，前两类使用最为广泛。澳大利亚、新加坡、中国香港采用契约制，存在明确的一层或多层委托关系；日本采用契约制/公司制，法律明确要求需采用委托经营的模式；美国可采用契约制/公司制/有限合伙制，公司制/有限合伙制对于是否采用委托经营则没有明确的要求。

值得注意的是，REITs 的管理模式不仅和产品的法律载体形式没有必然的对应关系，也无法代表其利益冲突来源或大小。事实上，很多案例中 REITs 委托外部管理机构进行管理仅仅是形式上的安排，不能认为其天然就有更长的代理链条或更好的平衡关系。回归本质，不论是内部管理还是外部管理，需要深入思考的是，REITs 战略由谁制定，管理工作由谁实施，审核监管由谁控制，激励机制如何实施，股东利益由谁保护等问题。

比较不同 REITs 治理效果时往往会先将其归类为上述内部管理和外部管理两种管理模式，分析其管理的传导与控制机制，再比较其各项财务指标情况，从而得出两者的优缺点。但同时治理模式又与各国的法律、文化甚至传统习惯等密切相关，何为最好的治理模式难以有标准答案。在实操中应该结合每一个独立市场和市场中案例的实际情况，深入分析在大股东、发行人（或原始权益人）、中小股东、基金管理人（或受托人）、管理团队、外部管理机构之间可能存在的利益冲突和平衡机制。同时，我们在关注治理结构对投资者尤其是中小投资者权益的影响时，也应该关注治理结构对于原始权益人/发起人发行意愿的影响。

各国 REITs 市场在发展过程中面临的问题和环境不同，不能简单地生搬硬套，应当根据市场的发展阶段选择合适的管理模式，同时管理模式的相关法律法规也应根据市场的发展动态调整。如一些境外 REITs 市场发展过程是依托房地产企业将其资产出表再融资发展起来的，这一发展过程也符合当时当地经济发展需要，因此政策上也会倾向于支持其将原有的管理体系和治理机制延续到 REITs 产品上。所以本章将从 REITs 产品管理结构的本质出发，对全球主要 REITs 市场采用不同管理模式进行简单分析，并结合 REITs 治理模式的特殊性，试图探究我国公募 REITs 的最优治理模式。

## 第二节　境外 REITs 治理结构和典型案例分析

公募 REITs 治理模式随着 REITs 的发展一直被人们广泛讨论，然而不管是目前 REITs 发展最为成熟的美国，还是规模处于第二位的亚太市场,均有各种不同类型的治理模式共存,目前并不存在所谓的最佳的治理模式。一般在探讨 REITs 治理模式的前提时,首先应当讨论载体的结构,载体依据各国的法律要求会存在差异。因此要想探究 REITs 治理模式的最佳适配性,还需要结合各国公募 REITs 项目采用的法规结构来探讨具体 REITs 治理模式的现状及改良方式。

当前境外 REITs 市场中,美国市场大部分 REITs 采用的是内部管理模式,日本、新加坡、中国香港等市场多采用外部管理模式,中国内地公募 REITs 项目大多采用的也是外部管理模式、契约型载体。结合境外外部管理到内部管理诉求,从投资人角度分析,实际可能是希望 REITs 能够进一步绑定资产管理公司的管理能力,避免管理公司在管理中厚此薄彼倾向于其他在管资产,或者盲目扩大规模损害投资人利益等。

## 一、美国 REITs 治理结构和典型案例分析

### (一)美国 REITs 治理情况概要

目前,美国的大部分 REITs 都是以内部管理模式为主。内部管理模式下,董事会通过股东大会选举产生,董事会拥有重大事项的决策权和监督执行权,董事会聘任内部管理团队进行资产管理;内部管理团队(管理层)由董事会代表股东大会聘任,经董事会授权后,负责公司 REITs 资产的运作和投资等日常经营管理活动。

外部管理模式下,董事会通过股东大会选举产生,董事会成员拥有重大事项的决策权和监督执行权;外部管理机构由董事会代表股东大会聘任,经董事会授权后,负责公司 REITs 资产的运作或投资等日常经营管理活动。

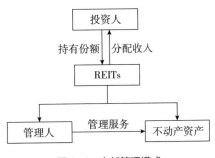

图 8-1　内部管理模式

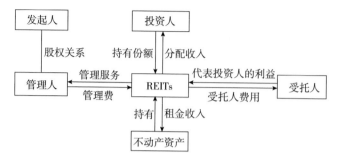

图 8-2 外部管理模式

### （二）美国 REITs 治理法律法规

美国 REITs 市场发展的初期法令对 REITs 产品的结构形式做了明确规范，且要求必须通过第三方管理其资产，其后经历了漫长的过程，逐渐放开了产品的结构形式，允许 REITs 进行内部管理，并可以持有应税子公司（Taxable REIT Subsidiary，以下简称 TRS）的股权。

主要的法律法规演变如下：

• 1960 年，《国内税收法典》的修正案，规范了 REITs 产品的结构形式，REITs 市场起步；

表 8-1 美国初期 REITs 治理相关法律法规

| 条款来源 | 具体内容 | 含义 |
| --- | --- | --- |
| 《国内税收法典》第 856（a）条 | 房地产投资信托是指公司、信托或协会 a）由一名或多名受托人或董事管理。 b）其实益拥有权以可转让股份或可转让的实益权证明为证明。 c）（除非有本部分的规定）应作为国内公司征税…… d）实益拥有权由 100 人以上持有…… | 规定房地产投资信托可以是公司制，而并非必须是非法人商业信托组织。需设有董事会或由托管人管理（股份公司模式的 REITs 由公司董事进行管理，信托模式的 REITs 则由信托受托人进行管理） |
| 《国内税收法典》第 542 条 | a）在纳税年度后半段的任何时候，其流通股的价值超过 50% 或由不超过 5 个人直接或间接拥有 | 对持股比例进行了约束，为了确保不动产投资信托不被少数人所控制 |

资料来源：作者根据美国相关法规整理。

• 1976 年《REITs 简化修正案》，允许 REITs 以公司制存在；

·1986年《税制改革法案》，允许REITs直接经营和管理其资产，其后大量REITs开始采用公司制结合内部管理；

·1992年，出现伞形有限合伙的模式，获得美国国税局的认可，新的产品模式递延了资产装入REITs过程的资本利得税，也使得利用REITs进行扩展在产品结构上更加容易；

·1999年《REIT现代化法》，规定REIT可以持有TRS的股权，并将之计入REIT的资产。TRS可以向承租人提供服务，包括经营和管理任何资产，开发并出售物业等。运营管理机构进一步与REIT融为一体。

表8-2 美国现代REITs治理相关法律法规

| 条款来源 | 具体内容 | 含义 |
| --- | --- | --- |
| 《国内税收法典》第856(d)(7)、856(i)条 | 就房地产投资信托而言，"应税REIT子公司"（TRS）一词是指一家公司（房地产投资信托除外），如果……<br>a) 该信托直接或间接拥有该公司的股票，以及……<br>b) 就本部分而言，该信托和该公司共同选择将该公司视为该信托的应税REIT子公司<br>此类选择一经作出，即不可撤销，除非此类信托和公司均同意撤销 | 允许REITs直接经营和管理其资产，承认了应税REIT子公司（TRS）的形式，进而使REITs实际上可以间接为其租户提供几乎所有相关的业务 |
| 《不动产投资信托现代化法》第102条、《国内税收法典》第856(d)(8)条 | a) 来自应税REIT子公司的收入，不被视为不允许的租户服务收入<br>b) 来自应税房地产投资信托基金子公司的特定收入不排除在不动产租金中 | |

我们在下文选择了西蒙REIT对治理结构进行案例剖析。选择西蒙的原因是其不仅为内部管理治理结构的代表，且采用了伞形有限合伙的产品形式，与常规的公司制结构整体相似但复杂度更高。

(三) 案例：西蒙REIT

1. 西蒙REIT基本情况

(1) 发展历程

西蒙REIT是美国最大的购物中心地产投资、开发及管理公司，拥有北美地区最大的上市REIT，总部位于印第安纳州印第安纳波利斯。西蒙地产集团的历史可追溯至1960年，梅尔文·西蒙（Melvin Simon）和赫伯特·西蒙（Herbert Simon）兄弟开始在印第安纳州印第安纳波利斯开发带状购物中心。1993年12月，西蒙REIT上市，募资近8.4亿美元，是当时最大的房地产投资信托首次公开募股。西蒙的成功得益于稳健的营运管理和快速并购扩大规模的有机结合。西蒙上市时拥有物业114个，可出租物业面积503万平方米。上市至今，累计并购66次，并购金额超700亿美元。

（2）规模

截至2021年12月31日，西蒙拥有北美和亚洲232处物业的权益，其中在美国拥有199处，欧亚共计拥有33处。目前的物业和管理面积是241 000 000平方英尺（22 400 000平方米），是上市时候的约4.45倍。

（3）分派情况

西蒙REIT始终保持稳定的运营，也带动了市值稳步提高，历史分派率保持在较高水平。

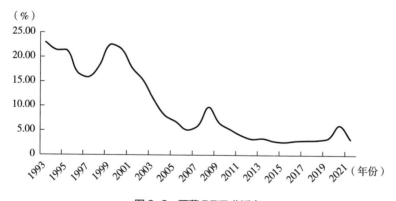

图8-3　西蒙REIT分派率

数据来源：Wind。

2. 西蒙REIT组织结构

西蒙采用伞形合伙结构，组织架构形式如图8-4。

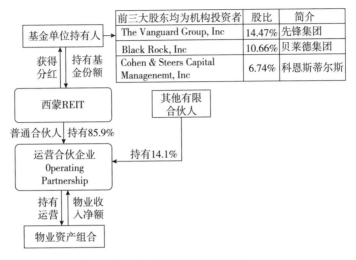

图 8-4　西蒙 REIT 组织架构

资料来源：作者根据公开资料整理。

在伞形结构下，运营合伙企业（Operating Partnership，简称 OP）持有资产同时是运营主体，西蒙 REIT 是合伙企业唯一普通合伙人，其他合作伙伴往往是资产提供者，出于递延缴税考虑，其他合作伙伴通常不直接取得 REITs 的份额，在将资产装入西蒙 REIT 后可获得合伙企业的有限合伙份额（Operating Partnership Units，简称 OPUs），而 OPUs 在持有一段时间后可以随时转换为 REITs 的份额。

西蒙 REIT 是运营合伙企业唯一的普通合伙人，且运营合伙企业与西蒙 REIT 共用一套管理体系和治理结构，因此西蒙 REIT 在伞形合伙结构下处于绝对的支配地位，其他合作伙伴作为有限合伙人取得递延缴税的权利，同时也递延取得普通合伙人的身份，并受到相应有限责任的保护。

（1）REIT 股东

先锋基金、贝莱德集团、科恩斯蒂尔斯是公司前三大股东。

根据表决权不同，存在 8 000 股 B 类股，每一份 B 类股内含两票表决权，分别被赫伯特·西蒙和戴维·西蒙（David Simon）委托。同时，B 类股有权选举最多 4 名董事会成员。

(2) REIT 董事会

董事会由 13 名董事组成,董事会 1/2 以上成员需要为独立董事,独立董事任职要求为非西蒙家族或重大股东,且要求每位独立董事在当选之日起六年内持有价值 85 万美元的普通股(或经营合伙企业的同等数量的有限合伙单位)。董事会可通过额外发行特殊类型股票,如附带优先权或转换权的 B 类股,维持西蒙家族的控制权。董事会下设三个委员会,分别是治理和提名委员会、审计委员会、薪酬委员会,分管董事筛选、财务审计以及人员薪酬制定等业务。

如果西蒙 REIT 决定募资,董事会有权增加债务,设立 / 投资合资公司,或在股东会授权范围内以其认为恰当的方式、条款和对价发行股份。对于资产取得或出售,需要 1/2 以上股东表决通过;而对于资产出售业务,考虑到可能涉及普通合伙人和有限合伙人的利益冲突问题,额外需要 3/4 以上独立董事进行批准。

(3) 管理团队

执行层核心是首席执行官,由戴维·西蒙担任,其他执行层骨干包括首席行政官、首席基金和财务官、首席会计官、董事会秘书等。西蒙 REIT 的运营管理和资金管理均由执行层领导下公司内部部门进行管理。

3. 西蒙 REIT 的治理结构分析

虽然采用了伞形合伙形式,西蒙 REIT 的治理结构实际与采用内部管理的公司制 REITs 治理结构非常相似。

治理结构的核心纽带是董事会,董事会下设三个委员会保证其运转的专业性,而外部董事的数量可以保证其运转的公正性,以保护中小股东利益。同时,西蒙家族通过在董事会的特殊选举和投票权利安排,以及董事会可调整特殊投票权股票数量等措施,可以确保其大股东控制地位。

从投资业务角度看,董事会实际具有极高的自由裁量权,并可以采用多种手段募集资金。而美国的监管措施实际上更加注重 REITs 产品的纯粹性,在资产进入和现金流出两个方向进行把控,要求总收入来源于房地产的比例必须在 75% 以上,净现金流分配必须在 90% 以上。

从经营业务角度看,在采用内部管理制度的情况下,一是在独立董事领导下进行更加严格的关联交易审查,二是董事会建立完备的薪酬管理机制,并委托外部专业机构协助其制订方案和评估效果,建立长期股权激励方案使团队与 REITs 长期利益进一步锁定,建立业绩奖励计划使得团队奖金与运营表现直接挂钩。

### (四)美国 REITs 治理结构分析

1940 年美国颁布《投资公司法》,确立以投资公司作为集合投资计划税收"穿透管道"。1986 年修订发布的《税制改革法案》(Tax Reform Act)基于美国国税局(Internal Revenue Service,简称 IRS)发布的私人信件裁定,允许 REITs 采用内部管理模式。这一修改促使房地产开发商积极组建 REITs,使得原有的 REITs 自 1986 年之后大多改组为持有并管理房地产的 REITs(投资决策由外部专家管理转变为内部管理)。

从发行人选择的角度,外部管理对于发行人(或原始权益人)显然存在更大的代理成本,在法律法规放开内部管理后,内部管理自然成为众多发行人最佳选择。目前美国市场大部分 REITs 为内部管理可能更大程度体现了发行人的意愿而非投资人的意愿。

但如 Ventas 等 REITs 项目中也可以看到,设定明确的委托管理关系,其实并非一定是被划分为内部管理还是外部管理,而是可以更加清晰地确立 REIT 和管理人的委托关系和划分权责利。REIT 与管理公司分别独立发展,双方可以分别制订实施其发展战略,双方各自投资人的利益得到充分保护,最终获得了各自独立的发展路径。

美国 REITs 非常重视董事会的核心管理作用,重视外部董事的独立性和专业性。董事会往往起到了平衡大股东和中小股东,大股东和发行人/原始权益人,股东和管理团队/运营机构关系的作用。

#### 1. 独立董事制度

在美国健全的资本市场下,REITs 独立董事可以在一定程度上有效阻止外部管理顾问在进行管理的过程中滥用管理与建议权利。由于独立董事具有审查、监督外部管理顾问作出决策或建议的权利,因此,独立董事可以成为有效的预防外部管理顾问滥用代理权利的保障。此外,独立董事还可以对 REITs 日常运作过程中存在的其他问题进行监督管理。因此,在采用外部管理顾问对 REITs 进行管理的模式之下，独立董事制度的运用有助于 REITs 的投资决策能够实现股东与管理层及外部管理顾问之间的利益平衡。在采用内部管理顾问的模式之下，独立董事制度的运用也可以保证内部管理层决策的中立性，进而在内部管理层利益与股东利益发生冲突的情况下防止管理层滥用管理权利损害普通股股东的利益。

2. 董事会结构组成与权力边界

董事会由股东选举产生，并向股东负责。典型的 REITs 董事会是由 7 至 9 名董事组成，董事成员要求有三年以上房地产管理经验，任期一年，可以连任。董事会的董事大部分是独立董事。根据北美证券管理者协会（North America Securities Administrators Association，简称 NASAA）的定义，REITs 的独立董事是现在和过往两年内与 REITs 的发起人或顾问公司都没有直接或间接关系的人。董事会的职责主要是决定 REITs 的投资策略，监督和指导企业的业务运作，但不直接参与企业的经营。

3. 给予董事会成员的特定保护

拉华州最高法院就认为"在正常情况下，法院与股东均不得干涉董事会作出的管理决议。商业判断规则赋予此类决议应被执行的权利"。在另一个案件中，马里兰州地区法院也主张在运用商业判断规则的问题上将 REITs 视为一般的公司，并且提出："在马里兰州，对于公司事务的掌控应是公司董事会的范围，如果董事会成员中的大多数正当运用其商业判断，则通常情况下董事会成员不应对由此作出的误判给公司及/或股东带来的损失承担责任。"可见，在大多数情况下，法院在涉及对董事会决议等进行审查的案件中，仍然是严格执行商业判断规则给予公司高级管理人员及董事会成员特定的保护。

## 二、日本和澳大利亚 REITs 治理结构简析

### （一）日本 REITs 典型案例治理结构

1. 日本 REITs 治理情况概要

日本《投资信托法》规定，REITs 必须采用外部管理模式，通过聘请第三方资产管理公司，委托其管理运营资产。资产管理人、资产委托人、

行政管理人相互独立。日本REITs（J-REITs）具有以下特点：一是REITs本身负责筹集资金，既不雇佣员工，也不进行实质性的经济活动；二是资产管理人（AM公司，相当于REITs的外部管理公司）负责不动产的购买、出售以及投资标准的决定等；三是资产保管公司（行政管理人），多为银行，保证信托财产的独立和安全，如存放不动产权凭证等；四是物业管理公司（PM公司）具体负责对REITs所保有的不动产进行运营管理。

从载体角度来看，日本的REITs几乎全部为投资法人型（公司型载体），主要是因为一方面契约型模式的监管更加严苛，导致经营成本较高；另一方面投资法人治理机制相对完善，有股东会、董事会及外部人士的安排，对于投资人保障性较好。

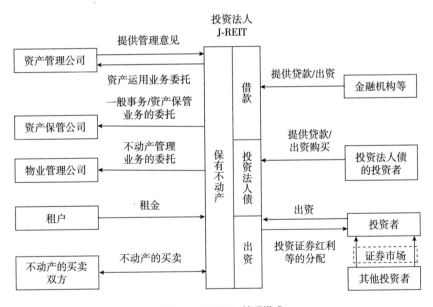

图8-5　J-REITs管理模式

资料来源：作者根据公开资料整理绘制。

### 2. 日本REITs治理相关法律法规

主要体现在《投资信托与投资法人法中》《投资信托和投资法人法》。

表 8-3 日本 REITs 治理相关法律法规

| 条目 | 内容 |
| --- | --- |
| 第 95 条 | 投资法人必须设置下列机构<br>1. 一名或两名以上执行役员<br>2. 监督役员（其人数至少比执行役员人数多一人）<br>3. 役员会<br>4. 审计人 |
| 第 96 条 | 役员（包括执行役员和监督役员）及审计人应根据投资人大会的决议选任 |
| 第 100 条 | 监督役员的资格<br>下列人员不得担任监督役员：<br>1. 第九十八条各项所列人士<br>2. 投资法人的设立企划人<br>3. 作为投资法人设立企划人的法人或其子公司的役员或雇员，或担任前述任意一个或两个以上职务的人<br>4. 投资法人的执行役员<br>…… |
| 第 109 条 | 职务<br>1. 执行役员代表投资法人执行投资法人的业务<br>2. 执行役员执行下属事件时，必须征得役员会的批准：<br>（1）委托事务<br>（2）签订与资产运营或保管相关的委托合同或变更合同内容<br>3. 执行役员必须就其职务的履行情况向役员会作报告，频率为至少每三个月一次 |
| 第 111 条 | 1. 监督役员负责就执行役员职务的执行进行监督<br>2. 监督役员可以随时要求执行役员、一般事务受托人、资产运营公司及资产管理公司就投资法人的业务及财产状况作出报告，或者进行必要的调查 |
| 第 198 条 | 向资产运营公司委托与资产运营相关的业务<br>1. 注册投资法人必须向资产运营公司委托与其资产运营相关的业务<br>2. 委托相关的合同未经投资人大会的批准，则不生效 |
| 第 206 条 | 投资法人的资产运营相关委托合同的解除<br>1. 注册投资法人未经投资人大会的决议，不能解除与资产运营公司签订的资产运营相关委托合同<br>2. 注册投资法人在符合下列各项中的任何一项时，无论前款的规定如何，根据役员会的决议，可解除与资产运营公司签订的资产运营管理相关委托合同<br>（1）资产运营公司违反职务上的义务或渎职<br>（2）无法继续委托资产运营相关业务 |

资料来源：作者根据日本相关法规整理。

3. 日本 REITs 治理结构分析

从日本 REITs 市场上来看，发起人深入渗透到 J-REIT 各个角色中，体现在：①发起人多为不动产开发商，且为 AM 公司重要股东；②J-REIT 设立后，也经常从发起人处收购不动产；③发起人还与 AM 公司签署支持协议（Support Agreement）[①]，支持后续 REITs 存续运营扩募事宜。

由此产生的利益冲突问题，J-REITs 在权力制衡和监督方面设定一些机制，主要包括：外部监督、加强利害关系审查、事后监管。首先，发起人出资设立 REIT 时，应由股东会选任董事会成员，董事会法律要求至少三位负责人，独立性人员占据多数；故实务上多为 1 名发起人、1 名律师、1 名会计师。其次，AM 公司要求设置外部委员参加的法律委员会和投资委员会，投资需经过法律委员会和投资委员会同意。最后，如涉及利害关系人交易，除通过 AM 公司审议外，还需经投资法人董事会同意。

### （二）澳大利亚 REITs 典型案例治理结构

#### 1. 澳大利亚 REITs 治理情况概要

澳大利亚的 REITs 采用的是信托载体，主要有两种结构，一种是独立单位信托（Units），另一种是合订证券结构（Stapled）[②]。

从市场情况来看，已经上市的 49 家 A-REITs 中，Stapled 结构的有 33 家，Units 结构有 15 家。

#### 2. 澳大利亚 REITs 治理相关规定

澳大利亚并未出台关于 REITs 的专项法规，A-REITs 归属于管理投资计划，并接受澳大利亚证券与投资委员会监管。如果 A-REITs 需要上市交易，还将接受澳大利亚证券交易所的审查。

---

[①] 例如，在 ESCON REIT 中，发起人与 AM 公司签署支持函，承诺发行新股时支持认购，并长期持股，对物业租赁、维修等方面提供支持"Sincere consideration of the partial acquisition of new investment units if ESCON REIT issues the new investment units, and the continuous holding of the investment units unless there are special circumstances"。

[②] 合订结构是将 1 个 REITs 的信托单位和 1 份基金管理公司的股份捆绑在一起，且一经合订，两者就不能分开交易。投资者通过持有 1 股合订证券，同时持有 1 个 REITs 信托单位和 1 份基金管理公司股份。

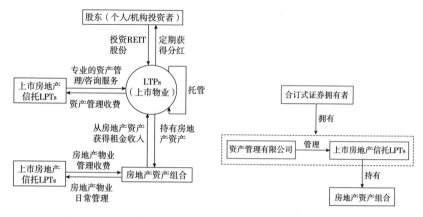

图 8-6 Units 结构

资料来源：作者根据公开资料整理绘制。

图 8-7 Stapled 结构

资料来源：作者根据公开资料整理绘制。

表 8-4 澳大利亚 REITs 治理相关法律法规

| 条款来源 | 具体内容 |
| --- | --- |
| 第 601FA 条 | 责任实体须为公众公司并持有澳大利亚金融服务许可证：<br>注册计划的责任实体须是持有澳大利亚金融服务许可证，并根据许可证被授权经营某项管理投资计划的公众公司<br>（责任实体即为基金管理人或受托人） |
| 第 601FM 条 | 投资者罢免责任实体：<br>如果注册计划的投资者希望罢免责任实体，可要求召开投资者会议审议并选任一家公司作为新责任实体。（如果该计划未上市，则该决议须为特别决议） |
| 第 601GA 条 | 章程的内容：<br>（1）注册计划的章程须就下列内容作出适当规定：<br>责任实体投资或以其他方式处置计划财产的权力<br>（2）如果责任实体有权从计划财产中收取费用，或有权为该计划借入或筹集资金，则这些权力需要在章程中载明 |
| 第 601GC 条 | 变更章程：<br>（1）注册实体的章程可通过计划的投资者的特别决议或责任实体在合理认为该变更不会对投资者的权力产生不利影响的情况下变更；<br>责任实体须向 ASIC 提交章程修改的副本或新章程的副本，方可生效 |
| 第 601JA 条 | 何时须设立合规委员会：<br>如果注册计划的责任实体一半以下的董事为外部董事，则该责任实体须设立合规的委员会 |
| 第 601JB 条 | 合规委员会的成员资格：<br>注册计划的合规委员会须至少由 3 名成员组成，且其中大多数成员必须是外部成员 |

续表

| 条款来源 | 具体内容 |
| --- | --- |
| 第 601JC 条 | 计划合规委员会的职责：<br>监督责任实体对该合规计划的遵守程度，并向责任实体报告其发现的情况 |
| 公司法第 249 条 | 当获得至少 5% 或 100 位持有人支持时，REITs 持有人可要求责任主体就某项决议召开或自行召开会议。普通决议以简单多数票数通过，特别决议以 75% 或以上的亲自或委托出席的票数通过 |

资料来源：作者根据澳大利亚相关法律法规整理。

3. 澳大利亚 REITs 治理结构分析

澳大利亚以信托的产品模式作为载体，存在内部、外部和合订三种治理结构，经过市场选择后，合订结构显然最受投资者欢迎。

在合订结构下，投资者通过持有 1 股合订证券，同时持有 1 个 REITs 信托单位和 1 份基金管理公司股份。在这种结构下，基金管理公司主要负责房地产物业的开发和建设，而收租型物业则由 REIT 来持有。这种结构事实上使投资人能够同时获得依赖资产取得收益的内生式收益，和依赖发展扩大资产管理规模获得收益的外生式收益，较好地兼顾了保护投资者现实利益和兼顾发展的效益。

美国历史上也曾出现过较多合订式案例，只是在其推出内部管理规则后，合订式的必要性逐渐下降。

## 三、新加坡和中国香港 REITs 典型案例治理结构

### （一）新加坡 REITs 典型案例治理结构

1. 新加坡 REITs 治理情况概要

自 2002 年第一只 REIT 在新加坡上市后，新加坡 REITs（S-REITs）发展迅速。目前新加坡有 44 只上市 REITs，总市值超过 1 100 亿新币（约 800 亿美金），是亚洲除日本外最大的 REITs 市场。

组织架构上，S-REITs 公司型与契约型均可，目前市场全部为契约型信托的运营模式，其受托人根据新交所上市规则的规定以及信托契约的约定发行 S-REITs 份额，用募集资金购买房地产或者相关资产，管理人负责

S-REITs 的日常管理与经营。受托人承担对信托财产的持有和对信托管理的监督，管理人因对物业熟悉程度不同承担不同的项目管理职能；在此基础上，因管理人权限较大，且存在关联方角色的利益冲突，在管理人董事会层面设立相应的制衡机制，投资人可以任命董事，此时独立董事占 1/3 即可，如投资人不任命董事，则独立董事占比要在 1/2。

2. REITs 治理相关法律规定

相关法律规定主要来源于 2002 年颁布的《集合投资计划守则》中房托基金部分。

表 8-5 新加坡 REITs 治理相关法律法规

| 条款来源 | 具体内容 |
| --- | --- |
| 《集合投资计划守则》2 | 房托基金管理人<br>管理人可以选择在房托基金于证券交易所上市时与房托基金签署管理协议。上市房托基金管理人应在新加坡有固定办公场所并应有不少于 100 万新加坡元的股东资金，基金管理人应有一名常驻首席执行官以及两名全职专业雇员（应达到官方发布的"适合标准指引"中的相应条件），此外，管理人应有至少 5 年房托基金管理经验、经受托人的同意指定具有至少 5 年房地产投资和/或咨询经验的顾问、聘任至少具有 5 年房地产投资和/或咨询经验的人员 |
| 《集合投资计划守则》3 | 房托基金受托人<br>受托人在履行其职能和职责时应尽职且勤勉尽责，包括保护投资人的权利和利益 |
| 《集合投资计划守则》4.1 | 房托基金的信托合同应包括以下条款：<br>管理人可由出席持有人大会的投资人以简单多数表决通过的决议解聘，前提是任何投资人均不得被剥夺表决权 |
| 《集合投资计划守则》5.6 | 房托基金并不禁止关联方作为计划财产的物业管理方或市场推广机构，只要付给关联方的相关费用和佣金不高于市场水平即可 |
| 新交所《证券上市手册——主板规则》第四章第二部分 | 以新元计算的公开交易 REITs，至少 500 名公众投资人，且这些人至少合计持有该 REITs 所发行的 25% 的信托单位。以外币计算的 REITs，也必须符合"持有人分散"（the spread of holders）的要求 |

资料来源：作者根据新加坡相关法律法规整理。

我们选择凯德综合商业信托（CICT）作为案例分析，因其作为新加坡市场第一家也是最大的 REIT，代表性无须赘言。

3. 案例：凯德综合商业信托（CapitaLand Integrated Commercial Trust，简称 CICT）

（1）CICT 基本情况

① 发展历程

CICT 是在新加坡证券交易所有限公司上市的第一家也是最大的 REIT，其于 2002 年 7 月在新交所以 CapitaLand Mall Trust（CMT）的名称首次公开发行，并在与 CapitaLand Commercial Trust（CCT）合并后于 2020 年 11 月更名为 CICT。

② 规模

CICT 资产组合包括新加坡 22 处物业及德国法兰克福 2 处物业。截至 2020 年 12 月 31 日市值为 140 亿新元。

③ 分派情况

表 8-6　CICT 分派情况

| 年份 | 分派金额（cents） | 净值（cents） | 分派率（%） |
| --- | --- | --- | --- |
| 2016 | 11.13 | 186 | 5.98 |
| 2017 | 11.16 | 192 | 5.81 |
| 2018 | 11.50 | 200 | 5.75 |
| 2019 | 11.97 | 207 | 5.78 |
| 2020 | 8.69 | 200 | 4.35 |

资料来源：CICT 官网，作者整理。

（2）CICT 组织架构

CICT 组织架构如下。

① 份额持有人大会

份额持有人大会是公司最高权力机构，可通过决议任免管理人及受托人。

② 资产管理公司董事会

资产管理公司采用并实行集体决策原则，因此，没有特定董事可以影响或支配决策过程。董事会保留批准某些事项的权力，包括：重大收购、投资和撤资；CICT 新份额的发行；份额持有人的收入分配和其他回报；涉及控股份额持有人或董事利益冲突的事项。除特别需要董事会批准的事项外，董事会将低于董事会批准限额的交易授权给董事委员会和管理层，以优化运营效率。

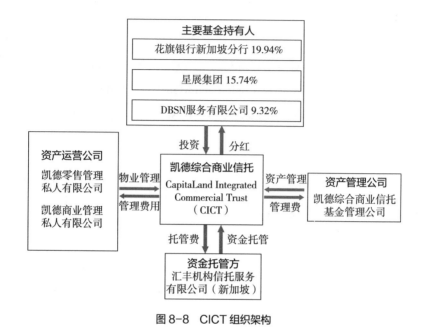

图 8-8　CICT 组织架构

资料来源：CICT 官网，作者整理。

公司董事会目前共有 8 位董事，其中 5 位独立董事。董事会主席为独立董事。IPO 文件要求董事会中至少有 2 位独立董事；董事会主席为非执行董事。为了保持适当的权力平衡，加强问责制和提高董事会独立决策的能力，董事会主席和首席执行官的角色和责任由不同的人担任。

③董事会委员会

为了协助董事会履行其职能，董事会建立了审计委员会和执行委员会，其中审计委员会由五名非执行董事组成，其中四人（包括审计委员会主席）为独立董事，负责公司内部财务审计、合规流程等工作；而执行委员会代表董事会监督管理人和 CICT 的日常活动。

（3）CICT 治理结构分析

整体架构上类似中国香港，不同点在于凯德的新加坡国资背景占据大股东席位；通过董事会介入管理人的公司治理，以第一线平衡各方的权责利；而为了平衡董事会层面的权责，依旧采用独立董事的架构，公司董事会共有 8 位董事，其中 5 位独立董事。董事会主席为独立董事。

**（二）中国香港 REITs 典型案例治理结构**

**1. 中国香港 REITs 治理情况概要**

从架构上看，契约型 REITs 采用外部管理模式，发起人通过发行收益凭证将资金筹集而组成信托资产；受托人代表持有人的利益并持有有关资产管理计划的资产；管理人依据信托契约进行管理及投资；投资者通过购买收益凭证投资于契约型 REITs，并根据其购买份额分享投资收益。

受托人一般为获发牌的银行或银行所属信托机构，代表持有人的利益并持有有关资产管理计划的资产，尽管拥有最终决策权，但受托人并不干预管理公司对基金的运营管理，也不干预资产经营，只对管理公司行为和资产管理计划的合规性进行监督。

管理公司一般为具备联交所要求的资质并获取相关牌照的相关管理公司，负责制定和审慎实施房地产投资信托基金计划的投资战略，对投资计划进行财务管理和现金流监测，策划管理租赁业务，进行例行楼宇维修管理，协助完成信息披露材料的准备和合规审查等。管理公司可以在不违反管理协议的条件下将底层物业管理职能转授给第三方服务机构，由独立服务商为租户提供物业服务。

中国香港 REITs 一般不设董事会，管理公司设置董事会，由 REITs 投资人选出。从中国香港的实践中看，发起 REITs 的大多数为大型房地产企业，通过成立全资机构作为 REITs 的外部管理者，同时在 REITs 层面持有较大的份额（第一大股东）。因此，房地产企业作为发起者在各层级中均承担了重要角色，同时是 REITs 的发起人、持有人、控制着 REITs 的管理公司，对 REITs 的决策、日常管理都有着绝对的控制权。

**2. 中国香港 REITs 法律法规**

《房地产投资信托基金守则》是中国香港地区规范房地产投资信托的最直接的规范性文件。

根据该法规 3.1 条规定：房地产投资信托基金是以信托方式组成而主要投资于房地产项目的集体投资计划。有关基金旨在向持有人提供来自房地产的租金收入的回报。房地产投资信托基金通过出售基金单位获得的资金，会根据组成文件加以运用，以在其投资组合内维持、管理及购入房地产。

根据该法规 4.1 条规定：申请认可的各计划在架构上必须委任中国证监会接纳的受托人。受托人须履行一般信托法施加于其身上的职务。

可见，申请认可的各计划在架构上必须属于契约型信托形式。自《房地产投资信托基金守则》2003 年正式发布以来，虽然守则经过多次修改，但计划架构的要求没有发生改变。《房地产投资信托基金守则》主要规定如下。

表 8-7 中国香港 REITs 治理相关法律法规

| 条款来源 | 具体内容 |
| --- | --- |
| GP1 | **清晰的法律形式及拥有权结构**<br>房地产投资信托基金的资产必须以信托形式持有，及必须与受托人、管理公司、相关实体、其他集体投资计划及任何其他实体的资产分开处理 |
| GP4 | **管理职能的转授**<br>房地产投资信托基金的管理公司必须履行有关管理房地产投资信托基金的所有主要职能。除非管理公司可以适当地监察及确保获转授职能者的表现称职，否则不得将管理职能转授。尽管某些附属职能可以转授予第三者履行，但管理公司仍须就获转授职能者的表现是否称职，向房地产投资信托基金的持有人及受托人全面负责 |
| 2.26 | 凡提述《上市规则》的规定，除文意另有所指外，以下修订须适用于某计划：（c）对"董事会"的提述须解释为对管理公司的董事会的提述 |
| 3.1 | 房地产投资信托基金是以信托方式组成而主要投资于房地产项目的集体投资计划。有关基金旨在向持有人提供来自房地产的租金收入的回报。房地产投资信托基金通过出售基金单位获得的资金，会根据组成文件加以运用，以在其投资组合内维持、管理及购入房地产 |
| 4.1、4.3 | 申请认可的各计划在架构上必须委任中国证监会接纳的受托人。受托人必须是根据《银行业条例》（香港法例第 155 章）第 16 条的规定而获发牌的银行；或根据《受托人条例》（香港法例第 29 章）第 VIII 部注册的信托公司，并且是上述银行或属下文第 4.3（c）条所指从事银行业务的机构的附属公司；或在香港以外地方注册成立而持续地受到审慎规管及监督的从事银行业务的机构，或获认可作为计划的受托人/保管人及受到中国证监会所接纳的海外监管机构的审慎规管及监督的实体受托人负有受信责任以信托形式为持有人的利益而持有有关计划的资产，及监察管理公司的活动是否符合该计划的有关组成文件及适用于该计划的监管规定 |
| 4.7 | **受托人的退任**<br>除非已委出新受托人及其委任已事先获得证监会批准，否则受托人不可退任 |
| 5.1 | **委任管理公司**<br>每个要求获得认可的计划，必须委任中国证监会接纳的管理公司 |
| 5.3 | 管理公司必须获中国证监会根据该条例第 V 部发牌及核准管理该计划 |

续表

| 条款来源 | 具体内容 |
| --- | --- |
| 5.14、2.16 | **管理公司的退任**<br>在下列任何一种情况下，受托人可以通过书面通知辞退管理公司：<br>管理公司清盘、破产或已有接管人被委任接管其资产或部分资产；或受托人有良好及充分理由，认为转换管理公司符合持有人的利益，并书面说明此事；或持有人通过普通决议，以辞退管理公司（"普通决议"指由某计划的持有人作出的决议，并且该决议是在适当地召开的会议上，获有份出席及有权投票或通过代表投票的计划持有人以投票方式通过简单多数票所通过的） |

资料来源：作者根据中国香港相关法律法规整理。

我们在中国香港市场选择了两个案例，选择领展的原因是其为中国香港市场市值最大的 REIT，且是在特定的历史背景下，政府资产私有化真实出售，结构和运行方式具有一定特殊性；越秀房托持有了内地的多处物业组合，是内地企业赴港发行 REITs 的典型代表，大股东以及资产管理人层面均为"越秀系"。

3. 案例一：领展房地产投资信托基金

（1）领展房托基本情况

① 发展历程

领展房地产投资基金是全球首家在中国香港上市的房地产信托基金，其上市的目的是将政府资产私有化、提高营运效率，同时为投资者提供回报相对稳定的投资渠道。2005 年中国香港的下属房屋委员会将旗下的核心商业物业打包成立 REITs，由领展管理有限公司管理，并完全由私人和机构投资者持有。

上市之初旗下物业包括中国香港房屋委员会的非核心零售及停车场资产，包含 95 万平方米的零售面积，占中国香港总零售面积约 9.1%，以及停车场总车位数 79 000 个，占全香港总商业停车场面积的 13.7%。2005 年 11 月领汇基金首次公开发售，并于 11 月 25 日作为首家中国香港 REITs 在香港联交所上市。自 2005 年上市以后，领展完成了一系列的资产提升、并购以及和实力强大的内地房地产企业进行战略合作，迅速扩张资产规模，进一步提升自身的运营能力。

② 规模

目前,旗下物业包括129项中国香港的物业,以及14项中国香港以外(包括北京、上海、广州、深圳、东莞、佛山、悉尼、伦敦)的物业。物业形态包括零售设施、停车场、办公室和物流中心。截至2021年9月30日物业组合估值2 210亿港元。

③ 分派情况

表8-8 领展房托分派情况

| 统计区间 | 2006—2021年 |
| --- | --- |
| 已实施现金分红(次) | 17 |
| 累计实现净利润(万港元) | 20 277 900.00 |
| 累计现金分红(万港元) | 6 038 893.69 |
| 分红率(%) | 29.78 |

资料来源:Wind,作者整理。

(2)领展房托组织架构

领展REITs的管理公司为领展资产管理公司,虽然其形式上独立于REITs,但仍由REITs投资并持有100%的股权。

① 决策层面

基金单位持有人大会。须每年举行一次基金单位持有人周年大会,而在若干特定情况下举行基金单位持有人之其他(或特别)大会。基金单位持有人可提呈有关委任、重新委任或罢免董事的建议。

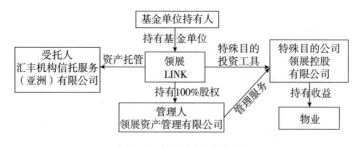

图8-9 领展房托组织架构

资料来源:Wind,作者整理。

表 8-9　领展房托股东结构

| 股东名称 | 直接持股数量（万） | 占已发行普通股比例(%) | 间接持股数量（万） | 股东构成 |
|---|---|---|---|---|
| 贝莱德公司 | 18 705.04 | 8.95 | — | 持股 5% 以上股东 |
| APG 资产管理有限公司 | 11 097.80 | 5.31 | — | 持股 5% 以上股东 |

资料来源：Wind，作者整理。

管理人董事会。董事会向管理层提供建议、制定策略及按管理层的建议确定风险偏好，并按议定业务目标监察业务进度。董事会透过风险管理及内部监控、内部及外聘审核，以及受托人及中国证监会的监督实现制约与平衡，从而监察管理层。董事会现有12名成员，包括2名执行董事（行政总裁及首席财务总监）、1名非执行董事，及9名独立非执行董事。董事会及所有董事委员会均由独立非执行董事担任主席。财务及投资委员会与提名委员会中均以独立非执行董事占大多数。

以下措施利于保证独立性：独立非执行董事任期不得超过九年；每位独立非执行董事仅可于上一次离任之三年后方可重新加入董事会；审核及风险管理委员会与薪酬委员会仅可由独立非执行董事组成。

董事委员会。董事会将部分职能授权予合适的董事委员会执行，董事委员会所作出的决策及建议会定期向董事会汇报，主要有审核及风险管理委员会、提名委员会、薪酬委员会，以及财务和投资委员会。

② 执行层面

经营管理。经营管理由管理人负责，董事会负责制定策略及监察管理层的绩效。业务的日常营运授权予行政总裁领导的管理团队执行。

财务管理。由管理人的董事会以及财务及投资委员会负责。财务及投资委员会由至少四名成员，以及至少一位独立非执行董事、行政总裁、首席财务总监组成，每年至少召开四次会议，负责财务及融资事项，投资事项，财务风险控制事项。

（3）领展房托治理结构分析

领展可以算是各区域中的特例，首先作为发起人的中国香港占比很小，而资产管理层面领展资管也和发起人没有关系，整体的资产相当于政府真实出售，而其他 REITs 更多是发起方权益工具，诉求自我管理。REITs 发起方、REITs 大股东与 REITs 的管理人之间均相互独立。除此之外，REIT 聘请了管理公司做资产和不动产管理，但该管理公司由 REIT 投资并全资持有，从这个角度来看，类似于合订结构，领展 REIT 属于内部管理。

从治理结构上看，除了基金单位持有人大会、信托人、中国证监会等外部的监管机制以外，从管理人的角度看主要的制约机制在于董事会的构成，保持董事会成员的多样化和独立性是其中的关键。领展的提名委员会为董事会的继任订立一套持续的规划方案，同时聘任独立外聘顾问来强化提名程序。提名委员会负责董事之委任、重新委任及罢免，并经过基金单位持有人大会投票通过。

4. 案例二：越秀房托

（1）越秀房托基本情况

① 发展历程

越秀房托于 2005 年 12 月 21 日在香港联合交易所有限公司上市，为全球首只投资于内地物业的上市房地产投资信托基金。

越秀集团是广州市最大的国有企业之一，成立于 1985 年。2005 年底，越秀城建地产将旗下城建大厦、财富广场、维多利亚广场和白马大厦四处物业打包组成越秀房托成功登录中国香港股市，成为中国香港第三只上市的 REITs。

② 规模

目前，越秀房托的物业组合包括位于广州的白马大厦、财富广场、城建大厦、维多利广场、广州国际金融中心、越秀金融大厦、位于上海的越秀大厦、位于武汉的武汉物业以及位于杭州的维多利商务中心九项高品质物业，物业产权面积共约 115.3 万平方米，分别位于中国广州市、上海市、武汉市及杭州市核心商业区域。物业类型包括服装专业市场、甲级写字楼、多功能商务写字楼、零售商业、酒店、服务式公寓等。截至 2021 年 6 月 30 日，资产总额约 361 亿元。

③ 分派情况

表 8-10　越秀房托分派情况

| 统计区间 | 2006—2021 年 |
| --- | --- |
| 已实施现金分红（次） | 16 |
| 累计实现净利润（万港元） | 1 261 429.78 |
| 累计现金分红（万港元） | 950 110.89 |
| 分红率（%） | 75.32 |

资料来源：Wind，作者整理。

（2）越秀房托组织架构

越秀房托组织架构如图 8-10。

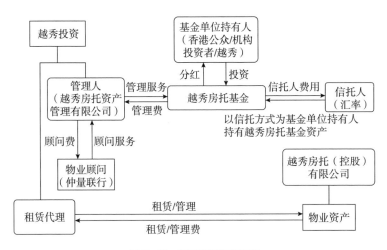

图 8-10　越秀房托组织架构

资料来源：Wind，作者整理。

越秀房托股东。越秀房托第一大股东为 Dragon Yield Holding Limited，该公司为越秀地产股份有限公司的全资子公司。

表 8-11　越秀房托股东结构

| 股东名称 | 直接持股数量（万） | 占已发行普通股比例（%） | 间接持股数量（万） | 股东类型 |
|---|---|---|---|---|
| 龙益控股有限公司 | 157 012.57 | 47.30 | — | 持股5%以上股东 |
| 越秀国际投资有限公司 | 10 210.65 | 3.08 | — | 机构投资者 |
| 越秀资本控股有限公司 | 6 200.00 | 1.87 | — | 机构投资者 |
| 博斯沃思国际有限公司 | 569.83 | 0.17 | — | 其他 |
| 诺威娜太平洋有限公司 | 141.42 | 0.04 | — | 其他 |
| 越秀财务有限公司 | 129.92 | 0.04 | — | 机构投资者 |
| 美富森有限公司 | 39.51 | 0.01 | — | 其他 |
| 格林伍德太平洋有限公司 | 33.93 | 0.01 | — | 其他 |
| 金股国际有限公司 | 8.81 | 0.00 | — | 其他 |
| 越秀企业（集团）有限公司 | 2.73 | 0.00 | 174 346.65 | 持股5%以上股东 |

资料来源：Wind，作者整理。

① 决策层面

基金单位持有人大会。管理人将每年至少召开一次基金单位持有人会议作为股东周年大会。信托人或管理人可随时召开基金单位持有人大会。倘若不少于两名基金单位持有人（合计持有当时不少于 10.0% 已发行流通基金单位）以书面形式要求，管理人亦须召开基金单位持有人大会。

管理人董事会。管理人越秀资管的董事会由 8 名成员组成，其中 4 名为独立非执行董事。董事会主要监督管理人的日常事务管理及业务营运，并负责管理人的整体管制。董事会的职能基本上与行政管理职能分开，并独立于行政管理职能。董事会领导并指导管理人的企业策略及方向。日常管理职能及若干监管职能已授予董事会相关委员会。董事会旨在确保管理层妥善履行职责并享有适当报酬，并维持健全的内部控制政策及风险管理体系。董事会也将检讨重大财务决策及管理人的表现。

董事会委员会。董事会有权将其职权转授予其认为合适的董事人数组成的委员会。董事会已设立多个委员会，协助董事会履行其职责。董事会的各委员会均具有明确职权范畴，负责检讨个别议题或事项，然后将检讨结果及建议呈报全体董事会审批。除非董事会已将决策权授予有关委员会，否则最终策权仍属全体董事会所有，而非委员会。

② 执行层面

招商及物业管理。越秀资管负责越秀房托的执行事务,将部分招商职能及物业管理职能委托给租赁代理,如怡城、白马商管等。而广州越秀资产管理有限公司(广州资产管理)也为国金中心写字楼、商场及上海越秀大厦提供租约、市场推广及租赁管理服务。上述机构均为越秀地产的联营公司,各物业管理由管理人的联营公司负责。

表 8-12 所管物业与越秀房产基金的关系

| 物业 | 物业管理人 | 与越秀房产基金的关系 |
| --- | --- | --- |
| 白马大厦 | 白马商管 | 管理人的联营公司 |
| 财富广场 | 怡城 | 管理人的联营公司 |
| 城建大厦 | 怡城 | 管理人的联营公司 |
| 维多利广场 | 怡城 | 管理人的联营公司 |
| 国金大厦 | 广州资产管理 | 管理人的联营公司 |
| 越秀大厦 | 广州越秀资产管理有限公司上海分公司 | 管理人的联营公司 |
| 武汉物业 | 怡城武汉分公司 | 管理人的联营公司 |
| 杭州维多利 | 怡城杭州分公司 | 管理人的联营公司 |

资料来源:Wind,作者整理。

越秀地产、其附属公司及联营公司从事商用物业的投资、发展及管理业务。因越秀房托因物业收购及租户而直接与越秀地产及/或其附属公司或联营公司有竞争时,也可能出现利益冲突。

财务管理。财务管理主要由财务及管理委员会负责。该委员会由七名董事组成,包括主席、行政总裁及最少一名独立非执行董事,负责(其中包括)就管理人及越秀房产基金拟进行的资产收购及出售作出评估及建议、审批财政预算及检讨一切重大开支之实际支出,及检讨管理人及越秀房产基金的季度财务表现、预测及年度财政计划。财务及投资委员会亦负责就会计、税务、库务、股息分派、投资评估、管理及法定申报等方面的财务职权、政策或程序进行检讨及根据建议作出调整。

(3)越秀房托治理结构分析

越秀房托整体上较类似于 CQR 的 Units 结构,管理人董事会作为最终决策方,与之不同的是,越秀不仅在资管层面,更作为大股东(虽并购中因出入表原因放弃部分表决权,但实质仍为第一大股东)参与影响整个REITs的监督管理;机制上同其他契约型REITs类似,采用独立董事制度和严格的关联交易制衡权力行使。关联交易的控制及披露可以较好地避免房托基金向关联人士进行利益输送,从而损害房托基金中小投资者的利益。具体而言,关联交易需要得到信托人的认可、需要得到中国证监会的同意、必要时需要通过持有人大会批准,并进行详细的披露。这些机制都能对管理人的管理行为形成制约。

### (三)中国香港和新加坡 REITs 治理结构分析

中国香港和新加坡在同一历史时期推出 REITs,其结构和制度设计,也对亚洲各地的 REITs 市场产生了较大的影响。

受托人和管理人对立统一:在 REITs 中信托合同的签署方一般包括受托人和管理人。其中,受托人被设置为一个独立而被动的角色,而管理人则被设置为一个关联而主动的角色。受托人和管理人在 REITs 的角色安排中是对立统一的概念:既以受托人对信托财产的持有和对信托管理的监督,制衡了管理人因其为发起人关联方角色的利益冲突,又充分发挥了管理人因这一角色而具备的物业熟悉程度与项目管理经验优势,达到了投资者利益保护和发起人积极性发挥的平衡。

通过董事会平衡各方权责利:管理人在整个项目中,具有关联性和主动性的特点。那么仅通过一个独立而被动的受托人,也许还不足以完全制衡管理人并解决利益冲突问题。由此,REITs 的实践中,往往会将管理人的董事会,作为平衡各方权责利的缓冲地带。既然管理人是整个项目中最为重要的主动管理方,那么通过董事会介入管理人的公司治理,以第一线平衡各方的权责利,是非常具有实践意义的操作。

持有人大会表决重大事项:在确定了意图、标的和对象以后,给予受托人对于信托财产的一定的管理权限是信托法律关系的应有之义,故持有人大会不直接参与项目的日常管理,其职权主要是对于核心参与方的任免和对于重大事项的表决。持有人大会决议事项的一般设置思路有几个特点:持有人大会决议的事项,往往是能够改变整个项目的法律关系基础的或参与方权责利的,最为重大的事项;这些事项的决策方式是被动地进行审批，而不是主动地进行管理；新加坡 REITs 对于受托人和管理人的替换，采用了不同的决议要求，受托人需要特别决议，而管理人仅需要一般决议，这其实与之前讲到的受托职责与管理职责的分立是息息相关的——正是因为受托人是持有人的"守门人"，所以不能让受托人轻易被替换；而也正是因为管理人作为发起人的关联方，又在 REITs 的体制下享有非常大的管理权限和职责，所以才不能让管理人的替换成为一个很容易被阻却的事由。

管理人、物业管理人同属发起人体系：在大部分 REITs 案例中，除了管理人外，还会设立单独的物业管理人为项目的日常一般经营管理提供服务。物业管理人一般是发起人的子公司。典型的物业管理人的职责范围是：项目的日常管理、维护和运营；项目的租户、租约和租金管理；完成项目的招商和其他市场活动；项目的改造、维修和管控等。在开展日常一般经营管理的过程中，物业管理人需要与管理人进行紧密合作，顺畅沟通，作为发起人的关联公司，自然能够在上述分工和配合中，做到游刃有余。

## 四、总结

一般在研究全球 REITs 治理课题时，似乎最佳方案是将其划分为内部管理和外部管理两种模式，然后再将案例套到这两种模式上，分析或对比其优劣势，试图找到一个最佳答案。但在上述案例分析过程中，似乎内部管理和外部管理的划分并不能真实地代表其代理链条的长短、管理效率的优劣、投资人保护的好坏等。

因此，我们还应将思考聚焦在以下根本的利益冲突或者协调上。

一是，契约制的产品形式在法律外观上具备明确的委托关系，使得投资人可以更容易理解 REITs 产品，托管行、投资人或政府管理部门也更容易监管 REITs 产品实际运营情况，不能简单地认为契约制框架增加了代理成本。

二是，所谓从外部管理到内部管理诉求，从投资人角度分析，实际可能是投资人希望 REITs 能够进一步绑定资产管理公司的管理能力，使得资产管理公司利益和 REITs 利益进一步趋于一致，以避免管理公司在管理中厚此薄彼倾向于其他在管资产，或者盲目扩大规模损害投资人利益等等。而对于现代资产管理公司来说，最终只有通过提升资产管理能力提高资产收益率，并且继续开发优质资产不断扩大REITs规模，才能最大限度提升其自身价值。最终REITs和资产管理公司这两者的利益应该是辩证统一的。从产品设计而言，将REITs和资产管理公司进一步紧密结合，在几个国家和地区的案例中都起到了积极的效果。

三是，美国出现公司制REITs，将管理职能完全内化，但我们也应该注意到美国市场历史时间最长，成熟度最高，其外部董事制度在实践中起到了非常好的制衡作用。并且放开内部管理公司制，发行人/原始权益人很容易做出最简单的选择，从结果意义上看，内部管理公司制的REITs在市场上占比最高，这可能是发行人的选择而并非是投资人的选择。

四是，在境外的REITs治理中，往往存在一个相对独立的管理机构，对各方利益起到至关重要的平衡和承上启下作用，一般为REITs或管理公司的董事会。实践中，各个市场产品均非常重视董事会的专业性、独立性，董事会的安排实际起到了至关重要的管理作用。尤其是独立董事制度，在欧美市场有非常完善的应用，起到了重要的外部制衡作用。

五是，与境外成熟市场存在大量专业的资产管理公司不同，境内发行人几乎都是从传统的资产开发商和公用事业建设服务商转型，企业文化、组织架构、企业战略等均与发达市场资产管理公司不同，需要引导其向资产管理思维转变。而中资企业在中国香港、新加坡上市的案例中也逐渐看到展露出这种积极的变化。

## 第三节　公募REITs治理模式的特殊性

REITs作为一种兼具金融和不动产属性的产品，其治理模式具有一定的特殊性。相较于上市公司，二者在经营目标、治理模式、发展路径等方面存在较大差异。REITs产品的经营目标较为明确，聚焦于底层资产价值的稳定和提升，即通过对资产的持有和运营管理，实现资产的长期增值，最终体现为基金持有人收益的可持续增长。而上市公司的经营目标受到宏观经济、行业政策、竞争态势、发展阶段等因素的影响较大，可能随时进行调整。与 REITs 着眼于经营现金流、向投资者提供稳定收益不同，上市公司更关注企业自身价值和市场价值的提升。

本节将从运作特征和经营目标两个角度，对 REITs 和上市公司的治理模式进行对比和分析，在此基础上总结 REITs 治理的特殊性要求。

## 一、REITs 与上市公司运作的差异性

从运作特征的差异性看，REITs 与上市公司的区别主要体现在稳定性、成长性和扩张性三个方面。其中，稳定性、成长性可以概况为"内生增长"，扩张性则是"外生增长"的主要路径。

### （一）内生增长

#### 1. 稳定性

REITs 治理的稳定性主要体现在稳健的资产运营管理和审慎的财务端管理两方面。一般来说，上市公司在财务杠杆选择和企业留存现金使用的决策上具有更大的灵活度，这也决定了上市公司在发展路径的选择上更具多元性和不确定性。相较于上市公司，REITs 强制分红和杠杆率限制（尤其在新加坡、中国香港市场）等要求决定了 REITs 产品留存现金少的特性，其内生增长路径更依托于资产经营管理能力，同时在财务端管理也更加审慎稳健。

稳健的资产运营管理：租金收入是 REITs 主要的收入来源，稳健的资产运营管理是 REITs 产生稳定经营性现金流的基础。REITs 的业务模式是收取租金，在支付物业运营中的正常费用后，将至少 90% 的收入作为股息发放给投资者。管理人通过专业的资产运营管理能力提升物业单位租金、降低空置率是最为常见的内生增长方式。例如普洛斯日本不动产投资信托基金（简称 GLP J-REIT）通过与拥有广泛市场网络的普洛斯租赁团队合作，实现强劲的租金增长和稳定的入住率。

审慎的财务端管理：相较于上市公司可选择"激进型"（以债务模式扩张为主）的发展模式，REITs 管理人更趋于前瞻性、审慎稳健的财务管理。例如，2020 年下半年，受新冠肺炎疫情影响，金融市场面临不确

定性。为防止金融风险波及 REIT 的现金流，GLP J-REIT 对将于 2021 年 2 月到期的 274.5 亿日元进行置换，置换完成后债务平均久期较之前增加 2.2 年，同时平均融资成本边际下降 28bps。通过本次置换，能够及时预防 REIT 面临的相关风险，保护持有人利益，也体现了 REIT 财务端管理的审慎性、前瞻性。

#### 2. 成长性

在保证运作稳定性的前提下，资产增值计划（AEI）和资本回收是 REITs 治理成长性的体现。

资产增值计划（AEI）：资产增值计划一般是指对底层物业进行改进或翻新。大多数的资产增值计划目的通常是使物业保持更新更好的设计或者改造其商业用途，最终获得更好的单位面积收益或提升租户组合。资产增值计划是 REITs 对底层物业隐藏实力的挖掘，是其保持长期成长的关键因素之一。例如，美国第二大公寓 REIT-AvalonBay 通过对存量资产的改造翻新来主动管理资产以提高收益率。其每年资本支出一般在 FFO 的 10% 以内。2019 年 AvalonBay 对两个社区进行了改造，涉及约 665 个公寓单元（约占总在管公寓单元的 1%）。

资本回收：由于 REITs 自身留存现金较少，且受制于杠杆率限制，相较于上市公司，其在收购新资产时方案选择或实行大规模资产增值计划时更具局限性。除了扩募外，资本回收是 REITs 常用的手段。一般来说，资本回收是指 REITs 通过出售非核心资产并将所得收益用于收购新资产，从而提高整体投资组合的质量或实行资产增值计划。例如，2018 年 2 月 28 日领展 REIT 以 230 亿港元的价格将总估价为 155 亿港元的 17 处物业卖给基汇资本，获取 73.93 亿港元资本利得。同年 11 月，领展 REIT 利用所得资金以 25.6 亿元人民币在一线城市北京收购了位于通州区的北京京通罗斯福广场。

### （二）外生增长

REITs 的外生增长主要体现为扩张性（扩募），从全球范围来看，扩募可以助力 REITs 市场规模增长。REITs 扩募指管理人通过增发扩股等股权再融资手段，注入新资产、优化在管资产组合，以期实现净营运收入和单位份额收益稳定增长,是REITs规模得以持续健康扩张的基础。以美国市场为例,扩募是美国REITs行业主要融资渠道之一,近年来美国REITs年度扩募规模已达到300亿~500亿美元,约占当年市值总量的2%~4%,占年度市场融资(包括股债等各种渠道融资)总额四到六成。

值得关注的是,与上市公司的多元化扩张、并购相比,REITs扩募的前提是现有资产能够产生稳定持续的现金流并达到投资者预期,只有派息能力较强,经营情况较好的REITs才能够顺利扩募。REITs的扩募需要通过股东会或持有人大会的批准,审核重点聚焦于扩募拟收购资产的质量和扩募后REIT的单位基金份额分红(DPU)的增长情况。

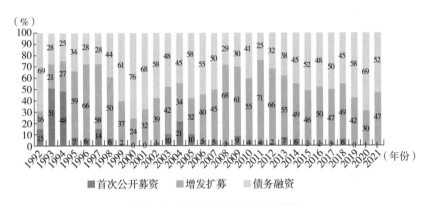

图 8-11 美国 REITs 行业融资结构

数据来源:NAREIT,Bloomberg。
注:2021 年融资数据截至 7 月初。

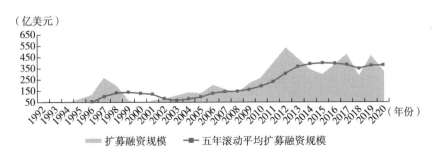

图 8-12 美国 REITs 扩募融资规模

数据来源:NAREIT。
注:数据截至 2020 年底。

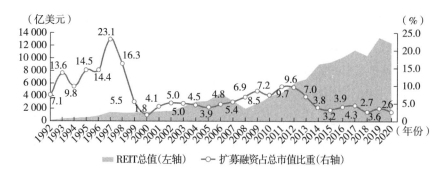

图 8-13 美国 REITs 年度扩募融资量占市值比重

数据来源：NAREIT。

注：数据截至 2020 年底。

在 REITs 扩募中，投资人主要关注两方面的问题：一是新募集资金能否有效利用以赚取足额收益，二是扩募行为是否会引起基金价格异常波动以及稀释分红。这主要取决于新购入项目质量（收购资产的投资回报率），若管理团队收购运营经验丰富，则可以通过向资产池注入具有升值潜力的资产，来提高单位基金份额收益水平，因此投资人将根据拟收购资产的质量情况与 REITs 管理团队的历史表现来做出判断。对于优秀管理人团队，扩募行为能够在中长期维度托举 DPU 的稳定增长，对 REIT 价格和流动性也有正向支持作用。

## 二、REITs 的经营目标分析

REITs 的运作是非常复杂的系统，一般而言，与 REITs 有关的管理既包括募资、投资、风控等投资顾问职能，也包括不动产改造、出租、运营和维护等基础资产的运营管理职能。此处沿用同样的外延概念，认为 REITs 的管理涵盖了上述两个层面的职能。本小节将在实例分析的基础上，对 REITs 的经营目标进行探讨和简析，为进一步实现 REITs 产品的常态化、构建其治理的长效机制做出有益的探索。

### （一）REITs 经营目标的实例分析

1. 地产上市公司与 REITs 的经营目标差异

相较于上市公司多元化的经营目标，REITs 的经营目标更具稳定性和一致性。在附表 7、附表 8 中，本文分别统计了部分中国香港地产上市公司与亚太市场（新加坡、中国香港）REITs 近十年有关经营目标的阐述，发现：①在国内地产调控政策尚未收紧的市场情形下，房地产上市公司多采用拓土储、新城市拓展等增长策略提高发展速度、扩大市场占有率；在地产调控政策收紧或境外金融危机时期，上市公司更侧重于成本控制和财务稳健。而 REITs 由于存在强制分红以及杠杆率限制更注重稳健运营，如丰树物流信托自上市起即提出优化资本结构和有效风险管理的经营目标。②房地产上市公司在主营业务基础上探索多元化发展，如中国海外发展在其历年年报中多次提及多元化增长模式；龙湖集团则积极探索多航道业务，同时深耕于商业地产与科技化领域。REITs 运营目标则相对稳定（即便考虑金融危机时期），具有一致性和连续性，如领展 REIT 历年经营目标主要为透过专注的业务和投资策略，致力于提升物业组合的表现，为基金持有人提供稳定分派并实现长期增长；丰树物流信托则聚焦在"收益+增长"策略，亦为份额持有人实现分派的长期增长。

2. 中国已上市公募 REITs 项目的经营目标

中国目前上市发行的 17 只公募 REITs 产品的招募说明书虽未详细阐述在经营方面的目标，但在"基金的投资"章节均列示了基金的经营目标，经梳理，主要包括：①提升基础设施项目的运营收益水平；②为基金份额持有人提供稳定的收益分配或相对稳定的回报；③收益分配增长；④争取提升基础设施项目价值。这些与前述国际上 REITs 产品注重稳健运营的特征一致。

表 8-13　中国已上市公募 REITs 经营目标

| 序号 | 项目简称 | 经营目标 |
| --- | --- | --- |
| 1 | 蛇口产业园 | 本基金通过主动的投资管理和运营管理，提升基础设施项目的运营收益水平，力争为基金份额持有人提供稳定的收益分配及长期可持续的收益分配增长，并争取提升基础设施项目价值 |
| 2 | 苏州工业园 | 通过积极的投资管理和运营管理，力争提升基础设施项目的运营收益水平，并获取稳定的收益分配及长期可持续的收益分配增长 |
| 3 | 首创水务 | 本基金通过主动的投资管理和运营管理，提升基础设施项目的运营收益水平，力争为基金份额持有人提供稳定及长期可持续的收益分配 |

续表

| 序号 | 项目简称 | 经营目标 |
|---|---|---|
| 4 | 首钢绿能 | 基金管理人通过主动的投资管理和运营管理,力争为基金份额持有人提供稳定的收益分配及长期可持续的收益分配增长,并争取提升基础设施项目价值 |
| 5 | 普洛斯 | 本基金通过主动的投资管理和运营管理,提升基础设施项目的运营收益水平,力争为基金份额持有人提供稳定的收益分配及长期可持续的收益分配增长,并争取提升基础设施项目价值 |
| 6 | 盐田港 | 基金管理人主动履行基础设施项目运营管理职责,以获取基础设施项目运营收入等稳定现金流及基础设施资产增值为主要目的 |
| 7 | 张江光大园 | 本基金在严格控制风险的前提下,通过积极主动的投资管理和运营管理,努力提升基础设施项目的运营收益水平及基础设施项目价值,力争为基金份额持有人提供相对稳定的回报 |
| 8 | 广州广河高速 | 通过主动的投资管理和运营管理,力争为基金份额持有人提供稳定的收益分配 |
| 9 | 沪杭甬 | 基金管理人主动运营管理基础设施项目,以获取基础设施项目运管过程中稳定现金流为主要目的 |
| 10 | 中关村 | 基金管理人通过主动运营管理基础设施项目,提高基础设施项目运营管理质量,以获取基础设施项目租金、收费等稳定现金流为主要目的,力求提升基础设施项目的运营收益水平,追求稳定的收益分配及长期可持续的收益分配增长,并争取提升基础设施项目价值 |
| 11 | 越秀高速 | 本基金通过积极主动运营管理基础设施项目,力求实现基础设施项目现金流长期稳健增长 |
| 12 | 铁建高速 | 本基金通过积极主动的运营管理,在保障公共利益的基础上,争取提升基础设施项目的品牌价值和运营收益水平,力争为基金份额持有人提供稳定的收益分配及长期可持续的收益分配增长 |
| 13 | 中交高速 | 通过主动的投资管理和运营管理,力争为基金份额持有人提供稳定的收益分配 |
| 14 | 深圳能源 | 基金管理人主动运营管理基础设施项目,以获取基础设施项目运营收入等稳定现金流及基础设施项目增值为主要目的 |
| 15 | 深圳安居 | 基金管理人主动运营管理基础设施项目,以获取基础设施项目运营收入等稳定现金流及基础设施项目增值为主要目的 |
| 16 | 厦门安居 | 本基金通过主动的投资管理和运营管理,提升基础设施项目的运营收益水平,力争为基金份额持有人提供稳定的收益分配及长期可持续的收益分配增长,并争取提升基础设施项目价值 |
| 17 | 北京保障房 | 通过主动的投资管理和运营管理,力争为基金份额持有人提供稳定的收益分配 |

资料来源:基金招募说明书,作者整理。

## （二）制定 REITs 经营目标的主要原则

### 1. 审慎性

如前述，REITs 的内生增长路径更依托于资产经营管理能力，同时在财务端管理需审慎稳健。无论是进行招商租赁、翻新改造，还是利用外部杠杆或扩募适当调整资产组合、扩充管理规模，均应在审慎判断下做出决策。审慎性原则提示 REITs 管理人应注意资产负债率、建立健全风险管理和内控制度、做好评价与补正。

### 2. 全面性与针对性

与普通公募基金产品不同，REITs 的运作既需关注基金层面，亦需注重基础资产的实际情况，包括产业环境、区位特征、税收政策、租户或客群的变化等等。因此，REITs 经营目标的制定，应贯穿 REITs 从创设到存续期间经营管理的各主要环节。

当然，全面性原则并不是意味着进行事无巨细的管理，从管理人角度，更重要的是建章立制、把握好项目现金流。在制定经营目标的时候，建议建立重点关注的指标，做好对其的管理、监测、补正，如 NOI、DPU、杠杆率等。

### 3. 可持续性与及时性

在制定经营目标时，REITs 管理人应在维持投资运营策略的稳定性的同时，保有一定的灵活性，根据资产组合及市场的情况对经营目标进行动态调整。以新加坡 REITs 为例，2020 年内新加坡 REIT 在内地进行的大宗物业交易涉及收购资产 28 处，首次装入 REITs 的物业均为产业园或仓储物流项目，收益表现均不俗。这正是其根据当时市场情况对旗下 REITs 经营做出的及时性的调整：2020 年传统商业物业受到疫情冲击，而产业园区、物流仓储的公共服务属性强、抗风险能力佳。

### 4. 与基础资产特征相匹配

REITs 管理的基础资产种类较多，虽然都以能够产生持续、稳定现金流为主要特征，但每类资产的特征和运营管理方面所需的能力不尽相同，甚至差异较大。从物业类型角度，可以分为公寓、零售物业、写字楼、工业地产、健康地产、酒店及其他。从物业特征角度，又分成核心型、增值型、投机型等。以建信基金 REITs 团队实操经验为例，即使是产业园区类资产，其在产品方面又可进一步细分为研发办公楼、标准厂房、生物医药大健康或某一特定专业的园区，每类园区在招商租赁、产业政策、建设管理手续方面既有相通的特征，又有专业化要求。这就要求 REITs 的管理人具备专业的运营能力，或者能够有效地组织和协调专业的外部管理机构提供基础资产所需的运营管理服务。

### 5. 与发起人集团综合经营战略相适配

凯德集团"PE 基金 + REITs"的战略即为运用这一原则的典范。凯德商用中国信托（CCT）是新加坡首只，也是最大的投资于中国购物中心的房地产投资信托基金，与发起人凯德集团达到了良好的协同效应。凯德集团"PE 基金 + REITs"的战略，即是在 REITs 外主体培育和孵化商业物业，并将成熟的资产不断注入 REITs 中，并将获得资金反哺新项目的建设。对于 REITs 来说，其拥有凯德集团旗下众多基金的不动产物业的优先购买权，保证了优质项目的获取途径。

对于高速公路企业而言，REITs 的推出亦为其提供了更灵活的经营及融资模式。在我国，收费公路行业债务压力较大，仅仅依靠自身造血能力还清债务可能需要较长的周期，因此企业普遍对多元化融资有较大的需求。此时，将旗下的高速公路经营权打包上市，能够帮助企业拓展权益型融资渠道、盘活存量资产，将募集资金反哺于新建项目。

### （三）REITs 的长期发展目标

为更好地分析 REITs 经营目标，此处将其拆分为长期发展目标及 REITs 产品的经营策略两个部分。其中，长期发展目标应包括以下三个方面的内容：

（1）与基础设施、商业不动产等有机结合，推动供给侧改革战略不断深化；

（2）持续盘活具有持续稳定现金流的优质资产，让长期资金与长期资产有效对接，不断加强 REITs 对实体经济的促进作用；

（3）日益发展为常态化金融产品，通过优质的管理为投资人带来持续、稳定的收益分配，提升投资人的收益和资产的长期增值。

### （四）REITs 的经营策略建议

对于具体的 REITs 产品而言，其经营目标应具象为基础资产价值的稳定和提升，从而最终体现为基金持有人收益的可持续增长。因此，综合前述案例及分析，本文建议在 REITs 运作过程中，应重点聚焦以下五个方面的策略：

（1）专业的运营管理。从专业能力方面，REITs 的管理人应该培育对基础资产的运营管理能力或选择具备管理规模和良好业绩的运营管理机构。从管理的基础资产类型角度，可以从某一类基础资产开始，逐渐培育管理类似或有协同效应的资产的能力、扩大管理的广度。比如，仓储物流和园区、园区和写字楼在经营管理方面有共性，都以收取租赁收入、提供物理空间及相应的服务为主要经营模式，但基础资产在区位、主要客群上有一定的差异。从协同角度，同一客户可能同时存在对不同物理空间的需求，如金融机构、科技公司既可能需求较大面积的数据中心，其销售、业务、财务部门又需要标准的办公空间；在产业园区，往往存在规模化的保障性租赁住房或市场化长租公寓，如果这两类物业能够被同一 REITs 所持有，则管理人亦可进行协同管理，具体可通过下设不同的管理部门或委托不同的运营管理机构。

（2）持续优化的经营收入。运营稳定成熟的不动产及基础设施项目收入增长一般较为平稳，但并不意味着管理人无须主动优化经营收入。在经营管理过程中，通过附加服务等方式提升租户黏性、树立品牌效应，亦有助于改善收入结构、提高多种经营收入。

（3）严格的支出管理，包括经营性支出和资本性支出。可将 REITs 运营方面的支出区分两类进行管理：基础性支出和升级性支出。基础性支出是为了维持资产持续可经营所需的必要性支出，包括支付运营人员工资、维修和维护日常经营磨损的设施设备等，对于基础性支出的管理，应该与预算管理相结合，纳入每年预算的范围内，由管理人按照授权进行审批和支付。

升级性支出一般与市场客观情况的变化、经营策略的调整或优化有关。以领展 REIT 为例，其在管理旗下的零售商场时进行资产提升，一是活化商场，如改善购物环境、改善交通/人流等；二是对商场进行重新定位，引入多样化选择，调整行业组合以迎合市场需求。此类升级性支出在REITs经营管理中也需给予一定的重视。此时，需要在进行充分可行性论证及考虑对项目公司或REITs留存资金的影响基础上，进行审慎的决策，严格控制不必要的支出。

此外，支出与收入需要建立匹配机制，在每年度收入小幅缓步提高的情况下，一般不宜增加额外支出，以达到控制成本、维持或提升经营性现金流的目的。

（4）审慎的外部并购。收购资产是REITs扩募的主要目的，以GLP及MLT为例，根据扩募公告信息统计，GLP J-REIT与MLT扩募融资用途可以分为三类，即支付已公告收购交易的对价、为拟收购资产筹资以及出于财务目的偿付借款与债务，其中前两类资金使用占比普遍超过95%。通过审慎的外部并购，能否切实提升REITs的表现、促进REITs平稳运营，既是管理人运营项目的目标之一，又是对管理人选择资产、经营提升能力的考验。参考境外实践经验，在外部并购行为中，管理人可对如下方面进行关注：①并入标的生命周期，包括直接取地、在建工程、存量资产翻新、成熟资产等。②并入资产的类型及区位，如是否和原REITs资产能在纵向或横向层面进行较好的匹配。③购入资产的运营，是否交由当前REITs资管团队进行管理等。

（5）合理的资产配置。REITs可通过出售非核心资产并将所得收益用于收购新资产或进行分配，提高整体投资组合的质量。比如，为保持REITs资产包内物业的运营活力，凯德集团通过"边买边卖"的方式置换旗下资产。当政策允许领展REIT投资内地市场时，领展REIT选择出售一些效益不好的物业以获取可持续现金流，同时收购一些内地优质物业进行管理，提升收益。优质物业既能为企业带来稳定的经营收入，又能为企业的运营管理提供新的灵感，进一步提升企业的资产管理能力，创造更高的价值。

## 三、REITs 治理的特殊性要求

为满足 REITs 在稳定性、成长性和扩张性方面的需求、实现上述经营目标，需要建立健全完善的 REITs 管理模式。上述小节已提及当前在全球实践中，主要存在外部管理和内部管理两种管理模式。

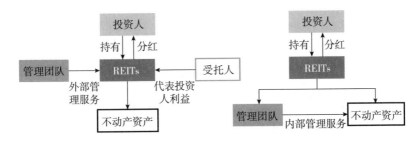

图 8-14　典型的外部管理模式（左）和内部管理模式（右）架构

资料来源：Lecomte P, Ooi J T L. Corporate governance and performance of externally managed Singapore REITs[J]. The Journal of Real Estate Finance and Economics, 2013, 46: 664-684.

从逻辑上看，外部管理比内部管理有更长的代理关系链条，涉及的利益冲突和信息不对称问题可能更多，因此通常内部管理模式被视为是代理成本更低的结构。然而，仍有比例不低的市场形成了以外部管理模式作为主要管理制度的结构，即使是 REITs 市场发展最为成熟的美国也有部分 REITs 采取外部管理模式。

主要原因在于，外部管理人往往经验丰富、专业化程度高，可以带来内部管理人难以掌握的资源和影响力，并且能够借助母平台获取额外资源；对于新成立或者小型规模的 REITs 而言，采用外部管理有助于迅速形成专业管理模式，使资产运营迈入正轨。

表 8-14　外部管理机制优劣势

| 优势 | 劣势 |
| --- | --- |
| 专业性：外部管理人由于自身的体量大、专业度高，可以带来内部管理人难以掌握的资源、人才和影响力 | 利益冲突：外部管理费用所设置的绩效报酬激励经常会造成外部管理人利益与股东利益冲突。外部管理人可能会进行大量交易、融资、规模扩张等以获得更高的管理佣金，尽管以牺牲 REITs 表现和与股权稀释为代价 |

续表

| 优势 | 劣势 |
|---|---|
| 持续性：这些优势会在外部管理人接受委托第一天起注入，且外部管理人可以在需要时从母平台获取额外的技能与资源，对于以个人资产和个体间交易起家的地产行业，获得超一流人才的能力至关重要 | 关联交易：外部管理人可能利用自身对交易决策的影响力和关联方合谋损害资产持有人的利益 |
| 必要性：对于新成立与小规模的REITs，外部管理的特性可以使新REITs更快立足，走向正轨 | 费用率高：外部管理与内部管理的REITs相比通常存在高费用负担。内部管理的年度费用支出通常不到总资产的50bp，而外部管理形式所产生的费用结构可包括销售佣金、经销商经理费、收购和投资费等，通常超过净资产的100bp |
| 高效性：外部管理人可以敏锐捕捉市场机会——利用现有平台，外部管理人能够根据不断演化的市场趋势快速推出REIT产品 | 道德风险：此外，绩效报酬激励可能会使外部管理人过度使用杠杆，带来不必要的风险 |

资料来源：安永（Ernst & Young）。

不同REITs管理模式的形成有其特殊性和历史契机，选择何种管理模式也往往受到历史背景、法律制度、地理环境、经济体制等诸多方面的影响。与欧美国家将REITs定位为市场商业实体不同，以外部管理模式为主的亚太地区往往把REITs定位为一种盘活存量不动产资产以促进经济发展，同时为投资者提供投资不动产渠道的工具，这与境内公募REITs的定位较为契合。此外，境内公募REITs仍处于成长期，管理人的内部管理运营能力较弱，缺乏多方面专业的运营管理资源。在此背景下，选择外部管理模式、委托专业的不动产资产运营管理机构进行管理更能够实现REITs的运营目标、保障投资者的收益。

在外部管理模式中，如何控制和避免不同参与方之间的潜在利益冲突、降低代理成本，是REITs治理的特殊性要求。结合REITs的运作特征及运营目标，有效的监督约束机制、完善的管理人激励措施、严格的信息披露要求以及规范的内幕交易风险管理可能是降低代理成本的关键举措。

### （一）有效的监督约束机制

#### 1. 积极履行管理人职责

在亚太市场（新加坡、中国香港），REITs资产主要由受托人（受托人一般由满足监管要求的银行机构担任）代表投资人利益持有资产，基金的管理职责主要由 REIT 管理人履行，物业的日常运营管理服务通常由运营管理机构提供。因此，管理人需要搭建对运营管理机构的监督机制，夯实主动管理职责，在履行管理人义务项下，起到充分监督运营管理机构的作用。面对 REITs 在运营管理方面的特殊性和复杂性，管理人需要做好与运营管理机构的角色分工，厘清运营管理机构的权责利。

2. 发挥持有人大会作用

契约型 REITs 中，基金持有人大会是主要监督机构，重大事项均需要得到持有人大会的审查，如基金的扩募、费率的调整、资产的出售或购入等。

目前，我国市场上的公募基金普遍没有设置基金持有人大会的日常机构，如果基金持有人分散，中小投资者参与治理的成本较高，普遍存在"搭便车"的现象，召开持有人大会存在一定操作困难，用脚投票的机制无法对管理人形成有效的监督作用。结合境外经验，成熟的上市 REITs 都应举行年度持有人大会，并确保管理人和托管人出席。定期召开年会能够增强投资者对 REITs 管理人的监督，同时为管理者向投资者提供介绍 REITs 表现和投资策略的机会。

3. 加强关联交易审查

严格防范因关联交易而出现的利益冲突行为是 REITs 监督约束机制的重点。可以借鉴境外较为成熟的经验，就关联交易的信息披露和审批事项，制定更为严格的标准。同时要切实履行关联交易相关程序，如关联方应在相关决议上回避表决等。

（二）完善的管理人激励措施

通过建立恰当的管理人激励机制可以更好地将管理人利益和 REITs 持有人利益绑定，降低代理成本。亚太市场（新加坡、中国香港）管理人费用主要涵盖基本管理费用（base fee）、浮动管理费用（performance fee）以及收购及出售费用（acquisition and divestment fee），其中浮动管理费用一般是基于单位份额分派增长计算，与持有人利益一致。同时，在基本管理费用的收取方案上，除传统按照在管资产规模收取现金方案（可能会使管理人出于扩大资产规模考虑而进行不利于持有人利益的扩募收购）外，部分 REITs 采用基于可供分派利润的计算方式，以及通过收取 REITs 份额代替现金的模式进一步和持有人利益进行绑定。

REITs 是主动管理的资产管理产品，因此，应该以主动管理产品的设计框架来思考外部管理的激励机制。全球经验表明，越来越多的外部管理 REITs 开始采取"年度管理费+基于回报的业绩分成"模式，以提高管理人和投资者利益的一致性。

## （三）严格的信息披露要求

亚太市场（新加坡、中国香港）对 REITs 的信息披露要求皆较为严格，披露方式包括公告、通告、通函汇报等，保证投资者能够及时获得准确、完整的信息。

按照真实、充分、准确、及时的信息披露原则，通过定期、临时的信息披露以完整反映公募 REITs 的经营情况，能够有效遏制各种损害投资人利益行为，为市场投资人进行公募 REITs 投资、价格判断创造客观公正的环境。同时，为保证 REITs 所有权结构和关联交易的信息透明性，REITs 应及时向交易所披露 REITs 的所有权结构和所有关联方信息，以及重大关联交易。

## （四）规范的内幕交易风险管理

亚太地区 REITs 的原始权益人、大股东和管理人（运营管理机构）一般同属于一个集团项下，往往是关联方关系；为解决上述机构在 REITs 治理过程中，利用未公开信息引发内幕交易、损害其他股东利益的问题，需要建立公募 REITs 内幕信息管理制度，如内幕信息知情人登记制度、事后审查制度等。

通过深化对内幕消息知情人的监管，可以对上述机构施加监管压力，为发现和查处内幕交易提供重要的线索和依据，起到预先警示、及时监控和固定证据的作用，有助于遏制内幕消息的泄露和内幕交易的发生。

## 第四节　中国公募 REITs 治理模式的相关思考

境内公募 REITs 目前采取了专业持牌的基金管理公司等担任基金管理人的"公募基金+ABS"双 SPV 法律结构，采取了以基金管理人作为权责核心，并辅之以聘请财务顾问、外部管理机构的模式。此种治理机制在现有基金与证券法规体系下，强调平衡性，压实了基金管理人责任，并能在一定程度上发挥原始权益人的行业经验及资源优势，但在产品结构、管理人运管能力、激励机制、股东间利益平衡、第三方独立人士等方面存在一些欠缺和改进空间。

### 一、"公募基金+ABS"的产品层级有待简化

我国基础设施 REITs 试点阶段采用的"公募基金+ABS"结构，符合我国《证券投资基金法》等法律法规要求，是现行法律框架下具有高度可行性的产品架构。而且，为了尽量减少多层 SPV 带来的代理问题，要求基金管理人和 ABS 管理人具有控制关系或者受同一方控制。但即便如此，基金管理人和 ABS 管理人毕竟为不同的法人主体，依然会增加摩擦成本。而且在实践中，通常情况下，REITs 的主动管理责任在基金管理人，而 ABS 管理人更多的是充当"上传下达"的角色。因此未来宜取消 ABS 这一层，仅由基金管理人来管理，提高 REITs 运营效率，减少摩擦成本，从而在产品结构上逐步与国际市场对标。

中长期来看，REITs 或需专项立法成为一个独立的新证券品种，或修改基金法允许公募 REITs 投资于非上市公司股权。但短期内，在国内既有上市案例中，沪杭甬 REIT 项目或有一定的启发意义，该项目的基金管理人和 ABS 管理人均为浙商资管，可以大幅减少两层 SPV 所带来的无谓损耗。目前，国内有 12 家券商（含券商资管子公司）具有公募基金牌照，其可同时担任基金管理人和 ABS 管理人。进一步来看，或可对开展公募 REITs 业务的公募基金公司颁发专门适用于公募 REITs 项下 ABS 业务的 ABS 管理人牌照或允许公募基金公司设立 REITs 子公司专门从事公

募 REITs 以及 ABS 管理人业务。

表 8-15 我国已上市公募 REITs 基金管理人和 ABS 管理人关联关系情况

| 项目简称 | 基金管理人 | ABS 管理人 | 管理人关联关系 |
| --- | --- | --- | --- |
| 蛇口产业园 | 博时基金 | 博时资本 | 直接控股 |
| 张江光大园 | 华安基金 | 国君资管 | 同一控股股东 |
| 苏州工业园 | 东吴基金 | 东吴证券 | 直接控股 |
| 普洛斯 | 中金基金 | 中金公司 | 直接控股 |
| 盐田港 | 红土基金 | 深创投红土资管 | 直接控股 |
| 沪杭甬高速 | 浙商资管 | 浙商资管 | 同一主体 |
| 广州广河高速 | 平安基金 | 平安证券 | 同一控股股东 |
| 首创水务 | 富国基金 | 富国资产 | 直接控股 |
| 首钢绿能 | 中航基金 | 中航证券 | 直接控股 |
| 中关村 | 建信基金 | 建信资本 | 直接控股 |
| 越秀高速 | 华夏基金 | 中信证券 | 直接控股 |
| 铁建高速 | 国金基金 | 国金证券 | 直接控股 |
| 中交高速 | 华夏基金 | 中信证券 | 直接控股 |
| 深圳能源 | 鹏华基金 | 国信证券 | 直接控股 |
| 深圳安居 | 红土基金 | 深创投红土资管 | 直接控股 |
| 厦门安居 | 中金基金 | 中金公司 | 直接控股 |
| 北京保障房 | 华夏基金 | 中信证券 | 直接控股 |

资料来源：基金招募说明书，作者整理。

## 二、基金管理人的运营管理能力有待提升

REITs 是真正意义上的产融结合产品，这就要求 REITs 管理人既具备金融资本管理能力，又要具备资产管理能力。其中，就金融资本管理能力而言，REITs 管理人本身对金融的理解程度和资本市场的运作能力，直接关系到 REITs 产品的市值。能够合理地利用资本市场工具，如定向增发、回购等，不断地优化资产组合，以实现资产价值的有效释放，为投资人提供更丰厚的收益，是 REITs 管理人在金融资本管理能力上最典型的体现。我国公募基金公司在国内资本市场上深耕多年，现阶段是具备足够的金融资本管理能力的。

而相比较而言，就资产管理能力来说，我国公募基金公司现阶段则有明显短板。资产管理能力更强调对实体资产的管理运营。对于实体资产管

理的核心是在管控成本的基础上实现资产价值的提升，要求 REITs 管理人在全面了解实体资产的自身状况和特点后，寻求更优化的改造提升方案、成本管控策略、运营模式等，提升资产整体价值，为投资人带来更高的回报。

在境外 REITs 市场中，往往会对 REITs 管理人在运营方面提出一定的要求。比如：中国香港《房地产投资信托基金守则》中规定，管理公司必须具备足够的人力、组织及技术资源，以便可以适当地履行其职务，其中包括 2 名负责人员，其中各人必须在投资管理及／或物业投资组合管理方面具备最少 5 年可追溯的记录；而其中 1 名负责人员必须可以在所有时间监督管理公司的受规管活动业务，包括资产及物业管理。管理公司可以选择自行履行本守则规定其须履行的所有职能，或将部分职能转授予一家或多家外间的机构履行。凡管理公司选择自行履行该计划的房地产项目的管理职能时，必须拥有专门负责物业管理职能的主要人员，而这些主要人员必须持有管理房地产项目的专业资格。每名主要人员须在管理房地产项目方面具备最少 5 年经验。管理公司须适当地监督主要人员及确保他们是这方面的适当人选。又如，新加坡《集体投资计划守则》中规定，管理人、管理人的 CEO、董事及高管等应满足以下条件：① 需符合新加坡金管局关于适当人选的要求；② 管理人须有至少 5 年管理房地产基金的经验；③ 管理人须有至少 3 名高管，且 CEO、CFO 等高管需为新加坡金管局认可的持牌人士；④ CEO 须有至少 10 年管理房地产基金的经验，且需要驻守新加坡；⑤ 管理人管理的业务须涵盖会计、合规、投资者关系等事项，且前述事项需在新加坡进行；⑥ 管理人负责投资、资产管理、投资者关系的人员须有至少 5 年房地产投资、咨询领域的经验，从事前述事项的工作人员至少应有 3 名，需要全职并驻守新加坡。

而在我国基础设施 REITs 试点中，虽然允许基金管理人设立专门的子公司承担基础设施项目运营管理职责，也可以委托外部管理机构负责运营管理职责，但鉴于公募基金公司过往并无基础设施项目运营经验，故已上市的 17 单项目均采用委托外部管理机构的模式。进一步来看，17 单项目的外部管理机构均为发起人所控股，其中，除了发起人与基金管理人具有关联关系及张江光大园 REIT 项目的外部管理机构有基金管理人关联方参股外，外部管理机构与基金管理人并无股权关系。

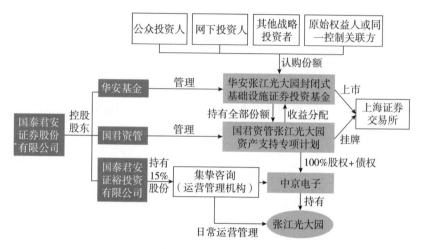

图 8-15　华安张江光大 REIT 项目管理人和运营管理机构关联关系情况

资料来源：招募说明书。

成熟的 REITs 市场以及优秀的 REITs 产品均需要基金管理人补齐资产管理能力短板。短期内，比华安张江光大 REIT 项目更进一步不失为一个方向，即运管机构可由基金管理人和发起人共同投资设立，并由基金管理人控股或双方共同控制。

## 三、管理人的激励机制有待进一步完善

首先，现阶段基金管理人收费水平普遍偏低，且市场上还存在个别的低价竞争情况，导致费率不但低于国际 REITs 市场常见水平，甚至低于公募基金公司管理债券基金的一般水平。而公募 REITs 业务需要投入大量的人力、物力、财力，长此以往不利于行业健康发展，亦不利于基金管理人做大做强其主动管理能力。比如：普洛斯 REIT 项目的招募说明书中披露，固定管理费用为每年基金募集规模的 7‰，浮动管理费为年度仓储租赁收入的百分之五左右。按此匡算后 2021 年合计管理费用为 5 900 万元，约为募集规模的百分之一。但是，招募说明书附录显示，2021 年和 2022 年的管理人报酬均为 562 万元，"是基金层面支付给基金管理人和计划管理

人的基金管理费",仅为拟募集规模的千分之一。又如:重庆市公共住房开发建设投资有限公司基础设施公募 REITs 服务机构中标结果显示,中标基金存续期管理费率为 0.11%。市场亟待根据项目情况而相应理性收费,实现长效发展。

其次,现阶段基金管理人收费以与基金资产规模挂钩的模式为主,甚至个别项目中的运营管理机构亦会收取与基金资产规模挂钩的费用。在该种模式下,管理人有动力通过过度并购及举债等形式做大资产规模,而非提高单位 REITs 份额收益,这样反而不是投资者利益最大化,导致了典型的委托-代理问题。从中国香港 REITs 市场来看,REITs 收费模式呈现出从与基金资产规模挂钩到与基金业绩挂钩的模式转变态势,这点在近年新上市的 REITs 中尤为明显。与基金业绩挂钩的收费模式可能也是我国 REITs 管理人收费的发展方向。

表 8-16　中国香港联交所上市 REITs 基本管理费和浮动管理费收取情况

| 产品名称 | 上市时间 | 基本管理费 | 浮动管理费 |
| --- | --- | --- | --- |
| 领展房地产投资信托基金 | 2005 年 9 月 | 按成本收回基准收取管理费 | 管理人不会就收购/撤资收取任何费用,亦不会按所管理资产的百分比或按其他与表现挂钩的指标收费。此举将冲突减至最低并让管理人与基金单位持有人之间利益维持一致 |
| 泓富产业信托 | 2005 年 11 月 | 物业价值 0.4% | 物业收入净额 3.0% |
| 越秀房地产投资信托基金 | 2005 年 12 月 | 每年按存置资产价值的 0.3% 计算基本费用 | 物业收入净额乘以 3.0% 年率 |
| 冠君产业信托 | 2006 年 4 月 | 上半年,只要该半年期间的物业收入净额达到或超过 2 亿港元,管理人获得该半年期间物业收入净额 12%;下半年同上半年 | — |
| 阳光房地产基金 | 2006 年 12 月 | 每年按不超过物业价值 0.4% 计算 | 每年按物业收入净额的 3% 计算 |
| 富豪产业信托 | 2006 年 12 月 | 每年按存置财产价值 0.3% 计算 | 每年按物业收入净额 3.0%(上限为每年 5.0%)计算 |
| 置富产业信托 | 2010 年 4 月 | 基本费用,每年的款额为物业价值的 0.3%。 | 为每一间物业公司的年度物业收入净额的 3% |

续表

| 产品名称 | 上市时间 | 基本管理费 | 浮动管理费 |
|---|---|---|---|
| 汇贤产业信托 | 2011年4月 | 每年费率即为于相关时间物业价值的0.3% | 每年费率即为各项房地产的物业收入净额的3% |
| 春泉产业信托 | 2013年11月 | 每年按存置财产价值0.4% | 每年按物业收入净额3.0%计算 |
| 招商局商业房地产投资信托基金 | 2019年6月 | 每半年按年度可分派收入的10.0%收取基本费用 | 每年按某一财政年度的每基金单位分派与前一个财政年度相比之差额乘以该财政年度已发行基金单位的加权平均数目的25.0%收取 |
| 顺丰房地产投资信托基金 | 2020年10月 | 每年按可供分派收入10.0%收取 | 按某一财政年度的每基金单位分派与前一个财政年度的每基金单位分派之差额乘以该财政年度已发行基金单位的加权平均数目计算须每年支付25.0% |

资料来源：招募说明书，作者整理。

再次，运营管理机构收费除上述提及的与基金资产规模挂钩的模式外，大部分是采用与总收入、净收入、可供分配金额、前述指标相较目标值或以前年度数据等业绩相关指标挂钩的模式。从中国香港REITs市场来看，早期上市的REITs基本上是依据收入净额来收取浮动管理费，而近年新上市的REITs则是依据分派较上一年度差额来收取。而新加坡《集体投资计划守则》中则规定，付给管理人的绩效费/报酬应符合以下要求：①绩效费用的结算不应超过一年一次；②绩效费应与适当的指标挂钩，该指标应考虑到房地产基金及其投资者的长期利益；③绩效费不应与不动产基金的总收入挂钩。既有上市REITs项目均聘请了运营管理机构，调动运营管理机构的积极主动性，切实履行好运营管理职责则显得尤为重要，未来运营管理机构收费模式或会更多地与净收入、可供分配金额、前述指标相较目标值或以前年度数据等业绩相关指标挂钩，甚至可以考虑向运营管理团队进行以REITs份额为标的的股权激励，从而起到更好的激励效果。

表8-17 我国已上市公募REITs管理费用机制

| 项目简称 | 固定管理费用 | 浮动管理费用 |
|---|---|---|
| 普洛斯 | 基金募集规模的0.7% | 针对租赁收入（I）设置阶梯性浮动管理费：当I≤3.2亿元，浮动费率为4.8%；当3.2亿＜I≤3.8亿元，浮动费率为5.0%；I＞3.8亿元，浮动费率为5.2% |

续表

| 项目简称 | 固定管理费用 | 浮动管理费用 |
|---|---|---|
| 苏州工业园 | 基金净资产的 0.15% + 年度可供分配金额的 1.05% | （净收入 – 对应目标金额）的 40% |
| 张江光大园 | 基金净资产的 0.55% | （净收入 – 净收入目标）的 10% + 运营收入总额的 4% – 基金净资产的 0.2% |
| 盐田港 | 基金净值的 0.3% | 运营收入（4%~7%，与收入挂钩）+ 年度运营收入超过目标值部分的 0~45% |
| 蛇口产业园 | 基金净资产的 0.15% + 年度可供分配金额的 3.5% | — |
| 沪杭甬高速 | 基金净资产（首期为募集规模）的 0.205% | 以考核年度当年基金净现金流分派率为考核指标，以考核年度当年项目公司的营业收入为收取基数 |
| 首创水务 | 基金净资产的 0.1% + 基金营业收入的 0.86% | 对项目公司的净收入指标进行考核根据项目公司年度息税折旧摊销前利润完成率确定浮动管理费 |
| 广州广河高速 | 基金净资产的 0.115% + 项目公司营业收入的 1.37% | 以项目公司经审计已实现的营业收入为考核指标，以其与"基础设施项目初始评估报告"中预计累计实现营业收入的差值为收取基数 |
| 首钢绿能 | 基金净资产的 0.1% + 可供分配金额的 7% | 年度基金可供分配金额超出目标部分的 10% + 项目公司年度运营收入超过目标部分的 20% |
| 中关村 | 按最新一期年度报告披露的基金净资产的 0.24%+3 个底层资产所对应项目运营收入的 8.5%~10% | 基础设施项目运营收入净额超出目标值的差额的 10%~20% |
| 越秀高速 | 上年度年度报告基金净资产的 0.45% | 当期项目公司净经营性现金流 × 2.5% |
| 铁建高速 | 按最新一期经审计的定期报告中披露的基金净资产的 0.2% | 净现金流分派率 = 当年分派金额 / 基础设施基金募集资金金额，净现金流分派率不高于 7% 的，则不收取浮动管理费；高于 7% 的，则就超过部分对应款项，按照 9% 收取浮动管理费。特别地，浮动管理费不得高于基础设施项目当年营业收入的 5% |
| 中交高速 | 基金资产净值 × 0.1% + 基础设施资产净收入 × 6% | |
| 深圳能源 | 上年度年度报告基金净资产的 0.28% | 基金浮动管理费包含固定费率浮动管理费及超额激励费两部分：（1）固定费率浮动管理费 = 净收入 × 浮动管理费率（3.5%）；（2）费根据项目公司年度 EBITDA 完成率确定超额激励费 |
| 深圳安居 | 基金净值 × 0.2% + 基础设施项目运营收入 × 4% | 以每一项目公司该自然年度的基础设施项目运营收入为基数并结合该项目公司基础设施资产运营业绩目标计算的费用 |

续表

| 项目简称 | 固定管理费用 | 浮动管理费用 |
|---|---|---|
| 厦门安居 | 基金净资产的 0.19% | （营业收入 – 应收账款增加）× 浮动费率 + Max [（营业收入 – 应收账款增加 – 预测营收），0] × 20% |
| 北京保障房 | 基金资产净值 × 0.12% + 项目公司运营收入 × 17% | （项目公司实际运营净收入 – 项目公司目标运营净收入）× 20% |

资料来源：基金招募说明书，作者整理。

最后，国际 REITs 市场中，管理人（及运营机构）一般属于发起人体系。除了 REITs 管理人外，还会设立单独的运营机构为项目的日常一般经营管理提供服务。在开展日常一般经营管理的过程中，运营机构需要与 REITs 管理人进行紧密合作，而在上述 REITs 市场中，管理人和产业管理人一般同属于发起人体系，作为发起人的关联公司，在上述分工配合中相对默契。而且，发起人将 REITs 视为其体系内的上市平台，有较强意愿以自身资源优势助力 REITs 平台持续成长和发展，通常属于 REITs 产品后续资产来源的重要提供方之一。而相比较而言，我国基础设施 REITs 试点中的 REITs 管理人由公募基金公司担任，在大多数情况下，基金管理人与发起人（原始权益人）并无关联关系或者直接控股关系。这种结构虽然可以起到比较好的制衡作用，但在一定程度上减弱了发起人的积极性。甚至在极端情况下，可能会出现部分发起人（原始权益人）通过 REITs 一次性出售资产，不希望作为外部管理机构或者消极运营管理的情形。展望未来，由公募基金公司控股、发起人（原始权益人）参股组建 REITs 管理人或可在保留现有结构中起到较好的制衡作用的同时，更好地调动发起人（原始权益人）的积极性，且能更强地实现利益绑定。

表 8–18 我国已上市公募 REITs 基金管理人和原始权益人关联关系情况

| 项目简称 | 基金管理人 | 原始权益人 | 二者关联关系 |
|---|---|---|---|
| 蛇口产业园 | 博时基金 | 招商局蛇口工业区控股股份有限公司 | 招商蛇口系招商局集团间接控股的企业，基金管理人系受招商局集团重大影响的企业，招商蛇口和基金管理人同受招商局集团控制或重大影响 |
| 张江光大园 | 华安基金 | 光全投资及光控安石 | 招募说明书及法律意见书中未专门说明 |

续表

| 项目简称 | 基金管理人 | 原始权益人 | 二者关联关系 |
|---|---|---|---|
| 苏州工业园 | 东吴基金 | 苏州工业园区科技发展有限公司、苏州工业园区建屋产业园开发有限公司 | 不存在关联关系 |
| 普洛斯 | 中金基金 | 普洛斯中国控股有限公司 | 不存在关联关系 |
| 盐田港 | 红土基金 | 盐田港集团 | 原始权益人盐田港集团持有深创投集团2.333 8%的股份,深创投集团持有红土基金100%股份 |
| 沪杭甬高速 | 浙商资管 | 浙江沪杭甬高速公路股份有限公司 | 基金管理人为主要原始权益人及运营管理机构的控股下属公司。基金管理人聘请独立财务顾问,出具独立财务顾问报告,缓释关联交易风险 |
| 广州广河高速 | 平安基金 | 广州交通投资集团有限公司 | 招募说明书及法律意见书中未专门说明 |
| 首创水务 | 富国基金 | 首创股份 | 不存在关联关系 |
| 首钢绿能 | 中航基金 | 首钢环境产业有限公司 | 基金管理人及其股东之一首钢基金与原始权益人首钢环境存在关联关系,基金聘请华泰联合证券作为第三方财务顾问,独立开展尽职调查并出具财务顾问报告 |
| 中关村 | 建信基金 | 中发展集团、北京中关村软件园发展有限责任公司 | 不存在关联关系 |
| 越秀高速 | 华夏基金 | 越秀(中国)交通基建投资有限公司 | 不存在关联关系 |
| 铁建高速 | 国金基金 | 中铁建重庆投资集团有限公司、重庆高速公路投资控股有限公司 | 不存在关联关系 |
| 中交高速 | 华夏基金 | 中交投资有限公司(主要)、中交第二航务工程局有限公司、中交第二公路勘察设计研究院有限公司 | 不存在关联关系 |
| 深圳能源 | 鹏华基金 | 深圳能源集团股份有限公司 | 招募说明书及法律意见书中未专门说明 |
| 深圳安居 | 红土基金 | 深圳市人才安居集团有限公司、深圳市福田人才安居有限公司、深圳市罗湖人才安居有限公司 | 招募说明书及法律意见书中未专门说明 |
| 厦门安居 | 中金基金 | 厦门安居集团有限公司 | 招募说明书及法律意见书中未专门说明 |
| 北京保障房 | 华夏基金 | 北京保障房中心有限公司 | 不存在关联关系 |

资料来源:基金招募说明书,作者整理。

## 四、大股东与小股东的利益平衡有待优化

目前公募 REITs 的结构中，监管要求原始权益人持有份额比例不低于 20% 且有相当一部分原始权益人在 REITs 上市后仍希望享有对资产的控制权，因此，本书统计的 17 只公募 REITs 中有 5 只项目原始权益人的持有份额比例超过了 50%。此外，针对持有份额比例低于 50% 原始权益人，其也可以通过引入战略投资者作为一致行动人的方式来实现对 REITs 的间接控制。原始权益人一旦具有对 REITs 决策的控制权，其对重大决策事项，包括资产处置/收购、基金扩募、关联交易及更换外部管理机构等均具有一票否决权。而且在现有制度项下，对于更换运营管理机构，作为关联方的原始权益人是无须回避表决的。这就不可避免地将出现原始权益人可能以自身利益最大化为目标，导致侵害小股东利益的情形。

需要说明的是，这一问题在境外成熟市场也是存在的，而且在基金管理人受原始权益人控制的情况下或原始权益人控制 REITs 的情况下更为显著。美国学者特别关注俘获型 REITs（Captive REITs，指单一份额持有人拥有超过 50 份额的 REITs）的利益冲突问题，俘获型 REITs 是由 REITs 资产的原始权益人发起设立并由其控制管理的 REITs。在这种控制模式下，原始权益人有可能以非公允的条件与 REITs 交易，如高价向 REITs 转让资产，低价支付租金或使用费等。如果基础资产与原始权益人的其他资产和业务活动具有较强协同效应，关联交易不仅更加频繁而且更难监督。此外，原始权益人控制还经常与过度报酬、关联竞争、绑定业务、支出偏好行为等并存。

因此，为了有效避免大股东利用信息不对称等优势损害小股东的利益，必须建立有效的信息披露机制，保证信息披露的及时、有效性。以及在现有规则的基础上，增加对运营管理机构对外进行信息披露的限制以及处罚措施。此外，就更换运营管理机构，原始权益人是否无须回避表决亦有待斟酌。

除信息披露外，成熟 REITs 市场亦会对股权集中度做出一些限制性约定，或值得本文借鉴。比如，在美国 REITs 市场，根据美国最高法律 U.S.

Code§856（h）（1）（A），在 REITs 税务年度后半年的任何时间里，如果直接或间接持有 50% 以上 REITs 证券价值的人数不超过 5 人，该 REITs 不得享有税收优惠。又如：日本 REITs 市场，《东京证券交易所上市标准》规定 J-REITs 流通份额不得少于 4 000 份，前十大份额持有人持有份额不得超过 75%，份额持有者数量不得低于 1 000 人。如果单一持有人（含关联方）持有份额达到 50% 以上，则被认定为家族公司从而丧失 REITs 税收优惠待遇。

## 五、独立第三方人士的监督机制有待推进

过往的理论和研究表明，来自公司外部的独立董事通过监督公司高管人员影响公司的经营业绩。增加董事会中没有利益相关的董事数量在一定程度上可以起到改善 REITs 经营业绩的作用，但其增加到一定的数量（50%）之后又会出现两者的负相关关系，也就是说董事会有太多的外部董事，对 REITs 的决策和监督就会产生很大的负面效果。从某种程度上讲，REITs 通过改善公司董事会的结构，可以减少代理成本，改善 REITs 公司业绩。

对外部管理型 REITs 来说，成熟 REITs 市场往往会对 REITs 管理人的董事会中独立董事人数或比例提出要求。比如，中国香港 REITs 市场，要求至少三名独立非执行董事。又如，新加坡 REITs 市场，若持有人有权任命董事，则独立董事应至少占董事会人数的 1/3；若持有人无权任命董事，则独立董事应至少占董事会人数的 1/2。

而在我国基础设施 REITs 试点阶段，公募基金公司在履行基金管理人职责时，其内部最高决策机构为投资决策委员会，从已经上市的 17 单项目中来看，投资决策委员会（含运营管理委员会）的人员构成中并无独立第三方人士，这与国际研究和实践并不相符，后续或有待改变。独立第三方人士除在投资决策委员会担任委员外，与基金管理人、ABS 管理人、发起人（原始权益人）、运营管理机构、REITs 产品、项目公司及其关联方不存在其他关联关系或可能妨碍其进行独立客观判断的关系，且需熟悉 REITs 运作，具备丰富的法律、财务、不动产等领域的工作经验。

表 8-19　我国已上市公募 REITs 投资决策委员会
（含运营管理委员会）人员构成情况

| 项目简称 | 人数 | 人员构成 | 表决比例 |
| --- | --- | --- | --- |
| 蛇口产业园 | 6 | 博时基金监事、博时资本副总经理、博时基金基金经理 3 名、博时基金风险管理部总经理 | 2/3 |
| 张江光大园 | 6 | 华安基金公司总经理、首席投资官、不动产投资业务分管协调人、固定收益部负责人、不动产投资管理部相关业务人员 | 2/3 |
| 苏州工业园 | 7 | 公募 REITs 运营管理委员会主席 1 名、公募 REITs 总部行政负责人 1 名、REITs 基金经理（投资）1 名、基金经理（运营）1 名；原始权益人推荐的专家委员 2 名；基金管理人提名的行业专家 1 名 | 2/3 |
| 普洛斯 | 3 | 中金基金总经理、创新投资部副总经理 2 名 | 未披露 |
| 盐田港 | 7 | 红土创新基金的 4 名委员、红土资管的 1 名委员和深创投不动产的 2 名专家委员 | 1/2 |
| 沪杭甬高速 | 5 | 基金管理人总经理、REITs 部门负责人，以及 3 名本基金的基金经理 | 2/3 |
| 广州广河高速 | 7 | 平安基金不动产投资信托基金（REITs）投资中心分管领导、督察长、REITs 投资中心负责人、风控部负责人、法律合规监察部负责人、基金经理 1 名、外部专家（符合条件的运营管理机构人员）1 名 | 2/3 |
| 首创水务 | 8 | 由基金管理人任命与解聘，其中 6 名为基金管理人内部委员，另外 2 名由运营管理机构推荐的行业专家担任 | 2/3 |
| 首钢绿能 | 9 | 中航基金副董事长、首席投资官、总经理助理 2 名、不动产投资部负责人、固定收益部基金经理、量化投资部负责人、研究部副总监、研究部研究员 | 未披露 |
| 中关村 | 6 | 建信基金总裁、副总裁、研究总经理、基础设施投资部总经理、总经理助理、基金经理 | 2/3 |
| 越秀高速 | 6 | 华夏基金基础设施与不动产投资部行政负责人、华夏基金总经理、副总经理、债券投资部投资经理、风险管理部行政负责人、研究发展部行政负责人 | 2/3 |
| 铁建高速 | 5+ | 国金基金总经理、副总经理兼首席信息官、副总经理兼固定收益投资总监、副总经理兼市场总监、REITs 投资部总经理及由 REITs 投委会主席或执行主席提名的其他成员 | 一般决议 1/2 特别决议 2/3 |
| 中交高速 | 6 | 华夏基金基础设施与不动产投资部行政负责人、华夏基金总经理、副总经理、债券投资部投资经理、风险管理部行政负责人、研究发展部行政负责人 | 2/3 |
| 深圳能源 | 6 | 鹏华基金总裁、副总裁、总裁助理、基础设施基金投资部负责人、登记结算部总经理、首席风控专家 | 一般决议 1/2 特别决议 2/3 |
| 深圳安居 | 7 | 红土创新基金的 4 名委员、红土资管的 1 名委员和深创投不动产的 2 名专家委员 | 1/2 |

续表

| 项目简称 | 人数 | 人员构成 | 表决比例 |
|---|---|---|---|
| 厦门安居 | 7 | 中金基金总经理、副总经理、首席信息官、固收执行总经理、创新投资部执行总经理、创新投资部副总经理、高级经理 | 一般决议 1/2<br>特别决议 2/3 |
| 北京保障房 | 6 | 华夏基金基础+设施与不动产投资部行政负责人、华夏基金总经理、副总经理、债券投资部投资经理、风险管理部行政负责人、研究发展部行政负责人 | 2/3 |

资料来源：招募说明书。

注：苏州工业园、沪杭甬高速、首创水务三个项目的投资决策委员会人员构成相关信息并未披露，故表格中为运营管理委员会的人员构成相关信息。

妥善平衡产业方与金融方的利益诉求，寻求最优模式，进一步完善REITs治理机制，是REITs高质量发展的长久之道。REITs产品横跨底层不动产与金融行业，既需要对产业资本进行合理的制约，又需对其进行合理的激励，在不同运营管理模式下充分发挥金融机构在REITs制度中的管理职能，探索培育具有专业化不动产运营能力金融机构的发展路径。

# 第九章

# 中国公募 REITs 立法路径研究

"中国公募 REITs 的实践与方向"课题组

REITs 法律结构的持续优化是中国公募 REITs 行稳致远的重要保障。本章全面梳理了目前"公募基金+资产支持证券"法律框架下面临的问题，借鉴境外主要市场 REITs 法律制度经验，立足国内法律环境和现实需求，提出未来我国公募 REITs 四种可能立法优化路径——公募基金优化路径、资产支持证券路径、契约型 REITs 单独立法路径以及公司型 REITs 路径，并对具体的立法路径选择提出建议。

## 第一节　中国公募 REITs 面临的主要问题

2020 年 4 月，中国证监会与国家发改委联合发布《关于推进基础设施领域不动产投资信托基金（REITs）试点相关工作的通知》，正式启动公募 REITs 试点工作。试点阶段，基础设施公募 REITs 市场交易和运行平稳，初步形成规模效应和示范效应，整体符合预期。但从市场实践看，REITs 也存在产品结构相对复杂、产融结合效果欠佳、法律责任涵盖不全、与业务实质不适配等问题。

### 一、产品结构相对复杂

受限于现有法律框架，试点阶段公募 REITs 依托于《证券投资基金法》，采取了"公募基金+ABS"的产品结构。产品结构设计相对复杂，形成了"份额持有人大会—公募基金管理人—ABS 管理人—基础设施项目运营管理机构"多方委托代理关系。制度设计上，为防范利益冲突，一方面要求基金管理人与资产支持证券管理人存在实际控制关系或受同一控制人控制；另一方面要求基金管理人与外部管理机构应当签订基础设施项目运营管理服务协议，明确双方的权利义务、费用收取等事项，规定基金管理人依法应当承担的责任不因委托而免除等。实践中，基金管理人与资产支持证券管理人的运营协调、基金管理人与外部运营管理机构的统筹并没有统一标准，市场主体职责界定和协调难度较大，容易推诿扯皮，导致运行效率降低。

## 二、产融结合效果有进一步提高空间

REITs 的价值创造主要来源于资产组合运营管理和资本结构管理，具有天然的产融结合属性。长期看，随着 REITs 市场的逐步培育发展，需要整合产业端与金融端优势。这要求既要夯实基金管理人的职责，又要充分发挥原始权益人的资产专业运营管理能力，提升运营效率和效益。目前，基金管理人缺乏与职权相匹配的运营管理能力，通常需要委托原始权益人或其关联方等外部管理机构负责运营。受限于现有制度，外部管理机构无法成为 REITs 管理人，运营管理职权受限，角色相对被动，难以调动其积极性，不能充分发挥运营管理效能。在原始权益人作为外部运营管理机构的情况下，还会影响其后续参与扩募的积极性，不利于 REITs 的主动管理。

## 三、法律责任涵盖尚不完整

在 REITs 业务中，原始权益人和外部运营管理机构承担着重要角色，但现行《证券投资基金法》没有涉及这一主体，对其法律约束不足。一方面，主要原始权益人及其控股股东、实际控制人存在信息披露隐瞒重要事实或者编造重大虚假内容等重大违法违规行为的，仅需要承担购回全部基金份额或基础设施项目权益的责任。另一方面，外部管理机构不勤勉尽责、专业审慎运营管理基础设施项目，只需承担解聘的风险。按照现行法律法规，在追究原始权益人和外部管理机构法律责任方面受到较大限制。

## 四、与业务逻辑匹配度有待提升

REITs 的业务实质、运行逻辑与证券投资基金不完全匹配。一是业务实质不同。REITs 本质上为资产上市，需要对底层资产组合进行运营管理和资本结构管理，更注重产业资本资产运营管理能力；按照现行《证券投资基金法》的规定，证券投资基金开展的是证券投资活动，不涉及资产运营管理。二是管理职责不同。证券投资基金以组合投资为原则，管理人独立行使管理职责，不涉及外部管理机构等其他法律主体；REITs 是产融结合产品，管理职责可以委托外部管理机构行使。三是信息披露要求不同。除证券投资基金规定公开披露的信息外，REITs 还需要披露基础资产的运营管理、现金流产生能力、关联交易、相关利益冲突防范等诸多信息。四是存续期监管不同。REITs 与证券投资基金产品运行逻辑和风险特征不同，应遵循管资产和管理机构并重的原则，需要强化资产质量、运营管理的穿透监管。

## 第二节　境外 REITs 市场经验借鉴

### 一、建立健全法律规则体系

REITs 本质上属于证券产品，境外市场监管机构将其作为证券进行监管，上位法均为证券投资相关法律，发行与交易均遵循证券法基本原则。如美国 REITs 运行需符合《证券法》《证券交易法》《投资顾问法》等法律的一般性规定，日本需符合《金融商品交易法》，中国香港需符合《证券及期货条例》等。

各地区还通过税法、专项立法、联合立法对 REITs 进行规定，大致可以分为三种模式：第一，税法模式。美国在税收法典相关条款中对 REITs 的设立、资质和条件、运作管理进行专门规范。第二，专项立法模式。新加坡金融管理局和香港证监会在证券法认可的集合投资计划之下分别制订《集合投资计划守则》和《房地产投资信托基金守则》，中国台湾地区在资产证券化的框架下牵头制定了"不动产证券化条例"，均对 REITs 设立要求、各参与方要求、运作管理等进行了专门规定。第三，联合立法模式。日本制订并修订《资产流动化法》（适用于私募 REITs）和《证券投资信托及证券投资法人法》（适用于公募 REITs），分别规定特殊目的公司和投资法人制度，为日本 REITs 市场建设奠定基础。随后，日本东京证券交易所出台《J-REIT 上市规则》，对 REITs 资质、运作要求、信息披露进行了详细规定。

## 二、因地制宜选择组织形式

全球主要境外市场REITs的组织形式主要包括公司型和契约型。公司型REITs具有独立法人人格，投资者依照法律和公司章程的规定享有股东权利、承担义务，并通过股东大会参与公司治理。契约型REITs根据基金份额持有人与受托人订立的合同，双方之间一般为信托关系，没有法人资格，通过合同规定当事人之间的权利义务关系。目前，新加坡、中国香港、中国台湾等亚洲国家和地区REITs组织形式大多为契约型；美国、日本、澳大利亚和欧洲国家REITs组织形式大多为公司型。从规模看，美国和日本REITs市场市值全球排名前二，公司型是全球REITs主流的组织形式。

各个国家和地区REITs市场根据法律制度、税收安排、市场环境因地制宜地选择合适的组织形式，两种形式并无优劣之分。美国和日本REITs市场允许公司型和契约型组织形式并存，但市场选择了以公司型为主流的组织形式。以美国为例，最初大部分州法律规定REITs不允许以公司形式持有交易型房地产，随着美国推进税法改革，先后允许REITs采用公司形式、内部管理、放松投资者限制，最终多数REITs选择了公司型的组织形式。

## 三、充分发挥产业资本运营优势

REITs具有鲜明的产融结合特点，境外主要市场均充分发挥了产业资本的资产运营管理能力。目前，美国、日本、新加坡和中国香港市场发起人（原始权益人）和管理人通常属于产业资本体系，在资产并购重组、运营管理等方面职责重要。美国REITs一般由法人企业、信托或其他组织形式的应纳税实体（发起人）向美国国税局提交1120-REIT表格，进行身份转换而来，大多数REITs采用内部管理模式，充分发挥了产业资本的专业运营能力。日本REITs的发起人及其关联公司参与设立资产管理公司，负责REITs的投资决策和项目运营管理，同时也是后续REITs资产收购中优质资产项目的供给方。新加坡和中国香港REITs市场，产业资本发起设立REITs，并担任管理人和物业管理机构角色，有效调动了产业资本的积极性。

与此不同，中国台湾REITs市场受托的金融机构拥有投资决定权，可以委托不动产管理机构开展运营管理业务。但不动产管理机构并购买卖不动产、投融资等职能受到限制，产业资本参与REITs市场建设积极性不高。

## 四、强化资产监管，注重法律责任覆盖

全球REITs市场监管大多参考上市公司监管逻辑，建立了以信息披露为中心的监管原则，实现了全链条监管，将发起人（原始权益人）纳入监管体系，实现了法律责任全覆盖。以美国REITs市场为例，发起人（原始权益人）是公司型REITs的发行人或控股股东、实际控制人，可参考美国《证券法》中欺诈发行相关条款予以追责。同时，基于REITs产品的特点和规律，重点关注对资产的穿透监管。如，中国香港和新加坡市场REITs需要遵守《房地产投资信托基金守则》或《集合投资计划守则》的相关规定，存续期内还需要遵守《香港主板市场上市规则》或《新加坡主板市场上市规则》的相关要求，两个市场均设置了较为详细的资产运营管理方面的信息披露标准，要求披露不动产资产区位、购买价、出租率、剩余租期、租户总数、前十大租户、租金集中度等资产信息。

## 五、严格遵从税收中性原则

税收中性是境外REITs得以健康发展的关键性因素，大多数国家和地区在交易和持有环节还出台了部分税收优惠政策。以企业所得税为例。一是交易阶段，发起人出售资产需要缴纳企业所得税，部分成熟市场会有税收递延相关安排。据统计，七成以上的美国REITs采用伞形结构REIT（Umbrella Paltrer-ship REIT，简称UPREIT）交易结构，通过嵌入合伙企业结构，当发起人将资产出售转换为合伙份额时暂不缴纳企业所得税，递延至合伙份额转换为REITs份额或出售时缴纳企业所得税。二是持有阶段，境外市场针对REITs分红收入均不征收企业所得税。新加坡和中国香港REITs市场出台了免税政策，美国和日本REITs市场分红计入税前成本或损失中，以避免双重征税。

## 第三节　中国公募REITs的立法路径选择

借鉴境外主要市场REITs法律制度经验，立足国内法律环境和现实需求，综合考虑立法成本、与现行法律规则和监管体系的兼容与衔接，提出REITs立法规划的具体建议。

### 一、立法思路

公募REITs的"公募基金＋ABS"的多层架构导致交易成本较高、运营管理效率下降、监管难度较大，参考境外经验，REITs立法工作坚持以结构优化为导向，需要准确把握REITs属于证券的法律定位，注重发挥产业资本资产运营管理能力，强化法律责任全覆盖、坚持税收中性原则。

选择何种立法路径，应坚持目标和问题为导向，兼顾立法可行性。一方面，需要充分体现REITs产品的特点和规律，有效降低交易成本，提高运营管理效率；另一方面，从立法成本、设计难度考虑，应选择对我国现有法律框架冲击较小的REITs法律载体，减少法律障碍。

### 二、四种立法路径的优劣分析

#### （一）公募基金优化路径

**1. 主要立法内容**

修改《证券投资基金法》，调整REITs基金财产投资范围，明确基金可以直接投资非上市公司股权。对基金管理人的设立条件、基金运作管理要求进行适应性调整，并对原始权益人和运营管理机构等法律责任作出原则性规定。立法方面，可类比非公开募集基金，将REITs作为证券投资基金的特殊子品类，在《证券投资基金法》中以专章形式进行规范。专章内容主要包括REITs定义、各参与机构的资格及职责、发行与交易、信息披露、风险管理、投资者保护、监督管理以及自律管理等内容。

**2. 路径优点**

沿用公募基金架构，能够较好兼容现行基础设施公募REITs试点的相关安排。一方面，前期中国证监会已经建立健全综合监管体系，构建了全链条监管机制，在公募基金架构下的监管经验成熟，市场实践丰富。另一方面，公募基金架构能够较好满足公众投资者对 REITs 产品的流动性和期限性等要求。

3. 路径缺点

一是立法成本较高。REITs 在基础设施项目的运作机制、信息披露、存续期监管等方面与传统的证券投资基金存在较大差异，为体现 REITs 产品特征和规律，需要对《证券投资基金法》进行较大修改。《证券投资基金法》能否兼容 REITs 和传统的证券投资基金存在不确定性，且修订工作需全国人大常委会审议，流程烦琐、用时较长。

二是或与《证券法》冲突。REITs 直接投资非上市公司股权，可能构成变相公开发行股票，制度设计需要与《证券法》相协调。

### （二）资产支持证券路径

1. 主要立法内容

根据《证券法》第二条关于"资产支持证券发行、交易的管理办法由国务院依照本法的原则规定"的授权，国务院可制定资产证券化行政法规，明确资产支持证券公开发行、交易等条件，并将 REITs 作为特定类型资产支持证券，以专章载明 REITs 原则性规定，设置授权性条款，允许相关部门另行制定 REITs 规章《不动产证券化管理规定》。

《不动产证券化管理规定》主要内容应包括 REITs 定义、各参与机构的资格及职责、发行与交易、信息披露、风险管理、投资者保护、监督管理以及自律管理等内容。考虑到资产支持专项计划管理人由金融机构担任，难以较好解决"产融结合"欠佳问题。因此，《不动产证券化管理规定》应为产业资本担任 REITs 管理人预留空间。待条件成熟时，可借鉴新加坡和我国香港 REITs 市场建设经验，允许向原始权益人全资或控股设立专项资产管理子公司颁发 REITs 管理人专项牌照，同时强化受托人监督管理职责，既要充分发挥产业资本运营管理能力，也要保护好投资者合法权益。

### 2. 路径优点

一是立法成本较低。在资产证券化行政法规制订中为REITs规章预留发展空间，后续修订《不动产证券化管理规定》不需要全国人大常委会审议，立法进程可适当加快。二是资产证券化现有制度和监管体系成熟，各方权利义务关系清晰，REITs能够充分借鉴。

### 3. 路径缺点

原有税收优惠政策不再适用。试点阶段REITs采用公募基金架构，在资产重组、发起设立以及分配环节，享有企业所得税相关优惠政策。对于ABS等资管产品，需要商请财税部门明确出台REITs相关税收优惠政策。

## （三）契约型REITs单独立法路径

### 1. 主要立法内容

根据《证券法》第二条，国务院可将REITs认定为证券，将其视为与股票、债券、基金等并列的一种金融产品类别，并针对REITs产品单独立法。通过起草《不动产投资信托基金（REITs）条例》，对公募REITs设立条件、组织架构、各方干系人的权利义务、投资范围、利润分配，以及REITs公开募集发行、交易、管理、终止等各环节涉及的法律事宜予以明确规定。

### 2. 路径优点

一是立法成本较低，无须变动其他法律，只需按《证券法》授权，由国务院对REITs证券定位进行认定。可以沿用现有的契约型公募REITs主体，沿用中国证监会已有的健全综合监管体系和全链条监管机制。二是能够根据REITs自身的特点单独进行立法，使其能够得到最优化安排，也能够最大限度地发挥"产融结合"效益。

### 3. 路径缺点

原有税收优惠政策可能不再适用。试点阶段采取公募基金架构，在相关环节可享受税收优惠政策，新REITs架构使得之前的税收优惠不再适用。但是基于本路径下针对REITs特点单独立法，可较为容易地参照公募基金和海外税收优惠政策，保证REITs税收中性原则的实现。

## （四）公司型 REITs 路径

公司型 REITs 路径指在《公司法》中引入特殊目的公司专门开展公募 REITs，特殊目的公司通常指为实现经营传统工商业以外的合法特殊单一目的而设立的公司，在 REITs 中主要目的是持有基础资产，实现与发起人（原始权益人）的破产隔离效果。

### 1. 主要立法内容

制订 REITs 行政法规，明确以特殊目的公司为载体开展 REITs 业务，允许特殊目的公司直接持有基础设施项目所有权或经营权，可向不特定对象或超过 200 人的特定对象发行资产支持证券募集资金，允许证券持有人享受股东权利，符合条件的 REITs 可在证券交易所公开上市。

一是在《公司法》中引入特殊目的公司，限于资产证券化、公司型基金等特定领域。同时，强调公司法原则对其一般适用，设置授权性条款，明确其他法律、法规可就特殊目的公司在发起设立、组织机构、资本制度、业务规则等方面有其特殊性。二是出台税收配套政策。需要按照税收中性原则出台相关所得税政策，将特殊目的公司视为税收导管，直接穿透至投资者端进行征税。三是制定 REITs 行政法规，对 REITs 定义、各参与机构的资格及职责、发行与交易、信息披露、风险管理、投资者保护、监督管理以及自律管理进行规定。同时对特殊目的公司作出具体规定，如允许简化董事会、监事会等组织机构，利润分配前无须提取法定公积金，发起设立需要主管部门批准等。

### 2. 路径优点

相较于契约型 REITs 而言，公司型 REITs 能够沿用成熟的公司治理机制，权利义务关系清晰、监督制约机制完善，能够有效制衡市场参与人行为，有助于提高 REITs 运行效能。同时，我国已就公司建立一套完善监管框架，法律规则体系丰富、监管经验成熟，对各方参与人已有明确的责任界定，构建了行政、刑事、民事相结合的立法追责体系，能够有效保护投资者合法权益。

### 3. 路径缺点

一是立法成本高。《公司法》法律层级较高，修改涉及面广，争取各方共识的难度较大。修订工作需经全国人大常委会审议，流程烦琐、用时较长。

二是原有税收优惠政策不再适用。试点阶段 REITs 采用公募基金架构，可享受所得税税收优惠。对于 ABS 等资管产品，机构投资者需要缴纳 25% 的所得税。同时，财政部、税务总局在资产重组和设立环节出台了企业所得税优惠政策。关于公司型 REITs 能够继续享受所得税相关优惠政策需要重新沟通，存在不确定性，推进或有难度。在未实施税收优惠政策前，公司型 REITs 的生存空间较为狭窄。

## 三、立法路径选择

整体而言，公募基金直接投资非上市公司股权，其业务实质、逻辑、监管等方面与传统证券投资基金差异较大，需要对《证券投资基金法》作较大改动，存在较大不确定性，立法成本很高。在资产证券化框架下，制定 REITs 规章，虽然可以实现产品结构的优化，立法成本相对较低，但是"产融结合"欠佳并未得到较好解决。

契约型 REITs 单独立法的路径，其成本较低，并且对当前法律体系冲击较小。以特殊目的公司为载体的公司型 REITs 路径，虽然立法成本相对较高，但对现有法律法规体系的冲击并不大。后两种路径中，在发挥"产融结合"优势、提高公司治理效能、投资者权益保护等领域效果明显。对税收中性的保持，契约型 REITs 单独立法较特殊目的公司更容易实现。

综合考虑，若中国公募 REITs 仍保持契约型 REITs 模式，可选择契约型 REITs 单独立法的路径；若中国公募 REITs 考虑选择公司型 REITs 模式，可选择公司型 REITs 路径。而公募基金优化路径和资产支持证券路径较另外两种路径都存在一定的劣势，不建议选择。

# 第十章

# 公募 REITs 的税务考量及会计处理

冯治国[1]　赵彧瑞[2]　肖茛月[3]　吴汪斌[4]
刘亚华[5]　王利星[6]

........................................................

公募 REITs 的税务考量和会计处理贯穿了 REITs 的全周期，而税收优惠可直接影响公募 REITs 作为金融资产的吸引力。本章全面梳理了当前公募 REITs 项目发行过程中税务考量和会计处理方面的内容，提出了目前待解决的相关问题，为后续的流程优化提出参考和建议。

........................................................

---

[1] 冯治国，毕马威中国税务合伙人。
[2] 赵彧瑞，毕马威中国税务高级经理。
[3] 肖茛月，毕马威中国税务经理。
[4] 吴汪斌，德勤中国合伙人。
[5] 刘亚华，德勤中国审计经理。
[6] 王利星，德勤中国审计经理。

## 第一节 税务考量

### 一、税务政策对公募 REITs 发展的重要性

纵观国际上 REITs 发展历程，税务政策是重要推动因素之一。税务政策影响架构搭建方案的决定甚至原始权益人是否进行 REITs 产品的发行。税务政策如此重要的原因主要在于，从 REITs 前期架构搭建，到发行后的运营、分配，各个环节都存在税负成本。如果政府不给予特殊的税务政策、原始权益人不进行税务筹划，税负成本将直接影响到 REITs 产品的收益率，进一步影响到原始权益人是否发行 REITs 产品的决策。

在世界范围内已推出公募 REITs 产品的国家和地区中，随着税务政策的不断完善，推动了 REITs 的发展。以美国 UPREIT 形式的发展为例，最初美国传统 REITs 形态是公司型 REITs 直接持有不动产，法律对 REITs 的经营限制十分严格，导致 REITs 市场发展缓慢。1986 年通过的《税收改革法案》放开 REITs 的物业经营权，推动房地产开发商积极投资发行 REITs，但中间存在着税负成本较重的资本利得税。为利用《税收改革法案》的 REITs 政策，同时降低资本利得税，市场创造了全新的 UPREIT 形式。在 UPREIT 结构下，房地产开发商在实现不动产流动性的同时可递延或规避资本利得税。UPREIT 结构一经推出，在市场中很快被大量复制，时至今日仍受到发行机构的青睐。

在 REITs 发展较为成熟的市场中均存在税收优惠政策。对于架构搭建阶段底层资产入池涉及的不动产转让收益来说，为了避免借 REITs 之名进行不动产转让交易，一般不提供 REITs 相关的税收优惠政策。在运营、

分配环节,即成架构下通常较难主动进行税务筹划,为了避免重复征税对 REITs 收益率的影响,政府会在 REITs 产品层面、投资者分红阶段给予一定的税收优惠。在中国香港、美国、英国、新加坡等地,税务机关在 REITs 运营、收益分配阶段有给予一定程度的优惠政策(见表 10-1)。

表 10-1 部分国家及地区 REITs 相关税收优惠政策总结

| 阶段/环节 | 国家和地区 | 税收优惠政策 |
|---|---|---|
| 运营阶段 | 中国香港 | 在持有运营阶段,REITs 层面免征利得税。REITs 通过 SPV 间接持有香港房产,多层 SPV 间分配股息免征利得税 |
| | | 来自中国香港境外房地产所得的收入和资本收益一般也免征利得税 |
| | 美国 | REITs 分配给投资人的各类收益,在 REITs 层面有机会不缴纳所得税 |
| | 英国 | 英国 REITs 公司取得的英国公司物业资产租赁业务利润有机会免征公司所得税 |
| | | 英国 REITs 投资其他英国 REITs 取得的收入有机会免税 |
| | | REITs 满足一定条件的资产处置利得不计为 REITs 应税利得 |
| | 新加坡 | 无 |
| 收益分配处理环节 | 中国香港 | 中国香港境内外的机构和个人投资人从 REITs 取得的分红、转让 REITs 证券获得的资本利得,均免征所得税 |
| | 美国 | 如果 REITs 分红未满足相关要求(如未达到要求的分配比例),则 REITs 层面需缴税 |
| | | 投资人取得 REITs 分配收益需缴纳所得税;个人投资人可以通过将分红收入与退休账户绑定,实现所得税的递延 |
| | 英国 | 英国 REITs 的房地产租赁业务利润必须在一定期限内分配给投资人 |
| | | 由于 REITs 层面有机会免税,REITs 向投资人分配收益,投资人一般需缴纳所得税 |
| | 新加坡 | REITs 分红达到要求的比例后,REITs 层面无须缴纳所得税 |
| | | 境内投资人取得 REITs 分配收益有所得税减免优惠政策,境外投资人也有预提所得税优惠 |
| | | 在 REITs 和投资者层面均无须缴纳资本利得税 |

资料来源:各个国家和地区税务局,作者整理。
注:数据截至 2022 年 9 月 30 日。

我国公募 REITs 正处于初始发展阶段,政府有关部门也正在积极研究出台符合我国公募 REITs 市场的税务政策,逐步解决公募 REITs 产品的税务痛点,助推公募 REITs 的高速发展。我国内地目前的税务法规已给予底层资产入池的不动产转让收益以递延纳税政策,同时公募 REITs 层面通常不交税,对投资人从公募 REITs 取得的收益也有一定的免税优惠政策。这些税务政策都将激励原始权益人更多地参与到公募 REITs 产品的发行中来,也将激励广大投资人积极主动参与公募 REITs 产品的投资,共同促进我国公募 REITs 市场的繁荣发展。

本节将从实务角度简析我国公募 REITs 最新税务政策及亟待解决的公募 REITs 税务问题,并详解架构搭建环节资产剥离入池的税务筹划、债务搭建的税务考量这两大重要的我国公募 REITs 税务影响因素。

## 二、我国公募 REITs 最新税务政策

2022 年 1 月底,财政部、国家税务总局联合发布《关于基础设施领域不动产投资信托基金(REITs)试点税收政策的公告》(财政部 国家税务总局公告〔2022〕3 号)(以下简称"3 号公告"),公告对资产剥离入池环节涉及的底层资产转让收益、项目公司股权转让收益等提供了企业所得税优惠政策,是我国首个针对公募 REITs 出台的税务配套政策。

"3 号公告"出台以前,原始权益人只能考虑通过拆分交易步骤、利用现有其他税收优惠政策,以实现降低税负成本、提高收益率的目的。"3 号公告"直接给予原始权益人递延纳税的政策,同时与其他现有可适用的税务政策相比,"3 号公告"也存在一定的降低企业所得税税负的效果,发布后即在市场上掀起广泛热议。

从内容上来看,"3 号公告"主要针对底层资产转让、项目公司股权转让交易提供企业所得税优惠政策。

### (一)底层资产转让的税务处理

"3 号公告"出台前,原始权益人向项目公司转让底层资产,原始权益人通常会取得收益,需缴纳企业所得税。在此阶段,公募 REITs 产品尚未发行,原始权益人可能尚未收到对价,缴纳的企业所得税款可能对原始权益人的现金流造成不利影响。

在"3 号公告"下,原始权益人向项目公司划转底层资产相应取得项目公司股权,适用特殊性税务处理,原始权益人和项目公司不确认所得,不征收企业所得税,缓解了原始权益人在此阶段的税负压力和现金流压力。

### (二)项目公司股权转让的税务处理

"3 号公告"出台前,原始权益人向项目公司转移底层资产的方式可

能影响到原始权益人持有项目公司股权的计税基础，某些情形下原始权益人转让项目公司股权可能产生收益，也需缴纳企业所得税。实际缴纳的企业所得税款也将对原始权益人的现金流带来压力。

在"3号公告"下，原始权益人在架构搭建阶段向公募REITs转让项目公司股权，可暂不缴纳企业所得税，相关企业所得税税负可递延至公募REITs完成募资并支付股权转让价款后缴纳。该项暂不缴纳企业所得税的规定将原始权益人股权转让所得的相关纳税义务时点递延至完成募资并支付股权转让价款后，在极大程度上能够缓解原始权益人的现金流压力。

除此之外，对于原始权益人按照战略配售要求自持的REITs份额所对应的资产转让评估增值部分，允许递延至实际转让时缴纳企业所得税，该项规定进一步缓解了原始权益人的现金流压力。

## 三、资产剥离入池的税务考量

目前，原始权益人在进行架构搭建阶段的资产重组时可考虑适用"3号公告"优惠政策。而首批公募REITs产品上市发行均在"3号公告"出台前，只能基于原有政策进行税务筹划。未来原始权益人可同时考虑"3号公告"和原有的其他税务法规进行筹划方案的设计。

在本部分内容中，我们将基于"3号公告"出台前的税收政策，从税务筹划的视角对不同资产剥离方式的税务处理进行介绍。

### （一）各重组方式的税务处理[①]

从税务筹划角度，可供选择的资产剥离方式主要有三种（详细可见第五章）。

方法一：资产划转，即原持有底层资产的公司将底层资产划转至新设项目公司；

方法二：企业分立，即原持有底层资产的公司将底层资产分立至新设项目公司；

方法三：非货币性资产投资，即原持有底层资产的公司以底层资产增

---

① 税务分析主要从法规层面提示需考虑的税务影响。实操中需结合具体交易架构、相关资产的计税基础数据等进行深入分析。

资至新设项目公司。

资产剥离至新设项目公司后,原始权益人再将项目公司股权转让给公募REITs。

### 1. 资产划转方式税务影响

该方案下通常涉及两个交易步骤(如图10-1所示)。

第一步,B公司新设项目公司,将底层资产划转至项目公司中;

第二步,B公司转让项目公司股权至公募REITs架构中。①

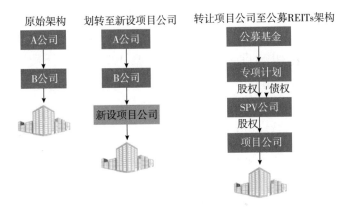

图10-1 资产划转步骤

资料来源:毕马威税务、招商蛇口,作者整理绘制。

资产划转方式相关税种影响汇总如表10-2所示。

表10-2 资产划转方式税务影响汇总

| 税种 | 相关环节 ||
|---|---|---|
|  | 资产划转环节 | 股权转让环节 |
| 企业所得税 | 满足相关条件时,划转可适用特殊性税务处理暂不缴纳企业所得税;若无法适用特殊性税务处理,则需适用一般性税务处理,B公司缴纳资产转让所得的企业所得税 | 若划转已适用特殊性税务处理,B公司的股权转让所得需缴纳企业所得税;若划转适用一般性税务处理,B公司可能不涉及企业所得税 |
| 增值税 | 有机会不征收。实操中,不征收增值税政策和划转特殊性税务处理(即上条)可能无法同时适用 | — |

---

① B公司代指原持有底层资产的公司,A公司代指B公司的股东公司。后同,不赘述。

续表

| 税种 | 相关环节 | |
|---|---|---|
| | 资产划转环节 | 股权转让环节 |
| 土地增值税 | 划转尚无明确不征税规定，有机会参照投资行为适用不征税政策 | — |
| 契税 | 免征 | — |
| 印花税 | 可能需缴纳"产权转移书据"印花税 | 缴纳"产权转移书据"印花税 |

资料来源：作者根据相关法律法规整理。

（1）划转底层资产至新设项目公司的税务影响

企业所得税。当满足《财政部 国家税务总局关于促进企业重组有关企业所得税处理问题的通知》（财税〔2014〕109号）（以下简称"109号文"）相关条件时，B公司划转底层资产可适用特殊性税务处理暂不缴纳企业所得税，将递延至B公司转让项目公司股权时缴纳。

如无法适用特殊性税务处理，而适用一般性税务处理，则将视为B公司直接转让底层资产，B公司需将资产转让所得合并至当年应纳税所得额中，计算缴纳企业所得税。

增值税。根据《财政部 国家税务总局关于全面推开营业税改征增值税试点的通知》（财税〔2016〕36号）（以下简称"36号文"），增值税适用不征税政策的前提是，资产及其负债和劳动力一并转让，与"109号文"企业所得税上"划转资产"的行为存在不一致性，可能无法同时适用增值税不征税政策和企业所得税特殊性税务处理（暂不缴纳企业所得税）。若不适用该增值税不征税政策，则将视为转让底层资产而缴纳增值税，原持有底层资产的公司的增值税税负较重；项目公司取得的进项税额在短期内也无法全额抵扣，对现金流占用较大。

土地增值税。现有土地增值税政策对不动产划转尚无明确不征税规定，存在被税务机关要求按规定缴纳土增税的可能性。相关资产的评估值若存在较大增值额，土地增值税的税负可能较重。

另根据《财政部 国家税务总局关于继续实施企业改制重组有关土地增值税政策的公告》（财税〔2021〕21号）（以下简称"21号文"）规定，单位、个人在改制重组时以房地产作价入股进行投资，对其将房地产转移、变更到被投资的企业，暂不征土地增值税；交易双方均不得为房地产开发企业。如果接受资产的项目公司在会计处理上计入"实收资本/股本"科目，且按照工商要求对注册资本进行变更，则有机会适用上述不征税政策。如果接受资产的项目公司会计处理未计入"实收资本/股本"科目或无法完成工商程序，则无法适用上述不征税政策。

契税。若满足《财政部 国家税务总局关于继续执行企业事业单位改制重组有关契税政策的公告》（财税〔2021〕17号）（以下简称"17号文"）中的相关条件，同一投资主体内部所属企业之间土地、房屋权属的划转，包括母公司与其全资子公司之间土地、房屋权属的划转，免征契税。则项目公司取得底层资产可免征契税。

印花税。若划转在企业所得税上按一般性税务处理，则B公司、项目公司需缴纳"产权转移书据"印花税，税率为5‰；同时，项目公司增加的"实收资本""资本公积"两项的合计金额需缴纳"营业账簿"印花税，税率为2.5‰。

若资产划转适用特殊性税务处理，在无明确协议对价时，现有法规未明确印花税的处理方式，存在被要求缴纳印花税的风险。

（2）转让项目公司股权至公募REITs架构的税务影响

企业所得税。B公司转让项目公司股权至公募REITs架构中时，交易对价为项目公司股权价值的评估值。

如资产划转环节适用了特殊性税务处理，可扣除的股权转让成本为B公司对项目公司的初始投资额，B公司需对股权转让所得缴纳企业所得税。

如资产划转适用一般性税务处理，项目公司股权的投资成本为初始投资额加划转时底层资产的公允价值，在底层资产无增值的情况下应等于项目公司股权价值的评估值，可能无须缴纳企业所得税。

印花税。项目公司原股东B公司和新股东均需缴纳"产权转移书据"印花税，税率为5‰。

资产划转方案税务影响小结。以资产划转方式实现底层资产剥离可能面临较重的税负成本，具体表现在：

第一，资产划转方案很可能无法同时适用增值税不征税政策和企业所得税特殊性税务处理（暂不缴纳企业所得税）；

第二，企业所得税特殊性税务处理仅能递延纳税，未来转让项目公司股权时仍需缴税，整体来看并未实际减少企业所得税税额；

第三，资产划转能否不缴纳土地增值税暂未有明确的规定，可能有机会参照投资行为适用不征税政策。

2. 企业分立方式税务影响

该方案下通常涉及两个交易步骤。

第一步，B公司分立底层资产、债权、相关负债和人员至新设项目公司；

第二步，A公司转让项目公司股权至公募REITs架构中。

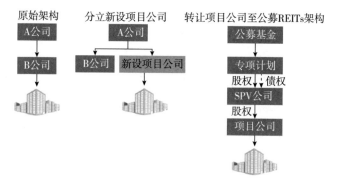

图10-2 资产分立涉及步骤

资料来源：毕马威税务、招商蛇口，作者整理绘制。

企业分立方式相关税种影响汇总如表10-3所示。

表10-3 企业分立的税务影响汇总

| 税种 | 相关环节 ||
| --- | --- | --- |
| | 企业分立环节 | 股权转让环节 |
| 企业所得税 | B公司分立满足"19号文"相关条件适用特殊性税务处理时，在企业分立所属年度的汇算清缴时可暂不缴纳企业所得税，待未来转让新设项目公司股权时再缴纳<br>若无法满足相关条件则需适用一般性税务处理，B公司转让底层资产的所得需缴纳企业所得税；A公司取得项目公司股权视同B公司对A公司进行分配，参照企业撤资的处理 | 若分立已适用特殊性税务处理，A公司的股权转让所得需缴纳企业所得税<br>若分立适用一般性税务处理，A公司该环节可能不涉及企业所得税 |

续表

| 税种 | 相关环节 | |
|---|---|---|
| | 企业分立环节 | 股权转让环节 |
| 增值税 | 不征收 | — |
| 土地增值税 | 当被分立企业B公司、分立新设项目公司均不是房地产开发企业时，暂不征土地增值税 | — |
| 契税 | 免征 | — |
| 印花税 | 是否可以适用财税〔2003〕183号优惠政策存在不确定性 | 缴纳"产权转移书据"印花税 |

资料来源：作者根据相关法律法规整理。

（1）分立底层资产至新设项目公司的税务影响

企业所得税。企业分立的一般性税务处理和特殊性税务处理存在不同的税务影响。

若满足《财政部 国家税务总局关于企业重组业务企业所得税处理若干问题的通知》（财税〔2009〕59号）（以下简称"59号文"）第五条、第六条相关要求，企业分立可适用特殊性税务处理，A公司、B公司可暂不缴纳企业所得税，待未来A公司转让新设项目公司股权时A公司再缴纳企业所得税，不存在重复征税。

如A公司转让新设项目公司股权的时点和企业分立的时点间隔不满12个月，企业分立只能适用一般性税务处理：B公司转让底层资产的所得需缴纳企业所得税；A公司取得项目公司股权应视同B公司对A公司进行分配，参照企业撤资进行税务处理。

根据国家税务总局公告2011年第34号文件，分配中相当于A公司初始出资的部分，视为投资收回；相当于按比例计算的未分配利润、累计盈余公积的部分，视为股息所得，可免征企业所得税；A公司取得的资产转让所得，需缴纳企业所得税。A公司取得项目公司股权的计税基础为该股权的公允价值。

A公司在分立交易中是否取得资产转让所得取决于多项因素，如底层资产估值、B公司实收资本和未分配利润的规模、减资比例等。

增值税。根据"36号文"，B公司将底层资产及关联的债权、负债和劳动力一并分立给新设项目公司，无须缴纳增值税。该项与B公司分立的企业所得税特殊性税务处理可同时适用。

土地增值税。根据"21号文"，如果B公司、项目公司均不是房地产开发企业，B公司将底层资产分立至项目公司，暂不征土地增值税。

契税。若满足"17号文"相关条件，依照法律规定、合同约定分立为两个或两个以上与原公司投资主体相同的公司，对分立后公司承受原公司土地、房屋权属，免征契税。则项目公司承受B公司分立出的底层资产权属可免征契税。

印花税。根据《财政部 国家税务总局关于企业改制过程中有关印花税收政策的通知》（财税〔2003〕183号）（以下简称"183号文"），以分立方式成立的新企业，其新启用的资金账簿记载的资金，凡原已贴花的部分可不再贴花，未贴花的部分和以后新增加的资金按规定贴花；企业因改制签订的产权转移书据免予贴花。

由于"183号文"的出发点是为贯彻落实国务院关于支持企业改制的指示精神，针对经县级以上人民政府及企业主管部门批准改制的企业，在改制过程中涉及的印花税税收政策的规范，一般企业的分立重组处理是否可以适用相关政策存在不确定性。如无法适用"183号文"的规定，则：

①B公司和项目公司以分立合同载明的资产价值缴纳"产权转移书据"印花税，税率为5‰；

②项目公司增加的"实收资本""资本公积"科目的金额按"营业账簿"税目缴纳印花税，税率为2.5‰。

（2）转让项目公司股权至公募REITs架构的税务影响

企业所得税。A公司转让项目公司股权至公募REITs架构中时，交易对价为项目公司股权价值的评估值。

可扣除的股权成本与企业分立环节具体采用的税务处理方式相关。如分立采用特殊性税务处理，则根据"59号文"第六条，项目公司股权计税基础为A公司的初始投资额加上分立出去的净资产占原B公司全部净资产的比例对应的股权计税基础，股权转让环节通常将产生所得，A公司需缴纳企业所得税。特殊性税务处理下，分立环节被分立企业未缴纳企业所得税，因此 A 公司在股权转让环节缴纳企业所得税也未造成重复征税。

如分立采用一般性税务处理，项目公司股权计税基础已调整为分立时项目公司股权的公允价值。A 公司转让项目公司股权如果产生所得，则缴纳企业所得税；未产生所得的，则不缴纳企业所得税。

印花税。项目公司原股东和新股东均需缴纳"产权转移书据"印花税，税率为 5‰。

企业分立方案税务影响小结。如果 B 公司、项目公司均不是房地产开发企业，则企业分立环节可能无须缴纳增值税、土地增值税、契税，缴纳印花税，与其他方案相比税负成本相对较小。

企业所得税方面，分立的一般性税务处理和特殊性税务处理对应的税负可能不相同。此外，特殊性税务处理可带来递延纳税的优势。

判断适用一般性税务处理或特殊性税务处理的关键因素之一在于 A 公司转让新设项目公司股权的时点和企业分立的时点间隔能否达到 12 个月。在筹备发行阶段，转让新设项目公司的时点将考虑监管部门的审批进度、监管部门对项目推进的整体把控等，无法仅从税负最优的角度进行筹划，需综合考虑各因素而选择最合适的方案。

3. 非货币性资产投资方式税务影响

以底层资产投资也属于可操作的方案之一，主要交易步骤如下：

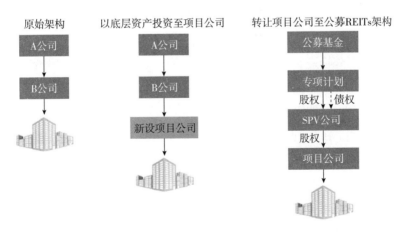

图 10-3　非货币性资产投资涉及步骤

资料来源：毕马威税务、招商蛇口，作者整理绘制。

第一步，B 公司新设项目公司，将底层资产出资至项目公司中；

第二步，B 公司转让项目公司股权至公募 REITs 架构中。

非货币性资产投资方式相关税种影响汇总如表 10-4 所示。

表 10-4 非货币性资产投资税务影响汇总

| 税种 | 相关环节 | |
|---|---|---|
| | 以底层资产投资环节 | 股权转让环节 |
| 企业所得税 | B 公司的资产转让所得缴纳企业所得税 | 可能不涉及 |
| 增值税 | B 公司缴纳增值税，项目公司可抵扣进项税额 | — |
| 土地增值税 | 原资产持有企业 B 公司、被投资项目公司均不是房地产开发企业，且满足改制重组和作价入股的方式，暂不征土地增值税 | — |
| 契税 | 免征 | — |
| 印花税 | B 公司和项目公司缴纳"产权转移书据"印花税。项目公司增加的"实收资本""资本公积"科目的金额按"营业账簿"税目缴纳印花税 | 缴纳"产权转移书据"印花税 |

资料来源：作者根据相关法律法规整理。

（1）以底层资产投资至项目公司的税务影响

企业所得税。B 公司以底层资产对外投资确认的非货币性资产转让所得需缴纳企业所得税。

根据《财政部 国家税务总局关于非货币性资产投资企业所得税政策问题的通知》（财税〔2014〕116 号），B 公司取得的非货币性资产转让所得，可在不超过 5 年期限内分期均匀计入相应年度的应纳税所得额。如果 B 公司在对外投资 5 年内转让项目公司股权，B 公司需一次性缴纳剩余的企业所得税。考虑到项目公司被转移至 REITs 架构的时间间隔通常较短，该优惠政策很可能无法适用。

增值税。B 公司转让底层资产需缴纳增值税。项目公司为一般纳税人的，可抵扣进项税额，但项目公司取得的进项税额在短期内可能无法全额抵扣，对现金流占用较大。

土地增值税。根据"21 号文"，如果 B 公司、项目公司均不是房地产开发企业，B 公司以底层资产向项目公司增资满足改制重组和作价入股时，暂不征土地增值税。

契税。当满足"17号文"相关条件时，母公司以土地、房屋权属向其全资子公司增资，视同划转，免征契税。则项目公司接受B公司以底层资产权属增资可免征契税。

印花税。B公司、项目公司需缴纳"产权转移书据"印花税，税率为5‰。项目公司增加的"实收资本""资本公积"科目的金额按"营业账簿"税目缴纳印花税，税率为2.5‰。

（2）转让项目公司股权至公募REITs架构的税务影响

企业所得税。B公司以底层资产投资项目公司，B公司持有项目公司股权的计税基础已为底层资产的公允价，与项目公司股权的公允价应不存在较大差异，短时间内转让项目公司股权可能不存在增值额，应不涉及企业所得税。

印花税。项目公司原股东和新股东需缴纳"产权转移书据"印花税，税率为5‰。

非货币性资产投资方案税务影响小结。如B公司和项目公司均不是房地产开发企业，有机会暂不缴纳土地增值税和契税，B公司可能需要承担企业所得税和增值税税负，但项目公司可以抵扣增值税。该方案具备一定的可操作性。

**4. 资产剥离方式选择的总结**

从税务筹划角度来看，三种方式均存在不同的税务优势和操作难点。底层资产的不同形态（如是否为不动产）、取得方式、取得成本，以及资产转移任意一方是否有房地产开发资质等因素对资产剥离的税负均会产生影响。此外，资产剥离方式的选择也可能与下一阶段债务构建产生关联。因此，难以从方法论上针对不同方式的选择给予统一的倾向性意见。

建议针对不同方法进行税负成本测算，结合实操中各监管机构的意见、落地的可行性、耗时长短等因素，并预先考虑构建债务的方式及影响，综合判断选择最合适的资产剥离方式。

**（二）新旧政策的衔接**

"3号公告"于2022年1月底发布，自2021年1月1日起即生效实施。2021年1月1日前发生的符合"3号公告"规定的事项，也可按"3号公告"规定享受相关政策。

"3号公告"发布前已发行的公募REITs产品均未适用到"3号公告"优惠政策，企业所得税税负成本已实际发生。上述规定给原始权益人追溯适用"3号公告"、申请退还企业所得税留下了可能性。

### （三）其他税务考量点

在架构搭建阶段，除应考虑资产剥离方案自身的税负成本外，原始权益人还应一并考虑资产剥离方案对运营阶段的潜在影响。

增值税方面，不动产转移至项目公司，项目公司取得租金收入适用一般计税方法缴纳增值税；对于原持有的公司适用简易计税方法的，项目公司无法延续适用。

房产税方面，重组后不动产在项目公司适用的会计核算方法可能影响房产税计税基础，从而影响运营阶段房产税税负。

### （四）公募REITs重组案例

博时蛇口产园REIT是首批上市的公募REITs产品之一。项目规划初期，招商蛇口针对底层资产入池涉及的税务重组方案进行了充分分析论证，最终选择分立招商创业的方式。相关公司初步判断在企业所得税上可适用特殊性税务处理，并在主管税务机关完成了分立特殊性税务处理的备案程序。后由于招商蛇口转让项目公司股权时点与招商创业分立时点未间隔12个月，最终招商创业的分立按照一般性税务处理进行，招商蛇口、招商创业在2020年企业所得税汇算清缴时均申报了相应的应纳税所得额。

红土深圳安居REIT是首批上市的保障性租赁住房REITs产品之一。项目以位于深圳市内的保障性租赁住房（简称"物业资产"）入池，选择了新设项目公司、进行资产划转的重组方案。相关公司将物业资产划转给新设项目公司符合"3号公告"的规定，适用特殊性税务处理，相关公司在资产划转环节不确认所得，不征收企业所得税。

## 四、债务搭建的税务考量

### （一）债务搭建的必要性

在架构搭建环节，除了资产剥离、资产重组外，还需搭建未来的现金流结构，将底层资产的现金流向上稳定分配给公募基金。常规的公募

REITs 架构由公募基金、资产支持专项计划、SPV 公司（或有）、项目公司、底层资产所构成，底层资产产生现金流并由项目公司收取，净现金流层层传导至公募基金并最终向投资人进行分派。

REITs 产品存续期内，项目公司分红的方式可将底层资产所产生的净现金流逐层向上传导。项目公司只能以税后利润分红，即此过程在项目公司层面涉及 25% 企业所得税。另外，由于项目公司的资产是不动产，其折旧费用较高，周期较长。扣除资产折旧费用后，项目公司实际可分的利润非常有限，远低于项目公司本身的经营现金流。如仅仅依赖于项目公司的税后分红来取得收益向投资者分配，无法满足公募 REITs 的收益分配要求。

通过搭建债务架构，底层资产所产生的净现金流通过关联方债权利息的形式向上传递，而符合一定前提条件下的利息支出可实现项目公司层面的税前扣除，降低税务成本，提升 REITs 产品分派率。

### （二）常见的债务搭建方式

通常可考虑的债务搭建方法主要有以下四种[①]：方法一，项目公司评估增值分红；方法二，资产支持专项计划放款；方法三，剥离前构建债务；方法四，项目公司减资。

四种债务搭建方法面临不同的难点和考虑点。

#### 1. 项目公司评估增值分红

需注意的是，在此方法下，反向吸收合并不是债务搭建所必须的交易步骤，即使不进行反向吸收合并也已实现债务构建。

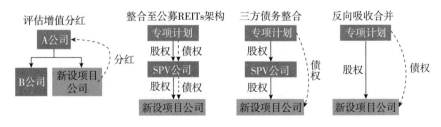

图 10-4　项目公司资产评估增值分红交易

资料来源：毕马威税务、招商蛇口，作者整理绘制。

---

① 读者可以将这四种方法理解为四种思路，在实际项目中视具体情况需对细节内容进行调整。

表 10-5　项目公司评估增值分红交易步骤及税务考量

| 步骤 | 简述 | 税务考量点 |
|---|---|---|
| 评估增值分红 | 将项目公司持有底层资产的会计计量方式由成本法调整为公允价值法，对底层资产进行评估增值，以形成的未分配利润向 A 公司进行分红，形成债务 | 1. 符合条件的权益性投资收益免税的原理是被投资企业和投资企业就一项所得避免重复征税。以公允价值计量的相关资产，其公允价值变动形成的收益不缴纳企业所得税，进行利润分配能否适用免税没有明确规定，存在较大不确定性<br>2. 资产的计税基础在分立环节已调整为公允价，税务方面已难以出现评估增值，会计上评估增值的分红在税法上如何定性尚不明确<br>3. 项目公司会计上确认的评估增值相关的递延所得税负债将形成永久性差异，项目公司无须缴纳，在此基础上税务上适用利润分配免税政策有较大困难 |
| 债务整合 | 资产支持专项计划新设 SPV 公司并向 SPV 公司发放股东借款。SPV 公司收购项目公司股权，并且向项目公司发放股东借款，置换原有对 A 公司的债务<br>资产支持专项计划、SPV 公司、项目公司进行三方债务整合，最终形成项目公司对资产支持专项计划的债务 | A 公司持有项目公司股权的计税基础为项目公司分红前的公允价<br>项目公司对 A 公司分红后，项目公司公允价降低。A 公司以项目公司分红后的公允价转让项目公司股权，A 公司将产生股权转让损失<br>税务风险在于，一方面，税务机关能否认定该损失存在不确定性。另一方面，即使税务机关认定了损失，按照现有资产损失税前扣除政策，除了被投资企业破产清算等实质损失外，股权转让损失没有明确规定税前扣除的条件，需要作为特殊事项与税务机关进行报备才可税前扣除 |
| 反向吸收合并（如需） | 未来视监管部门要求和项目整体需要，项目公司可考虑反向吸收合并 SPV 公司，项目公司承接 SPV 公司的资产和债务（如有）；资产支持专项计划取得项目公司股权。吸收合并后，SPV 公司注销 | 1. SPV 公司被吸收合并，需在工商行政管理部门和税务机关完成注销，实操中能否顺利完成存在不确定性<br>2. SPV 公司在设立不久后即注销，税务机关可能质疑其设立是否具有合理商业目的<br>3. 反向吸收合并后项目公司承接 SPV 公司原有的债务，该债务实际为前期资产支持专项计划提供股东借款给 SPV 公司用于收购项目公司而产生。项目公司支付该债务利息时，税务机关可能质疑项目公司支付的利息与其生产经营活动无关、与取得收入无关，从而不允许在企业所得税前扣除<br>因此，在反向吸收合并方案实施前需与税务机关进行政策诉求沟通 |

## 2. 资产支持专项计划放款

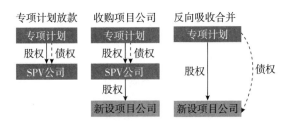

图 10-5　资产支持专项计划放款交易

资料来源：毕马威税务、招商蛇口，作者整理绘制。

表 10-6　资产支持专项计划放款交易步骤及税务考量

| 步骤 | 简述 | 税务考量点 |
| --- | --- | --- |
| 发放股东借款 | 资产支持专项计划新设 SPV 公司并向 SPV 公司发放股东借款。SPV 公司收购项目公司股权 | 本方法下，反向吸收合并是必须的交易步骤。如果无法完成反向吸收合并，项目公司则只能通过股息分红的方式向 SPV 公司支付收益，可能影响 REITs 产品收益率。SPV 公司被反向吸收合并，在工商行政管理部门和税务机关方面均存在不确定性，需与税务机关进行政策诉求沟通 |
| 反向吸收合并 | 项目公司反向吸收合并 SPV 公司，项目公司承接 SPV 公司的资产和负债；资产支持专项计划取得项目公司股权，不取得现金对价。吸收合并后，SPV 公司注销 | |

## 3. 剥离前构建债务

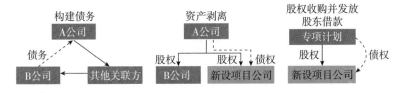

图 10-6　剥离前构建债务交易

资料来源：毕马威税务、招商蛇口，作者整理绘制。

表 10-7　剥离前构建债务交易步骤及税务考量

| 步骤 | 简述 | 税务考量点 |
| --- | --- | --- |
| 构建债务 | A 公司、B 公司及其他关联方通过三方债务的形式构建出 B 公司对 A 公司的债务 | 适用"36 号文"不征收增值税政策时，需关注转移的负债是否与底层资产相关。实际情况中，底层资产可能不存在较大金额的负债，需有合理理由证明构建的债务与分立的资产相关 |

续表

| 步骤 | 简述 | 税务考量点 |
|---|---|---|
| 资产剥离 | B公司分立，将拟入池的底层资产剥离至新设项目公司中，配合以相关联的其他资产、负债和人员，其中本项债务也剥离到新设项目公司中，形成项目公司对A公司的债务 | 不涉及 |
| 发放股东借款 | 资产支持专项计划直接收购项目公司的股权，并且向项目公司发放股东借款，项目公司偿还对A公司的债务 | 由于底层资产在会计上仍按成本法计量，且构建的债务规模较大，债务搭建后分立环节将出现底层资产及相关负债对应的账面净值为负数的情形。负资产分立与企业所得税减资处理的逻辑不相符，合理性存在问题。并且负资产分立可能在法律、会计核算上也存在难点，需寻求律师和审计师的意见 |

### 4. 项目公司减资

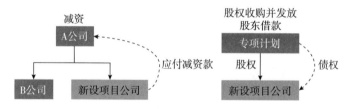

图 10-7　项目公司减资交易

资料来源：毕马威税务、招商蛇口。

表 10-8　项目公司减资交易步骤及税务考量

| 步骤 | 简述 | 税务考量点 |
|---|---|---|
| 减资 | 项目公司向市场监督管理局递交减资申请，形成对A公司的应付减资款 | 一般情形下，新设公司难以有足够的注册资产和实收资本以减资形成足够规模的债务，难以保证REITs的收益率 |
| 发放股东借款 | 资产支持专项计划直接收购项目公司的股权，并且向项目公司发放股东借款，项目公司偿还对A公司的债务 | |

### （三）债务搭建的资本弱化税务影响

通过以上债务的构建和置换，项目公司未来需向资产支持专项计划支付股东借款的融资利息。因此，另一税务关注点是项目公司未来持续向资产支持专项计划支付的关联利息费用能否在其企业所得税前进行扣除。

根据《财政部 国家税务总局关于企业关联方利息支出税前扣除标准有关税收政策问题的通知》（财税〔2008〕121号）（以下简称"121号文"）、《国家税务总局关于完善关联申报和同期资料管理有关事项的公告》（国税发〔2016〕42号）相关规定，关联方借款利息费用需同时满足"关联方债资比"和"利率水平公允"的要求才可在企业所得税前扣除，具体如表10-9所示。

表10-9 关联方借款利息费用税前扣除的考量点

| 关注点 | 税务考量点 |
| --- | --- |
| 关联方债资比是否超标 | 根据《企业所得税法》，超过规定债资比的相关股东负债的利息费用面临不得在企业所得税前扣除的风险。<br>对于关联方债资比超标的情形，可参考"121号文"第二条的规定判断是否有机会全额扣除利息 |
| 利率水平是否公允 | 资产支持专项计划向项目公司收取关联利息的利率水平不得高于同类同期金融企业贷款利率水平，超过部分不可在企业所得税前扣除 |

### （四）公募REITs债务搭建案例

红土创新盐田港REIT采用的债务搭建方法与"剥离前构建债务"的方式较为类似。底层资产剥离入池前，SPV公司向原始权益人借款以收购项目公司股权。资产支持专项计划向原始权益人收购SPV公司股权及其对于SPV公司的债权，由此资产支持专项计划形成了对SPV公司的债权。其后，项目公司反向吸收合并SPV公司，被吸收合并后SPV公司注销，项目公司继承SPV公司的债权、债务。在此安排下，资产支持专项计划最终形成了对项目公司的债权。

沪杭甬杭徽REIT采用的债务搭建方法是"项目公司减资"的方法。直接持股项目公司的上层股东均同意按照持股比例对项目公司进行对应同比例减资。在该情形下，由于项目公司并无充足资金以支付减资款，从而对各相关股东形成应付减资款。下一步，资产支持专项计划收购项目公司股权以及股东对项目公司的减资款债权，进而完成项目公司股债结构的搭建。

## 五、运营阶段的税务考量

公募 REITs 发行后,整体架构已相对固定。运营阶段涉及的交易场景包括:项目公司取得不动产经营所得、项目公司向专项计划支付利息或分红、专项计划向公募 REITs 分配收益。

在我国目前税制下,项目公司取得租金收入并承担相应的成本、费用、利息等支出,项目公司通常需缴纳增值税、企业所得税、房产税、印花税、城镇土地使用税。

专项计划取得项目公司支付的利息,专项计划需缴纳增值税。专项计划取得项目公司的分红,专项计划不缴纳所得税。公募 REITs 取得专项计划的分配收益,公募 REITs 层面不缴纳所得税。具体税务法规在此不赘述。

## 六、待解决的税务问题

### (一)"3 号公告"相关的问题

尽管"3 号公告"可以解决公募 REITs 架构搭建环节的企业所得税问题、降低原始权益人的资产重组成本,但我们仍需注意到"3 号公告"在实操过程中存在一些待明确的税务口径,同时除企业所得税外的其他税种也存在待解决的问题。

第一,"原始权益人"的范围尚不清晰。"3 号公告"所提及的递延纳税政策仅针对原始权益人给予享受,但基础资产往往一开始并不由原始权益人直接持有,而原持有基础资产的企业可能缺乏原始权益人的资格而无法享受"3 号公告"政策。因此,希望后续政策对"原始权益人"的定义予以明确,是否包含重组方案中涉及的与原始权益人一并参与资产重组的有关主体。

第二,"划转"的定义尚不明确。文件中的"划转"是否为"109 号文"中定义的"划转",还是广义上的划转,即分立、反向分立、非货币性资产出资等形式也可适用?如果认为是狭义的"109 号文"定义的"划转",可能会一定程度制约重组方案的灵活性和政策的适用性,同时对土地增值税、契税的处理也带来一定影响。

第三，适用"3号公告"的前置条件尚不明确。如何在正式报批之前证明重组交易属于文件中规定的"中国证监会、国家发展改革委根据有关规定组织开展的公募REITs试点项目"？

第四，发行失败的处理尚不明确。若资产重组完成后，REITs未成功发行，原始权益人资产重组环节的税款是否按补税处理、是否涉及滞纳金？如无须按补税处理，原始权益人资产重组的企业所得税纳税义务时点如何确认？

第五，与其他税种优惠政策的联动适用性尚不明确。"3号公告"的优惠政策集中在企业所得税方面，尚未针对REITs架构搭建阶段涉及的增值税、土地增值税出台专门的政策，"3号公告"的企业所得税优惠政策与增值税、土地增值税优惠政策的联动适用性尚不明确。如果无法同时适用，企业仍将面临较重的税负成本。希望相关部门也给予其他税种一定的配套优惠政策。

### （二）其他方面待解决的税务问题

投资人收益的所得税处理是市场十分关心的问题。法人投资人应可适用《财政部 国家税务总局关于企业所得税若干优惠政策的通知》（财税〔2008〕1号）第二条的不征收企业所得税的政策，但个人投资人的所得税处理亟待明确。

《财政部 国家税务总局关于证券投资基金税收问题的通知》（财税字〔1998〕55号）第三条规定，基金向个人投资者分配股息、红利、利息时，不再代扣代缴个人所得税。该法规的处理精神为，上市公司、发行债券的企业已代扣代缴个人所得税后，基金支付收益给投资者时可不再征收个人所得税。

对公募REITs产品而言，投资收益在分配给个人投资者之前很可能未被代扣代缴个人所得税，导致个人投资者取得REITs分配收益能否参照上述不征收个人所得税的规定存在不确定性。从鼓励个人投资公募REITs产品的角度出发，希望相关部门也能给予个人投资者公募REITs产品分红收益免税的政策。

## 第二节 会计相关问题

自公募 REITs 试点以来，项目公司分立、备考财务报表的编制、原始权益人并表或出表、公募 REITs 合并报表的处理、存续期不动产的计量方法、可分配金额预测等问题一直是行业内讨论的核心问题。本节结合首批试点项目的经验，对公募 REITs 发行上市涉及的重要会计处理问题进行分析和总结，并提出了当前解决思路和建议，供行业讨论和参考。

### 一、项目公司分立的会计处理

公募 REITs 的底层资产一般是具有稳定现金流的特定资产，该特定基础资产由原始权益人转让给公募 REITs，在转让之前，原始权益人持有基础资产的结构各不相同，有的基础资产需要从集团的整体资产中分立出来，并新设项目公司；有的基础资产和其他资产混合，需要把其他资产剥离，因此构建公募 REITs 的结构就是资产重组的过程。重组的过程通常会涉及基础资产重组前后计量方法问题、业务出表与资产出表以及同一控制下企业合并与非同一控制下企业合并等的判断问题。

蛇口产园 REIT 项目采用公司分立的方法将基础资产剥离出来，在进行公司分立时，将与基础资产运营业务相关的资产和负债分立出去成立新的公司，被分立公司依然存续经营。

1. 存续公司的会计处理

存续公司只需将进入新设公司的资产、负债以原账面价值为基础予以转销，并按转出的净资产账面价值冲减所有者权益，借记负债类科目，贷记资产类科目，差额借记权益类科目［按分立方案确定的存续公司减少实收资本的金额借记实收资本，其余差额依次冲减资本公积（资本溢价）、盈余公积和未分配利润］。

2. 新设公司的会计处理

对于分立中的新设公司，应确定该新设公司取得被分立公司原有的部分资产、负债是否构成业务，并根据该新设公司是否与被分立公司处于同一控制下，是构成一项同一控制下的合并还是非同一控制下的合并，据此确定各项资产、负债的入账价值。

蛇口产园 REIT 项目中，基础资产从被分立公司中分立出来属于同一控制下的新设分立，其经济实质相当于新设公司通过同一控制下合并取得了被分立公司部分业务对应的资产和负债（同一控制下的业务合并），故新设公司对取得分立资产、负债的入账价值不使用评估值，而是使用分立资产、负债在最终控制方合并报表层面的原账面价值。

## 二、备考财务报表的编制

原始权益人基于过往运营经验和合理假设编制基础设施项目最近三年及一期的备考财务报表。备考财务报表应当基于原始权益人经审计的历史财务信息编制，至少包括备考资产负债表和备考利润表，反映由原始权益人拟出售的法律主体或资产构成的基础设施项目的财务状况和经营成果。备考财务报表原则上应采用与原始权益人合并财务报表一致的会计政策。如不一致，基金管理人应当披露不一致的原因以及对备考财务报表的金额影响。备考财务报表应当假定由原始权益人拟出售的法律主体或资产构成的基础设施项目在历史期间独立运营，单独核算，并按以下方法编制。

（1）对于与基础设施项目直接相关的资产和负债，直接纳入备考财务报表。

（2）基础设施项目的收入，应当按照实际发生额纳入备考财务报表，备考财务报表不得模拟历史期间收入。

（3）与基础设施项目直接相关的成本和费用应当直接纳入备考财务报表。其他成本和费用，应当按照合理的分摊标准予以分配后纳入备考财务报表。

（4）恢复原始权益人合并财务报表中基础设施项目与原始权益人集团内其他主体之间已抵销的交易。

（5）假设基础设施项目在历史期间为单独纳税主体，以其原所在纳税主体所适用的税率，确定基础设施项目的相关税费。

## 三、原始权益人是否将基础设施项目"出表"的考虑

### 1. 是否"出表"的动机及考虑

公募REITs项目涉及原始权益人基础设施项目股权的转让，对于原始权益人来说，通常会关注是否需要将基础设施项目"出表"。基础设施项目"出表"可以盘活资产，实现股权处置损益，但同时导致原始权益人无法对基础设施项目进行控制；如果基础设施项目"不出表"，原始权益人可以继续对其进行控制，同时原始权益人整体资产规模扩大，但原始权益人的损益只能在基础设施项目长期运营过程中实现。

因此，不同的原始权益人出于自身管理和业务发展的需要，对于基础设施项目是否"出表"存在不同的诉求。

### 2. 是否"出表"的会计处理判断

原始权益人需要根据《企业会计准则第33号——合并财务报表》判断是否保留了对于基础设施项目及相关主体的控制，如果未保留控制，则对于原持有且纳入合并的基础设施项目就需要"终止确认"，即"出表"，并确认相关损益。

原始权益人在考虑对基础设施项目及相关主体是否保留控制时，应当以会计准则中定义的"控制"为基础予以确定，而控制主要考虑以下三要素：对于基础设施项目及相关主体的相关活动的权力、从基础设施项目及相关主体获取的可变回报，以及原始权益人运用权力影响可变回报的相关联系。

原始权益人对基础设施项目及相关主体的相关活动的权力及回报，可能体现在原始权益人通过持有基金份额获得的相关权力及回报，或与基础设施的运营管理相关的权力及回报，或其他赋予原始权益人参与类似投资决策委员会等治理机构的权力及其他回报等。对于可能影响可变回报的，例如基础设施的建造与运营、资本性支出、筹融资事项、收益分配、基础设施项目的购买或出售等都可能属于实质性权力。此时，在既能调动原始权益人积极性又能充分保护投资人利益之间如何平衡包含基金管理人、基金份额持有人、运营管理人之间各方的权责利，就需要充分考虑交易架构

中相关治理机构对于实质性权力以及保护性权力的界定及分配。例如，如果原始权益人被赋予较大的实质性权力且难以替换，而其他份额持有者以及基金管理人通过完善的监督机制拥有较多的保护性权力，则原始权益人就可能需要合并公募 REITs 及相关基础设施项目；反之，如果原始权益人仅被赋予受托经营管理权且易于替换，而没有拥有较大的实质性权力，则原始权益人可能就无法合并公募 REITs 及相关基础设施项目，从而基础设施项目可以"出表"。

蛇口产园 REIT 项目中，招商蛇口作为原始权益人持有基础设施基金 32% 份额，并分别通过其两家子公司就基础设施项目向公募基金管理人提供运营管理服务和物业管理服务。

根据基础设施基金的相关决策事项及其权力安排，招商蛇口持有公募 REITs 32% 份额，享有公募 REITs 32% 的表决权。基金份额持有人大会决议分为一般决议和特别决议。一般决议须经参加大会的基金份额持有人或其代理人所持表决权的二分之一以上（含二分之一）通过方为有效；除规定的须以特别决议通过事项以外的其他事项均以一般决议的方式通过。特别决议应当经参加大会的基金份额持有人或其代理人所持表决权的三分之二以上（含三分之二）通过方可做出。按照基金份额持有人大会的表决机制，招商蛇口并不能主导基金份额持有人大会的决策。此外，招商蛇口在该安排中承担了与其持有的基金份额相应的风险和收益，并未承担主要的风险和收益。

在基础设施基金存续期间，招商蛇口的子公司尽管仍作为外部管理机构承担项目公司持有基础设施项目的运营管理职责，但其权利仅限于日常经营层面，主要为日常运营事务性工作，并无权主导基础设施项目运营相关的重要经营决策。在未勤勉尽责、专业审慎运营管理基础设施项目的情况下，公募基金管理人可以解聘外部管理机构；在物业管理方面，招商蛇口之子公司仅执行基础设施项目的日常物业管理活动，定期向公募基金管理人提供相关报告和资料，无权主导基础设施项目运营相关的重要经营决策，在履职不合格时公募基金管理人有权提交基金份额持有人大会投票表决终止物业管理协议。此外，招商蛇口的子公司通过提供资产运营管理服务和物业管理服务而享有一定的可变回报，但不享有对项目公司主要的可变回报。

因此，在蛇口产园 REIT 项目中，招商蛇口并无权力主导基础设施基金的相关活动，也不单独享有主要可变回报。据此，招商蛇口作为原始权益人，对于所转让的基础设施项目公司股权"终止确认"，即"出表"，并确认相关损益。

## 四、公募 REITs 合并报表的处理

### 1. 业务与资产的判断

在公募 REITs 结构搭建过程中，原始权益人将项目公司股权转让给 SPV 公司时，是否构成业务涉及不同的会计处理。目前部分公募 REITs 项目中，原始权益人没有把运营人员直接转让给公募 REITs，而是通过运营管理协议的方式为基础设施项目提供运营服务，在这种情况下，公募 REITs 收购项目公司股权是一项业务还是一项资产，需要根据《企业会计准则第 20 号——企业合并》及《企业会计准则解释第 13 号》中业务的定义进行详细分析。

（1）构成业务的要素

根据《企业会计准则解释第 13 号》，业务是指企业内部某些生产经营活动或资产的组合，该组合一般具有投入、加工处理过程和产出能力，能够独立计算其成本费用或所产生的收入。合并方在合并中取得的生产经营活动或资产的组合（以下简称"组合"）构成业务，通常应具有投入、加工处理过程和产出三个要素。

（2）构成业务的判断条件

根据《企业会计准则解释第 13 号》，合并方在合并中取得的组合应当至少同时具有一项投入和一项实质性加工处理过程，且二者相结合对产出能力有显著贡献，该组合才构成业务。合并方在合并中取得的组合是否有实际产出并不是判断其构成业务的必要条件。

企业应当考虑产出的下列情况，分别判断加工处理过程是否是实质性的：

① 该组合在合并日无产出的,同时满足下列条件的加工处理过程应判断为是实质性的:该加工处理过程对投入转化为产出至关重要;具备执行该过程所需技能、知识或经验的有组织的员工,且具备必要的材料、权利、其他经济资源等投入,例如技术、研究和开发项目、房地产或矿区权益等。

② 该组合在合并日有产出的,满足下列条件之一的加工处理过程应判断为是实质性的:该加工处理过程对持续产出至关重要,且具备执行该过程所需技能、知识或经验的有组织的员工;该加工处理过程对产出能力有显著贡献,且该过程是独有、稀缺或难以被取代的。

企业在判断组合是否构成业务时,应当从市场参与者角度考虑可以将其作为业务进行管理和经营,而不是根据合并方的管理意图或被合并方的经营历史来判断。

针对非同一控制下的交易,会计准则引入了集中度测试的简化判断方式,即进行集中度测试时,如果合并方取得的总资产的公允价值几乎相当于其中某一单独可辨认资产或一组类似可辨认资产的公允价值的,该组合(包括基础设施项目)不构成业务。

合并方可以选择采用集中度测试方法,也可以不选择采用该测试方法,而是直接按投入、加工处理过程和产出三要素进行分析判断。

在蛇口产园 REIT 项目中:

① 公募 REITs 购买的是园区业务,而不仅仅是投资性物业。

根据《中国证监会 国家发展改革委关于推进基础设施领域不动产投资信托基金(REITs)试点相关工作的通知》,国家鼓励信息网络等新型基础设施,以及国家战略性新兴产业集群、高科技产业园区、特色产业园区等开展 REITs 试点。招商蛇口向国家发改委及中国证监会申报的 REITs 项目是蛇口网谷产业基地。蛇口网谷产业基地是招商局打造的旗舰园区,是首批国家级双创示范基地。双创示范基地通过联通园区内的孵化及众创空间运营,融入孵化、投融资、人才、众包、知识产权等产业服务,结合云端的创新能力平台,形成一个"资源共享、企业社群、技术众创"的创新生态体,提升园区产业生产能力。

② 在公募 REITs 收购项目公司后，招商蛇口运营团队与项目公司签订运营管理协议，继续负责两项物业的园区运营业务，负责租户获取、租户管理、提升资产运营效率以及其他必要的经营活动。

招商蛇口运营团队专门为公募 REITs 项目公司提供运营服务，具有专属性，与公募 REITs 有强关联，这种安排也是基于 REITs 特殊的运营模式。根据资产运营协议相关规定，资产运营团队定期向基金管理人汇报日常运营情况，并接受基金管理人的日常监督和考核；资产运营团队核心人员的更换需征得基金管理人同意；当资产运营团队业绩不达标或有重大过失及违规时，基金管理人有权解除协议等，所以，倾向于认为基础设施基金通过资产运营协议，获取了有组织的员工，从而代表了基础设施基金所控制的、从而已取得的实质性过程。

③ 蛇口产园 REIT 为公开发行上市，其经营活动及资产的组合包括投入（人员、资质、过往业绩等）、加工过程（内控流程、业务标准、管理能力等）及产出（业绩及未来运营等），均为中国证监会、投资者审核、关注的重点，是招募说明书披露的主要内容，同时也是发行上市的基础。投资者看重的是相应的业务组合能提供持续稳定的高收益和现金流，如仅仅是资产上市，未来的收益和现金流没有相应的人员及流程来保障，那么公众利益也得不到保障。从这个意义上来讲，招商蛇口是将项目公司连同对应人员、流程及以此产生的未来业绩打包作为一个整体转让给公募 REITs。

经过分析，由于公募 REITs 所取得的基础设施资产和生产经营活动存在产出（租金收入），取得的生产经营活动和资产包括具备执行加工处理过程（租户获取、租户管理以及管理和监督所有经营层面的流程）所需技能、知识或经验的有组织的员工，这些加工处理过程对持续产出至关重要，因此这些加工处理过程是实质性的，故按业务收购进行处理。

2. 非同一控制下企业合并与同一控制下企业合并

公募 REITs 收购的基础设施资产构成业务的情形下，需要根据《企业会计准则第 20 号——企业合并》对其企业合并类型进行判断。根据企业会计准则，参与合并的企业在合并前后均受同一方或相同多方最终控制且该控制并非暂时性的，为同一控制下的企业合并，未能满足以上条件的为非同一控制下企业合并。

在蛇口产园 REIT 项目中，蛇口产园 REIT 收购基础设施项目公司 100% 股权，收购前项目公司最终控制方为招商局集团有限公司，收购完成后项目公司最终控制方为蛇口产园 REIT，而招商蛇口仅持有蛇口产园 REIT 32% 的份额，不对 REIT 形成控制，因此蛇口产园 REIT 收购项目公司股权构成非同一控制下企业合并。

**3. 并表型公募 REITs 中，其他基金份额持有人（除原始权益人外）投入的资金在原始权益人合并报表中的处理**

在原始权益人合并了公募 REITs 及相关基础设施项目情况下，在公募 REITs 本身的财务报表中，各基金份额持有人投入的资金作为权益列报，但在原始权益人合并报表中，其他份额持有者持有的基金份额是列报为少数股东权益还是金融负债，也是一个值得探讨的问题。

实务中有观点认为，原始权益人及其关联主体对 REITs 或其他基金份额持有人不承担增信担保义务，各基金份额持有人同股同权分享基金收益、承担基金亏损，公募 REITs 具有完全的权益属性，根据实质重于形式原则，并表型公募 REITs 中，其他基金份额持有人（除原始权益人外）投入的资金在原始权益人合并报表中作为少数股东权益列报。

根据《企业会计准则第 37 号——金融工具列报》，企业不能无条件避免以交付现金或其他金融资产来履行一项合同义务的，该工具符合金融负债定义。

（1）固定经营期限的影响

基金通常设定固定的存续期，经基金份额持有人大会审议通过，基金可延长存续期限。实务中，有观点认为基金份额持有人大会的审议结果不在发行人（基金）可控的范畴内。因此，这些条款导致在存续期届满后基金不可避免地终止运作并进入清算，清算时基金有义务向投资人按比例交付其净资产，使得基金负有无法避免的支付义务。针对发行方仅在清算时才有义务向另一方按比例交付其净资产的金融工具，《企业会计准则第 37 号——金融工具列报》第十七条明确规定，在满足特定条件的情况下将分类为权益工具。也有观点认为，通过基金的正常决策机制，基金可延长存续期，因此固定经营期限对基金投资人的股债分类没有影响。

（2）固定分红比例的影响

对于公募 REITs 分配事宜，根据《证券投资基金指引》，基础设施基金应当将 90% 以上合并后基金年度可供分配金额以现金形式分配给投资者，且在符合分配条件的情况下每年不得少于 1 次。基于相关法律法规及指引在募集文件中对于分配机制的约定，导致基金无法避免向其投资人分配固定比例的可分配金额，这属于无法避免的支付义务，其他基金份额持有人（除原始权益人外）投入的资金在原始权益人合并报表中应作为负债列报。

因此，对于合并报表中其他份额持有者持有的基金份额如何列报，目前尚有一定争议。通过公募 REITs 来扩大权益资本从而降低资产负债率、满足监管要求是原始权益人开展公募 REITs 最为核心的诉求之一，因此要解决公募 REITs 的权益属性问题与会计准则判断之间的冲突，需要推动主管机关协调并出具指导意见，或者从长期来推动专项立法，构建符合 REITs 特点的制度。

## 五、存续期不动产计量方法

对于公募 REITs 底层资产的后续计量，根据监管指引，基金管理人应当按照企业会计准则的规定，在合并层面对基础设施基金的各项资产和负债进行后续计量。基金管理人如选择采用公允价值模式对非金融资产进行后续计量，应当审慎判断，确保有确凿证据表明该资产的公允价值能够持续可靠取得，即相关资产所在地有活跃的交易市场，并且能够从交易市场上取得同类或类似资产的市场价格及其他相关信息，从而对相关资产的公允价值作出合理的估计。基金管理人和评估机构在确定基础设施项目或其可辨认资产和负债的公允价值时，应当将收益法中现金流量折现法作为主要的评估方法，并选择其他分属于不同估值技术的估值方法进行校验。

在第一批试点项目中，为了避免底层资产公允价值大幅波动造成基金净值的重大波动，即使满足企业会计准则规定可采用公允价值计量模式进行后续计量的情况下，监管层仍倾向于底层基础设施资产采用成本法进行后续计量。此时的公募 REITs 合并报表，未能站在公募 REITs 公众投资者角度,体现底层基础设施资产的市场价值和长期价值,也难以动态反映底层基础设施项目资产的公允价值变化,不利于充分体现公募 REITs 合并报表对于投资者的使用价值。

因此,在满足企业会计准则规定可采用公允价值计量模式进行后续计量的情况下,底层基础设施资产是否可以采用公允价值进行后续计量尚需监管予以指导和明确。

## 六、可分配金额预测

### 1. 可供分配金额的计算

根据监管指引的要求,基础设施基金应当将 90% 以上合并后基金年度可供分配金额以现金形式分配给投资者。基础设施基金的收益分配在符合分配条件的情况下每年不得少于 1 次。

基金管理人计算可供分配金额过程中,应当先将合并净利润调整为税息折旧及摊销前利润,并在此基础上综合考虑项目公司持续发展、项目公司偿债能力、经营现金流等因素后确定可供分配金额计算调整项。将净利润调整为税息折旧及摊销前利润需加回以下调整项:

(1)折旧和摊销;

(2)利息支出;

(3)所得税费用;

将税息折旧及摊销前利润调整为可供分配金额可能涉及的调整项包括:

(1)当期购买基础设施项目等资本性支出;

(2)基础设施项目资产的公允价值变动损益(包括处置当年转回以前年度累计调整的公允价值变动损益);

(3)基础设施项目资产减值准备的变动;

(4)基础设施项目资产的处置利得或损失;

(5)支付的利息及所得税费用;

(6)应收和应付项目的变动;

(7)未来合理相关支出预留,包括重大资本性支出(如固定资产正常更新、大修、改造等）、未来合理期间内的债务利息、运营费用等；涉及未来合理支出相关预留调整项的，基金管理人应当充分说明理由；基金管理人应当在定期报告中披露合理相关支出预留的使用情况；

（8）其他可能的调整项，如基础设施基金发行份额募集的资金、处置基础设施项目资产取得的现金、金融资产相关调整、期初现金余额等。

从可供分配金额的计算逻辑上来看，可供分配金额是以净利润为基础，首先将净利润调整为税息折旧及摊销前利润，在此基础上调整影响净利润但不涉及现金流的项目，例如公允价值变动损益、应收和应付项目的变动、资产减值损失、资产处置利得或损失等项目，将会计上权责发生制下的净利润调整为"收付实现制下的净利润"，并在综合考虑项目公司持续发展、项目公司偿债能力、经营现金流等因素后，对不影响净利润但影响现金流的项目进行调整，例如未来合理相关支出预留，从而将"收付实现制下的净利润"调整为"可供分配金额"。当然，公募REITs也可以在综合考虑项目公司的运营和未来发展的情况下，对一些非日常经营活动产生的现金流进行调整，例如对基金发行份额募集的资金以及处置基础设施项目资产取得的现金等项目进行调整，用于将来收购新的基础设施项目等。公募REITs所涉及的相关计算调整项一经确认，不可随意变更，相关计算调整项及变更程序应当在基金招募说明书等文件中进行明确。

在蛇口产园REIT项目上，招募说明书披露的可供分配金额计算调整项，已涵盖监管指引中所有的调整项，可供分配金额预测表如表10-10所示：

表 10-10 蛇口产园 REIT 项目可供分配金额预测表  单位：万元

| 项目 | 2021年度 预测数 | 2022年度 预测数 |
| --- | --- | --- |
| 一、合并净利润 | 3 338.93 | 3 592.00 |
| 二、将合并净利润调整为税息折旧及摊销前利润 | 7 199.24 | 7 207.64 |
| 折旧和摊销 | 5 773.32 | 5 773.32 |
| 利息支出 | 1 406.60 | 1 414.42 |
| 所得税费用 | 19.33 | 19.90 |
| 三、其他调整事项 | -1 403.60 | -1 532.44 |
| 基础设施基金发行份额募集的资金 | — | — |

续表

| 项目 | 2021 年度预测数 | 2022 年度预测数 |
| --- | --- | --- |
| 取得借款收到的本金 | — | — |
| 偿还借款本金支付的现金 | — | — |
| 购买基础设施项目的支出 | — | — |
| 其他资本性支出 | — | — |
| 基础设施项目资产减值准备的变动 | — | — |
| 基础设施项目资产的处置利得或损失 | — | — |
| 处置基础设施项目资产取得的现金 | — | — |
| 应收和应付项目的变动 | 467.69 | −17.85 |
| 支付的利息及所得税费用 | −1 112.09 | −1 426.36 |
| 未来合理的相关支出预留 | −759.21 | −88.24 |
| 基础设施项目资产的公允价值变动损益 | — | — |
| 其中：重大资本性支出 | −77.31 | −79.61 |
| 　　未来合理期间内的债务利息偿还 | — | — |
| 　　未来合理期间内的运营费用 | −681.90 | −8.62 |
| 其他调整项目 | — | — |
| 四、可供分配金额 | 9 134.57 | 9 267.20 |

数据来源：博时招商蛇口产业园封闭式基础设施证券投资基金招募说明书。

上述调整事项中，折旧摊销为主要调整项目。在一般企业中，折旧摊销作为企业预留的资产更新重置成本，不作利润分配；而在公募 REITs 中，因公募基金存在存续期，在不延长存续期的情况下，到期后投资者将对公募基金进行清算，故无须考虑永续经营情况下的资产更新重置成本，而且，公募 REITs 投资者更看重基金存续期内稳定的现金流收益，因此，可供分配金额测算中通过折旧摊销的调整，将折旧摊销直接分配给投资者。

2. 可供分配金额测算报告

根据监管指引，基金管理人按照规定在基金招募说明书中披露可供分配金额测算报告的，报告中应当包括合并利润表、合并现金流量表以及可供分配金额计算表等。基金管理人应当在可供分配金额测算报告中，充分披露测算假设条件、计算公式及结果等。

可供分配金额测算报告的三张主表之间存在一定的内在联系，其中合并利润表是可供分配金额计算表的基础，合并现金流量表体现了公募

REITs 的经营活动、投资活动以及筹资活动的现金流情况，由于可供分配金额并非完全的现金流口径，因此与合并现金流量表中现金变动的金额存在差异，公众投资人通过比较可供分配金额与当期现金变动金额的差异，可以更充分了解公募 REITs 的分配情况。

根据监管指引关于可供分配金额测算报告的要求，实务中可供分配金额测算报告的结构如图 10-8 所示：

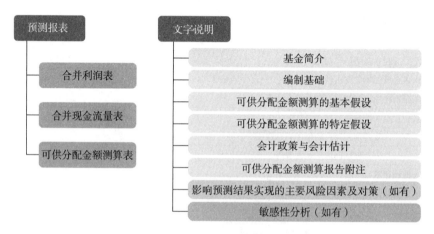

图 10-8　实务中可供分配金额测算报告结构

按照监管要求，公募 REITs 试点项目应满足"预计未来 3 年净现金流分派率（预计年度可分配现金流/目标不动产评估净值）原则上不低于 4%"。净现金流分派率是监管层衡量试点项目风险收益率的重要指标，也是未来投资者选择投资标的的参考指标，亦是拟申报公募 REITs 试点项目申报成功与否的核心指标。为确保可供分配金额测算报告的合理编制，可供分配金额测算报告应经会计师事务所审阅，测算期限不超过 2 年且不晚于第二年年度最后一日。

2022 年 5 月 31 日，沪深交易所分别发布了《上海证券交易所公开募集基础设施证券投资基金（REITs）业务指引第 3 号——新购入基础设施项目（试行）》与《深圳证券交易所公开募集基础设施证券投资基金业务指引第 3 号——新购入基础设施项目（试行）》（以下统称"扩募规则"）。扩募规则对新购入项目的条件、实施程序安排、信息披露、停复牌要求及扩募发售等关键事项进行了规定。在发布扩募规则后，5 只公募 REITs 于 2022 年 9 月 27 日相继在沪深交易所披露了拟新购入基础设施项目的公告。前述关于公募 REITs 发行上市涉及的重要会计问题的分析同样适用于新购入基础设施项目。

# 第十一章

# 公募 REITs 的资产估值

胡 峰[①] 杨 枝[②] 张恺玲[③]

------

基础资产的估值是影响 REITs 收益能力与市场价值的关键因素之一，合理的估值也将保障投资的透明度，有效防范市场风险。本章对比了国内外公募 REITs 的估值要求，分析了基础资产估值的方法选择及评估要点，并结合典型案例讨论了底层资产的属性对资产报酬率、资本化率的影响。

------

① 胡峰，戴德梁行执行董事、北区估价及顾问服务负责人。
② 杨枝，戴德梁行高级董事、资产证券化业务负责人。
③ 张恺玲，戴德梁行高级经理、资产证券化研究中心主任。

## 第一节　基础资产估值的作用及意义

基础设施公募 REITs 兼具金融产品与基础设施资产的双重属性，资产收益与交易价值最终将影响 REITs 的分红派息表现及金融产品的定价，对投资人的投资决策、管理人的经营决策都有着非常重要的影响。在我国公募 REITs 市场中，发行前对底层资产的估值、通过二级网下投资者市场询价的产品估值以及上市/扩募交易后的 REITs 二级市场价格对应的估值，三者具有较强的关联但又有不同的定价逻辑。（三者关联详见第七章第一节）对底层资产合理估值是防范 REITs 市场风险的重要手段，应贯穿于 REITs 产品运营的始末。根据"54号文"的要求，在申请注册基础设施基金前，基金管理人应当聘请独立的评估机构对拟持有的基础设施项目进行评估，并出具评估报告。此举可在 REITs 发行阶段为产品定价提供参考，同时对资产相关的权属、经营、市场情况进行充分披露；在基金存续期间，基础设施项目每年需进行1次评估，定期追踪资产价值的变化；在产品退出、市场形势发生重大变化或其他必要之时，也需对处置价值或市值进行评估。除满足准则要求之外，对基础设施资产进行估值在以下几方面具有重要作用：

第一，基础设施项目往往具有价值较大、异质性较高等特点，此类资产投资的参与方大多以大型投资、金融机构为主，在市场经济活动中定价规则及信息具有不对称性。作为公开募集的金融产品，基础设施公募 REITs 需要依赖评估专业人员对资产价值提供参考意见。

第二，基础设施资产估值时对收益能力与市场价值的判断将影响 REITs 产品定价。参考国际 REITs 市场，投资人会通过营运现金流贴现法、净资产价值法等方法对REITs基金份额进行估值，成熟市场中不同类型REITs的P/FFO倍数、P/B倍数等财务指标在适用条件下将对后续发行的同类产品的定价提供参考依据，而基金的收益能力主要来自资产运营收入且持有的资产价值主要取决于资产评估结果。对公募REITs产品定价的详细论述请参考第七章。

第三，对基础设施项目进行评估是国有企业资产管理的需要。截至2022年9月30日，已发行的20单基础设施公募REITs产品的发起人（原始权益人）以国有企业为主。根据《企业国有资产监督管理暂行条例》（国务院令第378号）等法规，国务院国资委《企业国有资产评估管理暂行办法》（国务院国资委令第12号）、财政部《金融企业国有资产评估监督管理暂行办法》（财政部令第47号）等管理办法，均对于国有资产需进行评估的经济行为做出了明确规定。基础设施公募REITs需要基金通过资产支持证券和项目公司等载体穿透取得项目完全所有权或特许经营权，这意味着发行人为国有企业时将引起上述国有资产评估管理文件所规定的资产评估行为，属于法定评估业务范畴。

此外，基础设施公募REITs扩募过程中的资产估值要求与首次发行评估要求基本一致。沪深交易所于2022年5月发布了扩募指引《上海证券交易所公开募集基础设施证券投资基金（REITs）规则适用指引第3号——新购入基础设施项目（试行）》（上证发〔2022〕83号），扩募指引中第13条要求扩募工作需聘请评估机构等专业机构就新购入基础设施项目出具意见，评估机构需对拟购入的资产进行估值。评估机构按照《基础设施基金指引》相关规定出具评估报告。而扩募指引对项目上市后2年的现金流预测提出了更细化的要求，扩募指引中第14条规定，"采取收益法等基于未来收益预期的方法对拟购入基础设施项目进行评估并作为定价参考依据的，基础设施基金应当在购入基础设施项目后2年内的年度报告中单独披露相关项目可供分配金额的实际数与预测数的差异情况，并由会计师事务所对此出具专项审核意见"。对基础设施公募REITs扩募定价的详细论述请参考第七章第一节。

## 第二节　境内外公募 REITs 估值要求对比

目前，包含中国证监会《公开募集基础设施证券投资基金指引（试行）》、中国证券投资基金业协会《公开募集基础设施证券投资基金尽职调查工作指引（试行）》、沪深证券交易所《审核关注事项（试行）》在内的多项基础设施公募 REITs 相关准则对资产评估工作提出了细节要求。整体而言，国内基础设施公募 REITs 在评估机构委任、估值及尽职调查工作内容、资产信息披露要求等方面均与国际成熟 REITs 市场接轨，为市场稳步健康发展打下了坚实基础。

首先，与境外成熟 REITs 市场类似，中国境内 REITs 准则从独立性、胜任能力、任期等方面对评估机构的委任提出了明确要求，从根本上保障了评估结果的公正与客观。通过研究发现，评估机构的独立性是多个国家及地区 REITs 准则所关注的重点，如中国香港《房地产投资信托基金守则》第 6.5 节就对评估师不被视为独立的诸多情景进行了详细列举。同时，境外 REITs 准则对同一评估师的委任期限做出了限定，比如新加坡 REITs 的评估师最多为同一只 REIT 连续 2 年聘用，中国香港则为 3 年。此外，中国香港、新加坡 REITs 准则均要求必须每年进行一次定期评估，对于其他需要进行资产评估的情景也做出了详细规定，如资产收购与处置、发行或回购 REITs 份额等情况。与之类似，中国证监会《公开募集基础设施证券投资基金指引（试行）》中也要求"评估机构具备良好资质和稳健的内部控制机制，合规运作、诚信经营、声誉良好，不得存在可能影响其独立性的行为""评估机构为同一只基础设施基金提供评估服务不得连续超过 3 年""基金管理人应当聘请评估机构对基础设施项目资产每年进行 1 次评估"，同时对基金管理人应当聘请评估机构的情景进行了规定。

其次，境外 REITs 产品在发行环节需要对基础资产进行市场调研、不动产估值、物业工程三个方面的尽职调查工作，并分别出具报告。中国香港相关准则就明确要求评估机构及其他专业机构需从以上三个方面对资产进行详细的尽职调查工作，新加坡《集体投资计划守则》中虽未对尽职调查工作内容作出要求,但在实操中一般也包含以上三项。其中,市场调研可对不动产价值评估提供支撑依据,同时是投资人了解基础资产市场行情和展示资产市场竞争力的重要参考依据,发行文件往往会将其作为单独文件完整披露;工程尽职调查报告一般由具有建筑学、建筑结构、建筑设备、物业管理等方面资格或者相应胜任能力的专业人员从性能状况、完损状况、新旧程度等角度对基础资产进行评价,进而对建筑物部分未来运营及修理费用进行合理分析与预测。与之类似,在中国证券投资基金业协会《公开募集基础设施证券投资基金尽职调查工作指引(试行)》第十七条第四款中就要求对基础设施所处行业及市场情况进行调研,包含宏观经济历史和趋势分析、区域经济发展对基础设施资产运营的影响、周边在运营和未来三年已规划可比竞品分析等多个角度。从已发行的17单国内基础设施公募REITs产品来看,该市场调研工作往往由公募基金管理人聘请的不动产评估机构或其他第三方独立调研机构参与完成;同时,上述准则的第三款要求对资产各项设施设备现状、维修保养及定期、不定期改造需求或规划等情况进行披露。作为REITs底层资产运营环节的一项必要支出,工程尽职调查所预测的未来各年维护保养费用往往会在资产收益中扣除,进而影响REITs可派息金额与资产估值,因此该预测值也应保证独立性与客观性,在实操中公募基金管理人可通过聘请专业工程尽调团队进行该项工作。

最后,境外REITs准则非常重视对资产相关信息的披露,并对评估报告及发行材料内容作出了细致规定。以新加坡REITs市场为例,根据新加坡测量师与评估师协会于2018年6月发布的 *SISV Practice Guide for Valuation Reporting for REITs, Listed Companies and Initial Public Offerings (IPOs) including inclusion in Prospectus and Circulars* 准则要求,估价师需要为REITs发行准备估值概要与估值证书、完整评估报告、尽职调查资料要求清单共三份文件,需要披露的与不动产相关信息包括但不限于:物业情况介绍、土地信息、建筑物信息、租赁情况、市场情况、评估方法合理性解释、评估主要参数。与之类似,《公开募集基础设施证券投资基金指引(试行)》第十二条中细化了对评估报告的披露要求,包括:评估假设条件、估价方法及选择依据、项目详细信息（包括项目地址、权属性质、现有用途、经营现状、每期运营收入、应缴税费及各项支出等收益情况）、市场情况（包括供求情况、市场趋势等）、影响评估结果的重要参数（包括土地使用权或经营权剩余期限、运营收入、运营成本、运营净收入、资本性支出、未来现金流变动预期、折现率等）、评估报告独立性、调整评估方法（如适用）和评估参数的理由。国际成熟 REITs 市场的经验表明，健全的信息披露制度可促使市场规范化运行，推动基础设施公募 REITs 行业积极健康发展。

## 第三节 基础资产估值方法选择及评估要点分析

根据资产的收入获取来源进行区分，国内基础设施公募 REITs 试点范围内的资产可大致分为两大类：以租金或运营服务为主要收入来源的基础设施，如仓储物流、产业园区、保障性租赁住房、数据中心等；以收费为主要收入来源的基础设施，如水电气热市政工程、高速公路等。两类资产虽在收入来源上有所区分，但适用的评估方法均包括市场法、收益法和成本法三种基本方法及其衍生方法，每种方法有其应用的前提条件。估价人员在选择评估方法时，应当充分考虑影响评估方法选择的因素，主要包括评估目的和价值类型、估价对象、评估方法的适用条件、评估方法应用所依据数据的质量和数量等。当基础资产仅适用一种估价方法进行估价时，可只选用一种估价方法进行估价；当基础资产适用两种或两种以上估价方法进行估价时，宜同时选用两种或两种以上估价方法进行估价，不得随意取舍，并就各种估价方法的测算结果进行校核和比较分析后，合理确定价值。

目前，中国证券投资基金业协会发布的《公开募集基础设施证券投资基金运营操作指引（试行）》、沪深证券交易所发布的《审核关注事项（试行）》均已明确要求以收益法作为基础设施公募 REITs 项目评估的主要估价方法。同时，收益法在境外成熟 REITs 市场中也是较为常用的评估方法，通过梳理新加坡、中国香港已发行 REITs 的产品文件不难发现，在 REITs 发行及存续环节估价师均完全采用收益法项下的报酬资本化法（DCF）与直接资本化法，部分产品同时采集同类资产的大宗交易市场价格作为辅助验证。收益法可更为客观反映收益型资产的市场价值，且投资人更易通过检查其所披露之估价参数验证资产估值的合理性。为了论述的完整性，本书也对比较法、成本法进行简单介绍，对于收益法结合案例详细介绍。

比较法也称市场法、市场比较法，是指通过将估价对象与可比参照物进行比较，以可比参照物的市场价格为基础确定估价对象价值的评估方法的总称。市场法应用的前提条件：①估价对象的可比参照物具有公开的市场以及活跃的交易；②有关交易的必要信息可以获得。目前来看，对于收费收益权类基础设施资产而言，公开交易市场供选择的可比交易案例数量较少，相关具体交易信息较难获得，加之此类资产同质性较弱，故而在实际操作中较少采用市场法进行评估；仓储物流、数据中心、产业园等以租金为主要收入的基础设施在选用比较法时也需注意资产所处市场是否具有充足的同类型资产真实交易案例。以仓储物流项目为例，近年来全国不动产大宗交易市场上仓储物流项目多以资产包形式交易，较难获取单个资产的交易价格而限制了比较法的使用。

成本法是指按照重建或者重置估价对象的思路，将重建或者重置成本作为确定估价对象价值的基础，扣除相关贬值，以此确定价值的评估方法的总称。其本质是以资产的重新开发建设成本为导向来求取资产价值，应用的前提条件为：①估价对象能正常使用或者在用；②估价对象能够通过重置途径获得；③估价对象的重置成本以及相关贬值能够合理估算。对于以特许经营模式运营的基础设施资产而言，成本法评估结果较难体现资产对应的特许经营权合同的价值。对于自有产权的基础设施资产来说，则可采用成本法进行评估，使产权持有人和其他市场参与者可以从重建或重置的角度了解估价对象价值。但针对发行基础设施公募 REITs 这一估价目的，资产的价值通常不是基于重新构建该等资产所花费的成本进行判断，而是更多地基于市场参与者对资产未来收益的预期来进行最终判断，故而成本法一般不宜作为唯一定价的方法。同时，采用成本法估价时需注意所

## 第十一章 公募REITs的资产估值

选取土地使用权出让价格的合理性。以仓储物流为例,一些城市因疏解城市功能、高效利用土地等原因而对仓储用地土地的出让存在一定限制,造成同类土地出让的价格信息较少、时效性较差或可比性较弱,故在实际操作中需结合资产的实际情况对成本法进行选取。

收益法是指通过将估价对象的预期收益资本化或者折现来确定其价值的各种评估方法的总称。收益法包括多种具体方法,例如,不动产价值评估中的报酬资本化法(又称现金流折现法、DCF)等。收益法应用的前提条件为:①估价对象的未来收益可以合理预期并用货币计量;②预期收益所对应的风险能够度量;③收益期限能够确定或者合理预期。对于收费收益权类基础设施,企业通过行政许可、特许经营等方式取得该类资产的产权或取得一定年限的经营权。该类资产的生产规模、生产能力以及提供产品或者服务的价格较为明晰,可以以此为基础对未来收益进行合理预测;仓储物流、产业园区、数据中心、保障性租赁住房项目均以租赁或外包服务方式进行运营,其运营层面的过往实际发生收入、成本及费用科目清晰,已发生金额均可获取,且对资产未来产生的收益可进行合理预测。从方法适用性角度来看,收益法评估结果能够合理体现市场参与者对项目未来收益预期的价值,两类基础设施资产均适宜采用收益法进行评估。在此,以仓储物流、产业园区、数据中心、保障性租赁住房四种不动产类基础设施公募REITs为例,具体介绍运用收益法中的报酬资本化法时的资产评估要点。

在使用报酬资本化法时,资产未来收益情况及报酬率(又称折现率)取值对估值结果将产生直接影响,估价师应以客观、审慎态度预测资产未来各年的净收益并选取合理的折现率进行估价。以租金为主要收入来源的基础设施可能产生的各项收入及成本见表11-1。

**表11-1 各类型不动产类基础设施公募REITs的收入及成本**

| 项目 | 仓储物流、产业园区 | 数据中心 | 保障性租赁住房 |
|---|---|---|---|
| 年运营收入 | 租金收入 | 机柜托管服务收入 | 租金收入 |
| | 管理费收入 | 电费收入 | 物业服务费收入 |
| | 其他收入(如停车费等) | 其他收入(如宽带收入等) | 其他收入(如配套收入、能源收入等) |

续表

| 项目 | 仓储物流、产业园区 | 数据中心 | 保障性租赁住房 |
|---|---|---|---|
| 年运营成本 | 项目运营管理费用 | 项目运营管理费用 | 人工成本 |
| | 物业管理费 | 物业管理费 | 物业管理费 |
| | 租赁代理费用（若有） | 电费、水费 | 维修保养成本 |
| | 项目维护及资本性支出 | 宽带使用费 | 营销推广费 |
| | 保险费用 | 设备运维费用及更换资本性支出 | 委托管理费 |
| | 税费：房产税<br>增值税及附加<br>城镇土地使用税<br>印花税 | 保险费用 | 保险费用 |
| | | 税费：房产税<br>增值税及附加<br>城镇土地使用税<br>印花税 | 税费：房产税<br>增值税及附加<br>城镇土地使用税<br>印花税 |

在对资产未来收益进行预测时，可以从以下几个方面入手。

1. 宏观层面

（1）基础资产所在地区经济总体状况调研

对基础资产所在城市经济社会发展的主要因素及其变化趋势进行调查和分析，特别是城市经济发展状况及未来规划、产业结构、产业布局和规划，基础设施状况（包括基础设施现状和建设规划）、与行业相关的财政货币政策、金融税收政策等来判断未来发展趋势。

（2）基础资产所在城市或地区市场总体状况及过往发展趋势

通过对市场新增供应量、存量市场的成交量、存量资产的租金及其他收入水平等数据做出调查，结合当地城市土地、不动产的相关产业政策及过往3—5年的历史信息，对基础资产所在市场未来的发展趋势做出合理的判断。

（3）基础资产所在区域同类物业市场状况调研

通过对基础设施所在行政区或产业聚集区同类物业现有存量、新增供应量、租金及其他收入水平、租户结构等进行调查，分析供给和需求影响因素，对未来区域内的供给、需求、租金、空置率等变化趋势进行判断。

2. 微观层面

（1）竞争性物业调研与分析

对基础设施所在区域或城市内竞争性资产的市场定位、承租人构成、租金、出租率、运营管理服务机构及过往 3—5 年增长趋势进行调查，与基础资产进行对比分析。

（2）核查基础资产过往 3—5 年的实际收入、成本发生额及经营情况

可查阅过往签订租赁或服务合同，就租赁事项（如约定租期、租金水平、递增方式、续租事项等）约定及实际履约情况进行调研，判断基础资产获取收益的稳定性及未来是否具有可提升的潜力；调查现有租户结构、详细了解主力租户所在行业及背景，判断其粘黏性；成本方面通过获取基础资产在运营中实际发生费用科目及金额，结合企业未来经营策略及成本控制措施，对比其他类似资产发生的运营成本，对基础资产未来收入及成本进行预测。

在使用收益法测算资产估值时，折现率需反映资金的时间价值，还应当体现与收益类型和估价对象未来经营相关的风险，并且与所选择的收益口径相匹配。在实际操作中，仓储物流、数据中心、产业园区、保障性租赁住房等以租金为主要收入来源的基础设施资产一般可采用市场提取法、累加法及投资报酬率排序倒插法确定折现率。根据不同的评估价值内涵，用于资产评估的收益额有不同的口径，比如利润总额（税前）、净利润（税后）、息税前收益（EBITA）（税前）和息前税后收益（税后）、自由现金流等等。折现率作为价值比率，其口径需要与收益额保持一致。

## 第四节　中国公募 REITs 基础资产情况及评估参数分析

### 一、已上市公募 REITs 底层资产情况

1. 地区分布

截至 2022 年 9 月，已发行的基础设施公募 REITs 底层资产共计 48 个，

其中包含8个仓储物流项目、16个产业园区项目、8个保障性租赁住房项目、8个环保板块项目及8段高速公路项目。从地区分布来看，基础设施公募REITs持有底层资产的区位优势明显。不动产类项目主要集中在北上广深及周边城市群；收费收益权类项目则分布于北京、广州、深圳及杭州、合肥、武汉、重庆核心二线城市。

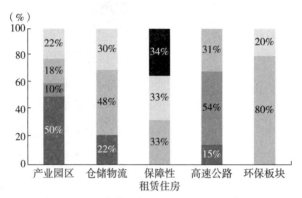

图 11-1　基础设施公募 REITs 底层资产区域分布（按资产估值）

数据来源：基金招募说明、戴德梁行、作者整理。

2. 土地剩余年限 / 剩余收益年限

从资产估值角度不动产类及收费收益权类项目虽然都适合采用收益法进行估值，但在估值特点上却存在明显差异。收费收益权类基项目随着剩余经营年限不断缩短，资产估值呈现逐年递减的趋势，资产价值到期后将归零。如高速公路项目的总经营期限通常不超过 30 年，对估值影响明显，已发行项目的平均剩余年限为 17 年。对于产权类项目，租金收入的增长一定程度上可以抵消土地剩余年期带来的负面影响，同时考虑到一些核心城市的稀缺资产在大宗交易市场中价格升高的预期，随着时间推移资产具有较大升值的可能。根据招股书披露信息，产业园区项目在发行时点的平均土地剩余年限为 40 年，仓储物流项目为 36 年，保障性租赁住房项目为 63 年。当前已上市的基础设施公募 REITs 项目的土地剩余年限均在 30 年以上，发行后不动产估值受到土地剩余年限减少的压力较少。

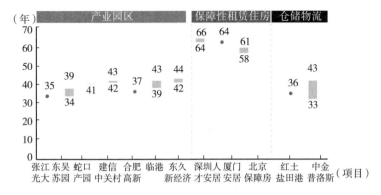

图 11-2　不动产类项目发行时点资产剩余收益年限

数据来源：基金招募说明、戴德梁行，作者整理。

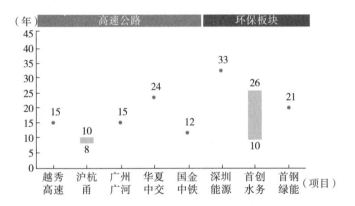

图 11-3　收费收益权类项目发行时点资产剩余收益年限

数据来源：基金招募说明书、戴德梁行，作者整理。

## 二、公募 REITs 底层资产估值

### 1. 报酬率

报酬率（又称折现率）是基础设施资产收益法估值中的重要参数。评估师需综合考虑资产的业态、收益稳定程度、资产投资风险等因素对报酬率作出综合判断。虽然目前上市的资产数量有限，但基础设施公募 REITs 底层资产估值所采用的报酬率已呈现出与城市等级、业态类型相关的梯度关系。根据招股书信息，产业园区（偏办公）项目的报酬率范围为 6.0%~6.5%，产业园区（偏厂房）项目的报酬率范围为 8.0%~8.5%，仓储

物流项目的报酬率范围为 7.0%~8.5%，保障性租赁住房项目的报酬率范围为 6.0%~6.5%。

研究发现，同一类型不动产的报酬率梯度与城市能级相关。位于北京、上海、深圳三个一线城市的产业园区均采用了 6.0% 的报酬率水平，而位于苏州的资产报酬率比一线城市高出 50bps；位于北京、深圳两个一线城市的保障性租赁住房项目均采用了 6.0% 的报酬率，而位于厦门的资产报酬率比一线城市高出 50bps；同一资产包中位于不同城市的资产报酬率也呈现出类似规律。以中金普洛斯物流资产包为例，根据城市能级、项目位置、资本市场接受程度等因素，估值采用的报酬率呈现出梯度趋势，一线城市仓储物流报酬率为 7.5%~8.0%，位于昆山、苏州及佛山这些一线城市周边的物流集聚地区的资产报酬率为 8.0%~8.5%。城市能级越高，收益风险相对更低，报酬率越低。

收益法是以估价对象的预期收益来计算价值的估价方法，即决定不动产当前价值的因素主要是基于其未来所能产生的不动产投资收益，而报酬率可以理解为投资于该类资产所要求的投资收益率或投资人应获得的内部收益率水平（IRR），体现出现有收益的投资风险及未来现金流预测的风险。因此，在不动产评估测算的过程中，报酬率也需结合现金流预测

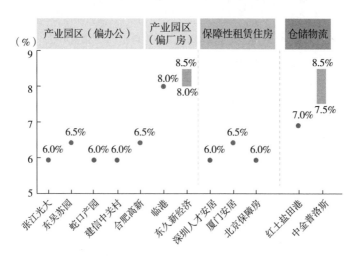

图 11-4　不动产类基础设施公募 REITs 底层资产估值采用报酬率

数据来源：基金招募说明书、戴德梁行、作者整理。

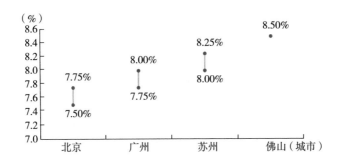

图 11-5 中金普洛斯物流基础设施公募 REITs 底层资产估值采用报酬率

数据来源：基金招募说明书、戴德梁行、作者整理。

的风险综合考虑。目前已发行的 REITs 产品底层产业园区（偏办公）项目、产业园区（偏厂房）项目、仓储物流项目的平均报酬率与长期增长率之差分别为 3.8%、5.2% 和 4.9%，三类资产的差异体现出资产所在城市级别以及投资人对两类资产当前收益水平的回报率要求差异。

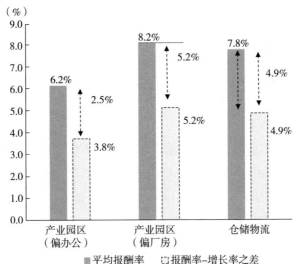

图 11-6 产业园区、仓储物流平均报酬率与长期增长率

数据来源：基金招募说明书、戴德梁行、作者整理。

对于收费收益权类项目目前主要采用税前加权平均资本成本（WACCBT）折现率。加权平均资本成本是指将股东的预期回报率和付息债权人的预期回报率，按照企业目标资本结构中权益与付息债务的比例加权平均计算的预期回报率，在实操中折现率一般不应低于投资的机会成本。此外，折现率口径应当与收益口径保持一致，当采用的现金流口径为所得税前自由现金流时，折现率应保持同一口径选取税前折现率。

表 11-2　收费收益权类项目折现率模型和水平

| 已发行项目 | 折现率选取模型 | 首发估值折现率水平 |
| --- | --- | --- |
| 浙商沪杭甬 REIT | 税前加权平均资本成本（WACCBT） | 8.31% |
| 华夏越秀高速 REIT | 税前加权平均资本成本（WACCBT） | 9.72%~14.16% |
| 平安广州广河 REIT | 税前加权平均资本成本（WACCBT） | 8% |
| 华夏中交高速 REIT | 税前加权平均资本成本（WACCBT） | 8.24% |
| 中航首钢绿能 REIT | 税前加权平均资本成本（WACCBT） | 未公布 |
| 富国首创水务 REIT | 税前 WACC 模型——迭代方式 | 未公布 |
| 国金中国铁建 REIT | 税前加权平均资本成本（WACCBT） | 9.15%~10.37% |
| 鹏华深圳能源 REIT | 税前加权平均资本成本（WACCBT） | 6.95%~8.95% |

数据来源：基金招募说明书、戴德梁行，作者整理。

### 2. 资本化率

资本化率指不动产项目运营净收益（NOI）与当期资产价值的比率，可体现出资产运营收入与价值之间的关系。在基础设施公募 REITs 市场中，底层资产的资本化率可通过估价报告所披露的预测期首年 NOI 水平除以资产估值得出，而非除以发行规模得出。

根据招股书披露信息，不动产项目的资本化率最低为 4.4%，最高为 6.0%。产业园区（偏办公）项目的资本化率在 4.4%~5.0%，产业园区（偏厂房）项目的资本化率在 5.1%~6.0%，而仓储物流项目的资本化率在 5.2%~5.3%，保障性租赁住房项目的资本化率在 4.8%~5.2%。

在不动产大宗交易市场中，资本化率可客观地反映在不同租金水平下投资人愿意支付的资产价格水平，大宗成交案例的资本化率对不动产类项目价值评估具有重要参考意义。聚焦物流类资产，由于目前国内仓储物流交易一般为资产包形式，某一地区的单体项目交易较少，资产单价较难获得，此时物流类资产的资本化率可作为交易双方衡量交易价格的一个重要指标。

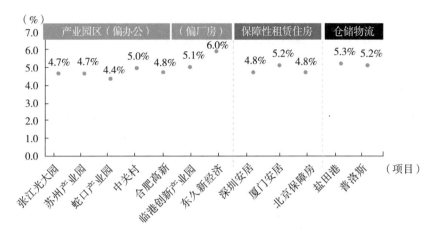

**图 11-7 不动产类底层资产发行时的资本化率水平**

数据来源：基金招募说明书、戴德梁行，作者整理。

若将深圳盐田港、中金普洛斯两单 REITs 项目与近期市场上的四个物流资产包的交易相对比，不难发现公募 REITs 底层资产的资本化率水平与同期市场大宗交易的水平较为接近，两单产品底层项目的资本化率为 5.2%~5.3%，而同期仓储物流市场中大宗交易的资本化率水平为 5.0%~5.5%，表明公募 REITs 底层资产的评估价较接近市场真实交易水平。

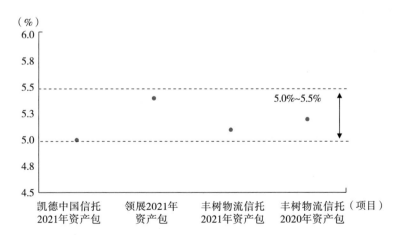

**图 11-8 物流大宗交易资本化率**

数据来源：中国香港及新加坡 REITs 收购公告、戴德梁行，作者整理。

## 三、案例分析——保障性租赁住房 REITs[①]

2021 年 6 月,国家发改委发布了《关于进一步做好基础设施领域不动产投资信托基金(REITs)试点工作的通知》(发改投资〔2021〕958 号),保障性租赁住房项目纳入正式纳入国内基础设施公募 REITs 试点范围。截至 2022 年 9 月末,首批三单保障性租赁住房公募 REITs 产品的成功发行标志着我国保障性租赁住房公募 REIT 的正式启航,在有效盘活存量租赁住房资产、拓宽保障性租赁住房融资渠道的实践中具有里程碑式的意义。

### 1. 北京保障房中心基础资产概况

(1)基本概况

北京保障房中心公募 REITs 底层资产为文龙家园项目、熙悦尚郡项目,总建筑面积合计 11.28 万平方米,共 2 168 套公租房,物业总估值为 11.51 亿元。文龙家园项目与熙悦尚郡项目均位于北京市住房热门板块,居住环境理想,配套设施齐全,分别于 2015 年和 2018 年投入使用,运营时间已满三年,是北京极具代表性的公租房项目。

① 文龙家园

· 地理位置:北京市海淀区文龙家园一里

· 开业时间:2015 年

· 住房套数:1 396 套

· 租金标准:52~60 元 / 平方米 / 月

· 出租率:94%~95%

· 估值:11.51 亿元

· 估值单价:9 600~11 600 元 / 平方米

② 熙悦尚郡

· 地理位置:北京市朝阳区朝阳北路 82 号院

· 开业时间:2018 年

· 住房套数:772 套

---

[①] 所有信息源自公开资料披露

- 租金标准：52~60 元 / 平方米 / 月
- 出租率：94%~95%
- 估值：11.51 亿元
- 估值单价：9 600~11 600 元 / 平方米

（2）原始权益人

北京市保障房中心是全国规模排名前列的保障性住房投资、建设和运营企业。作为市级保障房运营企业，其承担了北京市住房保障政策落地平台和实施平台等职能，持有公租房资产遍布北京 16 个区，持有量超全市 50%，是北京市保障性住房建设和发展的主力军。

（3）项目亮点

定位与需求：两个底层资产均属于北京市公租房管理体系，是面向城镇住房、收入"双困难"家庭或城镇稳定就业符合收入门槛的外来务工人员的公共服务基础设施。北京市对于住房保障需求旺盛，从近两年海淀区及朝阳区公租房配租公告中可看出目前两区公租房房源需求强劲，稳定的客群为本项目的出租率提供了保障。

租金定价机制。北京市公租房租金定价机制按照"市场定价、分档补贴、租补分离"原则，统筹考虑项目建设管理成本与承租人支付能力，按照略低于同地段、同类型住房的市场租金水平确定，经市住房保障等部门审核备案后实施，并实行动态调整。"分档补贴、租补分离"原则意在依照租户实际收入水平进行相应住房补贴，直接面向租户发放。此项政策既保障了低收入家庭的承租能力，同时保障房运营企业亦不依赖于政府补贴，符合市场化经营原则。

2. 深圳人才安居基础设施资产概况

基本概况。深圳人才安居公募 REITs 底层资产为安居百泉阁、安居锦园、保利香槟苑和凤凰公馆项目，总建筑面积（含配套设施）合计 15.67 万平方米，共 1 830 套保障性租赁住房及配套，物业总估值为 11.58 亿元。4 个底层资产均位于所在区域的核心地段，且均为 3 年内新建项目。

表 11-3 深圳人才安居 REIT 基础资产情况

| 项目 | 安居百泉阁 | 安居锦园 | 保利香槟苑 | 凤凰公馆 |
|---|---|---|---|---|
| 地理位置 | 深圳市福田区 | 深圳市罗湖区 | 深圳市大鹏新区 | 深圳市坪山区 |
| 开业时间 | 2022 年 | 2021 年 | 2020 年 | 2020 年 |
| 住房套数 | 594 套 | 360 套 | 210 套 | 666 套 |
| 租金标准 | 15~60 元/平方米/月 | | | |
| 出租率 | 98%~100% | | | |
| 估值 | 11.58 亿元 | | | |
| 估值单价 | 4 100~10 700 元/平方米 | | | |

数据来源：基金招募说明书，作者整理。

（2）原始权益人

深圳市人才安居集团作为人才住房专营机构，是专责从事深圳市人才安居住房投资建设和运营管理的平台。自成立以来，深圳市人才安居集团已累计筹建各类保障性住房 15.8 万套，其中保障性租赁住房 8 万套，并计划于"十四五"期间承担深圳三分之一的保障性住房建设筹集任务，充分发挥深圳市保障性住房建设筹集排头兵的作用。

（3）项目亮点

① 配租续租方式

由深圳市、区住建部门实施配租，包括有批量分配（初次分配）与零散分配两种方式。其中，批量分配是首次配租前由区住建局、住房保障中心发布公告，意向承租企业或个人提出申请，主管部门统筹需求后制定计划并实施分配；零散分配主要为承租人退租后的再次分配。两种配租方式的有机衔接保障了项目较高的出租率水平，定期沟通机制则有效地帮助住房保障部门及时掌握企业最新需求，实时调配房源。续租政策上，承租人一般的租赁周期为 3 年，租赁期满后承租人仍有需求且符合条件的，可以续租一次，保障了项目未来的可持续经营性。

② 租金定价机制

根据深圳市政府有关规定，人才住房项目租金定价由市住建部门予以核定备案，租金为届时同地段市场商品住房租金的六折左右，对符合条件的高层次人才更加优惠。相比来看，在其他城市出台的保障性租赁住房相关政策中，保租房租金标准较市场的折价比例一般为八至九折。本单公募

REITs 底层资产较市场六折的租金定价最大程度的惠及了承租人，体现出深圳在人才引进以及住房配套上的保障力度，确保了项目的出租率。

**3. 厦门安居基础设施资产概况**

（1）基本概况

厦门安居公募 REITs 底层资产为园博公寓和珩琦公寓，总建筑面积（含配套设施）为 198 554 平方米，共 4 665 套保障性租赁住房及配套，物业总估值为 12.14 亿元。2 个底层资产均为 3 年内新建项目。

表 11-4 厦门安居 REIT 基础资产情况

| 项目 | 园博公寓 | 珩琦公寓 |
| --- | --- | --- |
| 地理位置 | 厦门市集美区杏林湾路 | 厦门市集美区集美大道 |
| 开业时间 | 2020 年 11 月 | 2020 年 11 月 |
| 住房套数 | 2 614 套 | 2 051 套 |
| 租金标准 | 31~32 元 / 平方米 / 月 | |
| 出租率 | 99% | |
| 估值 | 12.14 亿元 | |
| 估值单价 | 6 114 元 / 平方米 | |

数据来源：基金招募说明书，作者整理。

（2）原始权益人

本项目原始权益人为厦门安居集团有限公司（以下简称"客居集团"），成立时间 2013 年 6 月 13 日，截至 2022 年 3 月 31 日，厦门市国资委直接持有安居集团 100% 股权，为安居集团的单一股东及实际控制人。截至 2022 年 3 月 31 日，安居集团共承建 18 个保障性住房及公共租赁住房项目，总建筑面积超过 369 万平方米。

（3）项目亮点

目标基础设施资产为位于福建省厦门市集美区的园博公寓和珩琦公寓，主要面向本市无房的新就业大学生、青年人、城市基本公共服务人员等新市民群体，解决阶段性住房困难问题。项目所在位置交通便利、周边配套齐全、区位优势显著。园博公寓位于集美区商业核心区、紧邻地铁，周边有大学城、华侨大学；珩琦公寓为地铁 1 号线上盖的租赁社区，紧邻软件园三期。

### 4. 北京保障房中心、深圳人才安居、厦门安居 REITs 资产对比分析

（1）资产性质

在资产性质层面，北京保障房中心、深圳人才安居与厦门安居 REITs 资产均为具有保障属性的租赁住房项目。从保障群体看，深圳人才安居与厦门安居 REITs 主要面向的是新市民和青年人，北京保障房中心 REIT 则主要面向城市中低收入且住房困难人群。从资产范围看，深圳人才安居 REIT 底层资产除租赁住房外还纳入了配套商业及地下车库。从土地性质看，所有资产均为出让用地。

表 11–5　保障性租赁住房 REITs 资产对比（一）

| 项目 | 北京保障房中心 | 深圳人才安居 | 厦门安居 |
| --- | --- | --- | --- |
| 类别 | 公共租赁住房 | 保障性租赁住房 | 保障性租赁住房 |
| 保障对象 | 以城市中低收入、住房困难家庭为主 | 新市民、青年人 | 新市民、青年人 |
| 入池范围 | 租赁住房 | 租赁住房、配套商业、配套车位 | 租赁住房 |
| 土地性质 | 出让 | 出让 | 出让 |

数据来源：基金招募说明书，作者整理。

（2）资产概况

在资产自身层面，北京保障房中心 REIT 总入池 2 个资产，每个资产可提供约 1 000 套房源，属于中大型租赁社区；深圳人才安居 REIT 总入池 4 个资产，单个资产可提供 200~600 套房源，属于中小型租赁社区；厦门安居 REIT 总入池 2 个资产，单个资产均为可提供超过 2 000 套房源的中大型租赁社区。在房间装修标准上，厦门安居资产整体标准最高，可实现承租人拎包入住；北京保障房中心资产则只配备了必要的生活设施。

表 11–6　保障性租赁住房 REITs 资产对比（二）

| 项目 | 北京保障房中心 | 深圳人才安居 | 厦门安居 |
| --- | --- | --- | --- |
| 资产个数（个） | 2 | 4 | 2 |
| 租赁住房建筑面积（万平方米） | 11.28 | 13.47 | 19.85 |
| 租赁住房套数（套） | 2 168 | 1 830 | 4 665 |
| 装修标准 | 简单装修 | 部分项目精装修 | 精装修，带家具 |

数据来源：基金招募说明书，作者整理。

（3）运营状况

在实际运营中，首批 REITs 资产的租金标准相较周边市场水平有较大比例的折价，凸显了资产的保障属性。在资产运营时间及出租率方面，深圳人才安居和厦门安居 REITs 资产为新建成项目，运营时间未满 3 年，出租率已达到较高水平；北京保障房中心 REIT 资产运营时间相对较长，各项运营数据指标稳定。

表 11-7　保障性租赁住房 REITs 资产对比（三）

| 项目 | 北京保障房中心 | 深圳人才安居 | 厦门安居 |
| --- | --- | --- | --- |
| 平均租金 | 52~60 元 / 平方米 / 月 | 15~60 元 / 平方米 / 月 | 31~32 元 / 平方米 / 月 |
| 当前出租率 | 94%~95% | 98%~99% | 99% |
| 运营时间 | 超过 3 年 | 未满 3 年 | 未满 3 年 |

数据来源：基金招募说明书，作者整理。

5. 小结

总体而言，首批保障性租赁住房 REITs 保障性属性明确、保障范围广泛，覆盖了我国租赁住房保障体系基本面，又积极探索纳入配套商业及车位，丰富了保障性租赁住房 REITs 资产的业态，进一步拓展了保障性租赁住房 REITs 资产的框架。在资产细节层面，首批保障性租赁住房 REITs 资产囊括了大、中、小不同规模的租赁社区以及精、普装不同的保障标准，包含了不同定位且运营成熟的租赁住房资产，为后续保障性租赁住房 REITs 发行拓宽了思路。

## 四、案例分析：博时蛇口产园 REIT

博时蛇口产园 REIT 是国内首批产业园区类基础设施公募 REITs 项目之一，是中国公募 REITs 市场及产业园区投融资机制创新的又一个里程碑，具有先行先试的示范效应。招商局蛇口工业区控股股份有限公司作为原始权益人，从运营成熟度、资产运营收益、产品规模的角度出发选取了两处优质产业园作为 REITs 初始资产，分别是位于深圳市南山区蛇口网谷的万融大厦和万海大厦。资产评估机构为戴德梁行。

## 1. 资产概况

两处基础设施项目均位于招商蛇口园区的核心区域——蛇口网谷。蛇口网谷是南山区政府与招商局蛇口工业区联手建设的以融合高科技与文化产业为目的的互联网及电子商务产业基地，区域内楼宇融合了传统工业厂房更新重建、旧厂房的改造以及新建产业用房楼。结合资产所处的区位以及改造历史背景，万融大厦、万海大厦作为深圳城市更新"腾笼换鸟"的经典案例，在上市基础设施公募 REITs 的底层资产中具有独特性。

## 2. 基础设施资产评估思路

本次基础资产评估选取收益法作为估价方法，收益法（现金流折现法）是通过对资产未来一定年限的经营净现金流进行折现来获得估值的方法。从方法适用性角度来看，收益法评估结果能够合理体现市场参与者对项目未来的收益预期，是基础设施资产适宜采用的估价方法。同时，中国证券投资基金业协会《公开募集基础设施证券投资基金运营操作指引（试行）》及沪深证券交易所《审核关注事项（试行）》等文件也明确要求对基础设施资产的评估要选取收益法作为主要估价方法。

现金流折现法中主要涉及三部分内容，分别是确认运营毛收益、运营净收益及报酬率（折现率）。

（1）运营毛收益

在对资产未来收益进行预测时，戴德梁行评估团队主要从宏观和微观两个维度分析市场和资产的表现以确认支撑预测的估值参数。

宏观方面，主要根据深圳市及南山区经济总体状况调研（增速、驱动力等）、研发办公市场总体状况及过往发展趋势分析（产业政策、供需、成交、租金水平等）、入池资产区域同类物业市场状况调研（同类物业存量、供需、租金空置率、租户结构、未来趋势等）研究市场未来表现。同时，评估工作也聚焦到资产微观方面，如竞争性物业调研与对比分析（项目定位、承租人构成、租金出租率等）、入池资产过往 3—5 年的实际收入、成本发生额及经营情况等，以此支撑评估中对资产未来表现的判断。

根据招股书披露，博时蛇口产园 REIT 的两个入池资产历史三年的年末平均出租率均达到 80% 以上且历史三年运营净收益较为稳定。从租户聚集度来看，截至2020年年末两个入池资产的前十大租户租赁面积占已租赁面积比例低于35%，资产拥有多元化的租户基础。从租户行业来看，截至2020年年末，两个资产的租户行业数量不低于10个，单个行业的租赁面积占比低于30%，租约到期租赁面积的年分布情况较为分散，展现出较高的资产抗风险能力。

（2）运营净收益

我们从获取基础资产在运营中实际发生费用科目及金额、结合企业未来经营策略及成本控制措施、对比其他类似资产发生的运营成本三个方面入手对基础资产未来运营成本进行预测。本次基础资产的运营成本主要有运营管理费、物业管理费、营销推广费、佣金、维修费等运营相关支出，房产税、土地使用税、保险费、增值税附加及印花税等非运营支出以及资本性支出。

扣除上述各项成本后，万海大厦、万融大厦2021—2030年平均运营净收益（NOI）/运营毛收益（含税口径）的NOI margin分别为73.5%和72.4%。同类产业园项目的NOI margin通常为70%~80%，故可以判断本项目运营净收益为合理水平。

（3）资产剩余收益年限

入池资产的土地规划用途均为工业用地，使用期限为50年。根据招股书信息，于上市评估时点的土地剩余年限约42年，剩余收益期较长。由于基础设施公募REITs底层资产采用收益法进行评估，较长的收益期对资产估值提供有力支撑。

（4）报酬率（折现率）

在不动产交易市场中，资产定价的逻辑具有一定规律，报酬率、资本化率等指标可为基础设施提供定价合理性的检验标准。两个入池资产的评估测算均采用6.0%的报酬率。对于北上广深等一线城市的核心产业用房类资产，市场通常采用6.0%或接近6.0%的报酬率，该报酬率反映了市场对于优质产业用房类物业的预期回报率，也反映了区位、物业类型组合、租金收入以及租户组合等因素。

（5）估价结果校验

除了履行评估准则及基础设施 REITs 相关指引所要求的工作职责之外，评估机构作为专业第三方，估值结果的合理性也应经得起市场检验。戴德梁行采用了收益法对两个资产的市场价值进行了测算，同时亦提取市场同类资产交易价格作为校验参考。

我们根据戴德梁行提取的深圳市近 3 年产业／研发类项目交易案例，研发办公类产业园交易单价水平为 32 000~60 000 元／平方米，两个资产周边部分产业／研发类项目销售报价结合其新旧程度、楼宇品质、交通条件等的差异，价格有所不同，大部分报价水平在 25 000~45 000 元／平方米。

本次评估市场价值单价为万海大厦 27 858 元／平方米和万融大厦 24 816 元／平方米，综上分析，估值结果为合理水平。

3. 小结

通过对评估方法的论证，对底层资产的运营毛收益、运营净收益、报酬率等参数的合理设置，本次招蛇产园评估工作及结果得到了市场的认可。结合蛇口产园 REITs 案例，对于产业园类资产发行 REITs 产品发行人及投资人应重点关注：①现金流的市场化属性，发行资产不依赖第三方补贴等非经常性收入；②历史现金流持续性和稳定性，发行资产具备成熟稳定的运营模式，运营时间原则上不低于 3 年，投资回报良好；③现金流来源的分散性，发行资产现金流直接或穿透后来源于多个现金流提供方。

# 第十二章

# 公募 REITs 的资本结构

胡海若[①]　蒋明华[②]

........................................................................

　　公募 REITs 适度地运用外部融资，将有效提升投资人分派率和发行规模、满足短期流动性需求、提高提款时效性。本章介绍了银行借款、债券、可转债、中期票据等公募 REITs 主要融资工具和其他创新融资方式，全面梳理了各国对 REITs 杠杆使用的要求，总结了我国公募 REITs 的外部借款情况，最后对丰富我国公募 REITs 融资工具、放松杠杆率限制进行展望。

........................................................................

---

[①] 胡海若，招商证券投资银行委员会固定收益融资部高级经理。
[②] 蒋明华，招商证券投资银行委员会固定收益融资部董事。

## 第一节　公募 REITs 资本结构的重要性

不动产信托投资基金（REITs）诞生于 20 世纪 60 年代的美国，美国国会设置 REITs 税收减免的同时，制定了包括"派息率"需达到 90% 以上的强制分配规则。这一规则被包括中国在内的其他国家借鉴，逐渐形成了 REITs 的特色：REITs 在本身享受税收优惠的同时把绝大多数收益分配给股东，现金留存极少。公募 REITs 平台作为理念上独立且永续的资产上市平台，与一般的法人载体同样需要适当利用外部债务融资，从而满足其短期流动性、提升改造、收并购等需求。

公募 REITs 适当的外部杠杆率水平不仅可有效提升投资人的分派率水平，还能够在扩张和收购阶段提供资金支持，并确保在公募 REITs 分配当期收益后仍具备充裕的流动性。我国公募 REITs 可充分发挥外部融资的作用，在把握整体风险的前提下，最大化提升融资工具给公募 REITs 带来的积极影响。

## 第二节　公募 REITs 的融资工具

从境外 REITs 市场经验来看，适当的杠杆率是提升 REITs 投资人收益率和 REITs 平台本身流动性的前提。REITs 的主要的融资工具分别为银行借款、债券、可转债、中期票据（MTN）以及创新融资方式。

### 一、银行借款

银行借款作为最基本和最常见的融资类型，期限范围可从 1 年到长期借款。银行借款可以进一步分为有担保贷款和无担保贷款。

有担保贷款即有财产或资产等抵押品作担保的贷款，该借款的利率相对较低，但在底层资产被抵押的情形下，REITs平台本身对于底层资产的控制力有所减弱。而无担保贷款为纯信用贷款，主要与REITs平台及其管理人的信用评级、资信记录有关，无担保的贷款利率一般会高于有担保贷款。

沃那多房地产投资信托基金（Vornado Realty Trust），其在曼哈顿、芝加哥等地拥有多处房地产及相关投资。沃那多房地产投资信托基金常通过抵押贷款或者是无担保贷款进行融资。2021年3月7日，沃那多房地产投资信托基金为5亿美元的PENN 11抵押贷款签订了利率互换协议，将抵押贷款利率从LIBOR + 2.75%（截至2021年9月30日为2.83%）互换至2024年3月的固定利率3.03%。2021年4月15日，其将12.5亿美元的无担保循环信贷额度从2023年1月延长至2026年4月。延期贷款的利率从LIBOR + 1.00%降至LIBOR + 0.90%。

## 二、债券

REITs平台可通过公开发行债券取得融资资金，机构和个人投资者均可认购债券。例如，凯德嘉茂信托（CapitaMall Trust）曾在2014年发行过债券，凯德商用中国信托（CapitaLand Retail China Trust）在2018年也发行过债券产品。

2014年，凯德嘉茂信托（CapitaMall Trust）发行了利率为3.08%的7年期债券，息票每年于2月20日和8月20日发放。该公司债券引起散户和机构投资者的浓厚兴趣，发行规模从最初的2亿新元增加到最大发行规模3.5亿新元。

无担保债务，评级落后于抵押贷款，但其灵活性更高。受到新冠肺炎疫情带来的挑战，面临短期流动性需求，REITs平台更倾向于发行无担保债券。举例而言，惠誉评级公司对沃那多房地产投资信托基金的评级反映了其在曼哈顿优质资产领域的竞争地位，该公司拥有获得抵押贷款债务和私人股本资本的强大渠道。但是新冠肺炎疫情下沃那多旗下房地产面临更高的空置率和更低的租金，使得沃那多在以高于惠誉评级敏感性的杠杆率运营，并且积极进行无担保债务融资。2021 年 5 月 24 日，沃那多完成了绿色债券的公开发行，其中包括 4 亿美元的优先无担保票据（2026 年 6 月 1 日到期，利率 2.15%）和 3.5 亿美元的优先无担保票据（2031 年 6 月 1 日到期，利率 3.40%）。此外，2021 年 5 月 28 日，沃那多使用发行高级无担保票据得到的款项偿还了 6.75 亿美元抵押贷款。

## 三、可转债

可转换债券与债券类似，不同的是，赋予将可转换债券按转换价格转换为 REITs 份额的权利，也正因如此，一般可转换债券的票面利率低于一般债券。

新达信托（Suntec REIT）在 2017 年发行了可转换债券，筹资 3 亿美元，利息为 1.75%，2024 年到期，如果完全转换最多可发行 159 890 360 个新 REIT 份额，如全部行权则单位资产净值从 2.082 美元减少到 1.965 美元。因此，作为新达信托的现有股东，他们面临着股权稀释的风险，可转债可能导致资产净值的下降。

但可转换债券因其含权而利率相对较低，新达信托可转换债券的票面利率仅为 1.75%，甚至低于 10 年期新加坡政府债券或任何定期存款的利率。

2019 年 4 月，吉宝房地产信托（Keppel REIT）发行了票面利率仅为 1.9% 的 2 亿新元可转换债券，利率已十分接近同期政府债券利率（同期 5 年期新加坡政府债券及 10 年期政府债券利率分别为 1.6%、1.7%），低于公积金普通户头（CPF Ordinary Account）2.5% 的利率，更是远低于吉宝房地产信托在 2015 年 2 月发行的票面利率为 3.15% 的 7 年期 5 000 万新元中期票据与 2017 年 4 月发行的票面利率为 3.275% 的 7 年期 7 500 万新元中期票据。

在 2021 年 12 月，加拿大的守卫者房地产投资信托公司（Morguard Real Estate Investment Trust）也发行了总计 1.5 亿加元的可转换无担保次级债券，利率为 5.25%，这些债券可转换为守卫者信托的份额，每份的价格为 7.80 加元。

## 四、中期票据（MTN）

中期票据是新加坡REITs的一种常用融资工具，中期票据具有不同的结构、货币和到期日，从而可满足REITs平台的持续或间歇性的融资需求。与一次性发行的债券不同，中期票据可以按季度发行、再融资或者偿还，具备更高的灵活性。举例而言，丰树商业信托曾于2018年6月签订了两项总计1.5亿新元的循环信贷安排，并将多币种中期票据计划的额度从10亿新元提高到30亿新元。除了发行中期票据，丰树信托还利用贷款进行融资。2018年7月和8月，丰树商业信托利用总计3.45亿新元的定期贷款，为2018年8月到期的1.44亿新元的银行借款和2019年4月到期的1.98亿新元的银行借款进行再融资。截至2018年底，丰树商业信托保持了约15亿新元的充足债务空间（在当时基于45%的监管上限），债务期限分布良好，任何财务年度到期的再融资债务不超过20%。

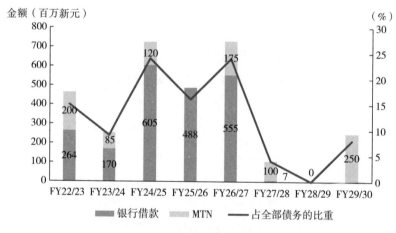

图12-1 丰树商业信托债务到期图谱

数据来源：丰树商业信托2021年年报。
注：数据截至2021年12月31日。

此外，凯德嘉茂信托也曾多次使用中期票据进行融资。如2014年，凯德嘉茂信托在25亿新元无担保多币种中期票据计划下发行了两期外币计价票据和一期新元计价票据，融资规模合计4.703亿新元，期限分别为

7 年、10.5 年和 7 年，票面利率分别为 3.148%[①]、3.25% 和 3.08%。

2020 年 10 月 21 日，凯德嘉茂信托和凯德商业信托（CapitaLand Commercial Trust）通过信托计划合并，合并后的实体于 2020 年 11 月 3 日更名为凯德综合信托（CICT）。截至 2021 年 12 月 31 日，凯德综合信托的借款总额为 489 928 万元，凯德综合信托集团[②]平均杠杆率为 37.2%，信托层面借款构成具体如表 12-1 所示。根据 2022 年 6 月最新官网资料，CICT 的外部融资中有 53% 中期票据，7% 有抵押贷款和 40% 无抵押贷款，平均融资成本 2.4%，平均债务期限为 4.4 年。

表 12-1　2021 年底凯德综合信托借款构成

| 资金类型 | 面值（百万新元） | 账面价值（百万新元） | 到期年限（年） | 名义利率（%） |
| --- | --- | --- | --- | --- |
| 中期票据 | 3 526.29 | 3 521.11 | 2021—2033 | 2.10~3.75 |
| 银行借款 | 1 385.23 | 1 378.17 | 2021—2028 | SOR[③] + Margin |
| 截至 2021 年 12 月 31 日借款总额 | 4 911.51 | 4 899.28 | — | — |

资料来源：凯德综合信托 2021 年年报。

## 五、创新融资方式

通常某些抵押贷款房地产投资信托基金会发起或购买商业贷款，以为投资者创造利润。而传统的房地产投资信托基金也可以使用 CMBS 贷款为其房地产投资进行融资。根据搜集的公开资料显示，CMBS 的发行载体中不乏如黑石、西蒙等大型 REITs 载体。房地产投资信托基金通过发行中长期固定息票 CMBS 债券，将基于浮动利率的抵押贷款证券化。因此，房地产投资信托基金可透过 CMBS 获得稳定的长期资金来源，并可将资产现金流与 CMBS 债券的息票配对，以对冲利率波动。当长期优先债券收益率和无风险工具差距很小的时候，这种融资选择是有吸引力的，通过抵押贷款池创造的规模经济更进一步降低了融资成本。在新加坡，房

---

[①] 3 个月日元 LIBOR + 0.48%。
[②] CICT 集团是指 CICT 及其子公司。
[③] SOR 的全称为 Swap Offer Rate。

地产投资信托基金在发行 CMBS 时采用抵押贷款债券（CMO）模型，这涉及将多个商业抵押贷款集中到一个特殊的目的载体中，分成多个部分发行证券。这与美国 CMBS 并无不同，只是发行人的角色由房地产投资基金而不是银行承担。例如，2002 年凯德嘉茂信托曾通过 SPV- 银枫投资有限公司（Silver Maple Investment Corporation Limited）发行 CMBS。腾飞房产投资信托（Ascendas REIT）在 2004—2005 年发行了总价值 3.09 亿欧元的 CMBS，CMBS 由 40 个工业地产的抵押贷款支持，其 2015 年发行的一笔 1.65 亿欧元的 AAA 级 CMBS 定价比欧洲银行间利率高出 23 个基点。

另外吉宝集团使用利率掉期来对冲浮动利率的银行贷款的利率风险；同时，吉宝集团使用远期货币合约来对冲其在澳大利亚和韩国的投资物业的现金流产生的外币风险。2021 年度，吉宝集团共有 3 笔名义金额为 634 750 000 新元、205 000 000 新元和 530 615 000 新元的利率掉期，以对冲浮动利率借款产生的利率风险（这些借款分别根据 3 个月的新加坡掉期利率、3 个月的新加坡平均隔夜利率和 3 个月银行票据掉期利率计算利息）。截至 2021 年 12 月 31 日，为对冲新加坡掉期利率、新加坡平均隔夜利率和银行票据掉期利率的利率风险而持有的利率掉期分别占集团总借款的 23%（2020 年：57%）、8%（2020 年：无）和 19%（2020 年：7%）。

## 第三节　境内外 REITs 市场资本结构

### 一、境内外 REITs 杠杆政策梳理

从各国公募 REITs 杠杆率限制梳理来看，属于外部管理模式的美国、澳大利亚、法国等国家未设置杠杆率上限，而属于内部管理模式的中国内地、中国香港、新加坡等国家和地区设置了相应的杠杆率上限。

表 12-2　各主要国家和地区杠杆率政策

| 国家和地区 | 杠杆率限制 |
| --- | --- |
| 中国内地 | 基金净资产的 40% 和 20%① |
| 美国 | 无 |
| 中国香港 | 总资产的 50% |
| 新加坡 | 总资产的 50%② |
| 澳大利亚 | 无 |
| 日本 | 无 |
| 英国 | 无 |
| 法国 | 无 |
| 比利时 | 资产价值的 65% |
| 德国 | 资产价值的 55% |
| 荷兰 | 账面价值的 60% |

数据来源：EPRA Global REIT Survey 2022，截至 2022 年 9 月末。

### （一）中国内地

根据中国证监会于 2020 年 8 月 6 日发布的《公开募集基础设施证券投资基金指引（试行）》，借款用途不同其杠杆上限有所差异，用于基础设施项目收购的外部借款不得超过基金净资产的 20%；用于基础设施项目日常运营、维修改造、项目收购等，外部借款不得超过基金净资产的 40%。

截至 2022 年 9 月末，我国已上市的 17 只公募 REITs 中有 6 只涉及外部借款，均为金融机构贷款，平均杠杆率为 14.67%。

### （二）美国

美国房地产投资信托基金没有法定或监管方面的杠杆率限制。然而，2017 年 12 月通过的税改法案将企业利息的扣除限制在课税 EBITDA 的 30%（2022 年开始）。从事房地产交易或业务的纳税人可以选择不受这些限制，但必须对其可折旧房地产资产使用较长的成本回收期。

---

① 借款用途限于基础设施项目日常运营、维修改造、项目收购的，外部借款不得超过基金净资产的 40%（对应总资产的 28.57%）；用于基础设施项目收购的借款不得超过基金净资产的 20%（对应总资产的 16.67%）。

② 自 2022 年 1 月 1 日起，新加坡 REITs 仅在利息保障系数满足 2.5 倍的前提下，其杠杆率限制可由 45% 提升至 50%。

美国REITs不仅可以通过底层项目公司所持有的资产进行抵押获得银行贷款，REITs本身作为上市主体也可以通过发债的方式进行融资。美国REITs还发行了大量的中期票据。以美国最大的REIT公司西蒙地产集团公司为例，其可以通过借款、抵押贷款、发行无担保债券、发行可转换债券、无担保商业票据等方式进行债务融资。

### （三）亚太地区

**1. 中国香港**

在2020年12月香港房地产投资信托守则表示，REITs借入资金（直接或透过SPV）不得在任何时候超过总资产价值的50%。截至2021年12月31日，香港REITs的平均杠杆率为33.33%。置富产业信托在2021年12月31日仅为26.54%的杠杆率，是港交所杠杆率最低的REIT。而越秀房地产投资信托基金杠杆率最高，为63.70%。

以中国香港、新加坡为代表的信托制REITs市场实践中，REITs可采取包括贷款、债券、可转债等在内的多种债务融资方式。

**2. 新加坡**

自新加坡REITs起步以来，其杠杆率限制历经多次调整，从起步阶段的25%逐步提升至2020年疫情防控期间的50%。

表12-3 新加坡REITs杠杆率上限历史情况

| 政策发布日 | 适用时间段 | 杠杆率上限 | 设置考虑 | 备注 |
| --- | --- | --- | --- | --- |
| — | 2005年10月20日之前 | 25% | 相较于当时一般基金10%的杠杆率较为宽松 | — |
| 2005年10月20日 | 2005年10月20日至2015年7月1日 | 35% | 在风险可控情况下，参考业界需求反馈，提高REITs吸引力 | 获得来自信贷评级机构的信用评级并且向公众披露，其总杠杆率便可升至60% |
| 2015年7月2日 | 2015年7月2日至2020年4月15日 | 45% | 在风险可控情况，参考业界需求反馈，提高REITs吸引力 | 单一杠杆率，取消评级后可突破至60%规定 |
| 2020年4月16日 | 2020年4月16日至2021年12月31日 | 50% | 新冠肺炎疫情影响，融资需求上升 | |

数据来源：新加坡金管局（MAS），新加坡交易所（SGX），作者整理。

截至2022年9月30日，新加坡REITs的杠杆率限制亦为其总资产价值的50%。特别地，针对新冠疫情，从2020年4月16日起至2021年12月31日，新加坡金融管理局（MAS）考虑到新冠疫情对新加坡REITs的冲击，将杠杆率上限由之前的45%提高至50%，以提高资本结构管理的灵活性。

截至2021年12月31日，新加坡REITs平均杠杆率41.50%，杠杆率最高的REIT是运通网城房产信托，杠杆率为60.34%；杠杆率最低的REIT是报业控股房地产信托，杠杆率为33.28%。

3. 澳大利亚

根据澳大利亚税法，REITs没有具体的杠杆限制，但利息的可扣除程度受到资本弱化规则的限制。澳大利亚居民财产信托一般不对在澳大利亚赚取的收入征收任何国内预扣税。当房地产信托由非居民持有人控制或房地产信托控制外国实体时，为了施加杠杆率限制，资本弱化规则可能生效。

4. 日本

根据信托投资法（Investment Trust Law，简称ITL）的规定，J-REITs有三种融资方式：权益融资、发行债券和向金融机构借款。权益融资是基本的融资方法，发行债券和向金融机构借款作为补充，提高资本效率。虽然日本REITs可以向投资者发行公司债券或通过借款筹集资金购买不动产和不动产等价资产，但不允许发行优先股或可转换债券。

截至2020年12月31日，日本REITs平均杠杆率为44%。日本住宿信托（Nippon Accommodation REITs）是日本杠杆率最高的REIT，杠杆率达52%；三菱地产物流信托（Mitsubishi Estate Logistics REIT）杠杆率最低，为29%。

（四）欧洲

1. 英国

英国REITs没有对杠杆率做出直接的限制，而是需要接受利息覆盖测试。利息费用受到融资成本比率的限制。这个比率被定义为"物业利润"（Property Profits）——物业租赁业务在扣除利息、上一会计期间的亏损和税收折旧（资本免税额）之前的利润，除以物业融资成本（即与物业租赁业务相关的融资成本，其定义较为宽泛）。融资成本为与融资有关的利息成本和折扣摊销。物业利润必须至少是物业融资成本的 1.25 倍。如果比率低于 1.25 倍，将根据相应的物业融资成本征收税金。

2. 法国

法国上市房地产投资公司适用制度没有规定具体的杠杆率限制。法国的几项规定限制了财务支出的扣除（例如，最高可扣除税率、资本弱化规则、针对 2020 年修改的反混合机制、2019 年《金融法案》的新资本弱化和一般利息扣除限制）。

3. 比利时

比利时法律要求总贷款不超过 REIT 资产的总公允价值的 65%（贷款时）。此外，每年利息费用不得超过全年营业收入总额的 80%。如果 REIT 持有投资房地产的关联公司的股份，合并报表将适用此杠杆率限制。此外，抵押（或其他抵押品）的上限为"不动产"全球公允价值的 50%，以及每一项被抵押的"不动产"价值的 75%，但涉及公私合作伙伴关系的情况不适用。

4. 德国

权益价值必须至少等于不动产总资产价值的 45%（按国际会计准则第 40 号评估）。由于在每个年度结束时，所有资产的 75% 以上必须是不动产，因此权益不得低于总资产的 33.75%。这意味着 G-REIT 的杠杆率不能超过 66.25%。

5. 荷兰

债务不得超过直接/间接持有房地产的课税账面价值的 60%；或所有其他投资课税账面价值的 20%。

从监管机构采取的措施来看，欧美等 REITs 发展较早的国家和地区较少对杠杆率采取直接限制，亚洲国家对杠杆率的限制较为常见。此外，新加坡、中国内地在 2020 年提升了 REITs 的杠杆率上限，这些措施帮助 REITs 灵活管理现金流以及调整资本结构，降低融资成本以应对新冠肺炎疫情的冲击。在低利率的环境下，宽松的融资限制为 REITs 加快收购步伐也提供了有利条件。

## 二、疫情对各市场杠杆率的影响

新冠疫情期间,为降低疫情带来的租金下将、流动性紧张、物业估值下降等影响,并提升 REITs 灵活性,部分 REITs 市场出台相关政策,放宽了对杠杆率的限制。

### (一)新加坡

鉴于新冠疫情的影响,新加坡金融管理局(MAS)在 2020 年第一季度向行业和机构投资者征求意见。根据反馈意见,市场认为 REITs 需要更大的灵活性,以满足短期融资需求,并更好地管理其长期资本结构;放宽杠杆率限制可减少 REITs 进行稀释性股权融资(如配股)的需要。

鉴于上述市场反馈及新冠疫情对 REITs 的影响,新加坡金融管理局 2020 年 4 月 16 日起将杠杆率限制将从 45% 提高到 50%。

2020 年 10 月,凯德商用新加坡信托(CMT)和凯德商务产业信托(CCT)正式合并为凯德综合商业信托(CICT),并扩大融资,杠杆率由 2019 年末的 33.79% 上升至 2020 年末的 41.84%。2021 年末其杠杆率略有下降至 39.90%。

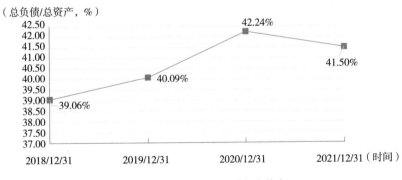

图 12-2 新加坡 REITs 市场负债率

数据来源:"英为财情"31 家新加坡 REITs 总负债/总资产。

2020 年新冠疫情暴发前后,新加坡 REITs 市场负债率呈现先升后降态势。疫情前,新加坡 REITs 市场 2019 年底整体市场负债率为 40.09%。2020 年 4 月 16 日起,新加坡金融管理局将杠杆率上限由之前的 45%

提高至50%，不设2.5倍利息保障系数的先决条件（延迟至2022年1月1日），以提高资本结构管理的灵活性，2020年底市场负债率出现明显上升至42.24%。2021年随着全球疫情防控压力趋于缓和，市场负债率下降至41.50%。

### （二）中国香港

2020年11月27日，鉴于获得市场的广泛支持，香港证监会（SFC）采纳了将REITs借款限额提高至总资产价值的50%的提议，与亚洲其他主要市场一致。且根据REIT Code，为偿还到期借款而对现有借款进行再融资不会被视为新增借款。

在市场环境及政策驱动下，中国香港REITs市场负债率在疫情防控期间逐步提升：以中国香港REITs资产规模最大的领展房产基金为例，新冠肺炎疫情防控期间，于2019年9月30日、2020年3月31日、2020年9月30日、2021年3月31日、2021年9月30日、2022年3月1日，其负债率分别为17.86%、22.88%、24.20%、24.39%、25.16%及27.79%，负债率逐步上升，主要原因系融资规模上升、原有资产估值下降及收购稳健物业等；以规模第二大的冠君产业信托为例，由于借款增加、资产估值下降，其借款占总资产的比例由2019年末的22.52%上升至2021年末的27.86%；而负债率最高的越秀房地产投资信托基金，于2019年末、2020年末及2021年末，其负债率分别为56.61%、56.50%及63.70%。

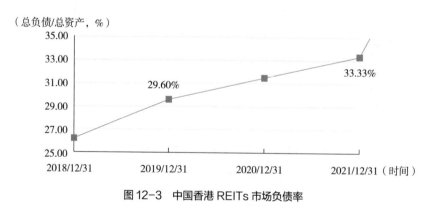

图12-3 中国香港REITs市场负债率

数据来源：Wind，11家中国香港REITs总负债/总资产。

2020年疫情暴发前后，中国香港REITs市场负债率呈现不断上升态势,整体市场负债率已由疫情前 2019 年底的 29.60% 上升至 2021 年末的 33.33%(图 12-3)。整体市场负债率的不断上升反映了中国香港疫情防控一直处于趋严的状态。随着中国香港新冠肺炎疫情防控趋于常态化,社会秩序稳步恢复,预计未来负债率将会有所回落。

### (三)马来西亚

马来西亚证券委员会(SCM)于 2020 年 8 月 12 日宣布,暂时将马来西亚房地产投资信托(M-REITs)的杠杆率限制从 50% 提高 60%,自宣布之日生效,有效期至 2022 年 12 月 31 日。

杠杆率限制的临时增加为 M-REITs 提供了更多的现金流灵活性,并使得 M-REITs 管理人能在新冠肺炎疫情防控期间更有效地管理其 REIT 的债务和资本结构。

受疫情影响,双威产业投资信托(SUNWAY REIT)杠杆率由 2019 年 6 月末的 37.9% 上升至 2020 年 6 月末的 40.7%。

## 第四节 中国公募 REITs 外部融资情况

截至 2022 年 9 月末,我国已累计发行 17 只基础设施公募 REITs,其中 6 只涉及外部借款,基本情况如表 12-4 所示。

表 12-4 我国基础设施公募 REITs 外部融资的基本情况

| 项目简称 | 资产类型 | 借款类型 | 资金用途 | 借款金额(亿元) | 借款利率(%) | 借款期限 | 外部借款/基金净资产(%) |
|---|---|---|---|---|---|---|---|
| 博时蛇口产园 REIT | 产业园 | 并购借款 | 支付项目公司股权交易对价 | 3 | 3.5 | 5 年 | 13.46 |
| 浙商沪杭甬 REIT | 高速公路 | 流动资金借款 | 未披露 | 5 | 3.85 | 1 年 | 12.31 |
| 平安广州广河 REIT | 高速公路 | 固定资产借款 | 偿还存量融资 | 10 | 4.25(发行时为 4.41) | 约 16 年 | 11.53 |
| 建信中关村 REIT | 产业园 | 经营性物业抵押借款 | 偿还存量融资 | 4.61 | 5 年期 LPR 下浮 0.7(发行时为 3.95) | 15 年 | 17.65 |

续表

| 项目简称 | 资产类型 | 借款类型 | 资金用途 | 借款金额（亿元） | 借款利率（%） | 借款期限 | 外部借款/基金净资产（%） |
|---|---|---|---|---|---|---|---|
| 华夏越秀高速REIT | 高速公路 | 固定资产借款 | 偿还存量融资 | 3.5 | 5年期LPR下浮1.22（发行时为3.43） | 15年 | 18.08 |
| 华夏中交高速REIT | 高速公路 | 固定资产借款 | 偿还存量债务 | 13 | 5年期LPR下浮0.65（发行时为3.95） | 20年 | 14.97 |

数据来源：招募说明书等公开资料，作者整理。

注：基金净资产 = 资产评估价值 – 外部借款金额。

## 一、借款类型

广义而言均为金融机构发放的贷款，具体涵盖并购借款、流动资金借款、固定资产借款、经营性物业抵押借款；资金借入方多为项目公司且资金用途多为偿还存量债务，而博时蛇口产园REIT较为特殊，其并购借款的借入方为公募REITs项下新设的SPV公司，借款资金用于收购项目公司股权。

## 二、借款利率

浙商沪杭甬REIT的外部借款利率恰好与当时1年期LPR的3.85%一致，而其他公募REITs外部借款利率均显著低于届时的5年期LPR（截至2021年6月末为4.65%）。

## 三、借款期限

主要与金融机构内部对不同类型的贷款类型的期限上限相关，其中并购借款期限一般不超过5年，流动资金借款期限一般以3个月至1年为主，固定资产借款一般不超过20年，而经营性物业抵押贷款一般不超过15年。

## 四、借款金额

根据中国证监会于2020年8月7日发布的《公开募集基础设施证券投资基金指引（试行）》明确规定，基金总资产不得超过基金净资产的140%（总资产杠杆率约为28.57%），且用于项目收购的借款金额不得超过基金净资产的 20%（总资产杠杆率约为 16.67%）。首批发行上市的博时蛇口产园 REIT、浙商沪杭甬 REIT、平安广州广河 REIT，在借款金额和比例方面相对较为保守，外部借款占基金净资产的平均比例为 12.43%；而后续发行上市的建信中关村 REIT、华夏越秀高速 REIT 和华夏中国交建 REIT 的外部借款占基金净资产平均比例为 16.90%，显著高于首批项目平均水平，体现市场投资人和监管机构对外部借款的接受程度越来越高。

## 五、本金偿还安排

除浙商沪杭甬 REIT 的外部借款因期限较短外，其他 REIT 的外部借款前期还本金额均设置的极低，并将大部分的本金设置在到期前数年集中偿还。但无一例外，已发行的公募 REITs 产品使用的融资工具均需在其存续期内进行相应的本金偿还，从而可能影响公募 REITs 的当期分派率。

## 六、还本方式

我国公募 REITs 使用的融资工具往往将较大比例安排在到期前数年集中偿还，而大额还本的偿还主要通过以下 4 种方式实现。

（1）申请延长借款期限。通过向外部杠杆的原借出方提出申请的方式实现借款期限的延长，而借款利率根据届时的市场情况而定。

（2）续贷。面向市场其他同类银行或金融机构，引进最优的续贷方案，从而保障公募 REITs 投资人的利益。

（3）公募 REITs 扩募。公募 REITs 使用扩募资金用于偿还外部杠杆的大额本金的支付。

（4）处置。在极端情况下，通过召开公募 REITs 的基金份额持有人大会决议基础设施项目的出售事宜，进而实现外部杠杆本金的偿还。而基础设施项目出售的标的可以是项目公司的股权和债权，亦可以是底层资产本身。

整体而言，我国基础设施公募 REITs 的外部借款利率一般远低于市场化水平，且外部借款后期的还本压力较大，然而，需要关注的是借款的后期还本压力较大，考虑到偿还外部借款本金将显著降低公募 REITs 的当期可供分配金额及其分派率，我国公募 REITs 尚需要开发更加匹配的融资工具。

**表 12-5　我国基础设施公募 REITs 外部借款还本安排**

（单位：元）

| 年份 | 博时蛇口产园 REIT 金额 | 比例(%) | 浙商沪杭甬 REIT 金额 | 比例(%) | 平安广州广河 REIT 金额 | 比例 | 建信中关村 REIT 金额 | 比例(%) | 华夏越秀高速 REIT 金额 | 比例(%) | 华夏中交高速 REIT 金额 | 比例(%) |
|---|---|---|---|---|---|---|---|---|---|---|---|---|
| 第 1 年 | 0 | 0.0 |  |  | 200 | 0.2% | 50 | 0.1 | 350 | 1.0 | 260 | 0.2 |
| 第 2 年 | 0 | 0.0 |  |  | 200 | 0.2% | 50 | 0.1 | 700 | 2.0 | 650 | 0.5 |
| 第 3 年 | 300 | 1.0 |  |  | 4 382 | 4.4% | 100 | 0.2 | 1 050 | 3.0 | 1 300 | 1.0 |
| 第 4 年 | 300 | 1.0 |  |  | 4 382 | 4.4% | 100 | 0.2 | 1 750 | 5.0 | 1 950 | 1.5 |
| 第 5 年 | 29 400 | 98.0 |  |  | 5 842 | 5.8% | 150 | 0.3 | 1 750 | 5.0 | 2 600 | 2.0 |
| 第 6 年 |  |  | 50 000 | 100.0 | 5 842 | 5.8% | 150 | 0.3 | 1 750 | 5.0 | 3 250 | 2.5 |
| 第 7 年 |  |  |  |  | 7 303 | 7.3% | 2 000 | 4.3 | 3 500 | 10.0 | 3 900 | 3.0 |
| 第 8 年 |  |  |  |  | 7 303 | 7.3% | 2 600 | 5.6 | 3 500 | 10.0 | 4 550 | 3.5 |
| 第 9 年 |  |  |  |  | 7 303 | 7.3% | 3 200 | 6.9 | 3 500 | 10.0 | 5 850 | 4.5 |
| 第 10 年 |  |  |  |  | 7 303 | 7.3% | 3 900 | 8.5 | 3 500 | 10.0 | 6 500 | 5.0 |
| 第 11 年 |  |  |  |  | 7 303 | 7.3% | 4 600 | 10.0 | 3 500 | 10.0 | 7 561 | 5.8 |
| 第 12 年 |  |  |  |  | 7 303 | 7.3% | 5 600 | 12.1 | 3 500 | 10.0 | 8 450 | 6.5 |
| 第 13 年 |  |  |  |  | 7 303 | 7.3% | 6 600 | 14.3 | 3 500 | 10.0 | 6 500 | 5.0 |
| 第 14 年 |  |  |  |  | 7 303 | 7.3% | 8 100 | 17.6 | 3 500 | 10.0 | 8 450 | 6.5 |
| 第 15 年 |  |  |  |  | 10 224 | 10.2% | 8 900 | 19.3 | 1 400 | 4.0 | 9 100 | 7.0 |
| 第 16 年 |  |  |  |  | 10 503 | 10.5% |  |  |  |  | 9 750 | 7.5 |
| 第 17 年 |  |  |  |  |  |  |  |  |  |  | 11 700 | 9.0 |
| 第 18 年 |  |  |  |  |  |  |  |  |  |  | 12 350 | 9.5 |
| 第 19 年 |  |  |  |  |  |  |  |  |  |  | 25 329 | 19.5 |
| 合计 | 30 000 | 100.0 | 50 000 | 100.0 | 100 000 | 100.0% | 46 100 | 100.0 | 35 000 | 100.0 | 130 000 | 100.0 |

数据来源：招募说明书等公开资料，作者整理。

## 第五节 公募 REITs 资本结构的意义及展望

### 一、公募 REITs 债务融资工具的意义

#### （一）增加价值创造能力，提升投资人分派率

当底层资产的资本回报率或内部收益率高于外部借款利率时，外部融资能够有效提升投资人所取得的分派率。通过合理利用外部融资有效提升投资人分派率的案例如下：

分派率 =（净现金流 – 杠杆利息）/［入池估值 ×（1– 杠杆率）］，即投资人取得的分派率与杠杆率亦正相关。同样以一个具有 10 亿元经营净现金流、借款成本稳定在 4% 的项目为例，如果要维持基础资产入池价格不变，10% 杠杆率与 40% 杠杆率情景对比，投资人分派率降低 56bps，也即降 9.8%。

表 12-6 投资人分派率对杠杆率的敏感性分析

| 项目 | 简称/计算公式 | 0% 杠杆 | 10% 杠杆率 | 20% 杠杆率 | 40% 杠杆率 |
|---|---|---|---|---|---|
| 净现金流（亿元） | FCF | 10 | 10 | 10 | 10 |
| 外部借款（亿元） | L | 0 | 20 | 40 | 80 |
| 融资成本 | i | 4.00% | 4.00% | 4.00% | 4.00% |
| 付息后可分配现金流（亿元） | NCF=FCF–L×i | 10.0 | 9.2 | 8.4 | 6.8 |
| 目标募集总额/入池估值（亿元） | REIT | 200 | 200 | 200 | 200 |
| 股本募集规模（亿元） | E=REIT–L | 200 | 180 | 160 | 120 |
| 投资人可获派息率（%） | D=NCF/E | 5.00 | 5.11 | 5.25 | 5.67 |

#### （二）公募 REITs 的资产对价支付能力

在公募 REITs 首发和扩募过程中，外部借款有助于提升公募 REITs 支付对价的能力，特别是针对原始权益人为国有企业的情形下，根据国资管理规定资产转让对价不得低于经备案的国资评估价值以及资产账面净值，而通过适量的杠杆率可以提升公募 REITs 支付转让对价的能力，进一步提升原始权益人参与 REITs 的积极性和可能性。通过合理利用杠杆提升公募

REITs 支付对价能力的案例如下：

底层资产总价款＝现金流/[派息率－杠杆率×（派息率－借款利率）]，即底层资产的资产总价款与杠杆率正相关。以一个具有 10 亿元净现金流、融资成本为 4% 的项目为例，为了满足投资人稳定派息率，10% 杠杆率与 40% 杠杆率情景对比，资产入池估值需降低 12 亿元，即 5.56%。

表 12-7　底层资产定价对杠杆率的敏感性分析

| 项目 | 简称/计算公式 | 0% 杠杆率 | 10% 杠杆率 | 20% 杠杆率 | 40% 杠杆率 |
| --- | --- | --- | --- | --- | --- |
| 净现金流（亿元） | FCF | 10 | 10 | 10 | 10 |
| 外部借款（亿元） | L | 0 | 20 | 40 | 80 |
| 融资成本 | i | 4.0% | 4.0% | 4.0% | 4.0% |
| 付息后可分配现金流（亿元） | NCF=FCF−L×i | 10.0 | 9.4 | 8.0 | 7.1 |
| 投资人可获派息率 | D | 5.0% | 5.0% | 5.0% | 5.0% |
| 股本募集规模上限（亿元） | E=NCF/D | 200 | 184 | 168 | 136 |
| 募集总额/入池估值（亿元） | REIT=L+E | 200 | 204 | 208 | 216 |

### （三）满足公募 REITs 作为资产上市平台的资产收购资金需求

公募 REITs 理念上作为永续的资产上市平台，可通过资产收购实现平台的持续扩张，而杠杆可作为扩募资金的补充，一同作为资产收购对价的资金来源，助力公募 REITs 平台持续稳定健康发展。

### （四）满足公募 REITs 的短期流动性需求

全球公募 REITs 一般均明确规定 "派息率" 需达到 90% 以上，而高现金分派势必致使公募 REITs 平台的可动用资金规模受限，从而可能致使公募 REITs 在分派后面临短期流动性风险。外部借款能够有效缓释该风险，特别是当面对如新冠疫情暴发等突发事件，收入端可能因租户无力支付租金、车流量减少、免租或免费政策等的影响而大幅下降，而成本端往往无法迅速地降低，该局面下会大幅降低当期可供分派金额，与公募 REITs 稳定收益特征不符。借助外部借款可平滑突发事件对当期分派金额的直接影响，提升收益稳定性进而降低公募 REITs 的投资风险。

## 二、公募 REITs 杠杆率的相关潜在风险

### （一）公募 REITs 融资工具的成本较高且品种较为单一

如前文所述，截至 2022 年 9 月末我国已上市的 17 只公募 REITs 中，有 6 只在首发时具有外部融资安排，而其中 5 只的借款利率显著低于同期的可比借款利率水平（如 LPR），且均为间接融资。有以下三方面的因素致使这一局面：第一，我国的贷款基础利率（LPR）整体高于拥有成熟 REITs 市场的海外国家，促使我国的债务属性市场化利率整体较高，从而致使外部融资无法充分发挥其作用而基础设施公募 REITs 底层资产的资本回报率和内部收益率相对偏低，这客观上造成债务的杠杆效应比低利率市场较弱；第二，我国信贷市场高度青睐主体信用资质，而以资产为核心的公募 REITs 风险特征相匹配的低融资成本尚未达成共识；第三，公募 REITs 的配套融资工具过于单一，当前仍沿用传统的间接融资产品，而受制于相关监管政策，未就公募 REITs 产品本身设计出专属的融资工具。

### （二）外部融资工具还本及续贷的平顺性

如上所述，公募 REITs 外部杠杆利率的非市场化，给未来外部杠杆续期或续接涂上了一层阴霾。

一方面，我国公募 REITs 外部杠杆的还本安排整体呈现前低后高的趋势，外部杠杆的后半段，公募 REITs 将面临一定的存续期还本压力，对维持相对稳定分派率造成一定负面影响。另一方面，当外部杠杆到期时，在借款利率非市场化的前提下，如无法完成外部杠杆的续期或续接，则需通过基金扩募或资产处置的方式予以应对，其中扩募可能稀释投资人的分派率，而资产处置无疑将严重打击资本市场对公募 REITs 稳定性的信心。

尤其是，我国基础设施公募 REITs 的底层标的资产由于其特殊性，大多无法进行散售，而整售不仅面临时效性较差的问题，同时还可能被迫接受整售折价（整售价格一般为散售价格的 70% 以下）。

### （三）杠杆率的决策与代理问题

截至 2022 年 9 月末，我国已上市的 17 只公募 REITs 的治理架构设置中，由基金管理人决定杠杆率，且未明确约定何种情形需要上升至基金份

额持有人大会进行决策,而外部杠杆的风险和收益由基金份额持有人承诺和享有,因此存在代理风险,如何规避代理风险是我国公募 REITs 下一个阶段需要解决的问题。

## 三、公募 REITs 资本结构的展望

根据中国证监会于 2020 年 8 月 7 日发布的《公开募集基础设施证券投资基金指引(试行)》,以总资产为基础换算的杠杆率而言,总体杠杆率上限为 28.57%,而用于项目收购的杠杆率上限为 16.67%。而在实操中,我国涉及外部借款的 6 只已上市公募 REITs 平均杠杆率仅为 14.67%。我国监管机构制定的杠杆率上限已显著低于境外成熟 REITs 市场,而实际上市的公募 REITs 杠杆率更是愈加保守,究其原因,主要是监管机构和市场投资人出于对外部杠杆非市场化利率以及潜在续贷问题的担忧。

### (一)公募 REITs 与融资工具之间利差是发展的根基

境外成熟 REITs 市场融资工具的使用较为广泛,主要是由于 REITs 底层资产收益率远高于债务融资的市场化利率,因此,融资工具的使用既可大幅提升 REITs 分派率,又可满足 REITs 平台的流动性和资产收购需求。自我国首批基础设施公募 REITs 上市以来,5 年期 LPR 从 2021 年 6 月的 4.65% 下降至 2022 年 9 月的 4.3%,而外部融资工具的使用对公募 REITs 分派率和对价支付能力的正面影响将进一步放大,为我国公募 REITs 融资工具的使用奠定了基础。

### (二)融资工具续接平顺性是提升公募 REITs 杠杆率上限的先决条件

我国公募 REITs 与新加坡同属于外部管理模式,相对谨慎的杠杆率上限对尚处于起步阶段的我国公募 REITs 市场是合理且必要的,随着我国公募 REITs 试点的稳步推进,与境外成熟 REITs 市场接轨并逐步提高杠杆率上限是大势所趋。在逐步放松杠杆率上限的过程中,可参考新加坡和英国 REITs 市场的规则,将公募 REITs 的利息覆盖倍数设置为重要参考指标,在兼顾杠杆率刚性上限的同时,就运行情况较好的公募 REITs 平台给予一定的弹性空间。

### （三）探索与公募 REITs 特征相匹配的融资工具

当前我国公募 REITs 的产品融资工具以并购贷款、经营性物业贷款和固定资产贷款为主，在现有的银行借款体系下，各类银行贷款均设置有最长期限，并要求中长期贷款必须在存续期摊还本金，以此检测借款主体及资产的现金流情况，从而减小中长期贷款的到期还本压力。一方面，较多的存续期本金摊还会影响对公募 REITs 份额持有人的强制派息。另一方面，公募 REITs 与常规借款主体在借款用途方面存在显著差异，公募 REITs 的外部借款主要用于补充运营所需的流动资金、提升改造以及资产收购，上述资金用途均有助于进一步提升公募 REITs 分派水平以及底层资产价值，从而提高公募 REITs 的偿债能力。

金融机构应秉承着服务实体经济总体理念，充分借鉴海外成熟 REITs 市场的成功经验，依托公募 REITs 资产本身的信用，专门设计适配于我国公募 REITs 特征，存续期无须摊还本金且可续期的融资工具，从而避免因外部借款在存续期摊还本金及到期一次性大额偿还的安排而影响公募 REITs 分派水平的稳定性。

### （四）进一步探索直接融资工具与公募 REITs 的有机结合

当前我国已发行的公募 REITs 所涉及的融资工具均是由金融机构发放的借款，类型较为单一，结合境外成熟 REITs 市场的发展经验，下一步可适时探索以公募 REITs 平台为发行人的直接融资工具，如公司债、中期票据、可转债、CMBS 等，在夯实我国公募 REITs 试点成果的同时，进一步探索公募 REITs 与直接融资工具的有机结合。

# 第十三章

# 公募 REITs 交易制度、投资者结构以及风险

王素芬[1]　谢黎晔[2]　吴　云[3]　胡海滨[4]

公募 REITs 上市之后，投资者群体结构、如何参与交易、面临何种投资风险等问题受到监管和市场的普遍关注。本章对境内外公募 REITs 的交易制度作出梳理、对比，并结合公募 REITs 的特点和投资价值，分析境内外 REITs 市场投资者结构差异，探讨境内 REITs 市场投资者结构的合理性和未来演化路径。此外，本章从投资者保护的角度，介绍了投资风险的来源并提示常见及重点关注风险，期望能够帮助市场投资者充分认知公募 REITs 产品投资风险，强化理性投资和价值投资理念。

---

[1] 王素芬，招商证券投资银行委员会固定收益融资部高级经理。
[2] 谢黎晔，招商证券投资银行委员会固定收益融资部项目经理。
[3] 吴云，博时基金管理有限公司 REITs 投委会执行委员。
[4] 胡海滨，博时基金管理有限公司基础设施投资管理部公募 REITs 业务北方区域总监、博时招蛇产园 REIT 基金经理。

## 第一节  公募 REITs 的交易制度

### 一、境内交易制度

根据"54 号文",公募 REITs 二级市场的具体交易规则如下所示。

#### (一)交易结构

根据《公开募集基础设施证券投资基金指引(试行)》和配套业务规则的征求意见稿,当前规则认可的标准交易结构为 REITs(公募基金产品)–ABS(资产支持证券)–SPV(项目公司)的三级结构,即由符合条件的取得公募基金管理资格的证券公司或基金管理公司,依法依规设立公开募集基础设施证券投资基金,经中国证监会注册后,公开发售基金份额募集资金,通过购买同一实际控制人所属的管理人设立发行的基础设施资产支持证券,完成对标的基础设施的收购,开展公募 RETTs 业务。

#### (二)交易方式

根据《上海证券交易所公开募集基础设施证券投资基金(REITs)业务办法(试行)》及《深圳证券交易所公开募集基础设施证券投资基金业务办法(试行)》的相关规定,上海证券交易所基础设施基金可以采用竞价、大宗、报价、询价、指定对手方和协议交易等上交所认可的交易方式进行交易,深圳证券交易所基础设施基金可以采用竞价、大宗和询价等深交所认可的交易方式进行交易。基础设施基金竞价、大宗交易适用基金交易的相关规定,报价、询价、指定对手方和协议交易等参照适用债券交易的相关规定,交易所另有规定的除外。

## (三)交易规定

### 1. 投资者适当性要求

基础设施公募 REITs 采取封闭式运作,符合法定条件并经交易所依法审核同意后,可以上市交易。基础设施公募 REITs 的份额认购和交易实施适当性管理制度。尽管对普通投资者参与基础设施公募 REITs 的份额认购和交易没有资产状况和投资经验的具体要求,但是首次参与份额认购和交易的投资者应经过基金销售机构的适当性评估和匹配等,并以纸质或电子形式签署风险揭示书,确认其已了解产品特征和主要风险。

### 2. 交易账户要求

投资者参与基础设施公募 REITs 场内交易时,应使用人民币普通股票账户、封闭式基金账户。

### 3. 转托管要求

公募 REITs 采取封闭式运作,不开放申购与赎回,在证券交易所上市,因此使用场内证券账户认购的公募 REITs 份额,可以直接参与交易所场内交易;若投资者使用场外基金账户认购的,应当先转托管至场内证券经营机构后,才能参与交易所场内交易。

公募 REITs 的转托管与其他公募基金转托管一致。

### 4. 交易时间机制

T 期买入的基础设施基金份额 T+1 日才能卖出。

## (四)交易制度

### 1. 现券交易

(1)竞价交易

表 13-1 竞价交易制度

| 项目 | 深市 | 沪市 |
| --- | --- | --- |
| 上市代码 | 180XXX、181XXX | 508000-508099 |
| 申报数量 | 100 份或其整数倍,卖出时余额不足 100 份部分,一次性申报卖出 | |
| | 单笔申报的最大数量应当不超过 10 亿份 | 单笔申报的最大数量应当不超过 1 亿份 |
| 涨跌幅 | (1)首日涨跌幅限制为 30% <br> (2)非上市首日涨跌幅限制比例为 10% | |

续表

| 项目 | 深市 | 沪市 |
|---|---|---|
| 申报范围 | 有效竞价范围与涨跌幅限制范围一致，范围内的申报为有效申报，范围外的申报为无效申报 | |
| 交易时间 | 09∶15-09∶25、09∶30-11∶30、13∶00-15∶00 | |

资料来源：沪深交易所，作者整理。

注：上市首日前收盘价为基础设施基金发售价格；181 代码未正式启用。

（2）大宗、询价交易

申报数量：基础设施基金询价交易单笔申报数量应当为 1 000 份或者其整数倍。

**表 13-2　大宗、询价交易申报时间**

| 交易项目 | 时间 |
|---|---|
| 协议大宗交易 | 09∶15-11∶30<br>13∶00-15∶30 |
| 盘后定价大宗交易 | 15∶05-15∶30 |
| 询价交易 | 09∶15-11∶30、13∶00-15∶30 |

资料来源：沪深交易所，作者整理。

2. 回购交易

根据《上海证券交易所公开募集基础设施证券投资基金（REITs）业务办法（试行）》及《深圳证券交易所公开募集基础设施证券投资基金业务办法（试行）》的相关规定，基础设施基金可作为质押券按照交易所规定参与质押式协议回购、质押式三方回购等业务。原始权益人或其同一控制下的关联方在限售届满后参与上述业务的，质押的战略配售取得的基础设施基金份额累计不得超过其所持全部该类份额的 50%，交易所另有规定除外。

其中深交所回购交易的具体规则如下。

（1）深交所限售份额回购交易管理

根据《深圳证券交易所公开募集基础设施证券投资基金业务办法（试行）》的要求，原始权益人或其同一控制下的关联方参与战略配售的基础设施基金份额在限售期内不允许质押；其他专业机构投资者战略配售份额在限售期内允许质押。原始权益人或其同一控制下的关联方在限售届满后参与质押式协议回购、质押式三方回购等业务的，质押的战略配售取得的基础设施基金份额累计不得超过其所持全部该类份额的50%。

（2）深交所债券质押式协议回购

深交所债券质押式协议回购申报的时间为每个交易日的9：15至11：30、13：00至15：30，深交所可以根据市场需要调整债券质押式协议回购的申报时间。债券质押式协议回购的期限不得超过365天，且不得超过质押券的存续期间。债券质押式协议回购交易申报类型包括初始交易申报、质押券变更申报、到期续做申报、购回交易申报四类，其中购回交易申报包含到期购回申报和提前购回申报。

基础设施基金份额性质包含无限售流通份额、首发后限售份额两类，正回购方在发起初始交易申报、质押券变更申报时，需明确质押券份额性质为无限售流通份额或首发后限售份额，逆回购方需对质押券份额性质进行确认。

初始交易申报时，单笔交易仅能选择单一份额性质的质押券，若质押券涉及两种份额性质，需按照不同份额性质逐笔申报。基础设施基金作为质押券的，质押券数量单位为份，成交金额不得超过基础设施基金质押份数与基础设施基金前收盘价或面值（取较大）的乘积。债券质押式协议回购发生违约的，经回购双方协商一致，可向深交所申请办理协议回购质押券处置过户。基础设施基金作为债券质押式协议回购质押券的，若违约发生时质押的基础设施基金份额尚未解除限售，则对于限售部分的基础设施基金份额，需待解除限售后才可办理处置过户。

基础设施基金在质押期间发生分红，依据《深圳证券交易所债券质押式协议回购交易主协议（2021年版）》约定，相关资金作为质押财产，除双方另有约定外，待基础设施基金解除质押登记后方可提取。回购双方在确保担保品价值足额的前提下，经协商一致，可提交质押券变更申报换出上述现金质押物。

（3）深交所其他回购交易

基础设施基金可以作为质押券按照交易所相关规定参与债券质押式三

方回购业务，具体实施时间由交易所另行通知。交易所上市的基础设施基金份额战略配售限售份额及无限售流通份额可以作为股票质押式回购补充质押标的证券。

3. 其他交易业务

在深交所上市的基础设施基金无限售流通份额可以作为融资融券的可充抵保证金证券及约定购回标的证券。

4. 做市商制度

基础设施基金上市期间，基金管理人原则上应当选定不少于 1 家流动性服务商为基础设施基金提供双边报价等服务。

5. 大户报告制度

根据《上海证券交易所公开募集基础设施证券投资基金（REITs）业务办法（试行）》及《深圳证券交易所公开募集基础设施证券投资基金业务办法（试行）》的相关规定，投资者及其一致行动人拥有权益的基金份额达到一只基础设施基金份额的 10% 时，应当在该事实发生之日起 3 日内编制权益变动报告书，通知该基金管理人，并予公告；在上述期限内，不得再行买卖该基础设施基金的份额。投资者及其一致行动人拥有权益的基金份额达到一只基础设施基金份额的 10% 后，其拥有权益的基金份额占该基础设施基金份额的比例每增加或者减少 5%，应当依照前款规定进行通知和公告。在该事实发生之日起至公告后 3 日内，不得再行买卖该基础设施基金的份额。

## 二、境外交易制度

### （一）美国交易制度

1. 建立架构

在信托的框架下，公募 REITs 可采取契约型基金方式或公司型基金方式设立。契约型基金方式是基于契约原理而组织起来的代理投资行为，由信托公司作为受托人，以设立信托的方式，通过签订基金契约发行基础设施信托基金受益凭证募集资金。这种方式下的基础设施的所有权属于信托公司。公司型基金本身为一家股份有限公司，公司通过发行股票或受益凭证的方式来筹集资金。投资者通过购买公司股票成为公司的股东，从而获得股息或红利，分享投资所获得的收益。这种方式下的基础设施所有权归股东所有。

### 2. 运营方式

在发行时，为充分利用社会资金，公募REITs既可采用私募方式，也可采用公募方式。由于基础设施建设时间较长，可根据实际情况采取开放式、封闭式和半封闭式三种运营方式。如果按照封闭式证券投资基金的方式进行运营，在存续期内投资者不可以赎回，只可转让。为跟市场环境相协调，紧跟市场形势，还可以在基础设施投资信托基金成立的一段时期之后，根据市场情况进行一定规模的增发。

在运营方面，根据基础设施的建设情况，资金充足的信托公司可以独立投资基础设施建设，并通过未来经营来获得收益；也可以通过收购已建成基础设施的产权或者一段时期内的特许经营权以后，通过经营来实现收益。

持有到一定期限，投资者可在上市后通过转让受益凭证或者股份实现退出；也可以根据原持有方对基础设施的收购意愿，由原持有方按照协议价格或者公平市场价格回购受益凭证，实现原投资者的资金退出。

### 3. 交易规则

表 13-3　美国 REITs 交易规则

| 条目 | 公开交易 REITs | 公开未上市 REITs | 私募 REITs |
| --- | --- | --- | --- |
| 定义 | 在美国证券交易委员会注册发行了股份，且能在主要公开股票市场交易的 REITs | 在美国证监会（SEC）注册发行了股份，但无法在股票交易市场公开交易 | 不在美国证监会备案，股票也不在全国性证券交易所交易 |
| 流动性 | 股份已经上市交易，投资者可像公开市场股票一样交易，流动性较好 | 股份未在交易所公开交易，只能通过做市商购买股份。股份的赎回根据不同的公司要求可能面临不同的规则，但通常流通性受限。投资者甚至可能需要在 REITs 上市或 REITs 底层资产清算才能获取资本利得收益 | 股票不在公开交易所交易。是否存在股票赎回程序以及最短股票持有期限的长短，因公司而异，而且有一定限制 |

续表

| 条目 | 公开交易 REITs | 公开未上市 REITs | 私募 REITs |
|---|---|---|---|
| 交易费用 | 与买卖公开股票交易费用原则一样 | 前端费用通常要收取 9%~10% 的手续费给经纪交易商，同时还有可能产生后端费用，比如退出费用等 | 因公司而异 |
| 管理层 | 通常公司管理层作为公司雇员 | 公司无雇员，由第三方管理机构管理 | 公司无雇员，由第三方管理机构管理 |
| 投资门槛 | 1 股起投资 | 通常 1 000~2 500 美元起 | 通常 1 000~25 000 美元；私募 REITs 主要针对机构投资者，因此认购起点较高 |
| 公司治理 | 遵循上市公司的公司治理原则 | 遵循所在州或者北美证券管理协会的公司治理条例 | 没有规定 |
| 信息披露要求 | 遵循 SEC 要求的信息披露，包括季报与年度审计财务报告 | 遵循 SEC 要求的信息披露，包括季报与年度审计财务报告 | 没有规定 |

资料来源：作者根据美国证券交易所相关规则整理。

4. 交易制度

- 交易时间：与股票交易时间一致
- 涨跌幅限制：如果某只个股在 5 分钟内涨跌幅超过 10%，则需暂停交易；如果该个股交易价格在 15 秒钟内仍未回到规定的"价格波动区间"内，将暂停交易 5—10 分钟，但是不会直接停止当天股票交易
- 交易最小单位：1 股
- 交易时间机制：T+2 期交割，T+0 期交易

（二）日本交易制度

1. 发行与交易方式

日本 REITs 可以采用公开交易或不公开交易的方式进行，但大部分的日本 REITs 都选择公开发行股票并在东京证券交易所上市。作为 REITs 主体的投资公司，其最低资本要求为 1 亿日元。日本 REITs 的设立工作具体由资产管理公司负责。通常情况下，资产管理公司获准设立之后就可以着手准备投资公司的章程。在投资公司设立之后，未来开展投资活动，还必须在地方金融局完成公司的登记程序。与资产管理公司的设立相比，投资公司在地

方金融局的登记程序简单得多，大概耗时 1 个月就可以完成。

与普通公司的 IPO 一样，日本 REITs 的公开发行股票也必须遵照《金融产品交易法》向相应的金融主管部门提交证券发行的申请文件，并制作招股说明书以充分披露 REITs 的投资策略、风险因素及其他重要信息。根据东京证券交易所的要求，REITs 的上市须符合下列条件：①不动产及不动产的信托受益权资产占全部所管理资产的 70% 以上；②不动产、不动产的信托受益权、不动产关联资产及流动资产占全部所管理资产的 95% 以上；③净资产价值达到 10 亿日元；④全部资产价值达 50 亿日元；⑤前 10 大股东（持有人）合计所持股票比例不得超过 75%；⑥已经建立的相应的信息披露系统保障制度。在上市之后 REITs 还需承担持续信息披露义务，包括年报之类的定期信息披露和转让及购买资产之类的不定期信息披露。

日本 REITs 可以向投资者发行公司债券或通过借款筹集资金购买不动产和不动产等价资产，但不允许发行优先股或可转换债券。不过，如果 REITs 存在向机构投资者之外的其他机构所发放的贷款，也会导致其丧失税收优惠待遇。

2. 交易制度

日本 REITs 的交易方式与 TSE 的股票相同。

· 交易时间：与股票交易时间一致

· 涨跌幅限制：以上一个交易日的收盘价为基准，不同基准价格涨跌幅不同

· 交易最小单位：股价在 3 000 日元以下的股票，其价格最小变动单位为 1 日元；在 3 000~5 000 日元的股票，其价格最小变动单位为 5 日元

· 收费：0.000 07 日元 × 股票价格

· 交易时间机制：T+2 期交割，T+0 期交易

（三）德国交易制度

根据德国法律的规定，REITs 必须采用股份公司的法律形式，公司的注册地和实际经营地均必须在德国境内，而且必须在德国、欧盟或欧洲经

济区（EEA）设立的、有组织的证券市场上市。德国的非上市 REITs 不得享有任何税收豁免的待遇，这主要是因为德国的机构投资者可以依据《德国投资法》自由设立特殊投资基金。该特殊投资基金也可以依法享有相应的税收优惠待遇，德国政府认为已经不需要学习美国做法在德国创设私募REITs 制度。

虽然德国 REITs 必须是上市公司，并且符合一系列法定条件才能够享有税收豁免的待遇。但是，《德国 REIT 法》建立的 Pre-REIT 制度，允许向德国税务主管机构（BZSt）申请设立 Pre-REIT。只要该 Pre-REIT 在三年之内申请上市（特殊情况下可以延长至 4 年），并在两年之内完全具备 REITs 的各项法律要求。

德国 REITs 的上市适用德国普通股份公司的股票发行与上市规则。作为股份公司，德国 REITs 应当遵守《德国股份公司法》和《德国商法典》。在证券的发行和上市层面上，德国 REITs 必须遵守《德国证券交易法》，以及《德国证券信息披露说明书法》。不过，在发生法律规则适用冲突的情况下，德国 REITs 优先适用《德国 REIT 法》。

德国 REITs 的最低实缴资本为 1500 万欧元，而且德国 REITs 只能发行一种具有投票权的股票。德国 REITs 上市之后还须履行法律及证券交易所规定的义务，包括内幕信息的临时披露义务，按时披露年报及半年度的义务，以及按照特定的 REITs 流通股规则及时披露 REITs 的流通股持股情况等。

## 三、境内外交易制度对比及改进建议

境外 REITs 在组织形式、管理方式和退出方式等方面具有可借鉴优势。REITs 在国际上的发展已经相当成熟，为中国 REITs 市场的发展提供了良好的借鉴。境内基础设施类 REITs 交易制度与境外的区别主要体现在以下几个方面。

（1）境内目前仅采取契约型结构，即"私募基金 + ABS"的模式，而境外可采用公司制、信托制、基金制 REITs 等模式；在公司型结构下，投资者持有的是公司股份，优势在于结构较为稳定。而契约型结构下，投者持有的是基金份额，优势在于权责明确。

（2）交易时间机制不同，我国主要采取 T+1 期的交易和结算机制，而境外基本上都是 T+0 期交易，T+2 期结算。

（3）为了抑制过度投机行为，防止市场出现过分的暴涨暴跌，各国和地区证券交易所都设置了涨跌幅限制。但是各国的涨跌幅限制都不尽相同。

（4）我国 REITs 管理方式较为被动，境外类 REITs 是主动管理型组织，可以对底层物业买卖，而境内类 REITs 金融属性较强，对物业管理参与度较低，持有期间底层物业也不会发生变化。

（5）我国 REITs 退出方式不够灵活，境内类 REITs 退出方式以产品到期或开放期退出为主，而境外公募 REITs 可以通过二级市场交易退出。

伴随着公募 REITs 交易市场的不断发展，可探讨在如下方面进一步改进相关交易制度：

（1）优化 REITs 交易结构。目前我国官方认可的标准交易结构只有一种，即 REITs（公募基金产品）—ABS（资产支持证券）—SPV（基础设施项目公司）的三级结构。相较于其他国家，例如美国 UPREIT 及日本 TMK 模式，我国交易结构仍在结构简化、避免重复征税方面存在优化空间。建议参考境外现有经验，适时调整或允许更多交易结构，由此进一步提升 REITs 市场积极性以及资本要素流动性。

（2）提高 REITs 交易的流动性。公募 REITs 试点初期，基础资产范围以仓储物流、高速公路、水电热力等收益相对稳定的资产为主，因此 REITs 本身的定价基本是按照未来现金流贴现的方式，交易价格变化主要受到无风险收益率的影响，投资逻辑上更接近长久期的债券。同时，对于提供双边报价服务的流动性服务商而言，如果采取日内回转交易制度，流动性服务商可以在日终择机平仓，避免隔夜敞口风险。

（3）进一步丰富 REITs 投资者结构。按照公募 REITs 相关规定，目前只允许合格境外机构投资者参与网下询价。根据对境外机构投资者的调研，有意向投资公募 REITs 产品的境外机构多为资产配置型基金，包括主权基金、养老基金、捐赠基金等国际知名基金，更加关注 REITs 底层资产及收益率水平，偏好能够提供长期、稳定、可靠现金流的产品，REITs 产品的特性恰恰与其投资理念相吻合。建议后续细化规则并鼓励更多的境外合格投资者参与公募 REITs 的战略配售，丰富公募 REITs 投资者范围，为扩大试点积累成功经验。

（4）开发相关 ETF 指数产品，拓宽 REITs 市场的深度与广度。日本央行自 2010 年 10 月以来，一直将购买 REITs 产品作为其货币宽松政策的一部分，每年的购买额度约 900 亿日元。截至 2020 年底，日本央行已购买约 6 300 亿日元、20 只 J-REITs 产品。建议借鉴日本央行经验，同步开发 REITs 的 ETF 指数产品，逐步将公募 REITs 纳入日本央行质押品范围，作为应急流动性补充。

（5）给予 REITs 交易税收优惠。欧洲 REITs 在税收方面以其免税、低税等较低的交易税负成本吸引众多投资者。税收优惠作为 REITs 发展的基本保障，其利润传导机制能够使其享受税收优惠，防止双重征税。REITs 作为向受益人分配利益的"通道"，同一收入往往层层传递，传递过程中税收政策可能会在资产收益层面和投资者层面多次计税，加重 REITs 税收负担。当前我国 REITs 税负仍较重，重复征税问题仍待解决。如在 REITs 设立阶段通常进行的不动产资产重组等过程可被视为交易行为，委托人将基础设施等资产转让于受托人，可被征收增值税、印花税、契税、土地增值税、所得税等。同样，在 REITs 终止进行收益分配时可能会再次征税。当前我国公募 REITs 可逐步实行税收穿透，REITs 层面无须缴税，由投资者缴税，并在某些特定条件下给予 REITs 税收优惠，由此减少 REITs 在设立、发行、退出阶段的税收不确定性，提高公募 REITs 资本要素的自由快速流动。

## 第二节 公募 REITs 的投资者结构

### 一、公募 REITs 的特点及投资价值

#### （一）真实资产提供稳定现金流

REITs 本质上为资产上市，根据"958 号文"，境内公募 REITs 底层资

产主要集中在稳定运营的交通基础设施、能源基础设施、市政基础设施、生态环保基础设施、仓储物流基础设施、园区基础设施、新型基础设施、保障性租赁住房等基础设施，且分派率原则上不低于 4%。上述真实、成熟运营的基础设施资产能使 REITs 面对经济周期波动时，盈利更加稳定；且在市场整体利率下行的趋势下，REITs 较高且稳定的分红收益将具备显著的投资价值。

## （二）兼具股性和债性，收益介于股债之间

基于境内公募 REITs 的产品结构，境内公募 REITs 兼具股性（公募基金份额价格波动）和债性（每年 90% 以上可供分配收入进行分红）。根据底层项目性质分类，特许经营权类 REITs 分红相对更加稳定，或体现出更强债性；而产权类 REITs 分红相对较低，资产增值潜力更强，或将体现出更强股性。

从全球经验来看，REITs 的收益介于股债之间，抗通胀效果好。过去 20 年，REITs 在全球主要市场的年化投资回报率超过 8%，表现出较强的抗通胀能力。其中，中国香港的综合收益率相对较高，达到 10.8%；美国的年化综合收益率为 9.35%，与标普 500 收益率相近。REITs 年均分红收益率高于十年期国债收益率，收益率稳定，以美国为例，过去 10 年，美国权益型 REITs 年均分红收益率为 3.71%，较同期十年期国债平均收益率高 1.56%。

## （三）与其他大类资产相关性低

风险方面，REITs 与其他大类资产相关性低，分散效果好。大部分 REITs 投资于不动产所有权，与传统股债风险收益有显著差异，具有较好风险分散效果。2012 年至 2021 年 5 月，全球 REITs 收益率和股市、债市的相关性较低，其中美国 REITs 收益率与美国股市、债市的相关系数均值分别为 0.69、0.59，与亚洲股市的相关性更低至 0.5，有效分散投资组合风险，提升组合风险调整后回报。

## （四）流动性较强、透明度较高

流动性方面，REITs 投资门槛较低，流动性较强、透明度较高。公募 REITs 产品可以在交易所进行公开交易，投资者准入门槛低；公募产品流动性强，且境内制定了做市商制度，进一步保障了公募 REITs 产品流动

性；上市 REITs 产品信息披露制度完善，且将绝大部分收益分配给投资者，运营透明度较高。

基于上述特点及投资价值，境内已上市的 17 只 REITs 均获超额认购，上市以来二级市场价格表现良好，在境内市场剧烈波动、各板块指数震荡、房地产行业承压的大环境下，表现出较强的抗风险能力，以及优秀的收益率：截至 2022 年 9 月 30 日，17 只公募 REITs 中 16 只公募 REITs 取得正收益，其中，中关村上市至今涨幅高达 46.56%。

表 13-4 已上市 17 只公募 REITs 涨幅

| 公募 REITs 代码 | 公募 REITs 简称 | 发行价（元） | 最新收盘价（元） | 上市以来涨幅（%） |
| --- | --- | --- | --- | --- |
| 180101.SZ | 蛇口产业园 | 2.31 | 3.298 0 | 42.77 |
| 180201.SZ | 广州广河高速 | 13.02 | 12.016 0 | −7.71 |
| 180202.SZ | 越秀高速 | 7.10 | 8.498 0 | 19.69 |
| 180301.SZ | 盐田港 | 2.30 | 3.405 0 | 48.04 |
| 180401.SZ | 深圳能源 | 5.90 | 8.151 0 | 38.15 |
| 180501.SZ | 深圳安居 | 2.48 | 3.381 0 | 36.33 |
| 180801.SZ | 首钢绿能 | 13.38 | 17.081 0 | 27.66 |
| 508000.SH | 张江光大园 | 2.99 | 4.479 0 | 49.80 |
| 508001.SH | 沪杭甬 | 8.72 | 9.049 0 | 3.77 |
| 508006.SH | 首创水务 | 3.70 | 4.993 0 | 34.95 |
| 508008.SH | 铁建高速 | 9.59 | 9.917 0 | 3.41 |
| 508018.SH | 中交高速 | 9.40 | 9.452 0 | 0.55 |
| 508027.SH | 苏园工业园 | 3.88 | 4.968 0 | 28.04 |
| 508056.SH | 普洛斯 | 3.89 | 5.458 0 | 40.31 |
| 508058.SH | 厦门安居 | 2.60 | 3.446 0 | 32.54 |
| 508068.SH | 北京保障房 | 2.51 | 3.380 0 | 34.66 |
| 508099.SH | 中关村 | 3.20 | 4.690 0 | 46.56 |

数据来源：Wind，作者整理。
注：数据截至 2022 年 9 月 30 日。

## 二、公募 REITs 的投资者结构

### （一）境内公募 REITs 的投资者结构

1. 政策要求

根据《证券投资基金指引》，境内公募 REITs 投资者结构要求如下：

### （1）战略投资者

由基础设施项目原始权益人或其同一控制下的关联方参与基础设施基金份额战略配售的比例合计不得低于基金份额发售数量的 20%，其中基金份额发售总量的 20% 持有期自上市之日起不少于 60 个月，超过 20% 部分持有期自上市之日起不少于 36 个月。

基础设施项目原始权益人或其同一控制下的关联方以外的专业机构投资者可以参与基础设施基金份额战略配售，战略配售比例由基金管理人合理确定，持有基础设施基金份额期限自上市之日起不少于 12 个月。

### （2）网下投资者

扣除向战略投资者配售部分后，基础设施基金份额向网下投资者发售比例不得低于本次公开发售数量的 70%。对网下投资者进行分类配售的，同类投资者获得的配售比例应当相同。

### （3）公众投资者

网下询价结束后，基金管理人应当及时向公众投资者公告基金份额认购价格。公众投资者通过基金销售机构以询价确定的认购价格参与基础设施基金份额认购。

根据政策要求，机构投资者可参与境内公募 REITs 战略投资、网下投资及公众投资三个环节；个人投资者可参与公众投资一个环节。机构投资者及个人投资者投资占比受原始权益人或其同一控制下的关联方自持比例影响较大。

### 2. 已上市境内公募 REITs 的投资者结构

### （1）整体投资者结构

目前，我国已上市的 17 只公募 REITs 投资者结构如下：

表 13-5　已上市 17 只公募 REITs 投资者结构

| 公募 REITs 代码 | 公募 REITs（简称） | 原始权益人及关联方自持比例（%） | 其他机构投资者占比（%） | 个人投资者占比（%） | 合计（%） |
| --- | --- | --- | --- | --- | --- |
| 180101.SZ | 蛇口产业园 | 33.33 | 58.81 | 7.86 | 100.00 |
| 180201.SZ | 广州广河高速 | 51.21 | 43.11 | 5.68 | 100.00 |
| 180202.SZ | 越秀高速 | 30.00 | 64.41 | 5.59 | 100.00 |
| 180301.SZ | 盐田港 | 20.03 | 69.75 | 10.22 | 100.00 |

续表

| 公募 REITs 代码 | 公募 REITs（简称） | 原始权益人及关联方自持比例（%） | 其他机构投资者占比（%） | 个人投资者占比（%） | 合计（%） |
|---|---|---|---|---|---|
| 180401.SZ | 深圳能源 | 51.39 | 43.58 | 5.03 | 100.00 |
| 180501.SZ | 深圳安居 | 42.21 | 52.30 | 5.49 | 100.00 |
| 180801.SZ | 首钢绿能 | 40.00 | 52.70 | 7.30 | 100.00 |
| 508000.SH | 张江光大园 | 20.00 | 68.24 | 11.76 | 100.00 |
| 508001.SH | 沪杭甬高速 | 51.00 | 45.68 | 3.32 | 100.00 |
| 508006.SH | 首创水务 | 51.00 | 43.94 | 5.06 | 100.00 |
| 508008.SH | 铁建高速 | 71.00 | 28.56 | 0.44 | 100.00 |
| 508018.SH | 中交高速 | 20.00 | 75.14 | 4.86 | 100.00 |
| 508027.SH | 苏州工业园 | 30.00 | 61.76 | 8.24 | 100.00 |
| 508056.SH | 普洛斯 | 20.00 | 74.64 | 5.36 | 100.00 |
| 508058.SH | 厦门安居 | 34.00 | 61.95 | 4.05 | 100.00 |
| 508068.SH | 北京保障房 | 36.25 | 58.34 | 5.41 | 100.00 |
| 508099.SH | 中关村 | 33.34 | 59.85 | 6.81 | 100.00 |

数据来源：Wind，作者整理。

注：如未披露整体持有人结构的 REITs 以场内持有人结构列示。

境内已发行 REITs 原始权益人及关联方自持比例普遍较高，平均自持比例达 36.17%，其他机构投资者平均占比为 57.80%，个人投资者平均占比为 6.03%。境内公募 REITs 投资者以其他机构投资者为主，主要为保险、基金、证券、产业资本、资管计划等。但由于自持比例较高，其他机构投资者占比仍与美国等成熟 REITs 市场存在一定差距。

（2）战略投资者结构

表 13–6　已上市 17 只公募 REITs 战略投资者结构

| 公募 REITs 代码 | 公募 REITs（简称） | 资产类型 | 战略投资者类型（不包含自持） | | | | | | | |
|---|---|---|---|---|---|---|---|---|---|---|
| | | | 央企/国企投资公司 | 资管产品 | 资管公司 | 保险 | 银行/银行理财产品 | 证券公司及子公司 | 信托公司/信托产品 | 私募基金 | 其他（合伙企业等） |
| 180101.SZ | 蛇口产业园 | 产业园区 | √ | √ | √ | | √ | | | | |
| 180201.SZ | 广州广河高速 | 高速公路 | √ | | √ | √ | | √ | √ | | |
| 180202.SZ | 越秀高速 | 高速公路 | | | √ | √ | | √ | | | |
| 180301.SZ | 盐田港 | 仓储物流 | √ | | √ | √ | | √ | | | |

续表

| 公募REITs代码 | 公募REITs（简称）| 资产类型 | 战略投资者类型（不包含自持） | | | | | | | |
|---|---|---|---|---|---|---|---|---|---|---|
| | | | 央企/国企投资公司 | 资管产品/资管公司 | 保险 | 银行/银行理财产品 | 证券公司及子公司 | 信托公司/信托产品 | 私募基金 | 其他（合伙企业等）|
| 180401.SZ | 深圳能源 | 生态环保 | √ | √ | √ | √ | √ | √ | | |
| 180501.SZ | 深圳安居 | 保障性租赁住房 | √ | √ | √ | | √ | | √ | |
| 180801.SZ | 首钢绿能 | 生态环保 | | √ | | | √ | | | |
| 508000.SH | 张江光大园 | 产业园区 | √ | | | | | | √ | |
| 508001.SH | 沪杭甬高速 | 高速公路 | √ | √ | √ | | √ | | | |
| 508006.SH | 首创水务 | 生态环保 | √ | | | | √ | | | |
| 508008.SH | 铁建高速 | 高速公路 | | | | | √ | | | |
| 508018.SH | 中交高速 | 高速公路 | √ | | | | √ | √ | | |
| 508027.SH | 苏州工业园 | 产业园区 | √ | | √ | √ | √ | | | |
| 508056.SH | 普洛斯 | 仓储物流 | √ | | | | | | | |
| 508058.SH | 厦门安居 | 保障性租赁住房 | | √ | √ | | √ | | √ | |
| 508068.SH | 北京保障房 | 保障性租赁住房 | √ | | | | | | | |
| 508099.SH | 中关村 | 产业园区 | | √ | | | | | | |

数据来源：基金招募说明书，作者整理。

根据表13-6可知，境内公募REITs最重要的战略投资者为央企/国企投资公司、资管产品/资管公司、保险和证券公司及子公司，各类型境内公募REITs战略投资者构成不存在显著差异。

（二）境外REITs投资者结构特征

美国、日本、新加坡、中国香港等国家和地区REITs市场均基于持有人分散要求，设置相关法规约束投资者结构。交易所《发售指引》目前仅要求公募REITs投资人不少于1 000人，尚未设置投资者分散的明细要求。具体情况对比见表13-7。

## 第十三章 公募 REITs 交易制度、投资者结构以及风险

表 13-7 境内外 REITs 市场投资者结构相关法规

| 区域 | 相关法规 |
|---|---|
| 美国 | REITs 的所有股票都应当在主要的证券交易所上市流通，股权结构应该分散化。从运营第二年开始，至少有 100 名股东，前五大股东在每个税收年度的后半年，不得掌握超过 50% 的股份，单个股东持股比例不得超过 9.8%，但退休基金除外 |
| 日本 | REITs 至少有 1 000 名投资人（单位持有人），且前十大投资人合计持有比例不得超过 75%。另外，如果在财务年度结束时 50% 以上的股票为单一股东持有（含关联方持有），则该公司将会被认定为家族公司，从而丧失 REITs 的税收优惠待遇 |
| 新加坡 | 以新元计算的公开交易 REITs，至少 500 名公众投资人，且这些人至少合计持有该 REITs 所发行的 25% 的信托单位。以外币计算的 REITs，也必须符合"持有人分散"的要求 |
| 中国香港 | REITs 必须具有一个公开的市场，已发行单位数目总额至少有 25% 必须由公众人士持有。当管理公司察觉到该百分比已下跌至低于 25% 时，需即时通知证监会，极尽所能在切实可行的范围内尽快将其恢复至有关最低水平。在收购要约期限结束后一段合理时期内允许公众人士持有已发行单位的比暂时下跌至低于 25% |
| 中国内地 | 投资者不少于 1 000 人 |

如表 13-7 所示，美国等国家对头部股东的持有比例有上限要求，相关法规保证了持有人分散度，进而提高了 REITs 流动性和机构投资者参与度。据 Bloomberg 统计，美国 REITs 市场中机构投资者主要包括投资顾问、保险、基金、证券（含自营）、公司、PE/VC 等。

机构投资者为境外 REITs 的主要投资者，在当前最大几个 REITs 市场中，机构投资者占比均较高。截至 2020 年末，REITs 规模最大的美国市场机构投资者占比 89.6%；规模仅次于美国市场的日本和澳大利亚 REITs 市场中机构投资者也均占一半左右，英国市场中占比 72.6%。

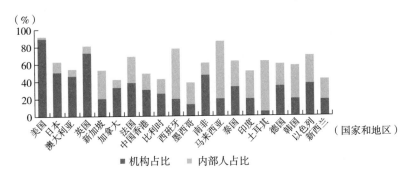

图 13-1 全球各大市场 REITs 投资者结构

数据来源：中金公司，《资管月报（3）：从投资者结构、流动性看 REITs 投资》，2021 年 7 月。

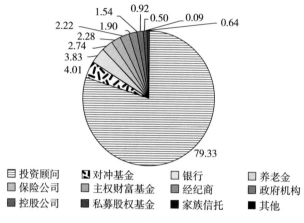

图 13-2 美国 REITs 市场的投资者结构（%）

投资顾问是美国 REITs 市场的最主要投资者，主要为先锋领航（Vanguard Group）、贝莱德（Blackrock）、道富银行（State street Corp.）等投资顾问公司（包含证券投资基金、证券公司、信托等），投资顾问持有规模 8 831 亿美元，占比 79.33%，Vanguard 则为市场份额占比最高的投资顾问公司。截至 2021 年 6 月底，美国市场以 REITs 为投资目标的共同基金和 ETF 规模约为 1 600 亿美元，其中 Vanguard 发行的房地产指数基金，产品规模为 400 多亿美元。由于 REITs 在美国采用公司型上市，本身也和传统股票一样被投资者交易，同时也是房地产指数和宽基股票指数中的重要成分股，因此除了房地产主题基金持有 REITs 外，美国不少全市场选股的主动基金和被动指数产品也会像投资股票一样持有 REITs。随着过去几年，养老金、主权基金、金融投顾等机构资金不断流入美国公募基金，REITs 也从中获益，成为机构配置的一类重要资产。可以看到，美国 REITs 市场为主要投资者，均具备显著的资金长期性和稳定性的特征。此外，还有超过 7 000 万居民用过其证券账户或者养老金账户投资了 REITs 产品，这类资金同样具备长期属性。

根据截至 2022 年 9 月 30 日获取数据，美国前五大 REITs 机构投资者占比均在 85% 以上。

第十三章 公募REITs交易制度、投资者结构以及风险　385

表13-8　美国前五大REITs机构投资者占比

| 证券代码 | 证券全称（英文） | 机构投资者持有比例（%） |
| --- | --- | --- |
| AMT.N | American Tower Corporation (REIT) Common Stock | 90.52 |
| PLD.N | Prologis, Inc. Common Stock | 92.87 |
| CCI.N | Crown Castle International Corp. (REIT) Common Stock | 89.80 |
| DLR.N | Digital Realty Trust, Inc. Common Stock | 95.05 |
| SPG.N | Simon Property Group, Inc. Common Stock | 85.10 |

数据来源：作者根据相关资料整理。

注：数据截至2022年9月30日。

新加坡REITs设立要求不少于500名份额持有人持有25%以上的REITs总市值。如图13-3表示，新加坡REITs市场中持有规模排名前三的机构投资者类型分别为投资顾问、控股公司和主权财富基金，其中投资顾问持有规模129.55亿美元，占比39.36%；控股公司持有规模89.01亿美元，占比27.04%；主权财富基金持有规模67.81亿美元，占比20.60%，三者持有规模合计占比接近90%。新加坡REITs上市基石投资者类型主要包括高净值人士/私人银行，以及各类机构投资者，包括全球资产管理人（如Blackrock等）、主权财富基金（如GIC、淡马锡、中投等）、保险公司，中资战略投资人（如中国东方资产管理公司、信达资产管理公司等）、资产管理公司，以及其他东南亚区域内机构投资者。上述投资者也

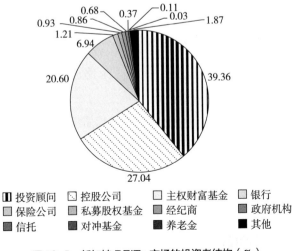

图13-3　新加坡REITs市场的投资者结构（%）

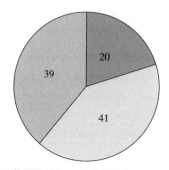

图 13-4　吉宝数据中心 REIT 投资者结构（%）

数据来源：吉宝数据中心 REIT 年报。

注：数据截至 2022 年 2 月 7 日。

同样具备资金长期性、稳定性、市场化的特征。以吉宝数据中心 REIT 年报为例，截至 2022 年 2 月 7 日，信托发起人持有 20% 的单位，机构投资者持有 41% 的单位，而个人投资者则持有 39% 的单位。

而中国香港最早且规模最大的领展房产基金则是 100% 份额由机构及公众持有（其中不低于 25% 的份额由公众持有）。

综上可见，在 REITs 流动性较高的成熟市场中，机构投资者及个人投资者为 REITs 的主要投资人，其中具备长期投资意愿、长期资金期限的机构投资者为最主要投资人。原始权益人自持比例普遍偏低。

## 三、境外投资者参与投资公募 REITs

### （一）境外投资者参与投资公募 REITs 路径

1. 在公募 REITs 发售阶段投资

根据《公开募集基础设施证券投资基金指引（试行）》《上海证券交易所公开募集基础设施证券投资基金（REITs）规则适用指引第 2 号——发售业务（试行）》及《深圳证券交易所公开募集基础设施证券投资基金业务指引第 2 号——发售业务（试行）》，合格境外机构投资者可作为战略投资者、网下投资者及公众投资者参与境内公募 REITs 的投资。

参与战略配售的投资者不得参与本次基础设施基金份额网下询价、参与网下询价的配售对象及其关联账户不得再通过面向公众投资者发售部分认购基金份额。

### 2. 在公募 REITs 上市流通后

合格境外机构投资者还可在公募 REITs 份额上市流通后,根据境内公募 REITs 交易制度,通过份额买卖的形式参与境内公募 REITs 的投资。其中,战略投资者所持有的份额须在锁定期到期后才可购买。考虑到境内公募 REITs 战略投资者持有份额比例较高、流动性相对较差,目前合格境外机构投资者参与境内公募 REITs 份额上市流通后投资机会相对较少。

此外,合格境外机构投资者还可通过其控股的境内合格投资者,间接参与境内公募 REITs 投资,例如野村东方国际证券有限公司参与了已上市 17 只境内公募 REITs 中 16 只的投资。

### (二)合格境外机构投资者

#### 1. 定义

根据《合格境外机构投资者和人民币合格境外机构投资者境内证券期货投资管理办法》(证监会令第 176 号),合格境外机构投资者是指经中国证监会批准,使用来自境外的资金进行境内证券期货投资的境外机构投资者,包括境外基金管理公司、商业银行、保险公司、证券公司、期货公司、信托公司、政府投资机构、主权基金、养老基金、慈善基金、捐赠基金、国际组织等中国证监会认可的机构。

申请成为合格境外机构投资者需具备以下条件:

(1)财务稳健,资信良好,具备证券期货投资经验;

(2)境内投资业务主要负责人员符合申请人所在境外国家或者地区有关从业资格的要求(如有);

(3)治理结构、内部控制和合规管理制度健全有效,按照规定指定督察员负责对申请人境内投资行为的合法合规性进行监督;

(4)经营行为规范,近 3 年或者自成立以来未受到监管机构的重大处罚;

(5)不存在对境内资本市场运行产生重大影响的情形。

#### 2. 投资条件

(1)合格境外机构投资者应当委托符合要求的境内机构作为托管人托

管资产,依法委托境内证券公司、期货公司办理在境内的证券期货交易活动。

（2）合格境外投资者应当建立并实施有效的内部控制和合规管理制度,确保投资运作、资金管理等行为符合境内法律法规和其他有关规定。

（3）合格境外投资者开展境内证券投资,应当遵守中国证监会规定的证券投资比例限制和国家其他有关规定。

（4）合格境外投资者的境内证券期货投资活动,应当遵守证券期货交易场所、证券登记结算机构、证券期货市场监测监控机构的有关规定。

（5）合格境外投资者应当在托管人处开立外汇账户和（或）人民币专用存款账户,收支范围应当符合人民银行、外汇局的有关规定。

### （三）境外投资者参与公募 REITs 案例

根据已上市 17 只境内公募 REITs 的《基金合同生效公告》,目前仅普洛斯 1 单存在境外投资者直接参与境内公募 REITs 战略配售及网下询价阶段投资的情况。

### （四）境外 REITs 海外投资者参与情况

以成熟市场新加坡 REITs 为例,其投资者比例较为多元化,全球投资者比例占比较高:作为全球财富管理中心,新加坡有大量来自高净值投资者的在管资产。新加坡 REITs 的投资者包括高净值人士和私人银行,以及各类机构投资者,包括全球资产管理人、主权基金、保险公司、中资战略投资人、资产管理公司等,具备庞大的全球投资者群体的支持。

新加坡投资者参与程度较高,主要原因如下:

1. 制定税收优惠政策

针对海外机构投资者,新加坡出台税收优惠政策,仅对境外机构投资者的分红征收 10% 的持有税（原为 20%）。

2. 资产全球化配置

新加坡 REITs 资产组合遍布全球,具备极其优质的分散率,截至 2022 年 8 月末,42 只 REITs 中有 37 只 REITs 拥有海外资产,其中 17 只资产组合均为海外资产,20 只资产组合包含新加坡资产及海外资产。资产组合的分散率促使新加坡 REITs 更受全球投资人资产配置的青睐。

## 四、投资者结构差异原因及未来演化路径

### (一) 境内公募 REITs 与境外 REITs 存在差异的原因

#### 1. 战略投资者锁定期设置

自《公开募集基础设施证券投资基金指引（试行）》（征求意见稿）发布以来，针对战略投资者，境内公募 REITs 始终设置了自持比例要求及锁定期：

表 13-9　境内公募 REITs 战投制度演变情况

| 名称 | 自持比例 | 自持份额锁定期 | 其他战投份额锁定期 |
|---|---|---|---|
| 《公开募集基础设施证券投资基金指引（试行）》（征求意见稿） | 不低于 20% | 不少于 5 年 | 不少于 1 年 |
| 《公开募集基础设施证券投资基金指引（试行）》 | 不低于 20% | 基金份额发售总量的 20% 持有期自上市之日起不少于 60 个月，超过 20% 部分持有期自上市之日起不少于 36 个月 | 不少于 12 个月 |

数据来源：作者根据相关法规整理。

上述设置导致境内公募 REITs 至少 20% 的份额在基金上市前 5 年内无法流通，客观地降低了机构投资者及个人投资者的投资比例。由于自持份额锁定期至少为 36 个月，首批 9 只境内公募 REITs 上市一年且其他战投份额解除锁定期后，机构投资者及个人投资者合计投资比例未变动。

#### 2. 流动性相对较差

境内公募 REITs 均为封闭式运作，不开通申购赎回，仅可通过二级市场交易；此外，目前已上市的 17 只公募 REITs 资产优质，原始权益人自持比例及其他机构投资者参与战投比例较高，发行时战略投资者占比平均达到 67.01%。

表 13-10　境内公募 REITs 战略投资者占比情况

| 公募 REITs 代码 | 公募 REITs 简称 | 战略投资者占比（%） |
|---|---|---|
| 180101.SZ | 蛇口产业园 | 65.00 |
| 180201.SZ | 广州广河高速 | 78.97 |
| 180202.SZ | 越秀高速 | 65.00 |
| 180301.SZ | 盐田港 | 60.00 |
| 180401.SZ | 深圳能源 | 70.00 |

续表

| 公募 REITs 代码 | 公募 REITs 简称 | 战略投资者占比（%） |
| --- | --- | --- |
| 180501.SZ | 深圳安居 | 60.00 |
| 180801.SZ | 首钢绿能 | 60.00 |
| 508000.SH | 张江光大园 | 55.33 |
| 508001.SH | 沪杭甬高速 | 74.30 |
| 508006.SH | 首创水务 | 76.00 |
| 508008.SH | 铁建高速 | 75.00 |
| 508018.SH | 中交高速 | 75.00 |
| 508027.SH | 苏州工业园 | 60.00 |
| 508056.SH | 普洛斯 | 72.00 |
| 508058.SH | 厦门安居 | 62.47 |
| 508068.SH | 北京保障房 | 60.00 |
| 508099.SH | 中关村 | 70.09 |

数据来源：Wind，作者整理。

尽管境内交易所设置了做市商制度以提升流动性，但相较于美国REITs等成熟市场的开放式运作，境内公募REITs仍有因流动性不足导致折价转让的风险，部分期限较短的资管产品、理财产品或因此而难以参与境内公募REITs投资。

首批9单境内公募REITs上市一年且其他战投份额解除锁定期后，综合资本市场整体因素及各单产品特性，多数投资人选择长期持有REITs份额，导致首批9只境内公募REITs中有8只解除其他战投份额锁定期后日均成交份额较解除前下降，境内公募REITs流动性整体表现仍不及预期。

表 13-11　首批 9 只境内公募 REITs 解除其他战投份额锁定期后流动性表现

| 公募 REITs 代码 | 公募 REITs 简称 | 解除外部战投锁定期前日均成交量（万份） | 解除外部战投锁定期后日均成交量（万份） | 解禁后成交量涨幅（%） |
| --- | --- | --- | --- | --- |
| 180101.SZ | 蛇口产业园 | 695.412 1 | 387.007 6 | −44.35 |
| 180201.SZ | 广州广河高速 | 202.225 1 | 140.294 3 | −30.62 |
| 180301.SZ | 盐田港 | 486.776 1 | 253.219 2 | −47.98 |
| 180801.SZ | 首钢绿能 | 74.797 4 | 23.500 8 | −68.58 |
| 508000.SH | 张江光大园 | 371.757 2 | 250.955 7 | −32.49 |

续表

| 公募 REITs 代码 | 公募 REITs 简称 | 解除外部战投锁定期前日均成交量（万份） | 解除外部战投锁定期后日均成交量（万份） | 解禁后成交量涨幅（%） |
|---|---|---|---|---|
| 508001.SH | 沪杭甬高速 | 126.9728 | 72.1452 | −43.18 |
| 508006.SH | 首创水务 | 352.9615 | 503.5868 | 42.67 |
| 508027.SH | 苏州工业园 | 415.1591 | 262.5761 | −36.75 |
| 508056.SH | 普洛斯 | 680.7297 | 491.4856 | −27.80 |

数据来源：Wind，作者整理。

**3. 缺乏针对投资者的税收优惠政策**

目前，我国尚未针对 REITs 出台投资者层面的税收优惠政策，对外部投资者吸引力较低。而境外成熟 REITs 市场，均针对投资者制定了税收优惠政策，大大激励了外部投资者对 REITs 的投资热情。

境外成熟 REITs 市场税收优惠政策（针对投资人的税收优惠政策）：

- 美国：个人分得的股息征收个人所得税，允许抵减 20% 的比例
- 新加坡：免除个人 REITs 投资者的所得税和机构投资者资本利得税，仅对境外机构投资者的分红征收 10% 的持有税，对境内机构投资者征收 17% 的企业所得税
- 中国香港：中国香港个人和机构投资者免税

**（二）当前境内投资者结构设定的合理性**

尽管当前境内投资者结构及锁定期的设定对境内公募 REITs 的流通份额、流动性存在一定不利影响，但在当前境内资本市场环境下，仍具备其合理性：

境内公募 REITs 采用"公募基金＋ABS"的契约型结构，且需要委托外部机构对基础设施进行运营管理。公募基金由于过去专注公开市场投资，普遍缺乏基础设施类资产的运营管理经验。而境内公募 REITs 市场尚处在起步阶段，缺乏专业第三方运营管理机构。

海外市场经过几十年的发展和演变，已经培育出了大量优秀的市场化管理人，如博枫、麦格理等人，并且市场上优质的大型资产管理机构亦会覆盖到基础设施领域，如贝莱德（Blackrock）、黑石（Blackstone）、摩根大通（J.P. Morgan）等。

因此，在境内特定的环境下，境内公募 REITs 一般委托原始权益人及其关联机构进行基础设施运营管理，为避免代理问题、确保利益一致性，除设置合理的运营管理激励机制外，设置对于原始权益人的自持比例要求及锁定期限制，可有效确保原始权益人（即运营管理机构）利益与投资人一致，保障投资者权益。

### （三）境内公募 REITs 投资者结构的未来演化方向

结合境外 REITs 经验以及境内公募 REITs 市场现状，预计未来随着境内公募 REITs 市场的发展，投资者结构将逐渐向成熟 REITs 市场发展，即以具备长期投资意愿、长期资金期限的机构投资者和个人投资者为主，同时海外投资者也开始进入境内公募 REITs 市场，而原始权益人未来则仅持有少量 REITs 份额或不持有 REITs 份额。具体演化方向如下：

（1）随着境内公募 REITs 市场的持续发展，公募基金针对基础设施运营管理人才招聘和培育不断加强，以及境内具备专业商业地产运营管理经验的地产公司、已发行公募 REITs 运营管理机构（一般为原始权益人的子公司）针对基础设施资产运营的持续培育，预计境内市场在未来将培育出各类基础设施资产的专业运营管理机构，且公募基金针对运营管理机构的激励模式将不断优化。进而运营管理机构无须再聘请原始权益人及其关联方，原始权益人自持份额及 3—5 年锁定期设置亦可取消，以此提升境内公募 REITs 流通份额及流动性。

（2）随着境内公募 REITs 市场的持续发展以及投资者培育工作的不断推进，预计未来境内投资者对 REITs 认识将不断增强，参与意愿及参与程度提升，境内公募 REITs 市场流动性将迎来平稳期，届时可将境内公募 REITs 运作模式由封闭式调整为开放式，进一步增强境内公募 REITs 流动性，吸引公募基金、境外机构等机构投资者参与。

（3）出台税收优惠政策，可参考境外 REITs 范例，出台针对投资人的税收优惠政策，针对个人投资者及机构投资者（包括境内机构投资者及境外机构投资者）所得税进行减免。

（4）2021 年末银保监会出台《保险资金投资公开募集基础设施证券投资基金有关事项的通知》，明确险资可以参投 REITs。随着未来各项政策的持续出台及境内公募 REITs 市场的不断成熟完善，未来险资、年金、政府专项基金、产业投资基金、公募基金等长期资金或将成为境内公募 REITs 投资人的主要构成部分，而以期限较短的银行理财、信托产品、资管产品占境内公募 REITs 投资人的比例将逐渐下降。

## 第三节　公募 REITs 的投资风险

### 一、基础设施 REITs 的投资风险来源

基础设施 REITs 作为一类金融产品，具有特有的投资风险，总体来说风险来自五个方面：首先，当前基础设施 REITs 采用公开募集封闭式基金的法律结构，因此具有基金产品相关的风险；其次，当前基础设施 REITs 投资于一个或多个资产支持专项计划，因此具有资产支持专项计划相关的风险；再次，资产支持专项计划投资于 SPV、项目公司的股权，有的 REITs 在发行上市后还有项目公司反向吸并 SPV 的交易安排，因此具有交易结构搭建相关的风险；还次，项目公司持有底层基础资产，基础资产在存续期存在着相关的经营风险；最后，基础设施 REITs 上市后与股票一样进行场内交易，二级市场交易中也有相关的风险。

### 二、常见的基础设施 REITs 披露的投资风险

一般来说，基础设施 REITs 在发行募集时，其《招募说明书》中都有专门的风险揭示章节，就以上提到的五个方面的投资风险均有论述，举例来说，《博时招商蛇口产业园封闭式基础设施证券投资基金招募说明书》在其开头"重要提示"部分及第八部分"风险揭示"章节均做了风险提示，一共披露了 21 个风险。根据风险来源不同分类，大致可将这 21 个风险分为如下几类：

（1）公募 REITs 基金特有的交易结构带来的风险，主要包括：集中投资风险、发售失败风险、中止发售风险、终止上市风险、潜在利益冲突风险、基金整体架构所涉及的风险、专项计划等特殊目的载体提前终止的

风险。

（2）公募REITs上市后二级市场相关风险，主要包括：基金价格波动风险、流动性风险、基金净值无法反应基础设施项目的真实价值的风险。

（3）存续期内REITs基础资产运营过程中产生的风险，主要包括：基础设施项目运营风险、对外借款的风险、基础设施项目运营、管理、改造相关的风险、基础设施项目土地使用权续期风险、基础设施项目处置价格及处置时间不确定性风险、基础设施项目土地使用权用途的风险、现金流预测风险及预测偏差可能导致的投资风险、基础设施项目评估结果偏差风险、基础设施项目的政策调整风险、意外事件及不可抗力给基础设施项目造成的风险、基础设施项目的租约集中到期的风险。

其他基础设施REITs的《招募说明书》中也有类似的陈述，这里不再摘录或引用，感兴趣的读者可以通过公开资料下载感兴趣的基础设施REITs《招募说明书》，就风险揭示的章节做比较。

## 三、建议投资者重点关注的基础设施REITs投资风险

《招募说明书》作为公募基金面向广大投资者披露的重要文件，其风险揭示部分读起来总有制式模板的感觉，对于基础设施REITs投资经验较少的投资者来说，容易抓不住要点。此外，《招募说明书》中的风险揭示章节仅揭示了风险来源，却并未对如何规避风险做出建议，容易让投资者感到无所适从。我们建议投资者在做基础设施REITs投资时，重点关注以下风险：

### 1. 基础设施项目的行业风险

每个基础设施REITs都有基础资产，基础资产的经营情况，很大程度上受到其行业政策、行业周期的影响。投资者对于基础设施所属行业、所在地区的行业情况应有自己的专业判断，从而尽量规避行业风险。

举例来说，高速公路、产业园、光伏电站等都是常见基础设施REITs的基础资产。高速公路过去几年因为实施了节假日免通行费的政策，导致现金流与政策实施前相比有波动，这就是政策风险带来的例子。此外，高速公路的收费标准也直接受到政策的利好或利空影响。

产业园类的行业风险主要来自产业园的定位和招商计划。一般来说，定位于朝阳行业的产业园一般经营风险较小，但也要警惕朝阳行业因为盈利预期较好导致资本和竞争者纷纷进入该行业导致行业产能过剩后行业盈利快速下滑的风险。

光伏电站的行业风险过去几年中最大的是补贴退坡政策的影响。此外国家推出"碳达峰、碳中和"的一系列政策亦对光伏电站有直接影响。

"958号文"中规定可做REITs的保障性租赁住房一般理解为我国保障性住房中原则上只租不售的一类房屋，因此能做REITs的基础资产一般包含公共性租赁房（简称"公租房"）和保障性租赁房（简称"保租房"）两大类。公租房与保租房面向的租户群体并不相同，两种租赁性住房政策推出的历史背景和宏观形势也有区别，租金定价规则也不一样。因此虽然同为租赁性住房REITs，两类基础资产的未来发展可能会逐渐分化，投资者应充分了解行业特性后再对基础资产做研究和分析。

投资者在评估行业风险的时候，一定要对基础设施REIT的基础资产所在行业的政策环境、行业周期、未来前景有宏观把握和专业认识，一方面可以规避一些"雷区"，另一方面也能获得额外的投资收益。例如，光伏、风电行业未来有推出国家核证自愿减排量（CCER）政策的可能，对这类基础资产现金流有直接利好影响，准确把握政策方向和推出时点就可能获得超额收益。

#### 2. 基础设施项目的经营风险

除了行业风险外，同一行业的不同基础设施项目也有不同的经营风险。经营风险的产生来自方方面面，来自内部的经营风险如运营方运营管理不善导致现金流下滑、来自外部的经营风险如同区域内有新的竞争者进入导致的收入减少、来自不可抗力的风险如遇到地震、洪水损坏基础设施导致无法持续经营等。

具体到经营风险的识别需要投资者对具体的基础设施项目的所在区位情况、运营方运营能力、所在区域同类资产竞争情况、基础资产的状况和未来维护保养支出等有专业判断。举例来说，同一风区的不同电站因为采用的风机品牌和型号、产品批次不同，未来故障率、升级、维护保养难度就有较大的差别，非行业专业人士难以了解到如此深度，因此往往对这类风险缺乏敏感性，使得投资收益低于预期。

此外，REITs发行时的估值如果采用现金流折现法，那么估值模型的参数设置是否合理非常关键。参数设置与基础设施项目的经营风险直接相关，经营风险高的REITs项目其折现率应当更高。投资者要警惕折现率设置不合理导致的REITs估值偏高的风险。

3.二级市场的价格波动风险

基础设施REITs作为场内交易的LOF基金，从首批试点的情况看，因为发行规模较小、战略投资者限售等原因导致上市初期的可流通份额不大，进而容易受到散户游资的影响导致二级市场价格波动较大。

基础设施REITs的二级市场价格与股票、债券的相关性很弱，因为其现金分派较为稳定、基础设施资产不易受到经济周期的影响，理论来说，二级市场对其内在价值有充分预期，二级市场价格波动性相对于股票来说应该较低。从2021年6月至2022年9月REITs的表现来看，因为多方原因使得17只公募REITs的二级市场表现较为优异，但也波动明显。分阶段来看，2022年2月上旬前是公募REITs表现最优秀的阶段，涨幅领先的富国首创水务REIT从2021年6月21日上市至2022年2月17日短短8个月时间实现了100%以上的涨幅；建信中关村REIT从2021年12月17日上市至2022年2月17日上市仅2个月时间即实现了30%的涨幅；这个阶段其他基础设施REITs也涨幅显著，给参与一级市场投资的投资者带来了较为丰厚的回报。不过2022年2月中旬至2022年6月30日，这段时期已上市的12只公募REITs总体表现不佳，几乎全部录得负收益，体现了公募REITs的价格波动风险；2022年7月后，新上市5只REITs总体表现平稳，不同资产类别走势出现分化，体现了REITs不同资产类别间的不同风险特征。

因此，投资者在参与基础设施REITs投资时，对于其内在价值应有自己的专业判断；二级市场价格明显高于或低于内在价值时，理论来说应做好卖出或买入的准备，对交易时机的把握要有自己的判断逻辑。二级市场价格波动风险是最直接的市场风险，投资者应对此有足够的重视。

# 第十四章

# 全球公募 REITs 经验借鉴

郭翔宇[①] 魏晨阳[②]

REITs 几经发展变革，在资本市场中的重要性与日俱增。本章通过对全球 REITs 市场的演变过程与经验的分析，探讨其对中国公募 REITs 未来发展方向的借鉴意义。本章内容以 REITs 概念的诞生及在各个国家和地区发展历程回顾为编写基础，在其中着重介绍了后疫情时代国际 REITs 市场的变化和现状，针对关键性的治理结构和融资模式等问题，对相关全球经验和研究文献进行了深入的梳理、对比和探讨，希望对中国公募 REITs 的发展提供借鉴。

---

① 郭翔宇，清华大学五道口金融学院不动产金融研究中心研究总监、高级研究专员。
② 魏晨阳，清华大学金融科技研究院副院长、清华五道口全球不动产金融论坛秘书长。

## 第一节　全球 REITs 市场的起源与发展历程

截至 2022 年，全球已有约 50 个国家和地区建立并发展 REITs 市场，在全球范围内，REITs 已成为资本市场中仅次于股票、债券的第三大基础金融资产。其中，美国的 REITs 市场成立最早，规模最大。自 1960 年美国国会通过 REITs 法案并第一只公募 REIT 正式"挂牌"上市至今，美国 REITs 已持有不动产规模已超 3.5 万亿美元，占据 REITs 全球市场份额的一半以上。当然，美国 REITs 市场的发展也并非一帆风顺、始终保持迅猛发展，其演变经历了一个复杂且波折的历史过程。

行至 20 世纪末至 21 世纪初，亚洲市场中的日本、中国香港、新加坡等也先后引进推出 REITs 以应对本土出现的危机与经济下行问题。

在本节中，我们将以美国与中国所在的亚太地区 REITs 的发展演进过程为例，回顾并分析其发展历程及重要时间节点，以之为中国大陆市场发展之鉴。

### 一、美国 REITs 市场的历史

#### 1. 20 世纪 60 年代：早期 REITs 的起源

在 1960 年美国国会通过相关法案前，REITs 已有民间需求自然演化而出的原始版本。19 世纪末，一些高净值投资者希望能够共同投资商业地产并得到类似于上市公司的有限责任保护，但在当时的法律条件下，公司无法持有商业地产，一般的私募股权投资又无法提供优先责任保护，于是产生了基于上述需求的一种特定形态的信托（Trust）。原始版本的 REITs 在实践过程中存在着一些问题，其中之一是 1936 年美国关于所得

税征收的法案，该法案使得包括原始版REITs在内的一部分信托形式面临双重征税的困境。一直到1960年时任美国总统埃森豪威尔及美国国会先后批准REITs法案，体系化的新型金融资产——REITs终于登上历史舞台。该法案明确了REITs享受税务豁免权，同时为了防止豁免政策被滥用，对REIT做出了严格的限制，主要包括：

（1）股权多样化（Ownership Test）：股东或受益人不得少于100人（百人规则）；不允许5名及以下股东拥有超过REIT股票总市值的50%（5/5规则）。

（2）资产由不动产组成（Asset Test）：REIT总资产中应有75%以上由不动产、抵押贷款、现金以及国债组成（75%资产原则）。

（3）收入主要来源于不动产（Income Test）：除去销售不动产的收入外，75%以上的收入必须从不动产的被动收入（租金、抵押贷款利息等）中取得，销售不动产获得的收入需要正常纳税。

（4）绝大部分收入需分配（Distribution Test）：每年95%以上的REITs应税净收入需作为股息分配给股东或受益人。

从今天的视角回顾，1960年法案是REITs发展史上重要的开端，但没有立刻带来REITs的迅猛发展，一个重要原因是制度构建还待建立与完善，此外，当时的私有商业地产持有者还没有迫切的需求，融资仍以银行贷款等债券融资为主。

法案推出5年后，出现第一家宣布公开发行的REIT。在最初的十年间，有显著规模的REITs不超过10家，整个行业的规模不到2亿美元。其中大多数REITs是抵押型REITs（Mortgage REITs），而权益型REITs（Equity REITs）很少。另外，在当时，所有REITs都是以外部管理的治理结构，据高盛的报告表明，当时的许多管理公司是REITs受托人的附属公司，因此也产生了一些利益冲突。

2. 20世纪70—80年代：REITs发展的混沌时期与税收改革

1968年到1973年，商业地产开始兴盛，商业银行对开发贷款的需求增加。此时距离CMBS的出现和普及还有十数年，1980年以后，商业银行将抵押型REITs当作开发贷出表需求的最优解之一，几乎所有大型商业银行都开始抢占市场，成立抵押型 REITs，一方面可以减少债务出表的资金需求，另一方面收取管理费用以营利，随之而来的是信贷标准的日渐放松，最终在 1973—1975 年引发泡沫并破灭，抵押型 REITs 股价崩塌。

与此同时，另一种崭新的 REITs 形式即权益型 REITs 正在蓬勃发展。1973 年 OPEC 石油问题导致了整个 70 年代美国不可控制的通货膨胀，CPI 年增速甚至不止一次超过 10%。由于不动产的抗通胀能力等特质，商业地产的开发并没有在这一阶段停止脚步，REITs 的发展重心由抵押型 REITs 逐步转移至持有商业地产为主的权益型 REITs，从 1976 年开始后者数量超过前者，成为美国上市 REITs 的主力。

1981 年到 1989 年里根在任时期，在里根经济思想的影响下，美国政府监管体系和税收政策发生了重大改革。1981 年，上任不久的里根推出了《1981 年经济复苏税法》(Economic Recovery Tax Act of 1981)，大幅缩短私人部门在地产投资中的折旧期限，导致 20 世纪 80 年代初期出现大量以避税为目的、将地产折旧用于抵扣其他业务进行避税的商业地产开发，大量资本涌入。这一时期美国各主要城市的天际线均发生了改变，繁荣程度可见一斑。商业地产的过度开发导致了供过于求，租金大幅下降，空置率攀升。1986 年里根政府进行了税收改革，推出《1986 年税收改革法案》(Tax Reform Act of 1986)，对私人投资的折旧加以限制，结束了前次改革带来的折旧补贴，也使本轮商业地产泡沫寿终正寝。第二次税改之后，由于折旧补贴的消失与租金下降、空置率上升的境况，许多处于开发初始阶段的地产项目陷入亏损。在此背景下，松散的银行监管带来的高杠杆也加速了储贷危机 (Saving & Loan Crisis) 的到来。

1986 年的税改同时结束了 REITs 只能进行外部管理的历史，REITs 被允许进行内部管理，为美国 REITs 后来转型为公司型的主动管理模式铺下了伏笔。除此之外，在里根税收改革中，REITs 无法享受折旧优惠，市值与数量并没有明显的增长，但这一时期种种变化的影响，将在后一时期推动 REITs 的变革与兴盛。

3. 20 世纪 90 年代：REITs 腾飞与现代 REITs 时代

20世纪90年代早期的地产行业一片萧条，先前商业地产过度开发导致市场低迷，银行业因为商业地产坏账带来的储贷危机遭受重创，致使私人业主面临的资金链短缺的问题雪上加霜。REITs无法享受折旧避税的优惠条款，相关投资并无明显增长，受这些不良资产的影响较小，同时REITs不依赖银行借贷，可以通过股票市场等渠道进行融资，因此私人业主与银行开始寻求华尔街的帮助，转向公开市场上市或者卖给REITs。然而他们需要先绕开第一道障碍——由于先前的巨额折旧补贴，资产出售给REITs时需要缴纳巨额资本收益税。

在这样的大环境与需求下UPREIT应运而生。在UPREIT结构下，资产拥有者通过不动产入股的形式换取非流通的伞形合伙人股份OP（operating partnership units），而公众投资者获得是正常流通的股票。UPREIT在资产所有者获得OP时只发生了股权转让，并没有发生资产转移，所以无须缴纳资本利得税。OP与普通股票单位一致且可以一比一转换，但是却又有不同之处。首先，OP并没有在市场上流通，所以不能直接变现。其次，当OP持有人将OP兑换为普通股票并卖出时，则应税事件发生。

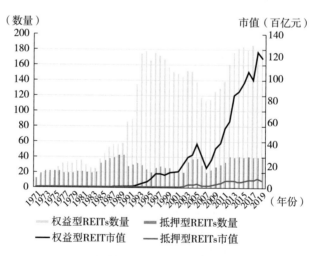

图14-1 美国公募REITs市场规模（1971—2020年）

数据来源：NAREIT，作者整理。

1991年11月，当时盛名在外的私有地产公司金科以1.3亿美元的市值宣布以REIT的形式上市，一般意义上，人们称的金科（Kimco Realty Corporation, NYSE: KIM）IPO标志着现代REITs时代的开端（Modern REIT era）。而在一年后的1992年以3.3亿美元上市的塔博曼（Taubman Centers Inc., NYSE：TCO）REIT，因其开创性的使用UPREIT结构而成为另一个重要节点，并且对后续REITs的实际发展产生了更深远的影响。

UPREIT是时代的产物，同时也是资本市场创新的结果。由于UPREIT结构可以通过股权融资的方式延迟资本利得税的上缴，大量权益型REITs公司在1993年前后选择积极准备上市。时势造英雄，其他各种因素也利好REITs发展。

（1）治理结构的转换。上文提到的1986年税收改革后，内部管理模式解放了从20世纪60年代开始一直受制的早期REITs。许多REITs终止了外部管理公司，内部持有增加，后续上市的REITs也大多选择公司型的内部管理模式。

（2）优质资产的获得。20世纪80年代末写字楼、公寓的过度建设周期后供过于求，REITs在挑选优质价格走低的物业资产，将其租金转变为稳定的现金流。同时REITs可以从银行、保险公司等所有者手中以极低的价格收取违约的不良资产。

（3）机构投资者的参与。1993年收入调节法（look-through provision）取消了对于养老基金等机构投资者的限制，机构投资者不再受限于5/50条款，扩大了REITs的受众范围。追求稳定回报的机构投资者入场为REITs注入了大量的资金，改变了1990年前后REITs价格跌入谷底的境遇。

REITs行业在1993年迎来了第一次IPO的热潮，2014年NAREIT主席小罗纳德·哈夫纳（Ronald L. Havner Jr.）的报告指出，UPREIT结构是极其重要的一步。这次热潮一直持续到1998年，如图14-1所示，REITs的总市值和数量都达到了当时的顶峰。IPO数量从1991年的3家，1992年的 6 家，到 1993 年的 45 家，1994 年的 43 家，以及 1999 年之前的其余 59 家，公开市场 REITs 总市值从 1992 年年底的 160 亿元扩增到了 1999 年年底的 1250 亿元，翻了接近 10 倍。

与股票市场每次浪潮会带来大批小型公司不同的是，此次 REITs 浪潮带来的公司都具备一定体量与稳定性，其中大部分 REITs 至今仍是 NAREIT REITs 指数中的重要组成部分，例如，世界上最成功的不动产公司之一的西蒙地产于 1993 年以 8.4 亿美元以公募 REIT 的形式进行 IPO 上市，2022 年 1 月以 506 亿美元的市值占据全球 REITs 市值前五的席位。波士顿地产也在 1997 年 6 月以当时最大的 9 亿美元市值进行了 REIT 的 IPO，其市值在 2022 年 3 月达 200 亿美元。

4. 1998—2007 年：REITs 热潮退去到市场成熟

REITs 市场从 1998 年开始进入了本轮周期的低谷中，其重要的诱因是投机者的撤资与互联网的兴盛 1993 年到 1997 年的市场繁荣时期，相比稳定的股息分红，许多投资者更看重 REITs 投资中股票的资本利得，这种带有投机性质的买入拉高了 REITs 的股价，REITs 处于被高估的状态。从 1998 年开始 REITs 股价连续两年下跌，大量投资者离场，加剧了 REITs 市场的价格波动。而当时的互联网泡沫（dot-com bubble）把投资者的目光吸引到了有互联网后缀的股票中，REITs 股票需求进一步下跌。

2000 年，随着 REITs 连续两年的价格下降，REITs 的价格相比净资产估值平均低 20%~30%，同时保有良好稳定的租金现金流回报。随着 2000 年 3 月美联储降息，纳斯达克（NASDAQ）指数达到顶点，互联网泡沫开始破灭，具有良好估值和稳定现金流的 REITs 再一次成为被投资者追捧的对象。REITs 也开启了 2000 年到 2007 年的又一轮增长。

在这段时期也有几个值得注意的法规，这些法规的颁布为 REITs 发展开辟了道路：

（1）1997 年时任美国总统克林顿签署了《1997 年税收减免法案》(Taxpayer Relief Act of 1997)，允许 REITs 向租户提供额外的服务，比如有线电视。

（2）1999 年 12 月，克林顿总统签署了《1999 年 REITs 现代化法案》

（REIT Modernization Act of 1999），该法案规定于 2001 年正式执行，一方面将收入中从商业地产直接获得的比重从 95% 降低至 90%，另一方面允许 REITs 拥有应纳税子公司（taxable REIT subsidiaries，简称 TRS），为租户提供更多相关服务。

（3）2003 年 1 月，美国证监会通过法案，允许 REITs 在财务报表中使用由 NAREIT 在 1991 年提出的 FFO 的统一指标进行估值。这也标志着 REITs 拥有了属于本行业的财务体系。

（4）2004 年，布什总统通过的《REITs 改进法案》（REIT Improve-ment Act）对境外投资者提供了保护，消除了对于境外投资者的歧视。

（5）2008 年《REITs 投资与多元化法案》（REIT Investment and Diversification Act，简称 RIDEA）提高了 REITs 收购与处置资产的效率，提升了应纳税子公司的规模和自由度。

REITs 市场也在这段时间逐渐成熟，被资本市场广泛认可，自 2000 年 6 月第一只 REIT ETF——iShare Dow Jones 美国房地产指数基金成立到如今，已有超过 30 只 REIT ETF 在市场中流通。2001 年，标准普尔 500 指数（S&P 500 Index）首次将 2 只 REITs 加入其名单中，如今在标准普尔 500 指数中已经有超过 30 只 REITs。2004 年 5 月美国最大的 401（k）企业年金计划的赞助商 IBM 将 REITs 指数基金纳入了投资计划中。2005 年 5 月美国 MSCI REITs 指数第一次发布。

这段时间 REITs 的飞速发展也与 CMBS 的发展有关，REITs 开始利用 CMBS 进行更高效率、更安全的融资。REITs 也持续增长，直至 2007 年金融危机爆发前夕到达顶峰。

5. 2008 年至今：REITs 度过危机，迎来最好的时代

2008 年的金融危机始于住宅地产的次债危机，与资产证券化、信贷监管等因素息息相关，但并不直接由商业地产导致。此次危机蔓延为全球金融危机，影响深远，其中对 REITs 的影响更多地体现在流动性与融资渠道上。

2008 年 9 月，雷曼兄弟等大型金融机构的接连破产，金融体系下的 CMBS 受到重创，REITs 赖以生存的融资渠道受到了影响，如图 14-2 所示，

MSCI REITs 指数从 2007 年 2 月的 1 151 下降到了 2009 年 2 月的 327，指数下跌了超 70%，单 2008 年 9 月一个月就下降了 30%。商业地产需求也随空置率上升和预期下降而收缩，商业地产价格迅速下跌。

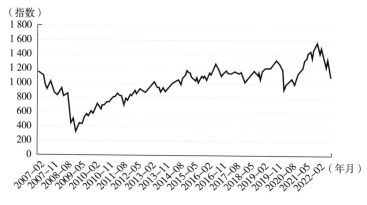

图 14-2　MSCI US REITs 指数月度数据

数据来源：MSCI，作者整理。

从 2009 年 3 月开始，现金流良好的投资者开始对被低估的商业地产出手，商业地产开始回暖。REITs 也开始扩募筹资，虽然稀释了股份，但是募集到的资金可以降低杠杆，避免出售物业，甚至可以捡漏低估资产，谋得长远发展利益。虽然这段时期非常艰难，但是 REITs 行业做出了增发扩募的正确抉择至 2010 年，行业已摆脱颓势，重新步入发展正轨。

REITs 保持着成熟稳定的增长趋势，直到 2020 年全球新冠肺炎疫情暴发，疫情对实体经济带来了巨大的冲击。如图 14-2 所示，MSCI REITs 指数也随之在 2020 年 1 月到 4 月下降了 22%，但很快就在 2021 年初恢复至疫情前水平，并保持持续增长的趋势。2022 年伴随着美国实体经济下行和利率上涨，REITs 表现也逐步走低。

## 二、日本、新加坡等 REITs 的发展历程

REITs 的发展并不局限于美国本土，1969 年荷兰成为第一个通过 REITs 立法的欧洲国家，标志着全球 REITs 扩张的开始，紧接着澳大利亚（1971 年）、加拿大（1993 年）等国也相继推出 REITs 立法。亚洲 REITs 全

面发展起步较晚，直至 2000 年前后，新加坡（1999 年）、日本（2000 年）和中国香港（2003 年）才先后推出 REITs。2005 年亚太不动产协会（The Asia Pacific Real Estate Association，简称 APREA）成立，对标美国 NAREIT，致力于扩大亚太地区 REITs 的影响力。

如今美国 REITs 规模排名全球第一，占据了全球 REITs 市场一半以上的份额，紧随其后的日本、澳大利亚、英国、新加坡等国家的市场份额均不超过 10%。亚太市场作紧随美国本土后的第二大 REITs 市场，对我国 REITs 发展有着重要的参考意义，下面以日本与新加坡 REITs 发展历程为例着重介绍。

1. 日本 J-REITs

1991 年房价泡沫崩盘之后，日本经济步入"失去的十年"，一直在寻找合适的复兴载体，REITs 作为解决方案之一逐渐进入人们的视野。但是 REITs 作为法定纳税主体，在日本法律上存在诸多限制，无法落地。直至 1997 年亚洲金融危机爆发，日本金融市场遭受重创。1998 年 9 月，日本政府在现实压力下于通过了《特殊目的公司法》，规定特殊目的公司（SPC）可以对不动产进行证券化，为不动产资产证券化奠定了法律基础。2000 年 5 月，政府对该法案进行了修订，更名《资产流动化法》，增设了以特殊目的信托为不动产证券化的形式。同年 11 月《投资信托及投资法人法》修正，允许共同基金对房地产投资，也认可专门投资房地产的公司的合法地位，为公司制 REITs 奠定了法律依据，该法案的实施标志着 J-REITs 的诞生。2001 年 9 月，三井不动产企划的"日本建筑基金投资法人"（Nippon Building Fund）和三菱地所企划的"日本不动产投资法人"（Japan Real Estate Investment Corporation）在东京证券交易所挂牌上市。

2001 年至 2007 年，J-REITs 飞速发展。2002 年 6 月 QUICK REIT 指数发布，2003 年 4 月东证 REITs 指数开始发布。同年 5 月，仅仅上市两年之后，J-REITs 被 MSCI 日本纳入指数。2003 年，日本政府允许 FOF 基金投资 J-REITs。如图 14-3 和图 14-4 所示，随着物业类型的增多，J-REITs 的数量从 2005 年的 15 只飞速增长至 2007 年的 42 只（总市值约 6.8 万亿日元），东证 REITs 指数在 2007 年 5 月达到历史最高的 2 612.98。

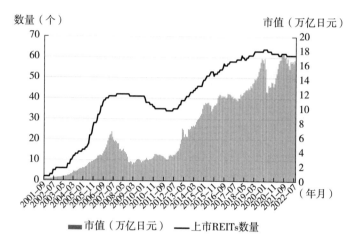

图 14-3　日本 J-REITs 规模与数量（2001—2022 年）

数据来源：ARES，作者整理。

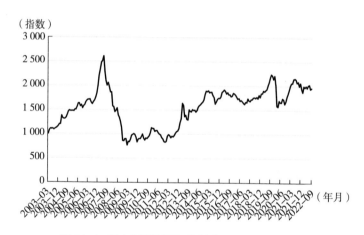

图 14-4　日本东证 REITs 指数（2003—2022 年）

数据来源：ARES，Bloomberg，作者整理
注：2003 年 3 月 31 日 =1 000。

2008 年至 2012 年，受全球金融危机和东日本大地震的影响，J-REITs 处于低谷镇痛期。2008 年 10 月 9 日，新城市住宅投资集团（New City Residence Investment Corp）退市，这是第一例 J-REITs 退市事件，退市的主要原因是受现金流限制无法偿还债务。东证 REITs 指数也在 2009 年 2 月降至历史最低的 770.18——比指数成立，也即 2003 年 3 月时 1 000 的基准还低 23%。2009 年，日本政府对 REITs 合并的法规进行了详细的规定，为 REITs 的合并与并购铺平了道路，在逆境中为市场提供了新的发展思路，截至 2008 年，上市 J-REITs 数量从 42 只减少到 2011 年底的 34 只，除了受破产退市 REITs 的影响，多家 REITs 合并也是重要原因。2010 年 1 月，J-REIT ETF 在东京证券交易所上市。2011 年 3 月，东日本灾害，地震海啸同时带来了福岛核泄漏，整个日本经济雪上加霜。虽然日本房屋的抗震等级足够，并没有大范围的实体损失，但是地价租金的下降依然对 REITs 造成了短期的影响。

2012 年底安倍政府上台。为振兴日本经济，从 2013 年起央行日本银行开始实行量化质化宽松政策（Quantitative and Qualitative Monetary Easing，简称 QQE），设定预期通胀目标。日本央行开始定期购买 ETF 与 J-REITs，日本市场成为世界上第一个央行持有 REITs 的市场。同时，得益于日本政府的税收优惠完善和负利率政策，此后 J-REITs 迅猛发展。2014 年 1 月，日本实施个人储蓄账户计划（Nippon Individual Saving Account）：公众投资者进行股票、REITs 等投资时可免除股息税和资本利得税。[①] 2015 年 3 月，J-REITs 总市值超越澳大利亚，成为仅次于美国市场的全世界第二大 REITs 市场。

受 2020 年新冠肺炎疫情影响，如图 14-4 所示，东证 REITs 指数从 2020 年 1 月的 2 215.67 降低到 4 月的 1 576.43，下降了 28.8%。当然在短期恐慌之后，J-REITs 的基本面并没有受到疫情大范围的打击，东证 REITs 指数于 2021 年回升至 2 000 点以上。

2. 新加坡 S-REITs

现有 44 家 S-REITs 的新加坡市场 2021 年底的市值约 115 万亿新元（约 86 万亿美元），占新加坡股票总市值的 13%，是亚洲第二、全球第五大的 REITs 市场。早在 1986 年，新加坡房地产市场顾问委员会首次提出在新加坡建立 REITs 的概念。1997 年亚洲金融危机之后，许多开发商难以从银行贷款获得融资，面临着流动性风险；同时房企难以处理手中大量的商

---

① 不同 NISA 账户有不同的免税期限制，根据现有要求基本是 5 年到 20 年不等，同时有免税额度限制，一般 NISA 账户的免税额度为 120 万日元。

业地产，为应对流动性紧张，许多企业对自持的商业地产进行了以出表为目的的资产证券化。从 1998 年 12 月第一家商业地产资本证券化之后，许多写字楼和商场纷纷被证券化以避免被低价出售。

1999 年 5 月新加坡金管局批准并发布了不动产信托指导方案（Guidelines of Property Funds）。但由于对税收优惠的不明确和杠杆率的限制，初版方案在当时并未吸引企业发展 REITs。新加坡金管局在 2000 年 8 月对资产证券化指南中明确了对资产负债表中的销售与剥离行为。这一变化大大增加了资产证券化的融资成本，许多资产重新被划入企业的资产负债表中。

2001 年 7 月，新加坡国内税务局明确 REITs 可以将税前收入作为分红分配给投资者，消除了企业对于 REITs 税收优惠的障碍。从 2001 年开始，开发商开始尝试以 REITs 作为替代资产证券化的商业地产融资工具。

2001 年 11 月，由淡马锡控股的凯德集团启动了第一个 S-REIT 的 IPO——"新"商用房托（SingMall Property Trust），但是因为认筹率不足而以失败告终。2002 年 7 月，凯德集团对同样的资产包改名进行了第二次 REITs IPO 的尝试，凯德商用信托也以 5 倍认筹率的结果成功上市。同年，腾飞 REIT 成为第二只成功上市的 S-REITs。2003 年底，凯德集团再次将其拥有的 4 栋写字楼打包成功发行了第三只 S-REIT——凯德商务产业信托。2006 年凯德商用中国信托上市，是第一只专注于中国零售物业的 S-REIT。

新加坡 S-REITs 在 2002 至 2007 年迅速扩张，总市值在 2007 年达到 30 万亿新元。与其他国家相同，S-REITs 也在 2008 年受到打击，IPO 一度停止，总市值跌幅大于 50%。从 2010 年开始，S-REITs 行业继续保持高速发展，市值每年改写历史新高。2020 年，受疫情的短期影响，S-REITs 指数在 2 月至 3 月价格降低了 50%。2020 年 6 月逐渐恢复，并保持良好的发展趋势。

## 案例：凯德商用信托上市——从失败到成功

作为新加坡股票交易市场首只也是本书撰写时市值最高的 REIT，凯德商用信托（CapitaLand Mall Trust，简称 CMT）在 2020 年收购凯德商务产业信托（CapitaCommercial Trust，简称 CCT），并改名为凯德综合商用信托（CapitaLand Integrated Commercial Trust，简称 CICT）。作为新加坡的代表性 REIT，CMT 最初的上市并非一帆风顺。

1999 年底，经历亚洲金融风暴后，新加坡房地产市场复苏，两家在危机中遭受沉重打击的房企——淡马锡控股的百腾置地（Pidemco）和星展银行旗下（实际控股人也是淡马锡）的发展置业（DBS Land），正在酝酿合并组建凯德集团，这一动作日后成为亚洲 20 世纪末最大的公司合并案。2000 年 7 月，上述两家公司完成合并，新加坡最具代表性的房企诞生，即凯德集团（CapitaLand Limiteda），控股股东为新加坡政府投资平台淡马锡。双方旗下的服务性公寓上市公司业合并为雅诗阁公寓。2001 年凯德提出轻资产（Asset Light）发展模式，意图发行第一只新加坡 REITs。

2001 年凯德集团第一次尝试发行的 REITs 为"新"商用房托（SingMall Property Trust，简称 SPT），凯德在其中打包了旗下三个购物中心：淡滨尼广场，碧山第 8 站和福南数码广场，这三个购物中心在当时的估值为 8.95 亿新元。SPT 的发行市值为 5.3 亿新元，但是市场只有 80% 的认筹比例，凯德随后宣布终止 IPO 程序，也标志着首次 S-REITs 上市的失败。2002 年，凯德用同样的底层资产重拟架构进行了凯德商用信托（CMT）并选择折价发行，发行市值是远小于第一次的 2.13 亿新元，最终获得了 5 倍认筹并成功发行。

第一次 IPO 未能成功，影响因素众多。首先，市场并未受到很好的教育，大众并不足够了解 REITs 这一新型金融产品，对税收优

---

① 中文曾用名嘉德，2013 年 1 月变更为凯德。

惠等政策的不确定性也保持着相当的警惕。其次,当时的金融环境下有许多更有吸引力的选择,比如购入星展集团增发的股票、新加坡电信与新加坡航空发行的债券等,投资者的目光更多放在更熟悉的产品上。最后,凯德SPT的设计过于乐观,没有考虑到REITs和商业地产在金融中的风险溢价。多种原因综合导致了这次IPO的失败。

2002年,凯德吸收了第一次失败的教训做了如下改进:

(1) CMT降低了公开发行的市值,只对机构投资者和公众投资者发行7.3亿新元股票中的30%(2.13亿新元)。CMT寻找了大量的基石投资者,对公众发行的仅为剩余的1.82亿新元。更小的发行市值减小了募集资金的压力。

(2) 定价上:SPT发行时股票定价为1新元,同时有2.8%的溢价发行。CMT吸取了上次经验,采取了2%的折价发行,发行价格为0.9~0.96新元,由于吸引到了5倍申购,最终公开市场定价为0.96新元。对于新型REITs,保守的投资者倾向于为不确定的风险有所保留,折价发行可以吸引这部分投资者。

(3) 分配收益预期:SPT第一年预期5.75%,第二年预期6.05%,而当时10年期国债为2.89%,第一年的利差仅286bp;CMT第一年预期7.06%~7.53%,第二年预期7.25%~7.73%,比当初无风险利率高480bp,成为CMT在市场上最大的吸引力。

(4) 预期现金流的NOI上升,底层资产的估值从2001年的7.19亿新元上升到了2002年的7.29亿新元。资产被Moody评为A2/Stable(SPT没有进行评级认定)。

(5) CMT对未来增长预期进行了有效的管理,明确了市区重建局(Urban Redevelopment Authority)的资产升值计划,凯德承诺5年内认购5000万配售股用于资产升值。

CMT的成功发行也标志着S-REITs的起步,直到今天改名后的CICT依然是新加坡S-REITs最大的REIT,拥有26个物业总价值242亿新币,其中21个在新加坡,2个在德国法兰克福,3个在澳大利亚悉尼的物业收购于2021年底到2022年初。

## 三、总结

纵观全球多个国家和地区 REITs 诞生历史，可以总结出一些规律：发达国家发展 REITs 的契机常常是企业寻找新的融资渠道，其背景多为金融危机或经济下行时期，房价下行、银行融资困难；而发展中国家大多选择在城镇化率达到 60% 以后、经济增速放缓的时期推出 REITs，使增量市场平稳向存量市场过渡。大多数国家会自下而上自然产生发展 REITs 的需求，但实际推出适合本国国情的 REITs 不仅需要时间磨合，还需要从顶层制定政策加以支持。澳大利亚对 REITs 的需求在 1959 年就已浮出水面，直至 1971 年第一只本土 REIT（LPT）才宣告推出，历时 11 年；新加坡完成这一过程则花费了 15 年（1986—2001 年）。同时，针对 REITs 的税收制度也极为重要，如果缺乏清晰的税收中性政策，可能会难以吸引企业参与到这一市场中。

每个国家 REITs 发展的不同阶段都与当时的金融体系高度相关：对于美国而言，里根时期的折旧优惠结束促使了 UPREIT 的诞生；澳大利亚的 REITs 则因为股灾与金融危机的双重影响而步入现代化。REITs 会回应对法规的适应性需求，适应每个国家不同时期的金融环境而进行演变。

REITs 虽然和商业地产以及住房等其他实物资产相似，拥有比上市公司股票更低的波动性和更强的抗通胀能力，但与后两者相比，在面临突发性事件时波动性更大，如金融危机或某些公共卫生事件。同时，考虑到 REITs 高比例的股息分配和稳定的租金现金流收益，只要基本面变化不大，REITs 在受到危机冲击的短期影响之后，会迅速反弹到正常的价格水平。从另一个角度来讲，REITs 是促进房地产复苏甚至经济复苏的重要工具，在危机发生后，许多国家会通过推出 REITs 实现扫除双重税收、恢复经济等目的。REITs 可以吸引到大量新的资金，不断收购处于谷底的商业地产用于出租，其稳定的回报会进一步吸引机构投资者，帮助整个市场走出危机。

## 第二节　全球 REITs 市场的现状

### 一、全球 REITs 现状

在 50 个国家和地区的公募 REITs 发展过程中，如表 14-1 所示，截至 2021 年底，全球 REITs 总市值约 2.5 万亿美元，美国以 1.7 万亿美元占有超 67% 的市场份额，日本紧随其后，以 1 482 亿美元占有 6% 的市场份额。

表 14-1　全球主要市场 REITs 市值

| 国家和地区 | REITs 市值 | REITs 数量 | 股票市场市值 | REITs/股票市值 |
| --- | --- | --- | --- | --- |
| 美国 | 1 696.25 | 190 | 42 640.76 | 3.98% |
| 加拿大 | 77.52 | 42 | 3 196.85 | 2.42% |
| **北美洲** | **1 773.78** | **232** | **45 837.62** | **3.87%** |
| 英国 | 105.82 | 53 | 3 283.79 | 3.22% |
| 法国 | 52.18 | 28 | 3464.3 | 1.51% |
| 比利时 | 29.16 | 17 | 424.65 | 6.87% |
| 西班牙 | 25.68 | 75 | 699.15 | 3.67% |
| 德国 | 6.66 | 7 | 2 763.95 | 0.24% |
| 荷兰 | 12.76 | 5 | 975.52 | 1.31% |
| **欧洲** | **237.79** | **197** | **18 377.19** | **1.29%** |
| 日本 | 148.22 | 63 | 6 619.69 | 2.24% |
| 澳大利亚 | 127.39 | 42 | 1 774.44 | 7.18% |
| 新加坡 | 77.92 | 35 | 445.64 | 17.48% |
| 中国香港 | 26.68 | 9 | 6 072.15 | 0.44% |
| 泰国 | 10.40 | 59 | 267.18 | 3.89% |
| 马来西亚 | 9.25 | 18 | 432.85 | 2.14% |
| 中国 | 8.87 | 6 | 12 994.96 | 0.07% |
| 印度 | 8.13 | 3 | 3 463.25 | 0.23% |
| 韩国 | 7.20 | 20 | 2 103.74 | 0.34% |
| 新西兰 | 6.50 | 6 | 127.87 | 5.08% |
| **亚太地区** | **440.12** | **276** | **37 230.86** | **1.18%** |
| 墨西哥 | 17.16 | 16 | 349.02 | 4.92% |
| 南非 | 15.23 | 31 | 406.81 | 3.74% |
| 其他 | 47.40 | 227 | 5 341.31 | 0.89% |
| **全球** | **2 499.09** | **932** | **106 786.98** | **2.34%** |

注：数据截至 2021 年 12 月 21 日，数据来源 EPRA，作者计算。

从市值上看，发达市场占整个 REITs 市场的 96%；从数量上看，发展中国家与地区，比如巴西、南非、泰国等，REITs 发展势头迅猛，成为新的增长点。

上文提及，亚太市场是除了北美以外 REITs 发展最成功的市场。亚太地区总量约占全球市场的 17%，其中亚洲部分约占 13%，对亚洲进一步拆分，日本、新加坡、中国香港又占亚洲 REITs 市场的 80% 以上。近年来日本与新加坡 REITs 市场经过整合后增长趋势明显，而中国香港则发展相对缓慢，尤以最近一两年更为明显。

REITs 作为继股票、债券后的全球第三大金融资产，已经在世界范围内成为股票市场的重要组成部分。在不同国家和地区，REITs 市值占股票总市值的比例差距较大：新加坡 17% 位世界第一[①]，澳大利亚与比利时分别在 7% 左右，美国、英国与日本分别占 2%~4%，而中国香港只有 0.4%。

在过去 20 年中，REITs 回报率稳定，在美国、日本、澳大利亚和中国香港等地，REITs 的历史平均年化回报率达 11% 以上，高于标准普尔 500 指数的收益率，且波动较低。2021 年，REITs 已经逐渐走出了新冠肺炎疫情的影响，但在不同国家和地区，回报率仍有一定差距。根据 FTSE EPRA/NAREIT 指数显示，从 2020 年 11 月至 2021 年 11 月，REITs 北美市场的总回报率为 46.9%，欧洲发达地区回报率为 21.9%，而亚洲发达地区回报率仅为 10.3%。原因之一是住宅类型 REITs 的回报率存在地区性差异，住宅类型 REITs 的回报率在北美为 56.3%，而在亚洲只有 3%。大部分市场 REITs 回报率中资本利得的贡献要少于股息分红的收益，这也体现出 REITs 与传统股票的区别。

从投资者类型来看，全球的 REITs 投资者以长线持有的机构投资者为主，在美国、新加坡、日本等市场持有占比约达 30%~60%。在美国，机构投资者主要由投资顾问、养老基金和保险等机构投资者构成，在日本和中国香港等地则以投资顾问[②]、银行和保险公司为主。在美国和新加坡，

---

[①] 因统计口径不同数据可能不同，根据新加坡 REITs 协会 REITAS 数据，新加坡 2021 年底 REITs 市值为 860 亿美元，REITs 占股票市场比例为 13%。
[②] 投资顾问包括基金、证券公司、信托等为投资者提供服务管理资产并收取管理费的机构。

个人投资者的投资比例约为 20%；日本则有更多的海外投资者参与积极（24.7%），个人投资者占比较少（7%）。

从市场成熟度来看，全球多家 REITs 被标普 500，MSCI 指数等纳入列表，各国家及地区市场都拥有各自的 REITs 指数 ETF 基金，同时还有 iShare Global REIT ETF 这种同时投资全球 REITs 市场的指数 ETF 基金。

## 二、新冠肺炎疫情对全球 REITs 的影响

2020 年新冠肺炎疫情席卷全球，其作为有全球化影响的公共卫生事件，对世界范围内的实体经济、金融市场都产生了不小的冲击，也给依附于不动产经营的 REITs 带来了严重的影响。根据 NAREIT 的报告，在新冠肺炎疫情第一阶段中（2020 年 2 月 21 日—2020 年 3 月 23 日），全球 REITs 市场产生了一致且迅速的变化——北美 REITs 下降 45%，欧洲 REITs 下降 39%，亚洲 REITs 下降 38%（同期标准普尔 500 指数下降 30%），是 2008 年全球金融危机之后，REITs 面临的最为重大的危机，主要原因是疫情导致的未来预期的下调（可能的空置率上升，租金下降）及投资者的现金流短缺。随后，短期的大幅回撤伴随着迅速的反弹，在第二阶段（2020 年 3 月 23 日—2020 年 11 月 8 日）中，企业和个人开始适应居家办公的新生产生活模式，全球 REITs 市场均出现上涨，北美、欧洲与亚洲地区涨幅分别达到 39%、38% 和 37%。2020 年 11 月，疫苗研发成功标志着疫情进入第三阶段，全球 REITs 的表现开始产生差异，美国 REITs 在接下来的一年内保持着高速的增长（46%），而亚洲、欧洲的上涨幅度较小，约在 10%。疫情也对不同的物业类型产生了不同程度的影响，总体来说，对于线上办公更加友好的创新性物业类 REITs 表现更好。

美国 REITs 市场在 2020 年和 2021 年分别发行了 4 只 REITs，共通过 IPO 募集到 17.4 亿美元；通过股权增发融资 593 亿美元；通过债券融资 1 251 亿美元。债券融资渠道成为美国 REITs 在新冠肺炎疫情后最主要的融资方式。亚洲市场方面，疫情后新加坡有 3 只 REITs 上市，顺丰物流房托也在中国香港成功发行 IPO。

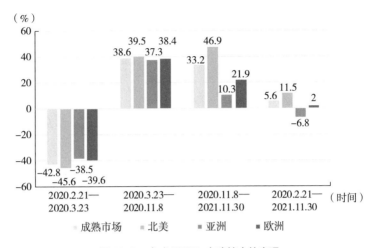

图 14-5 全球 REITs 在疫情中的表现

注：数据来源 FTSE Russell，EPRA，NAREIT。

全球存量 REITs 市场在新冠肺炎疫情期间进行了大量的洗牌与整合。2020 年以来美国市场发生了多次大型并购交易：比如西蒙地产收购塔博曼，Kimco 收购 Weingarten，Realty Income 收购 VEREIT 等。而在亚洲市场，凯德商用信托（CMT）与凯德商务产业信托（CCT）合并成为新加坡第一、亚太地区第三大的 REIT；雅诗阁 REIT 与腾飞酒店信托合并。

> 2020 年 2 月的美国，西蒙地产 REIT 宣布对塔博曼（Taubman Centers Inc., NYSE：TCO）以每股 52.5 美元的价格进行收购。2020 年 6 月，因为新冠肺炎疫情对零售行业的冲击，西蒙地产宣布终止对塔博曼的收购，而塔博曼在几小时内发声，表示西蒙单方面终止违反了协议，要求继续谈判。最终，双方在 2020 年 11 月达成协议，以低于之前协议的每股 43 美元价格继续完成了所有普通股的收购，交易总价为 36 亿美元。西蒙将获得塔博曼 80% 的所有权，而塔博曼家族在出售其所持的三分之一所有权后保留 20% 的合伙人身份。有趣的是，西蒙曾在 2002 年和 2003 年先后两次对塔博曼进行收购报价，报价为 18 美元和 20 美元每股，当时塔博曼极力抵制西蒙的恶意收购行为，如今却强行将西蒙拉回谈判桌促成交易。

海外收购资产也成为许多REITs在新冠肺炎疫情期间的选择。作者根据RCA（real capital analysis）系统数据统计，从2020年到2021年的两年间，全球REITs共完成约570笔跨境物业收购。亚洲REITs也表现出了对海外收购资产偏好的转变。

中国香港市值最大的领展REIT在中国香港以外共收购13处物业，包括上海的七宝万科、广州太阳新天地购物中心，以及伦敦、悉尼、墨尔本等多处写字楼，而同期在港交易仅2笔。

新加坡凯德综合商用信托（CICT）在2020年收购了德国法兰克福的两处写字楼，2021年12月到2022年1月又收购了悉尼的三处写字楼，第一次将自身的物业配置到新加坡以外。

新加坡丰树物流信托（Mapletree Logistics Trust，MAPL）在2020年后收购了韩国、日本、澳大利亚、越南、印度和马来西亚等多处工业物流物业以及中国大陆累积38处物业。

## 三、不同行业 REITs 的现状

1972年NAREIT首次明确REITs的类型分为权益型（Equity）、抵押型（Mortgage）和混合型（Hybrid）。美国混合型REITs在2009年后正式退出历史舞台。从图14-1可以看出，1990年抵押型REITs市值与权益型REITs市值比例为1∶2；1990年到2020年抵押型REITs市值增加了20倍，而权益型REITs同期增加了197倍。

根据所持物业类型，NAREIT对美国权益型REITs进行了详细的划分。根据图14-6（A）所示，截至2022年9月，传统住宅、基础设施、工业物流、零售类型的REITs最多，单类型占比在12%~17%；新兴医疗、数据中心、自助仓储等在新冠肺炎疫情期间适应性更好的物业比重上升到了7%~8%；传统办公REITs占6%，比例相比疫情前有所降低；剩下酒店、多元、特殊、林场类型的REITs占比在2%~6%。

近年的新加坡市场中，根据图14-6（B）所示，多元REITs成为发展主流，在2022年已经占据一半市场份额，比如前文提到的凯德综合商用信托及凯德中国等都属于此分类。除此之外，传统工业物流居次席，占

19%；零售、办公、酒店占比在 6%~8%；疫情后发展迅猛的数据中心占据 4%[①]，新兴的医疗健康占 3%。

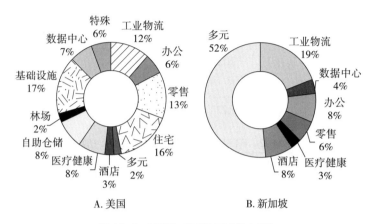

图 14-6　REITs 行业比重（按市值）

数据来源：NAREIT, REITAS。
注：美国数据截至 2022 年 9 月 30 日，新加坡数据截至 2022 年 6 月 30 日。

在疫情发生后，不同物业类型 REITs 的比重发生了结构性变化。因疫情带来的线下办公、购物、旅游等活动减少，传统物业类型的零售、酒店、办公等比重逐渐下滑。经济生活对互联网的依赖增加，数据中心提供服务器和云端存放、工业物流提供电商物流与仓储、基础设施提供电信基站等服务，这些互联网电商依赖度较高的 REITs 在疫情后发展迅猛。疫情后更多关注点在医疗行业包括养老地产，医疗健康类型 REITs 也成为创新性 REITs 的代表，美国现有 15 只医疗健康 REITs，新加坡也有包括百汇 REIT 在内的两家此类型 REITs。随着居家办公需求的增加，美国自助仓储型 REITs 需求增至历史最高，美国已有的 6 只自助仓储公募 REITs 表现十分亮眼，市值从疫情前的 600 亿美元增长到两年后的 1 066 亿美元增幅 77%，而且此类型 REITs 也在欧洲发展迅猛，但是暂时在亚洲还没有兴起。

根据表 14-2 的数据，不同物业类型的 REITs 受疫情影响以及反弹的

---

① 数据中心在统计中只有吉宝数据中心（Keppel Data Center），但工业物流中的两个 REITs 也都持有数据中心的物业。

程度也并不一致。我们把 2020 年新冠肺炎疫情开始至 2022 年中旬的时间分为四段，分别是：第一阶段疫情袭来（2020 年 2 月 21 日—2020 年 3 月 23 日），第二阶段逐步适应（2020 年 3 月 23 日—2020 年 11 月 8 日），第三阶段疫苗接种（2020 年 11 月 8 日—2021 年 12 月 31 日），第四阶段恢复正常（2022 年 1 月 1 日—2022 年 8 月 31 日）。

受疫情冲击的第一阶段下，所有物业回报率都有恐慌性下跌，无论是亚洲还是北美都是酒店类型 REITs 下跌幅度最大，数据中心最小。

表 14-2 FTSE EPRA/NAREIT REITs 指数

| 项目 | 2020 年 2 月 21 日至 2020 年 3 月 23 日 | 2020 年 3 月 23 日至 2020 年 11 月 8 日 | 2020 年 11 月 8 日至 2021 年 12 月 31 日 | 2022 年 1 月 1 日至 2022 年 8 月 31 日（YTD） |
|---|---|---|---|---|
| 北美洲 | | | | |
| 住宅 | −44.1% | 35.4% | 69.4% | −20.8% |
| 办公 | −43.2% | 12.4% | 48.2% | −30.5% |
| 零售 | −54.6% | 27.9% | 92.1% | −17.0% |
| 工业物流 | −35.2% | 61.6% | 58.9% | −22.8% |
| 数据中心 | −24.7% | 43.0% | 17.7% | −23.2% |
| 多元 | −54.0% | 33.3% | 57.1% | −10.2% |
| 酒店 | −56.2% | 24.4% | 75.3% | −7.8% |
| 基础设施 | −28.5% | 39.7% | 27.5% | −14.5% |
| 医疗健康 | −50.6% | 44.2% | 34.5% | −12.0% |
| 自助仓储 | −30.9% | 52.1% | 82.9% | −10.8% |
| 亚洲 | | | | −6.2% |
| 住宅 | −29.2% | 36.5% | 9.6% | — |
| 办公 | −40.3% | 25.1% | 22.0% | — |
| 零售 | −40.5% | 35.3% | 22.1% | — |
| 工业物流 | −31.7% | 63.6% | −2.1% | — |
| 数据中心 | −24.7% | 63.4% | −12.6% | — |
| 多元 | −38.5% | 35.3% | 11.1% | — |
| 酒店 | −59.3% | 88.4% | 1.2% | — |

数据来源：FTSE Russell，EPRA，NAREIT。

注：参考 John Barwick 在 NAREIT 发布的 Global Real Estate 系列报告。

到第二阶段后，各物业类型 REITs 触底反弹。传统类型的办公、零售、多元、住宅等 REITs 反弹力度不大，未恢复到疫情前的水平。与电商和互联网相关的 REITs 如工业物流、数据中心、自助仓储和基础设施的指数回报率大幅上升。酒店类型的 REITs 第二阶段亚洲恢复迅速，而北美的恢复则延缓至第三阶段。北美医疗健康型 REITs 指数在第二阶段恢复了 44.2%，但是仍未完全恢复至疫情前水平。

在疫苗开始普及的第三阶段，市场恢复平稳发展，不同类型的 REITs 差异化表现更加明显。北美的住宅和零售 REITs 找到了新的商业模式，迎来了非常高额的回报，办公也有较高的增长。而在亚洲，传统 REITs 的发展仍然不顺，住宅 REITs 指数的回报只有 3.3%[1]，零售办公指数在第三阶段上涨 16% 和 22%，但仍未完全恢复到疫情前。新兴 REITs 中表现最好的是自助仓储 REITs，2021 年回报率达 65.54%，相对而言数据中心和医疗健康类型 REITs 还有很大的增长空间。[2]

从新冠肺炎疫情开始到 2021 年底的前三个阶段中，北美的 REITs 表现整体要好于亚洲；不同行业的表现存在较大差异，最好的是自助仓储，其次是工业物流，数据中心和住宅紧随其后；最差的则是酒店、办公等。有报告分析指出，这种表现差异由各国对于新冠肺炎疫情的政策不同所致。

2022 年的第四阶段，疫情逐渐不再是全世界核心议题，随着高感染、低致死率奥密克戎（Omicron）变株流行和较高的疫苗接种率，许多国家宣布停止所有特殊防疫措施恢复到疫情前的生活。2022 年上半年，对不动产领域影响更大的是美国的利率上升和实体经济下滑。随着 30 年抵押贷款利率飙升，2022 年 9 月一度达到 6.02%，超过 2008 年以来的最高纪录，美国住房交易出现交易量下降、Case-Shiller 房价指数自 2012 年首次下降的情况。多种物业类型的 REITs 价格也纷纷下跌，如表 14–2 所示，住宅、办公、工业物流、数据中心回报率下降 20%~31%；零售、多元、基础设

---

[1] 在新加坡 REITs 市场几乎所有投资住宅的 REITs 都属于多元型 REITs。
[2] 据 REITAs 网站显示，2021 年新加坡数据中心平均收益率 3.9%，医疗健康两只 REITs 收益率分别为 2.9% 和 10.9%。

施、医疗健康、自助仓储下降10%~17%；酒店受影响最小下降7.8%。与此同时，亚洲平均回报率下降6.2%，低于美国下降21%。对于亚太地区各个国家的回报率下降，新加坡、澳大利亚、日本分别下降6%、27%和18%。[①] 虽然REITs回报在各个国家都有着不同程度的回落，但是相比于过去五年稳定的回报上涨，短期的调整并不会对全球REITs带来过大的影响。

与房价的小幅调整不同，REITs在这一阶段出现的大幅价格调整，恰恰体现出REITs与传统住宅地产的区别。首先，REITs涵盖的资产类型比住宅要丰富许多。REITs除了少数投资住宅地产外，更多的资产配置投资于商办、购物中心、公寓、物流仓储等丰富的物业。过去两年大多数商业物业并没有经历类似住宅地产的价格上涨，当住房价格开始下降，酒店物业可能会因为防疫政策的消失价格反而上升。其次，REITs更看重的是物业带来的稳定租金回报，在资产价格较低的时期，能够以更好的价格进行收购，提升未来的表现。最后，REITs有价格调整机制，REITs在二级市场的价格会根据市场估值进行调节，在2022年初可能REITs并不在值得投资的价格，但是随着2022年前三个季度的回调，REITs已经成为非常有吸引力的资产，正如房地产和其他资产具有自身周期，REITs的波动也遵循着繁荣（boom）—萧条（bust）—繁荣（boom）这样的周期规律。

## 第三节 可借鉴的全球经验

2020年4月30日，国家发改委和中国证监会联合发文，标志着中国公募REITs的正式起航。2021年6月，首批9只基础设施公募REITs发行。截至2022年9月已有17只公募REITs在交易所上市，其中3只是保障性租赁住房REITs。中国公募REITs表现优异，深受投资者欢迎，特别是最近上市的保障性租赁住房REITs，认购倍数均超过百倍，甚至其中红土深圳安居REIT认购133倍刷新了中国公募REITs的认购纪录。

---

① 数据来源：Reitas。

正如本章第一节总结，每个市场REITs的诞生与发展是和经济周期高度相关的。发达国家和地区发展REITs的契机常常是企业寻找新的融资渠道，其背景多为金融危机或经济下行时期，房价下行、银行融资困难；而发展中国家和地区大多选择在城镇化率达到60%以后、经济增速放缓的时期推出REITs，使增量市场平稳向存量市场过渡。具体到中国推出REITs的2020年，中国的城镇化率达到63.89%，实现了从2000年的36.09%到2010年的49.68%的飞速城镇化转变。而中国的城镇化率的增速也随着宏观经济和人口增长的放缓逐渐减少，2022年中国的城镇化率相比两年前增加了0.83%，增至64.72%。在这种经济发展阶段，中国在2020年推出REITs是遵循市场规律的一个时点。中国最早的政策涉及REITs可以追溯至2008年12月国务院办公厅提出的开展房地产信托投资基金的试点，直到2020年4月中国REITs正式起步，这一过程也与新加坡、澳大利亚等国家的历史进程相似。需要强调的是，不同于房地产泡沫后的日本和亚洲金融危机后的新加坡，中国的REITs并非危机的产物。中国作为发展中国家，与绝大多数发展中国家发展REITs相似，经济增长和人口增长经历了爆发期后降速趋于平稳。在这种情况下，中国需要从增量增长时代向存量管理时代转变，而REITs则是非常有利于资产管理的金融工具，同时也可以完善中国金融市场的重要资产。

对比国际市场的历史演进过程，我们发现中国REITs也正沿着相似的道路向前推进。2020年8月7日，中国证监会发布《公开募集基础设施证券投资基金指引（试行）》，放开了对投资单一资产的限制，同时把杠杆率从20%提升到了28.57%，[①] 当然这一政策距离国际市场还有进一步放开的空间。保险公司在全球范围内都是REITs投资中的重要参与部分，在2021年11月17日，银保监会发文，允许保险基金投资国内的公募REITs。2022年1月29日财政部与税务总局发布的《关于基础设施领域不动产投资信托基金（REITs）试点税收政策的公告》明确了资产重组与发行阶段的税收优化，税收优化政策的确立正式标志着中国REITs的正

---

① 资金总资产不得超过基金净资产的140%，借款金额不能超过基金净资产的20%。

式起航。从国际经验来看，REITs 的税务驱动是 REITs 发展重要的发动机，中国 REITs 在具备了这个驱动机制下势必会发展得更加顺利，但同时对比国际较为流行的运营阶段对于分配部分的收入进行税收减免还有讨论的空间。

当然中国 REITs 依然在初级阶段，目前中国试点阶段从基础设施 REITs 出发，除传统意义上的基础设施 REITs 外，还包括部分工业物流 REITs 与新兴类型的数据中心 REITs，这些类型在国际市场上都有较好的历史表现。保障性租赁住房对应美国市场的公寓（multifamily）型 REITs 属于商业类型的底层资产也是政策主导的方向之一，未来也将有商业属性的长租公寓 REITs 发行。可以期待中国 REITs 遵循国际市场经验逐步扩大资产范围，逐渐覆盖新兴医疗健康、传统零售、办公以及多元性 REITs 类别，实现 REITs 的规模成为股票、债券后的第三大金融资产。

接下来本节对全球市场治理架构和资本结构两个角度的详细分析，希望对中国 REITs 未来的发展有所启示。

## 一、REITs 形态与治理架构

全球各国家和地区的 REITs 形态基本上都是依照美国早期的 REITs 制度发展演化而来，核心问题是如何根据各国法律法规对 REITs 主体进行定义以及如何进行税收设置。各国家和地区对于 REITs 定义的资产、收入及分红等设置大体相同，具体细节有所差异，详见表 14-3 的梳理总结。

**表 14-3 全球主要市场 REITs 制度对比**

| 项目 | 美国 | 日本 | 新加坡 | 澳大利亚 | 中国香港 | 中国 |
| --- | --- | --- | --- | --- | --- | --- |
| REITs 推出时间（年） | 1960 | 2000 | 1999 | 1971 | 2003 | 2020 |
| 名称 | REITs | J-REITs | S-REITs | LPT | H-REITs | 基础设施公募 REITs |
| 组织架构 | 公司制（为主），契约制 | 公司制（为主），契约制 | 契约制（为主），公司制 | 契约制 | 契约制 | 契约制 |
| 管理模式 | 内部管理为主 | 外部管理 | 外部管理 | 内部管理为主 | 外部管理 | 外部管理 |

续表

| 项目 | 美国 | 日本 | 新加坡 | 澳大利亚 | 中国香港 | 中国 |
|---|---|---|---|---|---|---|
| 杠杆要求 | 无 | 无 | 50% | 无 | 50% | 28.57% |
| 经营收入分红 | 90% | 90% | 90% | 100%以享免税 | 90% | 90% |
| 资本处置分红 | 无 | 90% | 无 | 100%以享免税 | 按信托约定 | 暂无规定 |
| 是否有私募 | 有 | 有 | 有 | 有 | 无 | 无 |
| 经营收入税收 | 分红部分免税 | 分红部分免税 | 分红部分免税 | 若100%分红免税 | 免所得税，缴房产税 | 缴税 |
| 资本处置税收 | 分红部分免税，持有超10年优惠 | 分红部分免税 | 分红部分免税，买卖非主业免税 | 若100%分红免税 | 分配部分免税，非投机原因免税 | 暂无规定 |
| 资产购置税收 | UPREITs延后缴税 | 税收优惠（比例0.6%~1.6%） | REITs的SPV免税 | 缴税 | 缴税 | 发行时资产转让递延缴税 |
| 投资者分红税收 | 个人税收优惠 | 个人有条件免税 | 免税 | 个人税收优惠 | 免税 | 免税 |
| 最小股东数 | 100 | 1 000 | 50 | 无 | 无 | 1 000 |
| 股权分散要求 | 前5大股东比例合计不超过50% | 前3大股东比例合计不超过50% | 前10大股东比例合计不超过75% | 无 | 无 | 无 |
| 资产要求 | 75% | 70% | 75% | 主要 | 100% | 80% |

资料来源：EPRA Global REIT Survey 2021，PWC Worldwide REIT Regimes 2021，中国证监会，财政部网站，作者整理。

各国家和地区REITs形态最大的区别是治理架构的差异。信托制和公司制最初都由美国开创，各个国家在此基础上进行了不同的选择。无论是公司制还是契约制，其治理结构都分为内部管理模式和外部管理模式。外部管理模式是指，REITs聘请外部专业管理团队进行管理，并支付管理费用；内部管理模式是指REITs公司或者信托的体系内有专门负责管理的团队。整体来讲，欧美国家和地区更多选择内部管理模式——美国从1960年至1993年以契约型外部管理制度为主，转变为1993年后公司制内部管理为主；英国、法国及加拿大等市场也都选择内部管理模式的REITs。亚太地区则更多选择外部管理模式，如新加坡、日本及中国香港。有一误区是公司制的REITs一定是内部管理模式，而契约制则一定是外部管理模式，实则不然。澳大利亚的REITs依附于英国信托法的相关规定建立，选择契约制和外部管理模式，但澳大利亚REITs逐渐发展出了一种新兴的合订证券（Stapled Structure），实现了在契约制下的内部管理模式并成为主流。日本REITs选择了公司制的体系，但是根据法律要求必须聘请外部管理顾问团队进行管理，最终形成了公司制体系下的外部管理模式。至于契约制还是公司制主要看公司法和信托法的适宜性以及上市难度，本质上没有太大区别。具体介绍详见第八章。

内部管理模式与外部管理模式的优势差异也有广泛讨论。美国REITs发展的最初26年内，REITs必须通过第三方管理资产，1986年里根政府税法改革允许内部管理资产，1990年之后几乎所有的REITs都选择了内部管理模式。早在发展初期，外部管理模式的三个普遍性问题就已浮出水面：委托代理问题（agency problem）、自我交易（self-dealing）和利益冲突（conflicts of interest）。学术界的实证研究在21世纪初普遍认为内部管理模式的效率高于外部管理模式，不同文献用不同时期的数据验证了这一结果，[1]同时Capozza and Seguin（2000）基于1985—1992年数据的实证结果指出，外部管理模式的REITs使用了过高的杠杆率导致其回报率比内部管理模式低7%。这些结果都表明，在美国1986—2001年的发展过程中外部管理模式相对低效。但是外部管理模式与内部管理模式的效率区别在后续的研究中被发现逐渐消失了。最近几篇文献的相似结果表明，在21世纪后外部管理模式的效率逐渐与内部管理模式没有差别，杠杆过高使

---

[1] Howe J S, Shilling J D. REIT advisor performance[J]. Real Estate Economics, 1990, 18(4): 479–500.
Cannon S, Vogt S. REITs and their management: an analysis of organizational structure, performance and management compensation[J]. Journal of Real Estate Research, 1995, 10(3): 297–317.
Ambrose B W, Highfield M J, Linneman P D. Real estate and economies of scale: the case of REITs[J]. Real Estate Economics, 2005, 33(2): 323–350.
Capozza D R, Seguin P J. Debt, agency, and management contracts in REITs: the external advisor puzzle[J]. The Journal of Real Estate Finance and Economics, 2000, 20(2): 91–116.

用率的情况也消失。① 最新的文献区分了外部咨询（advising）和外部运营（managing）。② 就咨询维度，特别是金融危机之后，外部咨询比内部咨询要更有效一些，这是由于在危机之后压力促使这个行业变得更加有效。而在运营方面，内部运营则保持着比外部运营更高的效率。

综上所述，外部管理模式的确在历史进程中曾有过低效的阶段，但如今外部管理模式并没有显著的比内部管理模式效率低下。随着市场更加成熟，外部管理模式的监管也变得透明，激励机制变得更加合理。以澳大利亚为例，澳大利亚 REITs 起步相对较早，在 1987 年和 1990 年碰到了股灾和经济衰退，外部管理模式的公募 REITs 发展明显受阻，投资者选择效率更高的非上市房地产，政府也因此启动了 12 个月的资金赎回禁令，投资者对非上市房地产的信任被瓦解，市场进一步的踩踏发生。市场迫使政府进行了重大改革，在新的法案下，对于 REITs 的税收优惠再次被明确，同时澳大利亚特色的"合订证券"结构和更透明的监管诞生。美国和澳大利亚也是仅有的两个的从外部管理模式转换为内部管理模式为主的 REITs 市场。

日本、新加坡、中国香港都选择了外部管理模式，但是细节也有差别。

日本法规设立的 SPC 信托架构下，REITs 都是以公司（投资会社）的法定形式存在的，J-REITs 本身是只负责持有资产而不做投资判断，设立的董事会主要起到监督作用，管理职能都由资产管理公司（一般由发起人关联公司担任）和保管公司（通常为信托银行）完成。另外，2013 年日本政府为了解决外部管理模式中的利益冲突问题修正了法案，要求资产管理公司在投资公司与发起人之间进行重大交易前须获得投资公司董事会的同意。

---

① Brockman P, French D, Tamm C. REIT organizational structure, institutional ownership, and stock performance[J]. Journal of Real Estate Portfolio Management, 2014, 20(1): 21–36.
Striewe N, Rottke N, Zietz J. The impact of institutional ownership on REIT performance[J]. Journal of Real Estate Portfolio Management, 2013, 19(1): 17–30.

② 1. Nicholson J R, Stevens J A. REIT operational efficiency: External advisement and management[J]. The Journal of Real Estate Finance and Economics, 2021: 1–25.

新加坡的法规依附于英联邦法系，设计之初就明确了以信托的形式进行外部管理模式。① 新加坡市场最大的特点是大部分大型开发商都具有政府背景。凯德作为新加坡政府投资平台淡马锡旗下的控股公司，在成立之初就确立了房地产基金与REITs（PERE+REITs）组合的轻资产的发展模式，在前端进行开发，待物业成熟后以REITs形式退出，再以管理公司的身份继续运营，收取管理费。凯德也成功地成为6家REITs的管理公司。

中国香港REITs的法规更贴近同为英联邦法系的澳大利亚和新加坡，即采用契约制和外部管理模式。但是作为中国香港第一家也是市值第一，领展房地产基金采用了稍微不同的模式，领展资产管理有限公司是领展REITs的管理人，同时领展REITs投资并持有领展管理公司100%的股权。在这个架构下，也可以理解领展REITs事实上是内部管理模式。

另外，对于许多发展中国家和地区发展REITs，特别是非洲与部分亚洲市场，外部管理模式中管理团队更加专业、高效，成为在金融监管体系不成熟环境下的第一选择。

综上所述，内部管理模式并非优于外部管理模式，同时外部管理模式也有许多种类型，其核心是如何对管理人制定合理的激励机制和有效监管，以及如何提升对REITs的管理效率、降低管理成本，控制风险。中国REITs的"公募基金+ABS"模式是在现有法规体系下最合理、阻力最小的推进模式，接下来的发展重点应当是如何避免美国初期外部管理模式的低效，以及如何对管理职能进行分配。

当前，中国REITs管理模式是否有利于行业的整体发展是首要命题。首批中国基础设施公募REITs备受关注，原始权益人和管理人都乐意参与试点开拓市场，参与物业相对优质，参与管理的公募基金经验丰富，多方合作顺畅。但在中国REITs的后续发展中，应提前对可能出现的风险进行预测与控制。例如，公募基金作为整个REITs的基金管理人，专项计划管

---

① 2016年，在SGX主板上市的浩正零售信托（Croesus Retail Trust）获得了投资人同意之后采取了内部管理模式，引起了关于REITs内部管理转变的讨论，浩正零售信托在新加坡并不属于REITs，但是被FTSE REIT Index收录。

理人是否会存在与原始权益人的利益冲突和委托代理问题；后续 REITs 的管理团队是否具备国际上专业外部管理团队的专业能力；原始权益人在整个 REITs 中缺乏参与感和话语权，是否愿意拿出最优的资产，是否以出表而非长期发展作为首要目标等。纵观历史，最初 REITs 设立是以被动收入为主的，不需要本身的运营及投资能力，但随着危机等问题的爆发，REITs 逐渐转向主动管理运营的架构。无论是外部管理模式或内部管理模式，都需要探索出更适合中国 REITs 长期健康发展的模式。

另外，尝试探索未来中国区分外部咨询和外部管理的职能的可能性。公募基金作为基金发行方，在基金发行、信息披露、财务管理、风控等问题的把控上有其优势。而外部管理职能可以借鉴新加坡等地，由发起人设立的管理公司进行投资和运营管理。这也要求我国一些不动产相关企业转变身份，学习新加坡凯德的轻资产商业模式，以前期开发，后期资产管理为主，完成从增量到存量时代的身份转换。建议在未来成熟时期对一些产业园、商业或者长租公寓进行试点，企业与政府合作进行开发，待退出至 REITs 后企业成立专业物业管理公司作为主导的计划管理人进行项目投资、管理和运营。

## 二、资本结构与融资环境

资本结构是公司金融中被广泛讨论的核心问题之一，资本结构一般来讲指的是债务与股权等资本在公司中构成的比例，而杠杆率是其中的重点。REITs 与上市公司有相似的架构也可以在公开市场交易，也在学术界被广泛讨论其资本结构相关的一系列问题。鉴于几乎所有市场中 REITs 都需要分配出 90% 的收入，REITs 资本结构中现金的比例可以忽略，所以在分析 REITs 资本结构时可以只考虑债权和股权融资两者之间的选择。也正因现金留存极少，REITs 需要充分利用外部融资补足流动性，特别在扩张和收购阶段更加依赖外部融资。资本结构和融资环境中有两处需要关注的要点：杠杆率和融资工具。

首先，从杠杆率来讲，中国公募 REITs 的杠杆率上限是 28.57%，距离国际达主流市场的平均杠率有较大差距。根据第十二章以及表 14-3 可以看出不同国家和地区对杠杆率的限制政策差异巨大：美国、澳大利亚、日本等市场对杠杆率没有直接要求；新加坡、中国香港都对杠杆率有所限制，新加坡对杠杆率的限制从最初的 35% 提升至 45% 又在新冠肺炎疫情防控期间提升至 50%，中国香港对杠杆率的限制也在新冠肺炎疫情防控期间从 45% 提升至 50%。截至 2020 年底，亚洲市场的实际杠杆率为：中国香港平均 28%（18%~44%），新加坡 37%（28%~43%），日本 44%（29%~52%），我们发现对杠杆率限制的市场的平均杠杆率与要求的上限还有很大距离，而未限制杠杆率的日本的平均杠杆率也没有超过新加坡和中国香港限制的 50%。新冠肺炎疫情防控期间包括新加坡、中国香港在内的许多国家和地区纷纷提升了杠杆率的要求，新加坡和中国香港的平均杠杆率相较于 2019 年底的数据都提升了 2%。对于 REITs 行业比较时，杠杆率的差别也较大，比如日本公寓 REITs 的平均杠杆率比工业物流高 10%，中国香港酒店 REITs 的平均杠杆率比零售高 17%。根据 Harrions et al.（2011）显示当时美国 REITs 平均杠杆率为 48%，自助仓储的杠杆率最低为 33%。

下面我们从金融学传统理论中理解 REITs 的杠杆率选择与传统企业的差异，传统文献中一般有三种理论来解释企业如何选择资本结构：权衡理论（trade-off）、啄食顺序理论（pecking order）和市场择时理论（market timing）。

权衡理论，也称最佳资本结构理论，强调债务的机会成本，一方面债务可以起到税收屏蔽的作用，增加企业价值，即税盾理论（tax shield）；另一方面债务会增加企业风险，过高的债务比例可能会导致财务违约、破产等风险，也会增加对股东和债权人的委托代理问题。在这一理论下，每个公司会针对债务的利弊两方面进行权衡得出最佳资本结构中的债务比例。REITs 在绝大多数国家和地区被要求分配 90% 的可支配收入同时享受税收中性的优惠，在这种条件下，REITs 债务没有税收屏蔽作用，也就是说根据权衡理论 REITs 在理想的情况下会选择 100% 的股权比例的资本结构。豪（Howe）和什林（Shilling）指出 REITs 不应过度利用债务进行发展，同时也发现 REITs 发债特别是短期债后股价上涨，发行股票后股价下跌。① 但是，多篇文献中发现美国的 REITs 和房地产公司的杠杆比例在 40%~50% 之间，远高于同期工业公司的 18%，② 并没有和此理论一致。巴克利（Barclay）等人对需要缴税的房企和免税的房企进行比较研究，应税房企的杠杆率并没有显著高于免税房企，实证结果没有支持税盾相关的权衡理论。③ 所以我们发现权衡理论并不能很好解释债务在 REITs 中的作用。

啄食顺序理论主要考虑企业内外部信息不对称的问题，由迈尔斯（Myers）比较完整的提出。④ 其依据主要是投资者在信息不对称的情况下会依据企业释放的股权融资信号，降低对该公司的预期和评价，引起公司价值下降。根据啄食顺序理论，在企业内部管理人和市场投资者之间具有较大信息不对称性的时候，企业会优先考虑内部融资，然后会考虑债务融资，最后才会考虑信息成本最高的股权融资。由于 REITs 需要分配绝大多数收入，非常依赖外部融资，根据啄食顺序理论，REITs 在不对称性非常高的情况下会有相对较高的杠杆率。布朗（Brown）和里迪欧（Riddiough）用美国的数据发现了 REITs 市场中与此理论符合的结果。⑤ 另外 REITs 还存在外部管理人和内部公司持有股东的信息不对称性，内部管理人与外部管理人的研究发现在早期外部管理人的模式中信息不对称更严重带来的道德风险，导致了更高的杠杆率，也因此带来了更低的回报率。随着 2000 年后特别是危机后市场监管变得更加成熟，信息不对称也逐渐消失，外部管理模式的杠杆率与内部管理模式的差距也逐渐缩小。哈丁（Hardin）和 Wu 探讨了 REITs 与银行的关系导致 REITs 从传统

---

① Howe, J.S., Shilling J.D. Capital structure theory and REIT security offerings[J]. The Journal of Finance, 1988, 43(4): 983–993.

② Harrison D M, Panasian C A, Seiler M J. Further evidence on the capital structure of REITs[J]. Real Estate Economics, 2011, 39(1): 133–166.
Feng Z, Ghosh C, Sirmans C.F. CEO involvement in director selection: implications for REIT dividend policy[J]. The Journal of Real Estate Finance and Economics, 2007, 35(4): 385–410.

③ Barclay M.J, Heitzman S M, Smith C W. Debt and taxes: Evidence from the real estate industry[J]. Journal of Corporate Finance, 2013, 20: 74–93.

④ MYERS S.C. The Capital Structure Puzzle[J]. THE JOURNAL OF FINANCE, 1984, 39(3).

⑤ Brown D.T, Riddiough T.J. Financing choice and liability structure of real estate investment trusts[J]. Real Estate Economics, 2003, 31(3): 313–346.

的抵押贷款市场转向公开债券市场，以及更低的杠杆率。[1] 由此我们可知信息不对称对 REITs 资本结构的影响明显。

市场择时理论由贝克（Baker）和沃格勒（Wurgler）提出，[2] 该理论认为没有最优的资本结构，企业会根据市场的表现做出最利于自身的选择，例如企业会在股票被高估的时候选择股权融资，反之会在股票被低估的时候选择债券融资。但是实证结果并不相同，Feng 等人发现了市净率和杠杆率的正向相关性，与市场择时理论相悖。[3] 但后续文献基本发现 REITs 市场中市净率和杠杆率的反向相关性，证实了此理论。[4] 巴甫洛夫（Pavlov）等人表示有能力的管理者在会危机前预先降低杠杆率来降低风险。[5]

基于以上三种金融学经典理论，REITs 资本结构主要受信息不对称影响，同时主动管理会根据市场表现进行调节。随着亚太地区 REITs 迅猛发展，许多学者把视野放在不同国家和地区政策法规和金融环境中比较。有许多研究开始对不同国家和地区的 REITs 进行比较。首先，不同国家和地区对杠杆率的要求不同，杜根（Dogan）等人发现杠杆率上限低的市场平均杠杆率较低，分配比要求高的国家和地区平均杠杆率较高。[6] 卡什曼（Cashman）等人发现亚太地区中政治风险更高的地区杠杆率更低。[7] 对于不同类型的 REITs，詹博纳（Giambona）等人发现流动性更低的物业类型

---

[1] Hardin III W G, Wu Z. Banking relationships and REIT capital structure[J]. Real Estate Economics, 2010, 38(2): 257–284.

[2] Baker M, Wurgler J. Market timing and capital structure[J]. The journal of finance, 2002, 57(1): 1–32.

[3] Feng Z, Ghosh C, Sirmans C F. CEO involvement in director selection: implications for REIT dividend policy[J]. The Journal of Real Estate Finance and Economics, 2007, 35(4): 385–410.

[4] Boudry W I, Kallberg J G, Liu C H. An analysis of REIT security issuance decisions[J]. Real Estate Economics, 2010, 38(1): 91–120.
Giambona E, Harding J P, Sirmans C F. Explaining the variation in REIT capital structure: the role of asset liquidation value[J]. Real Estate Economics, 2008, 36(1): 111–137.
Harrison D, Luchtenberg K, Seiler M. REIT performance and lines of credit[J]. Journal of Real Estate Portfolio Management, 2011, 17(1): 1–14.

[5] Pavlov A, Steiner E, Wachter S. REIT capital structure choices: Preparation matters[J]. Real Estate Economics, 2018, 46(1): 160–209.

[6] Dogan Y Y, Ghosh C, Petrova M. On the determinants of REIT capital structure: evidence from around the world[J]. The Journal of Real Estate Finance and Economics, 2019, 59(2): 295–328.

[7] Cashman G D, Harrison D M, Seiler M J. Capital structure and political risk in Asia-Pacific real estate markets[J]. The Journal of Real Estate Finance and Economics, 2016, 53(2): 115–140.

REITs 的杠杆率更低。①

回到中国 REITs 市场，政策杠杆率的要求和目前公募基础设施 REITs 的平均杠杆率远低于国际市场，甚至低于成熟市场的最低杠杆率。REITs 持有的流动性差的资产较多，被要求分配极高，更依赖外部融资。如果杠杆率要求过低可能对 REITs 价值创造进行限制，一个直观的例子就是在市场风险更高的新冠肺炎疫情后，中国香港、新加坡决定放松杠杆率上限。贾科米尼（Giacomini）等人发现如果在 REITs 预测的合理杠杆范围内更高的杠杆率也会带来更高的回报率，②也证明了适当的杠杆率有利于 REITs 发展。

另外，从融资工具来说，境外 REITs 常用的融资工具有银行借款、信用债、可转债、中期票据、CMBS。这些多元化的融资工具可以被分为有担保（secured）和无担保（unsecured）两种类型。有担保的融资工具以银行抵押贷款（mortgage）为主，和具体资产挂钩，和 REITs 信用无关，不会对 REITs 本身追索（non-recourse）。除了银行抵押贷款外，还有其他的有担保的债务形式，比如抵押债券、CMBS 的贷款池中的抵押贷款等。无担保的融资工具则以票据（note）为主，无须资产抵押，需要对 REITs 主体有追索（recourse）。此外，信用债、可转债以及非抵押型银行贷款等融资方式也都属于无担保的外部融资工具。有许多学术论文曾对两者进行讨论。首先，有担保的融资工具风险更低，但是灵活性相对较差；与之相对，无担保的融资工具集中在公开债券市场，发行期限等相对灵活，不依附于特定资产抵押，也更容易在二级市场流通。从借款者（如银行）的角度，REITs 拥有更多的无担保借款意味着更高的风险，哈丁（Hardin）和 Wu（2010）发现当 REITs 与银行有更紧密的关系时，REITs 运用无担保借款的比例会上升，整体的杠杆率会下降。③这意味着 REITs 会偏好于无担保的融资工具，但无担保的融资工具的使用会降低其进一步使用杠杆的

---

① Giambona E, Harding J P, Sirmans C F. Explaining the variation in REIT capital structure: the role of asset liquidation value[J]. Real Estate Economics, 2008, 36(1): 111–137.

② Giacomini E, Ling D C, Naranjo A. REIT leverage and return performance: Keep your eye on the target[J]. Real Estate Economics, 2017, 45(4): 930–978.

③ Hardin III W G, Wu Z. Banking relationships and REIT capital structure[J]. Real Estate Economics, 2010, 38(2): 257–284.

能力。其次，在某些情况下，REITs 会偏向于使用有担保的融资工具进行借款，比如艾伦（Allen）和莱丁（Letdin）发现，即使选择无担保融资渠道时成本较低，REITs 依然会选择融资成本较高的抵押贷款，他们将这种选择的理由解释为有担保融资不会对 REITs 进行追索，可以进行策略性违约（strategic default）。① 在 2009 年金融危机之后，美国多数银行调整了以 REITs 进行不动产抵押贷款的难度，使得无担保的融资渠道在 21 世纪初被更多地使用。

中国公募 REITs 目前的融资工具单一，现有的外部借款都是金融机构贷款。高度依赖银行贷款单一融资工具不利于摊平还本周期，产生难以再融资等问题。我们需要对配套融资工具进行建设，只有有了合理的融资工具，REITs 才能更好地利用杠杆进行发展。考虑到我国有大量的 CMBS 市场，我们如果可以建立 CMBS 用于 REITs 融资则可以解决债务时限较短，现金流分配与到期还本矛盾的问题。美国、日本等国家在危机后应对市场下行的方案是资产证券化，REITs 只是其中一环，CMBS 发展同等重要，共同构成了不动产金融体系的搭建。

最后，我们应该思考如何预防 REITs 随杠杆率上升带来的风险。在主流市场，REITs 相比于上市公司中都保持着较低的破产风险和较小的价格波动性，但是同时保持不低的杠杆率。中国在未来如何在放松杠杆率要求的同时保证风险可控是值得注意的。

一方面，市场监管和公司治理应当加强，文献表明信息不对称性降低可以减少杠杆率，而这部分杠杆率恰好是风险相对较高的部分，在信息透明后依然保持的债务更不易造成破产违约风险。另一方面，REITs 管理人的角色在资本结构的形成有至关重要的作用。我们需要对外部管理人进行合适的激励机制，保证其为 REITs 长期发展构建合理的资本结构，而不会盲目扩张或者止步不前。管理人还需要有随环境动态调节资本结构的能力，可以在未来可能的危机到来前及时进行杠杆率的调节，避免违约和流动性风险。

---

① Allen L, Letdin M. The cost of debt for REITs: The mortgage puzzle[J]. Journal of Real Estate Research, 2020, 42(2): 239–260.

# 第十五章
# 中国公募 REITs 的优化建议与展望

周以升[①]　汤益轩[②]　郭翔宇[③]

作为全书最后一章，本章在提炼前述章节内容的基础上，总结了我国公募 REITs 试点发展的丰硕成果和遗留问题，并提出了对中国公募 REITs 稳步发展的优化建议，主要包括法律结构、治理机制、税收政策、资本结构、国资审批流程等方面。同时，基于公募 REITs 的特性，本章试图从宏观、中观、微观三个不同维度揭示其如何直接、有力地回应了中国经济中的诸多现实问题。最后，本章对中国公募 REITs 的未来进行了展望。

---

① 周以升，高和资本执行合伙人、清华大学五道口金融学院不动产金融研究中心副主任。
② 汤益轩，高和资本资本市场部高级副总裁。
③ 郭翔宇，清华大学五道口金融学院不动产金融研究中心研究总监、高级研究专员。

## 第一节　优化建议

### 一、中国公募 REITs 试点取得了令人瞩目的成果

伴随着 14 只基础设施 REITs 和 3 只保障性租赁住房 REITs 的成功试点，我们公募 REITs 取得了诸多阶段性成果。

#### （一）在国家层面和业界形成推动公募 REITs 的共识

《中国证监会 国家发展改革委关于推进基础设施不动产投资信托基金（REITs）试点相关工作的通知》（证监发〔2020〕40 号）、《国家发展改革委办公厅关于做好基础设施领域不动产投资信托基金（REITs）试点项目申报工作的通知》（发改办投资〔2020〕586 号）、《公开募集基础设施证券投资基金指引（试行）》（证监会公告〔2020〕54 号）、《国家发展改革委关于进一步做好基础设施领域不动产投资信托基金（REITs）试点工作的通知》（发改投资〔2021〕958 号），以及沪深交易所、中国证券投资基金业协会、中国证券业协会等陆续发布相关政策、规则与通知，搭建了一整套制度体系。"推动基础设施领域不动产投资信托基金（REITs）健康发展"写入"十四五"规划纲要，本年初财政部联合国家税务总局在《关于基础设施领域不动产投资信托基金（REITs）试点税收政策的公告》（"3号公告"）中提出税收优惠政策，国资委亦发文明确相关国资转让政策便利，整体来看多领域配套政策正在稳步推进。

#### （二）形成符合中国国情的法律和制度框架

立足中国当前的法律框架和此前近十年的实践探索，以最大公约数和较小的成本构建了制度框架。

当前中国公募 RETIs 的结构设计采用的是"公募基金 + ABS + 项目公司"的契约型结构，虽然产品层级较多，涉及法律主体复杂，但这是适应现行法律框架下的最优选择。这一契约型结构的形成，主要有三个方面的因素：

首先，考虑 REITs 产品与税收的紧密关系，持有期间的税收中性原则至关重要，而在现有的《公司法》体系下以若采用公司制结构则无法实现这一诉求，因此采用契约型结构，特别是以公募基金作为载体，在税收方面具有先天优势；其次，在契约型载体的选项中，公募基金是唯一可以公开发行的公募化载体；最后，由于公募基金不能投资非上市公司股权，而只能投资证券，因此嫁接"ABS"结构，才能将底层资产进行证券化。

可见上述结构的设计是过去十几年间中国对资产证券化（包括 ABS、类 REITs 和 CMBS）探索成果的集大成者，体现了监管及各行业同人的智慧，在不对现有法律进行重大修改的情况下，务实且高效地实现了短期内推出基础设施公募 REITs 的目标，快速服务于促进基础设施行业投资融资、丰富投资品种、发展资本市场等多个政策目标。

### （三）试点企业获得理想的退出渠道

首批 RETIs 试点自 2021 年 6 月正式推出，截至 2022 年 9 月末，全市场已成功发行 17 只基础设施 REITs 产品，发行规模合计 579 亿元，整体表现平稳，截至 2022 年 8 月 31 日，其中 16 只保持正收益。已上市 17 只公募 REITs 原始权益人累计净回收资金约 355 亿元，使基建企业财务结构得以改善，负债率下降，并带动新增投资。

### （四）受到投资者的广泛认可

回顾首批试点产品的发行情况，第一批公募 REITs 发售时，平均有效认购倍数超 8.5 倍；第二批公募 REITs 产品，公众投资者认购倍数均超 40 倍。2022 年 8 月新发售的 3 单公募 REITs 持续收到市场追捧，其中红土创新深圳人才安居 REIT 的网下认购倍数达 133 倍，公众投资者认购倍数达 254 倍，曾一度创下公募 REITs 的认购纪录，半数基础设施公募 REITs 产品启动了回拨机制，上市之后整体运行平稳，价格趋于窄幅震荡，初步验证了基础设施 REITs 中等风险中等收益的特点受到了市场的欢迎。

## （五）试点业态不断丰富，并逐步扩展至保障性租赁住房等更广泛的领域

任何一个新生事物都要在实践中不断发展完善。试点项目的推出让监管层和市场更加了解现有政策的不足，并为未来的制度优化铺平道路，各项扩容政策也逐渐出台，2022年5月25日，《国务院办公厅关于进一步盘活存量资产扩大有效投资的意见》("19号文")指出推进公募REITs扩容至保障性租赁住房、交通、水利、清洁能源、水电气热等市政设施、生态环保、产业园区、仓储物流、旅游、新型基础设施等资产类别。

将保障性租赁住房在内的更广泛的资产类型纳入试点范围，不仅有效推动中国公募REITs的多类型资产扩容，也有利于助力基础设施及不动产行业的快速供给和长远发展，战略意义凸显，市场反响热烈。

## （六）扩募进程加快，规模不断扩大，业务体系进一步完善

2022年5月31日，沪深交易所分别发布了《公募REITs新购入基础设施项目指引》，备受关注的公募REITs扩募细则出炉。扩募指引对存续期公募REITs扩募项目的条件、程序安排、发售定价、信息披露等方面做了详细规定。随后9月29日5只公募REITs项目扩募申请被受理。公募REITs扩募机制的建立，对促进公募REITs市场建设、提升市场规模、优化公募REITs产品投资组合、提升发行人的积极性等具有重要促进作用。使得国内公募REITs市场朝着成熟市场更近一步，对国内公募REITs市场未来的可持续发展具有重要意义。

# 二、中国公募REITs试点完善的五大建议

## （一）优化公募REITs法律结构

1. 现行公募RETIs法律结构造成的多个问题

（1）层级多、主体多，对治理机制造成重大挑战

采取目前多层嵌套的法律结构，涉及公募基金、专项计划、发行人、运营服务机构等多个主体、多个角色之间博弈，容易造成责权不清晰、能力不匹配、激励不相容等治理难题。

在国际上各个国家、地区契约型公募REITs的实践当中，已经形成比

较丰富的经验。为了进行有效的权责分工，国际上多采用托管人、管理人董事会、管理人执行团队或者外包执行团队三层治理结构。托管人承担托管职责，不干涉REITs的经营活动；管理人的董事会制定战略，并与各个委员会监督管理人的执行团队；管理人的执行团队负责日常经营管理，并可将部分职责外包给第三方服务机构。

在我国的试点结构中，采取"公募基金+ABS"模式，包含公募基金和资产支持专项计划两层金融载体，并聘请资产服务机构（目前多由原始权益人关联方担任）进行管理。对照成熟市场的契约型结构，我国公募基金实际上一身兼具"托管人"和"管理人"的双重角色，资产支持专项计划实际上承担特殊目的的公司的角色，资产服务机构仅仅作为管理外包机构。

首先，这种"头重脚轻"的结构首先会造成权责不清。这种权责不清体现在：公募REITs和专项计划的权责不清；公募基金与资产服务机构的权责不清。现有规则虽已做出部分安排，如要求资产支持证券管理人与基金管理人应存在实际控制关系，但毕竟各层管理人属于不同的法人主体，且有各自内部治理机制，上述问题并未从根本上得到解决。

在实际操作中，监管着力点在于压实责任给作为基金管理人的公募基金。而实际上，REITs本质上是一种资产上市，目前的结构造成发行人的主体责任不明，特别在持续期仅作为运营服务机构承担服务责任，责任过轻。

其次，这种结构会造成能力不匹配的问题。在法律地位上，公募基金代表投资人的受托代表行使基金管理的职责，然而由于基础设施公募REITs价值创造的多数工作，包括资产组合管理、资产改造管理、资产运营管理和物业管理等都非公募基金所长，变成"外行管内行"，不利于公募REITs的有效管理。

再次，公募基金大多并不是公募REITs的重要投资人，因此，如何解决公募基金与投资人利益一致的问题便成为难题。与此同时，作为发行人的产业方持有20%以上的REITs份额，且具有管理资产的专业能力，但是却要在日常经营中受制于并不专业的公募基金，大大降低了发行人人全心管理资产的积极性和主动性。

最后，上述安排造成了多层次的博弈。第一，出售时的发行人，公募基金/投资人博弈。由于在公募 REITs 中发行人的角色被削弱，其战略意义被大大减弱，在这种情况下发行人会更倾向于把 REITs 的发行看成一种类似资产出售的行为。第二，管理期间的责任博弈，主要发生在基金管理人和运营服务机构（往往由发行人关联方主导）之间。上述博弈整体上削弱了产业方与公众投资人的利益一致性问题，实际上不利于投资者保护和市场的良性发展。

关于治理的难题，在下一节中我们将做更详细的分析。

（2）公募基金与 REITs 业务实质的适配性不佳

根据《REITs 指引》规定："80% 以上基金资产持有单一基础设施资产支持证券全部份额，基础设施资产支持证券持有基础设施项目公司全部股权。"而公募基金则作为法律载体，与《证券投资基金法》项下的一般证券投资基金存在较大差异。一般的证券投资基金是一种集合型投资产品，其基本特征是"集合资金、分散投资、分散风险"，而 REITs 作为不动产投资（基础设施）退出平台，更多的是以投资单一或少数标的资产为主，具有较高的集中度。公募基金的价值生成模式以"判断、配置和被动投资"为抓手；而基础设施公募 REITs 却是以"干活、专注和主动管理"为特质。

（3）多层嵌套造成投资人支付多重费用

多层嵌套过程中，公募基金、专项计划和资产服务机构均要收取费用。在 20 年甚至更长的存续期内，投资人需要支付各方更多的费用。

### 2. 简化公募 RETIs 法律结构的四种选项

简化法律结构可从公募基金优化路径、资产支持证券路径、契约型 REITs 单独立法路径和公司型 REITs 路径，四种不同的立法路径分别论述如下。

（1）路径一：公募基金优化路径

由全国人大常委会修订《证券投资基金法》，将 REITs 作为证券投资基金的一个特殊子品类，通过在《证券投资基金法》中增加 REITs 专章内容的方式进行 REITs 立法。

通过修改现行的《证券投资基金法》，明确公募基金可以直接投资非上市公司股权,从而简化现有产品结构至"公募基金+项目公司",该等结构下,由基金管理人作为REITs的管理人,对标的资产进行主动管理,独立承担REITs运营管理、信息披露等相关义务,有效降低代理成本与结构损耗。

沿用公募基金作为REITs的法律主体,既可以享受公募基金层面相应的税收优惠,又可以满足产品公开募集,以及公众投资者对REITs产品的流动性和期限性的要求。但此路径涉及对《证券投资基金法》的修订,立法成本较高,且时效性较长,需要经过全国人大常委会审议通过,较难满足REITs产品短时间内的扩张要求。此外,通过修订《证券投资基金法》,使得公募基金可以直接投资非上市公司股权,在制度设计上需要与《证券法》相协调,否则可能构成变相公开发行股票等问题。再者,这个方向并不能解决公募基金和REITs业务的适配性问题,也仍然没有解决当前结构中固有的治理难题。

(2)路径二:资产支持证券路径

以资产支持证券作为REITs的法律载体,由国务院依据《证券法》授权(第二条关于"资产支持证券发行、交易的管理办法由国务院依照本法的原则规定"),制定行政法规层级的《资产支持证券条例》,对REITs资产支持证券的发行与交易进行专门规定。

在该条例项下,公募REITs产品以"资产支持专项计划+项目公司"为核心结构,由具备牌照的金融机构(证券公司、证券公司资管子公司及基金管理公司子公司)作为REITs的管理人。在立法内容方面,《资产支持证券条例》中应明确载明允许REITs这类资产支持证券面向公众投资者公开发行并在交易所公开交易,同时对REITs各参与方的资格及职责等内容进行明确约定。

该路径项下,立法成本较低,无须对相关法律进行修改,仅需按照《证券法》授权制定相关行政条例,以相对高效的方式简化REITs产品结构,降低结构损耗,为监管部门提供了监管便利。但值得注意的是,试点阶段REITs以公募基金法律载体存续,根据《财政部、国家税务总局关于企业所得税若干优惠政策的通知》(财税〔2008〕1号),公募基金可以享受所得税优惠，因此该路径项下还需要明确资产支持证券特殊目的载体的免税政策。更重要的是，这个方向并不能解决治理机制中的权责不对等、能力不匹配、激励不相容等问题。

(3) 路径三：契约型 REITs 单独立法路径

区别于前两种路径，契约型 REITs 单独立法路径不在公募基金或"ABS"的框架下展开，在《证券法》的证券范围新增"不动产投资信托证券（即 REITs）"类别，并对其单独立法，在此路径下中国公募 REITs 保持契约型模式发展。

根据《证券法》第二条，国务院可以依法将 REITs 认定为证券，并依照证券法原则，参照国际成熟标准和原则，针对 REITs 产品单独立法，通过起草《不动产投资信托基金（REITs）条例》，将 REITs 作为与证券投资基金并列的一种金融产品，以专门立法的形式对公募 REITs 各方当事人的权利义务以及 REITs 公开募集发行、交易、管理、终止等各个环节涉及的法律事项予以明确。产品结构上与"路径一"类似，即以"REITs 载体+项目公司"为核心结构，由专门的、经批准的授牌机构为 REITs 的管理人。

此种路径的优点是：立法成本低、无须修改法律，只需按照《证券法》授权，由国务院对 REITs 的证券定位进行认定；能够根据 REITs 特点进行最优化安排，相较于在基金、资产支持证券等法律载体之下，REITs 单独立法能最大限度地降低现行法律产生冲突，并根据 REITs 业务自身特点进行定制化安排。需要特别注意的是，在这个方案中，要确立 REITs 载体取得与公募基金类似的所得税豁免地位，达成税收中性等。

(4) 路径四：公司型 REITs 路径

区别于前三种路径延续契约型 REITs 的模式，本路径在《公司法》中引入特殊目的公司（Special Purpose Company，以下简称 SPC）专门用于开展公募 REITs，即发展公司型 REITs。

该 SPC 载体可放宽"三会"设置要求、允许定期分红而不需遵守"公司弥补亏损和提取公积金后所余税后利润"才能用于分配的要求等。同时，需要考虑放宽股票 IPO 的相关规定。

这种路径可以获得比上述三个方案都要高的法律地位。采取这种路径，未来需要推动配套税收制度，并与现有 IPO 制度衔接。

3. 关于简化公募 REITs 产品结构，优化立法路径的建议

综上所述，虽然中国公募 REITs 试点项目已经取得阶段性成果，但为了使其可以持续健康发展，承担其服务实体经济的重要使命，有必要进一步优化法律结构。

从立法成本及取得的立法收益出发，建议在中期的尺度下，优先选择《证券法》框架下的契约型 REITs，重点解决法律载体与业务实质相匹配、治理机制、监管便利和税收优惠问题。并随着市场演进，推动公司型 REITs 路径。

**（二）明确实质的管理人，健全治理机制**

根据中国证监会于 2020 年 8 月发布的《公开募集基础设施证券投资基金指引（试行）》相关规定，投资者认购的基础设施 REITs 通过专项计划等特殊目的载体穿透后持有基础设施项目完全的所有权或特许经营权。公众投资人通过认购公募 REITs 基金份额实现对底层资产的间接持有并分享资产的未来收益。由于当前公募 REITs 采用"公募基金 +ABS+ 项目公司"的三层架构，其中涉及的参与主体除投资人（包括战略投资者、网下投资者、公众投资者）外还包括底层资产运营管理机构、专项计划管理人、基金管理人等多个利益相关主体的多重委托代理关系，因此，必须建立能够合理控制委托—代理成本、防范利益冲突和道德风险且能够激励相容的有效治理机制。

1. 当前公募 REITs 治理结构中的主要问题

（1）基金管理人与产业方的融合存在短板

按照国际的经验，REITs 管理职能可分成五个层次：物业管理、物业经营管理、战略和物业组合管理、资本结构管理及监管沟通、信息披露和投资者关系管理。上述五个层次，从防范性、主动性来分，前四个是主动性的，后一个是偏防范性的；从产业和金融角度来分，前三个都是产业能力，第五个是偏金融能力，资本结构管理横跨金融和产业。

由于我国基金管理人长期以来主要开展二级市场标准化证券投资，缺

乏基础设施及不动产项目资产管理能力及产业化经验。现有管理职能中，公募基金的优势在金融方面是防范性的。而发行人的优势在主动管理和产业运营上。市场上只有极少数具有产融的大国企以及专业的不动产投资机构当前能够打通产融，两者兼顾。

目前的规则中，公募基金被置于实质性管理人的地位，而作为发行人的产业方仅仅作为第三方的服务商，造成产融的短板。

（2）多层代理下决策流程复杂化、运营效率降低

从首批项目存续期管理来看，由于基金管理人和第三方运营机构完全独立，运营管理机构作为受托运营的一方，造成"外行指挥内行"，重要事项需要上传至基金管理人审批，增加了日常运营的决策和审批流程以及各项报告数量，使得原有项目决策流程复杂化。

（3）激励不相容问题

按照激励相容的原则，管理人应该持有公募REITs的份额，如此才能与其他投资人利益一致。而在目前的结构中，产业方持有份额但是并没有管理人的地位；而公募基金往往很少或者没有投资持有份额却作为基金管理人，从而造成激励的错位。特别是未来涉及扩募的过程中，资产的来源大多来自产业方或者市场并购，那么如何保证基金管理人的利益与其他投资人一致就成为重要的问题。

（4）监管抓手不牢问题

目前压实了公募基金管理人的责任，然而持续期运营的大部分工作都是由发行人或者关联载体在服务协议的框架下来实施。管理人收费不多，然而承担了大量责任；发行人承担具体的运营工作，但是主体责任又较弱。

从国际上来看，大多由作为发行人的产业方或其关联方作为基金管理人，就是为了压实责任，"让干活的人投资，让专业的人干活，让赚钱的人担责"。这对我国未来公募REITs管理人的设置具有很强的参考意义。

（5）产业方动力不足和潜在的逆向选择问题

优秀的、长期主义的产业方将公募REITs作为战略平台，作为企业战略转型的主要抓手。这在国外行业转型当中都有丰富的案例，比如新加坡的腾飞产业园模式、凯德商业模式、美国EQR长租公寓模式等。

然而，我们的 REITs 平台实际上的基金管理人由公募基金去承担，大大削弱了产业方作为战略平台的价值。这样做的结果是造成逆向选择，参与发行的产业方更多从自身资产的退出角度去考虑问题，在未来也没有充足的意愿对公募 REITs 注入优质资产做大做强；越是机会主义的发行人越有动力跻身公募 REITs 市场。

### 2. 管理人选择和治理模式优化建议

（1）简化法律结构是治理优化的前提

管理人的选择和治理机制应该以法律结构作为基础，应该以法律结构的简化作为前提。复杂的法律结构难以构建出简洁高效的治理机制。

无论是契约型 REITs 或者是公司型 REITs，从国际最佳实践来说，都需要明确一个职责相对全面的、法定的管理人。

（2）管理人授牌是治理机制优化的核心，未来应强化产业方角色，推动产融结合

根据国际实践来看，包括资产组合管理、资本结构管理、物业经营管理和投资者关系管理等核心职能都必须要由不动产基金管理人自身来完成。这就对不动产基金管理人提出很高的要求。因此，不动产基金管理人大多由符合监管规定的、具有相应资质的持牌机构来承担。在国内，立刻能够胜任上述所有职能的机构仍然非常稀缺，传统的开发商比较熟悉资本结构管理、物业经营管理和日常维护，正在逐步学习资产组合管理。金融机构熟悉的是投资者关系管理，也正在逐步学习资产组合管理，对物业经营管理仍较为陌生。少数的专业不动产投资机构具备资产组合管理、资本结构管理、物业经营管理和物业维护管理的能力，然而仍然需要学习投资者关系管理。一般来说，产业管理能力的构建比金融能力的构建要难得多，这在传统的 IPO 中可以看得很清楚。

随着市场逐步走向成熟，建议在授牌方面留出弹性：可以向产业方或者金融机构单独发牌，并积极鼓励产融结合。

（3）关注管理人授牌时机

建议未来以市场为导向，以资格作为认定基础，单独授牌，也就是"资格在先，授牌在后"而非"牌照在先，展业在后"。这在中国香港和新

加坡契约型REITs市场实践中都有成熟实践经验。

而作为REITs上市的投资顾问，可充分参考IPO的经验，实施"牌照在先，展业在后"。

（4）近期公募基金设立REITs专项子公司制度创新及展望

中国证监会于2022年4月26日发布了《关于加快推进公募基金行业高质量发展的意见》（证监发〔2022〕41号），文中已提及，积极推动公募REITs等创新产品发展，支持公募主业突出、合规运营稳健、专业能力适配的基金管理公司设立子公司，专门从事公募REITs、股权投资、基金投资顾问、养老金融服务等业务，提升综合财富管理能力。与此同时，《管理人办法》及配套规则进一步细化了相关规定，制度框架更趋明朗，由此可见公募REITs在强化资产管理、完善产品结构方面的发展方向。

我们认为，这可能是监管层对本文提及的当前法律结构和治理机制问题一个非常有益的回应。未来如果能推出公募基金下设的专门REITs管理人，并允许产业方等参与合资，将有助于推动产融结合，优化治理机制，并给发行人更多激励。

然而，这个制度的优化仍然面临如下问题：是否能够成立多个合资管理公司来满足同一基金公司与多个产业方合作；REITs管理子公司管理不同项目的利益冲突问题；REITs管理子公司内部的治理机制的复杂性。合资公司方案似乎把上述多个外部治理问题拉进REITs管理公司的内部，并没有彻底解决权责不一致问题、利益不一致问题、激励不相容问题、监管责任压实问题等。

### （三）优化公募REITs税收政策，充分实现REITs税收中性原则

税收优惠作为REITs的配套支持政策，在首批9只REITs上市时尚未推出。可以说，明确的税收优惠政策并不是REITs是否能够诞生的必要条件，但从长期来看，可能是REITs市场发展壮大和持续繁荣的必要条件。

目前我们所指的REITs的税收问题包括两个方面：一是重组期的税收；二是持有期的税收。持有期的税收，主要是企业所得税，在当前"公募基金+ABS"的结构下，通过交易结构设计大多可以进行合理筹划。而重组期的税收，在股权交易的情况下，主要问题是原始权益人自持份额对

应的税收递延。而涉及资产直接交易或重组的情况下，发行人将面临沉重的多重税收，包括企业所得税、土地增值税和契税等。

值得欣喜的是，2022年1月26日，财政部、税务总局联合发布"3号公告"，针对公募REITs资产重组及发行阶段的税收环节予以优化，解决了股权转让情况下原始权益人自持份额的税收递延问题，大大减轻了发行人的税务负担，提高了发行人的意愿和积极性，有助于加快公募REITs的规模化发展。

上述税收优惠仅仅适用于资产重组期，且资产重组方式为股权交易的情形下的企业所得税优惠。

未来建议根据情况推进如下税收优惠政策：其一，对于涉及直接的资产转让或剥离的情况，建议对重组涉及的土地增值税和所得税进行递延处理，对契税可考虑给予相应的减免政策。其二，建议对符合条件的REITs，对持有期的企业所得税直接给予税收减免，避免由于税筹而人为增加交易结构的复杂性。

### （四）优化公募REITs资本结构，开发配套融资工具[①]

目前中国公募REITs的融资问题主要有三个方面：配套融资工具单一，且可用性较差（包括本金摊还、资金用途等）；融资杠杆的上限低，融资杠杆使用率低；目前公募REITs融资工具的成本相对较高。因此，建议如下。

第一，加强可控、可用的多元化配套融资工具的建设，帮助REITs更好地优化资本结构。

REITs在重组和设立的过程中可用银行的并购贷款或者经营性抵押贷款来进行融资。无论是经营性抵押贷款或者并购贷款都涉及本金摊还的问题。对REITs来说，由于经营现金流有限，一旦银行贷款涉及大的本金偿还，必然将会影响正常的股息分派。这就成为一个矛盾。因此，必须开拓出极少甚至是没有本金摊还的低成本融资品种。从国际经验来说，REITs可以发行相应的没有本金偿还的债券，或者没有本金摊还的CMBS。为了减少再融资风险，往往需要拉长上述债券或者CMBS的期限。同时，

---

[①] 周以升，郭翔宇．公募REITs配套融资工具探讨[J]．中国金融，2022（14）：55-57．

由于我国REITs大多规模不大，按照当前的信用评级标准，REITs很难获得高的主体信用评级。这就必须要靠资产自身的债项评级为主来发行CMBS。2016年我国第一个CMBS高和招商—金茂凯晨资产支持专项计划发行，至今我国CMBS已经累计发行超5 500亿元。但是大多品种都是依赖于高的主体信用评级。

总之，需要推动以下三方面创新：首先，推动银行针对REITs进行融资方案创新，推出本金摊还更有弹性、再融资难度低、资金用途灵活的贷款产品。其次，探索利用CMBS进行融资，并推动CMBS的创新，特别是以资产作为支持而不必主体增信的长久期的CMBS。最后，尽快推动公募REITs立法，优化交易结构，从而使REITs能够运用信用债、中期票据进行融资。

第二，逐步放松现有杠杆率限制。

根据中国证监会于2020年8月7日发布的《公开募集基础设施证券投资基金指引（试行）》明确规定，基金总资产不得超过基金净资产的140%（总资产杠杆率约为28.57%），且用于项目收购的借款金额不得超过基金净资产的20%（总资产杠杆率约为16.67%）。按照我们的标准，其他国家和地区极少数REITs能够达到要求。比如在中国香港市场，仅领展REITs（18%）一家勉强能够达到要求。从监管要求来说，美、日、英、法等国不设置杠杆率上限。中国香港和新加坡的杠杆上限在新冠肺炎疫情时期从45%提高到了50%。提高上限的目的是帮助REITs利用外部融资渡过难关，也有助于优质企业通过融资来收购便宜资产。在现实中，企业自身会留出部分杠杆空间。新加坡REITs的平均杠杆率为37%（26%~43%），中国香港REITs的平均杠杆率为28%（18%~44%），均远低于其上限。

在既定派息率下，杠杆的缺失将导致原始权益人资产定价的折损；同时，在既定资产价格下，杠杆缺失将降低投资人的派息率。因此，适度放开杠杆率上限有助于中国公募REITs稳定健康发展。

关于杠杆率的合理区间，作者尝试做一个示意性的定量分析，并据此提出一个概略的建议。按照不动产贷款和不动产ABS信用评级的惯例，我们重点关注两个核心指标：偿债覆盖倍数（debt-to-service coverage ratio，简称DSCR）和贷款价值比（loan-to-value ratio，简称LTV）。按照目前国内成熟类REITs及CMBS市场的评级方法，AAA证券的评级中，DSCR为1.8~2.0倍；LTV为40%~50%。当前公募REITs的融资成本3.5%~4.5%；资产收益率为4.5~5.5%。假设LTV低于40%情形下，利率设定为4%；LTV超过40%但低于50%的情形下，利率设定为5%。以资产收益率为5.0%的资产为例：如果现金流仅用来覆盖利息，在DSCR为2.0倍的情况下，对应的LTV为50%；即使按照20年贷款本息等额摊还来算，在DSCR为2.0倍的情况下，对应的LTV为34%。

另外，需要考虑的另一个问题是，基础资产的性质对杠杆率的影响。当前的规则下，杠杆率对产权类和特许经营权类资产的杠杆率并没有区分对待。然而实际上这两类资产的现金流特征有较大不同。对于特许经营权类的资产，由于特许经营权终止后，资产自身的估值趋近于零。对于具有产权的资产，在20年甚至更长的时间之后基础资产自身仍有价值。鉴于此，特许经营权类的REITs在进行融资时应该参考摊还模式，杠杆率应该比产权类REITs更为谨慎。

上述的分析虽然基于若干利率假设，然而考虑到债项评级以AAA作为基准，且采取最严格的DSCR标准，我们可以据此作为一个合理的参考。基于此，我们建议如下。

其一，未来随着融资市场的建设，特别是本金摊还较少的配套融资工具的开发，对产权类的REITs，杠杆率可以提升至40%~45%的水平；对特许经营权类的REITs，杠杆率上限可提升至35%~40%的水平。

其二，取消收购阶段对杠杆上限的进一步降低，给企业一定的自主选择空间。相信伴随着公募REITs市场的逐渐成熟，各类资产及原始权益人也会在限定范围内，选择最合适自身发展的资本结构。

其三，针对未来的保障性租赁住房REITs，除了银行贷款、信用类融资工具外，探索构建一个基于CMBS的融资生态体系。

可以参考借鉴美国、中国香港、日本、韩国等地推动成立政府支持机构对CMBS提供增信的做法。另外，建议积极探索利用住房公积金投资保障性租赁住房的CMBS和REITs，一方面盘活保障性租赁住房，另一方面稳步提升住房公积金的收益。

### （五）优化公募REITs发行过程中国有资产的产权转让审批程序，最大化发挥公募REITs盘活国有资产、支持国有企业做大做强的功能

鉴于公募REITs对盘活国有资产、支持国企做大做强、促进国企业务转型等方面的重大作用，需要优化国有资产转让的相关程序。对于持有优质不动产、基础设施资产的国有企业而言，在《企业国有资产交易监督管理办法》（国务院国资委 财政部令第32号）下，国有企业须通过产权公开市场进行产权转让，其在交易原则、定价逻辑和程序上，与公募REITs的交易安排和发行环节存在冲突，且在一定程度上限制了国有资产通过公募REITs平台公开询价的方式，反映公开市场对于底层资产的估值及认可度，也在程序上为盘活国有资产增加了发行难度。

国务院国资委于2022年5月16日发布了《关于企业国有资产交易流转有关事项的通知》（国资发产权规〔2022〕39号）（以下简称"39号文"），其中规定"国家出资企业及其子企业通过发行公募REITs盘活存量资产，应当做好可行性分析，合理确定交易价格，对后续运营管理责任和风险防范作出安排，涉及国有产权非公开协议转让按规定报同级国有资产监督管理机构批准"，这为之后开展公募REITs取得关于国有资产采用非公开协议方式转让的国资批准，提供了明确的法规依据，进一步减少国有企业发行公募REITs障碍和沟通成本。

但"39号文"中仍有部分事项有待明确，比如，国有企业发行并表型REITs，虽然项目公司存在股权转让的事实，但原始权益人认购REITs公募基金层面51%以上份额，并未实现出表，这种情况是否属于"国有企业内部重组整合"而豁免向同级国资监管部门审批有待明确；此外，国有企业在发行过程中自持份额在锁定期届满后进行减持，减持过程中若触发出表，减持的过程是否要经过国资监管部门审批。这些在公募REITs发行及实操中的问题还需要相关部门，在充分理解公募REITs的业务本质的基础上，逐步探索，优化制度。

## 第二节 未来展望

公募 REITs 作为连接不动产和资本市场的金融产品，与中国现实的经济问题紧密相连。展望未来，基于对中国现实问题的有力回应，我们相信公募 REITs 将会从宏观层面、产业层面和微观层面对中国经济产生重大的助力，并由此迎来自身的大发展。

### 一、公募 REITs 将会有力的回应诸多宏观问题

从宏观上来说，REITs 有助于稳定经济、防范风险、促进金融供给侧改革、落实共同富裕、达成高质量发展等。具体来说，在如下现实问题上，REITs 将发挥直接作用：

（一）化解地方政府债务风险，形成科学的投资决策和治理体系，促进新增投资

当前宏观形势下，中国基础设施和不动产行业正在由"增量模式"走向"存量模式"，由一次性卖地模式转换为持续经营的模式。城投企业作为基础设施投资建设的重要主体，前期投资建设沉淀了大规模基建资产，也堆积了大量债务。经过前期高速增长，大部分省份地方政府及城投债务已达高位。公募 REITs 盘活流动性较低的存量基础设施资产，帮助地方政府和基建项目主体快速回笼沉淀资金，回收资金可循环投入基建领域，有效刺激"补短板"基建的投资。

同时，若没有增量的权益资金，当前的地方债务风险化解将会流于口号，而 REITs 不断盘活和扩募的资金将有助于地方政府平台化解债务违约风险。然而，REITs 的意义远远不止于此。过去由于没有基础设施的定价基准，盲目投资和预算软约束难以防范，若以 REITs 价格作为基准，将会使基础设施投资更加科学和有效，也有助于厘清中央对地方补贴的边界和规则。

（二）化解开发商违约风险

自 2021 年 6 月"恒大风险事件"爆发以来房地产市场持续下行，截

至2022年6月，70城商品住宅销售价格已持续下跌10个月，2022年上半年商品住宅销售面积同比下跌26.6%，销售额同比下跌31.8%。不少开发商面临严重的债务违约风险，自2022年7月以来，"保交房"成为各地政府面临的重要问题。

REITs作为全球范围内常见的不动产退出渠道，可以帮助开发商将所持物业退出，帮助化解流动性压力，促进"保交房"的落实以及债务风险的化解。据统计，中国开发商总计负债约20万亿元，而持有的不动产规模约为18.2万亿元。如果能够利用REITs将开发商持有的不动产资产充分盘活，开发商债务违约问题有望得到缓解。

### （三）优化居民的资产配置，促进收入公平，有助于推动第三支柱养老体系建立

据中国家庭金融调查中心（CHFS）研究，中国居民房地产的配置比重为70.71%，超过300万亿元，这一比例已远高于日本（占比32%）等成熟市场国家。随着中国房地产市场的调整，居民资产配置优化将非常迫切，而目前正缺少一个中等风险中等收益的金融产品来促进居民财富稳定增长，优化居民资产配置。而REITs或许正好符合这一产品的特性。REITs继承了不动产的许多优点，如抗通胀、分散风险。同时，REITs相比于直接投资房产具有如下优势：投资份额小，流动性强，信息披露制度完善。居民也可通过小额投资REITs加租房的模式，减少购房压力，同时响应国家"租购并举"的号召。

REITs同样有助于为资本市场投资者提供更好的投资机会，可以良好补充投资者资产配置组合。从全球历史回报来看，REITs的全球历史年平均回报率达11%以上，高于标准普尔500指数的平均收益率，REITs的指数波动也小于股票指数，同时REITs与股票、债券相关度不高，约为0.5和0.2，可用于分散投资风险。

居民可以个人参与或通过养老保险、基金、信托等机构参与到公募REITs的投资，有助于夯实我国第三支柱养老体系。特别是REITs对强制分派的要求，使REITs具备股债兼备的特性，对追求投资分红派息，而非高成长性的稳健型长期机构资金如社保、保险机构等，具备较大的吸引

力。如美国机构投资者构成中，养老保险机构占比最高为34%，而居民家庭和401k退休福利账户分别持有REITs比例也在过去20年飞速上升，达到44.1%和30%。

### （四）构建良性的经济循环，促进高质量发展

正如中央反复强调的，我国经济运行面临的主要矛盾在供给侧，实现高质量发展关键在于提升供给体系的水平和质量，要深化金融供给侧结构性改革，加强治理结构改革，提高金融体系服务实体经济的能力和水平，促进实体经济与金融协调发展。

基础设施和不动产是科技和产业发展的基础设施和空间载体。公募REITs盘活了流动性并成为资产定价之锚，可以构建一个基础设施和不动产与新金融的循环，这一循环盘活的资金可用来发展科技和产业，而个人和金融机构可以投资REITs提高投资收入，间接促进消费。由此，"不动产—金融—科技—产业—消费"的经济大循环通过REITs这个节点巧妙地串联起来。

## 二、REITs将对中观的产业转型提出有力的解决方案

### （一）促进基础设施投资企业投融资模式转型升级

由于REITs为行业提供了退出渠道，解决了定价基准的问题，地方平台公司和基础设施投资企业便可以构建一个"开发建设—运营—退出"的闭环。在这个闭环当中，市场主体就有望挣脱此前必须依赖财务杠杆来进行扩张的模式，从头到尾都可以利用内外部的权益资金来支持发展。特别是在商业模式清晰的情况下，理论上，市场主体可以从市场募集无限量的股权资金来支持其业务发展，而不受制于自身的资产负债表。

此外，REITs吸纳资本市场的权益性资本，可以形成更透明的治理，严格预算约束，形成业绩压力，促使基础设施投资企业增强服务质量、提升运营效率，也避免其盲目追求短期规模和评级，不顾风险高速举债发展。

### （二）促进房地产行业转型升级，落实"房住不炒、租购并举"

在"房住不炒"的背景下，中国住宅开发业务"高杠杆、高周转、高

毛利"的三高模式走向终结。同时，在中央"房住不炒、租购并举、住有所居"的指导思想之下，长租公寓从边缘走向舞台中央；在促消费的背景下，购物中心和社区商业成为关注的重点；在促进科技和产业发展的背景下，产业园区等不动产将会成为政策抓手。总之，持有型不动产成为行业转型的关键。

住宅与不动产做对照，形成了两个完全不同的"产业—金融"体系。在住宅开发中，我们可称之为三粗模式：粗放的制造模式、粗放的基础资产——非理性的资产价格、配之以粗放的金融手段——高杠杆。而在持有型不动产中，我们可称之为"三细"：细腻的消费和产业驱动、细腻理性的基础资产——4%以上资本化率的优质资产、呼唤细腻的金融工具组合。新的金融工具组合是从住宅开发业务到不动产持有业务转型的必要条件。这个新的组合以公募REITs为龙头，涵盖了私募股权投资、Pre-REITs和CMBS的新金融体系，可以满足不动产企业从开发建设到持有运营，再到REITs退出整个周期的融资需求，践行中央"房住不炒、租购并举、住有所居"的精神，推动中国房地产行业的深刻转型。

## 三、REITs将会彻底重塑微观主体的商业模式

我们认为，REITs可以重新塑造基础设施和不动产投资企业的轻资产、重管理的商业模式。以亚洲知名大型多元化不动产投资企业凯德集团为例，其通过打造高效的运营能力及独特的"私募基金+REITs"基金平台，即项目初期由凯德私募基金进行开发和孵化，通过运营管理提升价值和资产回报率，待项目成熟后再通过凯德旗下REITs平台实现退出，释放资产价值的同时也获得了再投资所需要的资金。在私募基金中，凯德仅投资少数自有资金，大部分股本金来自有限合伙人（LP），从而发挥出最高达20倍的股权"杠杆"作用；这些资金又通过公募REITs发行而得以退出。可以看到，凯德以产融结合作为核心战略推动资产管理规模持续上升的同时，负债率却逐年降低，真正打通了不动产投融管退的闭环链接。

中国的基础设施建设长期依靠债务融资来支持，各地方平台公司杠杆率保持高位。我们相信，未来将会有更多的地方政府平台企业参考学习凯

德模式,形成运用"股权投资的杠杆效应"来替代粗放的债务杠杆。除了作为一种金融载体,REITs亦可作为一种战略资本工具,使得地方资本完成由"管资产"向"管资本"的转变,由过去的卖地开发逻辑逐步转化为增强资产管理效率的市场化运作逻辑,形成"投融管退"管理闭环,由债务驱动型向资管模式转变的途径。

同样,房地产开发企业也应开始逐步转型,不能仅视公募REITs为新的融资渠道,继续传统的高杠杆、高周转、重资产拿地开发销售的模式。应该积极结合新的金融体系闭环,利用私募股权、CMBS和REITs全链条金融体系,即初期通过私募股权融资进行融资,进行细腻的量身定制的开发孵化资产,通过CMBS盘活存量进行债权融资,经过一段时间运营管理提升资产价值,待项目成熟发行公募REITs退出,以轻资产模式继续进行物业管理,可以实现存量时代的转型,形成资本闭环。

## 四、公募REITs自身的发展展望

相信随着试点的成熟,以及公募REITs解决问题能力被日益重视,公募REITs市场一定会迎来辉煌的明天。我们在最后做一个大胆的展望。

### (一)中国的公募REITs在量和质上将会进入全球前列

从2021年5月至2022年9月,中国公募REITs已在沪深交易所成功发行17只,市场规模约680亿元,另有10单正在申报阶段,若均获成功发行,市场规模预计超1000亿元,作为仅发展一年的市场,中国公募REITs数量已超过中国香港的11只,相信会在不远的将来超过新加坡的36只——当然规模上距离新加坡800亿美元、中国香港290亿美元还有差距。

对比美国,其商业不动产规模约为9.7万亿[①]美元,公募REITs市值达1.5万亿美元,渗透率超过10%。而中国基础设施总规模约在130万亿元,商业不动产规模约为50万亿元,并随着中国基础设施投资和不动产行业发展继续增长。展望未来,我国公募REITs未来市场规模将远超美国。

---

[①] 数据来源:EPRA,截至2021年12月。

REITs 在成熟市场具有比股票更高的回报率和更稳定的股息率。美国和新加坡市场的 REITs 历史年平均回报率达约为 10% 到 11%，高于标准普尔 500 指数和新交所海峡指数的平均收益率，其中 2010—2019 年新加坡 REITs 的回报率为 10.7%，显著高于同期股指回报率 4.2%。2010 年以来，美国和新加坡的 REITs 平均股息为 4% 和 5.9%，均高于股指股息 200~300 基点。相信随着更多优秀的 REITs 发展壮大，中国 REITs 将会给投资人优秀的风险调整收益。

### （二）中国公募 REITs 将会涵盖基础设施和不动产的各个业态

未来公募 REITs 势必会遵循国际市场经验逐步扩大资产范围，首先会覆盖以纳入试点范围的数据中心、旅游地产，逐渐扩容至市场化租赁公寓、医疗健康等新兴资产类别。正如本书第十三章国际经验中介绍，这些资产类别的 REITs 在后疫情时代表现处于所有类型前列，规模稳步增长。

另外，公募 REITs 也发挥其长处，为传统商业不动产赋能，例如传统零售、办公等资产类别。商业不动产是连接贸易物流、消费升级、第三产业转型的重要纽带，是城市发展中的重要基础设施，与住宅是完全不同的资产类别，具有 7 个方面的差别。

（1）价值创造模式不同。商业不动产与一般实业具有相同的经营属性，需艰苦的长期经营；住宅在开发阶段是"高周转"快速出售，业主购买后躺着等升值。

（2）性质不同。商业不动产是一种"生产资料"，而住宅是"消费资料"。在中国，商业不动产被称为"公建"，而住宅被称为"私宅"。它塑造了城市的面貌和竞争力，是城市生产力的主要组成部分。

（3）定价逻辑不同。商业不动产的毛租金回报率约为 5%~10%[①]，远高于住宅（约 2%）。商业不动产是"以租金"定价，而住宅是按照"稀缺性"定价。因此，住宅容易泡沫化滋生风险，商业不动产比较理性。

（4）投资者不同。商业不动产的投资者主要为专业机构，住宅主要为

---

① 因位置、品质、业态等而差别。一般来说，一线城市核心办公楼收益率最低约 5%；低等级城市管理复杂的业态收益率更高。以二线城市购物中心为例，毛租金收益率（按照市场价）可达 6% 以上。

个人。商业不动产是"价值投资",住宅是"趋势投资"。

（5）金融手段和杠杆率不同。商业不动产杠杆率低（50%~60%）,住宅开发杠杆率高（80%以上）。住宅多与影子银行体系连在一起,商业不动产则需要新的稳健的金融手段,比如REITs。

（6）对应政府的财政模式不同。商业不动产对财政的贡献是"细水长流",对比住宅的"寅吃卯粮"。

（7）对应的经济增长模式不同。商业不动产对应的是消费升级/产业驱动的、内涵式高质量增长模式;住宅开发对应的是投资驱动的、粗放的外延式增长模式。

中央强调"房住不炒",主要针对的也是住宅。其内在原因是：一则住宅关乎民生,二则中央担心住宅开发"捆绑"中国经济和金融体系,积累系统性风险,削弱经济的长期竞争力。然而,商业不动产与"房住不炒"的政策并不矛盾。某种意义上,商业不动产的发展恰恰支持消费升级和产业发展,也有助于减少投资/投机资金流入住宅领域。

随着房地产企业的大规模出清,公募REITs对消化不良资产、降低金融体系的风险、促进保交楼政策的落地都有重要意义。相信公募REITs将会为房地产行业的正常化和转型做出重要贡献。

## （三）中国将会成长出公募REITs的巨头

中国具备公募REITs巨头发展的先决条件。首先,中国具备充沛的适用于公募REITs的基础资产、国际成熟的REITs市场,例如中国香港交易所的领展、越秀、招商、顺丰等REITs,新加坡交易所包括凯德、丰树在内的10只REITs都包含在中国内地的基础资产。其次,中国具有大量适合投资公募REITs的资金,中国个人和机构投资者亟须中等收益中等风险、抗通胀、适合分散风险的金融资产。在坚持"房住不炒,租购并举"的政策环境下,居民财富、社会养老金甚至公积金等大量资金都有机会积极投资公募REITs。最后,中国有许多相关产业的优秀企业,参考全球规模最大几个公募REITs巨头：基础设施行业的美国铁塔（American Tower）REIT,购物中心西蒙（Simon）REIT,写字楼波士顿（Boston）REIT,工业物流Prologis REIT,数据中心Equinix REIT,中国在每个领域都有类似的实力雄厚的企业，特别是资源充沛的央企和国企，我们有理由相信中国会成长出具有中国特色的全球公募 REITs 巨头。

**（四）围绕 REITs，将会形成一个全新的金融生态**

任何一个基础设施项目等不动产项目，都要经历开发建设、孵化到稳定成熟等若干阶段。由此，将会形成一个以公募 REITs 为核心、涵盖建设期—孵化期—成熟期的完整的金融生态，依次对应三种不同的权益性金融产品和多层次的债务性融资工具：

首先是 Pre-REITs 产品，它用来支持基础设施和不动产项目的建设和孵化。针对新建的基础设施和不动产项目，应鼓励社会资本参与。其中，私募股权投资基金可以扮演一个积极的角色。目前市场上比较活跃的是，私募股权投资基金参与产业园区、物流类的开发建设；针对存量持有型物业进行升级改造或者重新定位为新的业态，也需要私募股权投资基金的支持，此外，随着经济震荡和产业转型，不良资产快速增加，私募股权基金可以积极参与纾困和不良资产投资，为未来的公募 REITs 储备基础资产，有助于推动经济转型和市场资源的重新配置。

其次是私募 REITs，它用来重点支持成熟稳定期不动产项目的融资和盘活。对一些比较稳定的项目，由于资产规模、时机或者其他原因，持有人尚未准备好进行公募 REITs，可以通过私募 REITs 实现阶段性的融资和盘活。私募 REITs 包括在上海证券交易所、深圳证券交易所和银行间市场交易商协会、北京金融交易所等挂牌发行的各种类 REITs。

再次是 CMBS、债券、创新的银行贷款等债务性融资工具。

最后是公募 REITs。它是成熟资产的退出通道和定价之锚，为 Pre-REITs 和私募 REITs 提供退出通道，也为债务性融资工具提供终极流动性来源和抵押物定价基准。

于此，以公募 REITs 为中心，一个崭新的、具有生命力的新金融体系破土而出，将为中国基础设施和不动产行业的繁荣提供源头活水，为中国经济高质量发展提供磅礴有力的动能。

# 附　录

## 附录一　第二章附表、附图及案例

附件1　案例一：建信中关村REIT

附件2　案例二：富国首创水务REIT

附件3　案例三：中金普洛斯REIT

## 附录二　第八章附表、附图及案例

附件1　案例一：Ventas

附件2　案例二：Nippon Building Fund（NBF）

附件3　案例三：Charter Hall Retail REIT（ASX：CQR）

附件4　案例四：嘉民集团（Goodman Group）

附表5　GLP J-REIT历次扩募信息汇总

附表6　丰树物流信托扩募信息汇总

附表7　房地产上市公司经营目标

附表8　领展REIT与丰树物流信托策略及展望

附表9　我国境内已上市REITs运营管理机构股权构成

# 附录三　法规条文

附件1　证监发〔2020〕40号

附件2　发改办投资〔2020〕586号

附件3　中国证券监督管理委员会公告〔2020〕54号

附件4　国办发〔2021〕22号

附件5　发改投资〔2021〕958号

附件6　财政部 税务总局公告2022年第3号

附件7　国办发〔2022〕19号

附件8　上证发〔2022〕83号

附件9　发改办投资〔2022〕617号

获取附录

方式一：请扫描左侧二维码获取

方式二：请联系清华大学五道口金融学院不动产金融研究中心获取，邮箱 rcref@pbcsf.tsinghua.edu.cn